公務員試験 地方初級・国家一般職（高卒者）

第**4**版

数学・数的推理

Math & Mathematical inferences

TAC出版編集部編

テキスト

TAC出版

TAC PUBLISHING Group

はじめに

　地方初級・国家一般職（高卒者）試験は，各試験によって多少の違いはあるものの，おおむね高校卒業〜20代前半の人を対象として行われ，難易度は高校卒業程度とされています。近年は少子化や「全入時代」ともいわれる大学進学率の増加によって受験者数は減少していますが，公務員制度改革や財政難などの理由で採用予定者数も減少しており，国家系の試験で最終合格率は10％程度，地方系だとそれ以下という難関試験であることにかわりはありません。

　この試験は，主要5科目＋公務員試験独特の科目が出題されるため，付け焼き刃の勉強で太刀打ちできるものではありません。その一方で，「何から手をつければよいのか分からない」，「問題集を購入したが最初からつまずいてしまい，勉強するのが嫌になった」などの声もよく聞きます。

　公務員試験に限ったことではありませんが，勉強において最も重要なのは，「基礎力を身につける」ことです。基礎を理解せずに勉強を進めても高い学力は身につきませんし，分からない部分が出てきたときに「どこでつまずいているのか？」を自分自身で判別することができません。

　本シリーズは，基礎学力の向上を目的として，地方初級・国家一般職（高卒者）試験に挑む方々のために作られました。まず，各科目を分野別に分け，そこで覚えてほしいことや基本的な解き方を示すことで基礎的な知識を身につけ，代表的な問題を解くことで理解を深めていくという形で構成されています。迷ったときや分からなくなってしまったときは，解説部分をもう一度見直してみてください。何らかの道しるべとなるはずです。

　皆さんと私たちの望みは1つです。

　「憧れの公務員になること」

　この本を手にした皆さんが，念願の職に就けることを心から願っております。

2024年1月　ＴＡＣ出版編集部

本シリーズの特長

① 科目別の6分冊

地方初級・国家一般職（高卒者）の教養試験で問われる学習範囲を，分野ごとに編集し，「数学・数的推理」「判断推理・資料解釈」「国語・文章理解」「社会科学」「人文科学」「自然科学」の6冊にまとめました。

※国家公務員試験は，平成24年度から新試験制度により実施されています。新試験制度では，「数的推理」は「数的処理」に，「判断推理」「空間把握」は「課題処理」に，それぞれ名称が変更されています。しかしながら，これはあくまで名称上の変更にすぎず（名称は変更となっていますが，試験内容には変更はありません），本シリーズでは受験生の方が理解しやすいように，これまでどおりの科目名で取り扱っています。

② 基礎的な分野から段階を追った学習が可能です。

各テーマの記述は，まず，基礎的な解説，ぜひ覚えたい事項の整理からスタートします。ここでしっかり解き方や知識のインプットを行いましょう。続いて，演習問題を掲載しています。学んだ解き方や知識のアウトプットを行いましょう。演習問題は，比較的やさしい問題から少し応用的な問題までが含まれていますので，本試験へ向けた問題演習をしっかり行うことができます。

●ＴＡＣ出版では，国家一般職（高卒者）試験の対策として，以下の書籍を刊行しております。本シリーズとあわせてご活用いただければ，より合格が確実なものとなることでしょう。

『ポイントマスター』（全6冊）
　～本試験問題も含め，もっと多くの問題を解いて学習を進めたい方に
『適性試験のトレーニング』
　～適性試験対策にも力を入れたいという方に

本書のアイコンについて

解法のポイント

各章で取り扱う内容のうち，しっかりと理解して欲しい点を示しています。繰り返し読んで，確実に身につけましょう。

ヒント

例題を解くにあたって，ヒントとなる点を示しています。悩んだら，どういった点に注目すればよいのか確認しましょう。

数学の出題状況

■国家一般職(高卒者)

例年1題出題。2次方程式,2次関数,2次不等式の問題が頻出だが,近年は平面図形や三角比の問題も多く出題されている。

■地方初級

| 全 国 型 | 例年1題出題。国家一般職(高卒者)同様,2次方程式や2次関数,平面図形の問題が多い。 |

| 東京23区 | 数学の出題は特になし。 |

<対策について>

2次方程式,2次関数,2次不等式は,どのような形態で出題されても対応できるよう,解法をしっかりと理解しておくことが望ましい。また近年は三角比の問題も出題されるので,基本はしっかりと覚えておく。方程式や図形問題は,数的推理と重なる部分も多いので,似ている分野のところは,並行して学習すると効果的である。

数的推理の出題状況

■国家一般職(高卒者)

例年4題出題。速さ,濃度,割合,場合の数,確率などが頻出。また1題は図形問題であることもあり,面積,体積,角度などが出題される。

■地方初級

| 全 国 型 | 例年7題程度出題。速さ,割合,整数,確率,図形など,まんべんなく出題される。 |

| 東京23区 | 例年5題前後出題。整数,速さ,場合の数と確率,図形などが頻出。 |

<対策について>

速さや濃度,割合や一般的な文章題は基本的に方程式を使うため,まずは方程式の解法に慣れることが必要であり,分野ごとに基本的な解法を身につけること。

場合の数,確率,図形問題は,難易度そのものは高くはないものの,公式がわからなければ全く歯が立たないので,一般的な公式を確実に覚え,その上で問題に当たることが必要である。

いずれにせよ,覚えることを確実に頭に入れ,数多くの問題を解くことで解法を身につけていくことが,合格への近道になる。

「数学・数的推理」 目次

数　学

数学の基礎

1．実数の分類

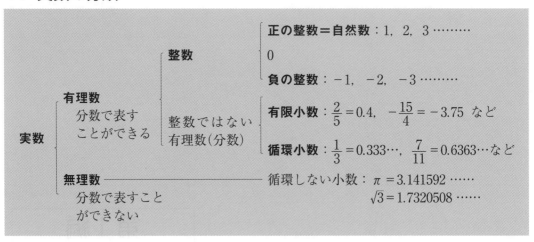

※循環小数と循環しない小数を合わせて「無限小数」という。

2．数学の用語

・**加法**とは，たし算のこと。

（例）　$10+2=12$

$10+2$のたし算の答え12を，10と2の和という。

・**減法**とは，ひき算のこと。

（例）　$10-2=8$

$10-2$のひき算の答え8を，10と2の差という。

・**乗法**とは，かけ算のこと。

（例）　$10\times2=20$

10×2のかけ算の答え20を，10と2の積という。

・**除法**とは，割り算のこと。

（例）　$10\div2=5$

$10\div2$の除法の答え5を，10を2で割った商という。

・**計算の基本法則**

　すべて加法と乗法について，次の3法則が成り立つ。

交換法則

　（例）　$10 + 2 = 2 + 10$（加法の交換法則）

　　　　$10 × 2 = 2 × 10$（乗法の交換法則）

結合法則

　（例）　$(10 + 2) + 3 = 10 + (2 + 3)$（加法の結合法則）

　　　　$(10 × 2) × 3 = 10 × (2 × 3)$（乗法の結合法則）

分配法則

　（例）　$10 × (2 + 3) = 10 × 2 + 10 × 3$

・$≧ 3$（大なりイコール3）：3を含んで3よりも大きい＝3以上

　$≦ 3$（小なりイコール3）：3を含んで3よりも小さい＝3以下

　> 3（大なり3）：3を含まず3よりも大きい＝3を超える

　< 3（小なり3）：3を含まず3よりも小さい＝3未満

・小数第3位を四捨五入＝1．5 4 ⑥ 3……→1.55

　　小数第2位までにする　　　　ここを四捨五入，小数点第4位以下は切り捨て

・**真分数**：分母が分子よりも大きな分数　　　　　　$\dfrac{1}{2}$, $\dfrac{2}{3}$ など

・**仮分数**：分子が分母よりも大きな分数　　　　　　$\dfrac{7}{2}$, $\dfrac{5}{3}$, $\dfrac{3}{3}$ など

・**帯分数**：仮分数を整数と真分数で表したもの　　　$3\dfrac{1}{2}$, $1\dfrac{2}{3}$

・**約分**：分母と分子を両方の公約数で割り，簡単にすること：$\dfrac{2}{4}$ $\xrightarrow{\text{約分}}$ $\dfrac{1}{2}$

・**通分**：複数の分数において，その値を変えずに，分母の大きさを合わせること

　　$\dfrac{1}{2}$ と $\dfrac{2}{3}$ $\xrightarrow{\text{通分}}$ $\dfrac{3}{6}$ と $\dfrac{4}{6}$

・**逆数**：1を，その数で割った数。分数では分母と分子を逆にしたもの

$$2 \quad \overset{\text{逆数}}{\longleftrightarrow} \quad \frac{1}{2} \qquad\qquad \frac{3}{4} \quad \overset{\text{逆数}}{\longleftrightarrow} \quad \frac{4}{3}$$

・**分数の加法と減法**：通分して分母をそろえて，分子を計算する

$$\frac{1}{2}+\frac{2}{3}=\frac{3}{6}+\frac{4}{6}=\frac{7}{6}$$

$$\frac{1}{2}-\frac{2}{3}=\frac{3}{6}-\frac{4}{6}=-\frac{1}{6}$$

・**分数の乗法**：分母同士，分子同士をかける

$$\frac{1}{2}\times\frac{2}{3}=\frac{1\times\overset{1}{2}}{\underset{1}{2}\times 3}=\frac{1}{3}$$

・**分数の除法**：割る数を逆数にして，分母同士，分子同士をかける

$$\frac{1}{2}\div\frac{2}{3}=\frac{1\times 3}{2\times 2}=\frac{3}{4}$$

3．式の用語

・**等式** 　　　　＝（等号）で結ばれた式

・**左辺と右辺** 　等号をはさんで，左側の式と右側の式

$$\underset{\text{左辺}}{3x+5}=\underset{\text{右辺}}{7x-3}$$

・**両辺** 　　　　左辺と右辺の両方

・**未知数** 　　　x，y などで表し，わからない数を表す

・**定数** 　　　　定まって変化しない数

・**演算記号** 　　＋，－，×，÷などの計算の記号

4．図形の用語

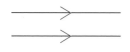

・**平行**：どこまで延長しても交わることがない線や面

・**垂直**：線や面が直角（90°）に交わっていること

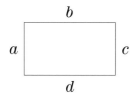

・辺aに対して**隣り合う辺**＝b，d

　対辺（＝向かい合う辺）：aとc，bとd

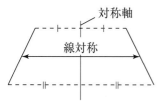

・**対称**：2つの点，線，図形が完全に向かい合う位置
　　　　　にある

　　　　□線対称＝対称軸で折り曲げると完全に一致
　　　　　　　　　する

　　　　□点対称＝対称の中心となる点を中心にして
　　　　　　　　　180°回転すると一致する

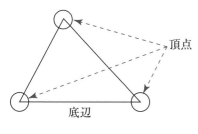

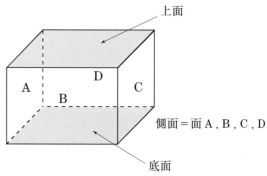

・**対頂角**＝向かい合っている2つの角

　　$\angle a = \angle c$　　$\angle b = \angle d$

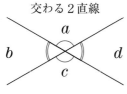

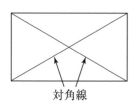

・**対角線**＝多角形で，隣り合っていない2つの頂点を
　　　　　　結ぶ線

第1章 数と式

1 整式の加法と減法

文字を使ったかけ算や割り算の項[※1]のかき方にはきまりがある。

まず，かけ算の場合は次のようにかける（×）を省略し，数字を先にかく。

$$x\times(-5) \quad\xrightarrow[\text{数字を先にかく}]{\text{（×）を省略}}\quad -5\,x$$

次に，わり算の場合は下のように割る（÷）を省略し，分数の形で表す。

$$-5\div x \quad\xrightarrow[\text{分数の形で表す}]{\text{（÷）を省略}}\quad -\dfrac{5}{x}$$

1つの項で同じ文字が何度もかけられるとき，下記のように文字の右肩にかける回数を表す。これを**指数**という。また，2種以上の文字をかける場合，**アルファベット順**にかき表す。

これが指数

$$-2\times y\times x\times x\times x \quad\xrightarrow[\text{指数を使う}]{\text{アルファベット順}}\quad -2\,x^{③}y$$

これらのきまりに従って表した項を符号をつけて和の形に並べ，たす（+）を省略した式を**多項式**といい，項が1つの**単項式**も含めて**整式**という。式を形づくる項のうち最大の次数にあわせて1次式，2次式などと名付ける。例えば，下に表したのは2次式で，項を次数の高い順に並べる並べ方を**降べきの順**[※2]，低い順に並べる並べ方を**昇べきの順**という。

$$2\,x-5\,x^{2}-6 \longrightarrow$$

最大の次数は2次の項→2次式

① 降べきの順　$-5\,x^{2}+2\,x-6$

② 昇べきの順　$-6+2\,x-5\,x^{2}$

式の中で文字も次数も同じ項を**同類項**といい，下のようにまとめることができる。

$$(3\,x^{2}+5\,x-6)+(-5\,x^{2}+4\,x-3)=-2\,x^{2}+9\,x-9$$

$$(2\,x^{2}-7\,x-4)\underset{\text{[※3]}}{-}(6\,x^{2}-5\,x+4)=-4\,x^{2}-2\,x-8$$

※1 項とは式を和の形に分解したときの部分。$(-8)+(+6)$ の $-8,+6$ のこと。

※2 通常降べきの順に並べる。

※3 かっこの手前に − があると（　）の中の項の符号は逆になる。

◈ 解法のポイント

1. 式を和の形に表したとき，符号も含めた1つ1つを項といい，式の名称は最大次数の項に合わせて名付ける。

2. 文字の種類や次数の同じ項を同類項といい，分配法則を使ってまとめることができる。

Q 例題①

次のそれぞれの問いに答えなさい。

(1) ①～②の式は，それぞれいくつの項でできていて，何次式になるか答えなさい。

① $5x^2 + x - 4$　　　② $-\dfrac{x^3}{5} + 4x - \dfrac{1}{3}$

(2) 次の多項式の同類項をまとめて整理しなさい。

$6x + 3 + 4x^2 - 2x + x^3 - x^2 - 4$

ヒント

(1) 式は項の和と考えることができる。項の中で，$5x^2$のように文字にかけられた数「5」を**係数**という。式が何次式であるかは，式をつくる項の最大次数で決まる。例えば，$4x^2 + x - 2$という式であると，項は，$4x^2$，x，-2の3つで，順に2次，1次，0次 ※1 の次数の項で，最大次数は2次の項だから2次式になる。

(2) 式をまとめるときは，同類項の係数を計算し，**降べきの順**に並べる。x^3の係数は1，$-x^2$の係数は-1であり，係数の1は省略される。

A 解答・解説

(1) ① $5x^2$とxと-4の3つの項からなり，-4は定数項である。次数の高い$5x^2$は2次なので，この式は2次式となる。　　　　　　　　　　　　　（答）　**項は3つ　2次式**

② $-\dfrac{x^3}{5}$と$4x$と$-\dfrac{1}{3}$の3つの項からなり，最も次数の高い$-\dfrac{x^3}{5}$は3次なので，この式は3次式となる。　　　　　　　　　　　　　　（答）　**項は3つ　3次式**

(2) 降べきの順に並べて，同類項の係数を計算すると，

$x^3 + 4x^2 \overset{※2}{-} x^2 + 6x - 2x + 3 - 4 = x^3 + 3x^2 + 4x - 1$

（答）　$x^3 + 3x^2 + 4x - 1$

※1 数だけの項を定数項という。
※2 $-x^2$の係数-1は省略されている。だから$4x^2 - x^2 = 4x^2 - 1x^2$のこと。

$A=3x^2-6x+5$, $B=2x^3-x-2$のとき，次の(1)～(4)をxの式にまとめなさい。

(1) $A+B$ (2) $A-B$

(3) $A-2B$ (4) $3A+2B-2A-B$

A 解答・解説

(1) そのまま入れて，同類項の係数や定数項を計算すると，

$A+B=3x^2-6x+5+2x^3-x-2=2x^3+3x^2-6x-x+5-2$

$\qquad =2x^3+3x^2-7x+3$

(2) −（マイナス）のあとに式を入れるときは，まずかっこをつけて入れる。それから，かっこをはずし同類項を計算する。かっこをはずすときは，−があったので，（　　　）内の符号は逆になるからである。

$A-B=3x^2-6x+5-(2x^3-x-2)=3x^2-6x+5-2x^3+x+2$

$\qquad =-2x^3+3x^2-5x+7$

(3) Bの式全体に−2をかけて項を並べてから，同類項をまとめて計算する。このとき，符号に注意する。

$A-2B=3x^2-6x+5-2(2x^3-x-2)=3x^2-6x+5-4x^3+2x+4$

$\qquad =-4x^3+3x^2-4x+9$

(4) 式を入れる前のAとBを使った式も文字式である。このままの状態で式を入れて計算するよりも，このAとBを使った文字式を計算して簡単にしてから代入したほうが，計算も簡単になり，まちがいも少なくなる。

$3A+2B-2A-B=A+B$になり，(1)と同じ答えになる。

(答)　$2x^3+3x^2-7x+3$

演習問題

No.1 （解答 ▶ P.1）

次の(1)〜(5)の式をxについて降べきの順に整理しなさい。

(1) $2x + \dfrac{4}{3}x^3 + y + 3$

(2) $2x + 3x^2y + 4x^3 + 3$

(3) $x^2y + 3x^3 + 4xy^2 + 1$

(4) $y + x + x^2y + 3x^3$

(5) $x + 2x^3 + x - 1$

No.2 （解答 ▶ P.1）

次の計算をして式を簡単にしなさい。

(1) $\begin{array}{r} 5x^2 + 3x - 2 \\ +)\underline{7x^2 - 6x + 5} \end{array}$
 (2) $\begin{array}{r} 6x^2 - 4x + 8 \\ -)\underline{9x^2 + x - 3} \end{array}$

(3) $3x^2 + 2x - 1 + 5x^2 - 8x - 9 + x^2 - x$

(4) $\dfrac{1}{2}x^2 + \dfrac{1}{3}x + 5 - \dfrac{1}{4}x^2 - \dfrac{5}{6}x - 7$

(5) $0.6x^2 + 2.3x - 0.5 + 3.2x^2 - 1.7x + 5.3$

No.3 （解答 ▶ P.1）

$A = -x^3 + x - 1$, $B = x^2 - x + 2$ のとき，次の式の同類項を計算し，式を簡単にしなさい。

(1) $A + B$

(2) $2A - B - A$

2 指数法則

-2に2を何回もかけたり，-2を何回もかける場合，下のように表す。

・$-2 \times 2 \times 2 \times 2 = -2^4 = -16$

・$(-2) \times (-2) \times (-2) \times (-2) = (-2)^4 = 16$

この-2^4や$(-2)^4$の4のように，右上に書かれた小さな数字を**指数**という。同じ数を何回もかける[^1]とき，このように指数で表し，表記を簡略化する。

そこで，文字をかける回数を増やしたり，減らしたりして，その法則を考えよう。まず，a^2からaをかける回数を増やしたり，減らしたりしてみよう。

$$\cdot\ a \times a = a^2 \underset{(\div a)}{\overset{(\times a)}{\rightleftarrows}} a \times a \times a = a^3 \underset{(\div a)}{\overset{(\times a)}{\rightleftarrows}} a \times a \times a \times a = a^4 \cdots\cdots$$

指数は，aのかけられる個数に従って増加する。また，逆にaで割ると，指数は減少する。したがって，aのかけ算は指数のたし算，aの割り算は指数のひき算になる。すると，**指数は1，0や負の数まで拡張して考えることができる。**

$$a = a^1 [^2] \qquad 1 = a^0 [^3] \qquad \frac{1}{a} = a^{-1} \qquad \frac{1}{a^2} = a^{-2} \qquad \frac{1}{a^3} = a^{-3} \cdots\cdots$$

よって，次の例のようになる。

・$a^2 \times a^3 = a^{2+3} = a^5$　・$a^3 \div a^5 = a^{3-5} = a^{-2}$

・$a^{-2} \times a^{-2} \times a^{-2} = (a^{-2})^3 = a^{(-2) \times 3} = a^{-6}$

・$(ab) \times (ab) \times (ab) = (ab)^3 = a^3 b^3$

◇ 解法のポイント

$a \neq 0$, $b \neq 0$, m, nが整数のとき[^4]

・$a^m \times a^n = a^{m+n}$ 　　　・$a^m \div a^n = a^{m-n}$

・$(a^m)^n = a^{m \times n} = a^{mn}$ 　　・$(ab)^m = a^m \cdot b^m$ [^5]

---

[^1]: かけ算は加減乗除の乗になる。だから，2乗，3乗……という。
[^2]: 指数1は省略する。
[^3]: $a \neq 0$の場合。
[^4]: 根号がつく場合，有理数全体に拡張できる。
[^5]: $a^m \cdot b^m$の・は×の意味。

Q　例題①

次のそれぞれの問いに答えなさい。

(1)　次の計算をしなさい。

①　$3^2 \times 3^3$　　　②　$(-3^2)^3$　　　③　$(2 \times 3)^3$

(2)　次の式を簡単にしなさい。

①　$a^3 \div a^5$　　　②　$(a^{-2})^{-3}$　　　③　$(a^2)^3 \times a^{-5} \div a$

？ ヒント

(1)　①　指数が，どのようなかけ算を表しているか考えながら解こう。

$3^2 \times 3^3 = (3 \times 3) \times (3 \times 3 \times 3) = 3 \times 3 \times 3 \times 3 \times 3 = 3^5$

②　-3^2は，3だけを2回かけて，$-3 \times 3 = -9$

$(-3^2)^3$は，-3^2を3回かけている。

$(-3^2)^3 = (-3 \times 3) \times (-3 \times 3) \times (-3 \times 3) = -3 \times -3 \times -3 \times 3 \times 3 \times 3 = -3^6$

③　$(2 \times 3)^3 = (2 \times 3) \times (2 \times 3) \times (2 \times 3) = 2^3 \times 3^3$　または，

$(2 \times 3)^3 = 6 \times 6 \times 6 = 6^3$

(2)　①　指数法則から，割り算は指数のひき算

$a^3 \div a^5 = a \times a \times a \div (a \times a \times a \times a \times a) = a^{3-5}$

②　指数法則，$(a^m)^n = a^{m \times n}$より，

$(a^{-2})^{-3} = a^{(-2) \times (-3)}$

③　割り算は指数の符号を逆にして，かけ算にする。

$(a^2)^3 \times a^{-5} \div a = a^6 \times a^{-5} \times a^{-1} = a^{6-5-1} = a^0$

A　解答・解説

(1)　①　$3^2 \times 3^3 = 3^5 = \mathbf{243}$

②　$(-3^2)^3 = -3^6 = \mathbf{-729}$

③　$(2 \times 3)^3 = 2^3 \times 3^3 = 8 \times 27 = \mathbf{216}$

(2)　①　$a^3 \div a^5 = a^{3-5} = \boldsymbol{a^{-2}}$

②　$(a^{-2})^{-3} = a^{(-2) \times (-3)} = \boldsymbol{a^6}$

③　$(a^2)^3 \times a^{-5} \div a = a^6 \times a^{-5} \times a^{-1} = a^0 = \mathbf{1}$

次のそれぞれの問いに答えなさい。

(1) 次の計算をしなさい。

① $(-1)^5 \times 2^2$

② $(2^2)^{-1}$

③ $(-2)^3 \div (-2)^2$

(2) 次の式を簡単にし，指数が負のときは，答えを分数で表しなさい。

① $(x^3 y^2)^4$ ② $x^3 \div \dfrac{1}{x^4} \div x^2$ ③ $(x^{-2})^3 \times x^6$

A 解答・解説

(1) ① $(-1)^5$，2^2を計算してから全体をかける。

$(-1)^5 \times 2^2 = -1 \times 4 = \boldsymbol{-4}$

② $a^{-1} = \dfrac{1}{a}$になる。

$(2^2)^{-1} = 4^{-1} = \dfrac{1}{4}$

③ 割り算は指数の符号を逆にしてかけ算にする。

$(-2)^3 \div (-2)^2 = (-2)^3 \times (-2)^{-2} = (-2)^{3-2} = \boldsymbol{-2}$

(2) ① かっこの外の指数は，かっこの中全体にかかる。

$(x^3 y^2)^4 = \boldsymbol{x^{12} y^8}$

② $x^3 \div \dfrac{1}{x^4} \div x^2 = x^3 \times x^4 \times x^{-2} = \boldsymbol{x^5}$

③ $(x^{-2})^3 \times x^6 = x^{-6} \times x^6 = x^0 = \boldsymbol{1}$

演習問題

No.1

（解答▶P.1）

次の計算をしなさい。

(1) $2^2 \times 2^3$

(2) $2^{-2} \times 2^{-4}$

(3) $3^5 \div 3^4$

(4) $(-2^2)^2$

(5) $(3^2)^4 \div 3^5 \div 3^7$

No.2

（解答▶P.1）

次の数を2を底※1とした指数で表しなさい。

(1) 16

(2) -8

(3) $\dfrac{1}{4}$

(4) 0.125

(5) 1

No.3

（解答▶P.1）

次の式を指数を使って，最も簡単な形に表しなさい。

(1) $(x^2)^3 \times x$

(2) $a^2 \times a^3 \div a^4$

(3) $x^2 \div x^3 \div x^{-3}$

(4) $(a^{-2})^{-3} \times a^2 \div a^5$

(5) $x^3 \times x^2 \times x^5 \div (x^2)^2 \div x^7 \times x^4$

※1　a^mのaの部分を底という。

3　整式の乗法

$3ab$やx^2など1つだけの項でできた式を**単項式**，$3x+2$，$2ab^2+3ab-2$のように2つ以上の項からできた式を**多項式**という。ここでは，「単項式×単項式」「単項式×多項式」「多項式×多項式」について考えてみる。

まず「単項式×単項式」の場合，係数である数の部分を計算して簡単にしたあと，文字の部分を指数法則を使って，できるだけ簡単にする。すなわち，**まず係数を，そして文字を計算する。**

$$\underset{\text{(単項式)}}{-3ab}\times\underset{\text{(単項式)}}{(-2a^2b^3)}=6a^3b^4$$

次に「単項式×多項式」の場合，**分配の法則**[※1]を利用して，単項式を多項式のそれぞれの項にかけて式を簡単にする。このとき，（　）をはずして計算することを**展開する**[※2]という。

$$\underset{\text{(単項式)}}{-3ab^2}\underset{\text{(多項式)}}{(2a^2b-5ab^2)}=-6a^3b^3+15a^2b^4$$

そして「多項式×多項式」の場合，項数の少ない式の1つ1つの項に対して分配の法則を利用し，「単項式×多項式」と同様にして展開していく。展開し終わったら，同類項をまとめて整理する。

$$\underset{\text{(多項式)}}{(2a-3b)}\underset{\text{(多項式)}}{(5ab+a-4b)}=2a(5ab+a-4b)-3b(5ab+a-4b)$$
$$=10a^2b+2a^2-8ab-15ab^2-3ab+12b^2$$

同類項をまとめて→
$$=10a^2b+2a^2-11ab-15ab^2+12b^2$$

同類項をまとめて式を簡単にしたあと，**降べきの順に並べる**。上の場合，aの文字について降べきの順に並べてある。

また，多項式どうしの積で次のように，ある文字の特定の次数の項の係数を求める問いのときはどうするだろう。

$$\underset{①}{(3x^4}+\underset{②}{2x^3}-\underset{③}{5x}+3)\underset{③}{(7x^3}+x^2+\underset{②}{8x}-\underset{①}{5)}$$
を展開したとき，xの4次の項の係数を答えなさい。

このときには，全部を展開する必要はなく，展開したときx^4になる項の係数だけを計算すればよい。ここでは，①の$3x^4\times(-5)$，②の$2x^3\times8x$，③の$-5x\times7x^3$の和$(-15+16-35)x^4$$=-34x^4$より，**答え$-34$**を求めればよい。

※1　$●\times(■+▲)=●\times■+●\times▲$
※2　多項式の累乗の（　）をはずすときも同様。

整式の乗法をするときには，次のようにたて書きにして計算することもできる。

$(x^2+5x-4)(2x+3)$ のとき，

・式を降べきの順に並べ，低次の式を下に書く。

・2式の先頭をたてにそろえ，計算途中の項の同類項をそろえて書いていく。

$$
\begin{array}{r}
x^2+\ 5x\ -4 \\
\times 2x +\ 3 \\
\hline
2x^3+10x^2\ -8x \\
3x^2+15x-12 \\
\hline
2x^3+13x^2\ +7x-12
\end{array}
$$

$\longleftarrow\quad (x^2+5x-4)\times(2x)$

$\longleftarrow\quad (x^2+5x-4)\times 3$

$\longleftarrow\quad$ 同類項の和

よって，$(x^2+5x-4)(2x+3)=2x^3+13x^2+7x-12$ となる。

次に，(単項式)^{n}や (多項式)^{n}のような，式の累乗について計算してみよう。

$(3a^2b)^4$の場合，$(3a^2b)^4=(3a^2b)\times(3a^2b)\times(3a^2b)\times(3a^2b)$ の意味だから，単項式の乗法のときは，まず係数を，次に文字を計算する。

係数は，$3^4=(3\times3)^2=9^2=81$　文字は $(a^2b)^4=a^8b^4$

よって，$(3a^2b)^4=81a^8b^4$ になる。

$(2x+y)^4$の場合，$(2x+y)^4=(2x+y)(2x+y)(2x+y)(2x+y)$ の意味から，

$(2x+y)^4=\{(2x+y)^2\}^2$と書きかえて，まず $(2x+y)^2$を計算して，その答えを2乗する。

$(2x+y)^2=(2x+y)(2x+y)=4x^2+2xy+2xy+y^2=4x^2+4xy+y^2$

よって，以下のようになる。

$$
\begin{aligned}
(2x+y)^4 &= \{(2x+y)^2\}^2 = \{(2x+y)(2x+y)\}^2 = (4x^2+4xy+y^2)^2 \\
&= (4x^2+4xy+y^2)(4x^2+4xy+y^2) \\
&= 16x^4+16x^3y+4x^2y^2+16x^3y+16x^2y^2+4xy^3+4x^2y^2+4xy^3+y^4 \\
&= 16x^4+32x^3y+24x^2y^2+8xy^3+y^4
\end{aligned}
$$

多項式の累乗の場合，(多項式)^3=(多項式)$^2\times$(多項式) のように，式の累乗の指数を小さくして，工夫して計算するとよい。

👁 解法のポイント

> 1. 「単項式×単項式」の計算は，まず係数を，次に文字を計算する。
>
> 2. 「単項式×多項式」の計算は，分配の法則を使って計算する。
>
> 3. 「多項式×多項式」の計算は，「単項式×多項式」の計算で展開し，同類項を整理する。
>
> 4. 式の乗法は，たて書きに計算することもできる。
>
> 5. (式)^{n}のような式の累乗は，次数を低くして，工夫して計算する。

次のそれぞれの問いに答えなさい。

(1)　次の計算をして，最も簡単な式に表しなさい。

① $a^2 b \times a^3 b^2$　　　　　　② $-5xy^3 \times (-2x^2 y)^2$

③ $(2xy^3 - 5x^2 y) \times 3y$　　　④ $\dfrac{5}{12} x^2 y(8x - 3y^2)$

⑤ $(x - y)(3x^2 y - 5xy^2 + xy)$

(2)　$(5x^5 + 4x^4 - 3x^3 - 2x^2 - 1)(x^4 - 2x^3 + 3x^2 - 4x + 5)$ を展開したとき，x^6 の係数を求めなさい。

ヒント

(1)　①　それぞれの文字の指数を，指数法則を使って簡単にしていく。

　　②　まず係数の符号，数，文字の順で計算していく。

　　③　分配の法則は，$(\bullet + \blacktriangle) \times \blacksquare = \bullet \times \blacksquare + \blacktriangle \times \blacksquare$ の場合も $\blacksquare \times (\bullet + \blacktriangle) = \blacksquare \times \bullet +$
　　　　$\blacksquare \times \blacktriangle$ の場合と，同様である。

　　④　係数の分数の積は，約分を忘れずに，符号にも注意して計算する。

　　⑤　$x - y$ のそれぞれの項に対して 3 つずつの積をつくり，展開し同類項を整理する。

(2)　x^6 は，$x^5 \times x$，$x^4 \times x^2$，$x^3 \times x^3$，$x^2 \times x^4$ の係数を計算する。

A 解答・解説

(1)　①　$a^2 b \times a^3 b^2 = \boldsymbol{a^5 b^3}$

　　②　$-5xy^3 \times (-2x^2 y)^2 = -5xy^3 \times 4x^4 y^2 = \boldsymbol{-20x^5 y^5}$

　　③　$(2xy^3 - 5x^2 y) \times 3y = 2xy^3 \times 3y - 5x^2 y \times 3y = \boldsymbol{6xy^4 - 15x^2 y^2}$

　　④　$\dfrac{5}{12} x^2 y(8x - 3y^2) = \dfrac{5}{12} x^2 y \times 8x - \dfrac{5}{12} x^2 y \times 3y^2 = \boldsymbol{\dfrac{10}{3} x^3 y - \dfrac{5}{4} x^2 y^3}$

　　⑤　$(x - y)(3x^2 y - 5xy^2 + xy) = x(3x^2 y - 5xy^2 + xy) - y(3x^2 y - 5xy^2 + xy)$

　　　　　　　　　　　　　$= 3x^3 y - 5x^2 y^2 + x^2 y - 3x^2 y^2 + 5xy^3 - xy^2$

　　　　　　　　　　　　　$= \boldsymbol{3x^3 y - 8x^2 y^2 + x^2 y + 5xy^3 - xy^2}$

(2)　x^6 の係数は，$5x^5 \times (-4x)$，$4x^4 \times 3x^2$，$(-3x^3) \times (-2x^3)$，$(-2x^2) \times x^4$ の項を計算する。

　　よって，$-20 + 12 + 6 - 2 = -4$　　　　　　　　　　　　　　（答）　$\boldsymbol{-4}$

Q 例題②

次の計算をしなさい。

(1) $-\dfrac{1}{3}x^2y \times (-6xy^2)^2$

(2) $2.5\,a^2b\left(8\,ab^2 - \dfrac{1}{2}a^2b\right)$

(3) $(3xy+5)(xy+x+2)$

(4) $(x-2y+4)(2x-3y-5)$

A 解答・解説

(1) $-\dfrac{1}{3}x^2y \times (-6xy^2)^2 = -\dfrac{1}{3}x^2y \times 36\,x^2y^4 = \boldsymbol{-12\,x^4y^5}$

(2) かけ算や割り算のとき，小数は分数にかえると計算しやすい。$2.5 = \dfrac{5}{2}$ とする。

$$2.5\,a^2b\left(8\,ab^2 - \dfrac{1}{2}a^2b\right) = \dfrac{5}{2}a^2b\left(8\,ab^2 - \dfrac{1}{2}a^2b\right)$$

$$= \dfrac{5}{2}a^2b \times 8\,ab^2 - \dfrac{5}{2}a^2b \times \dfrac{1}{2}a^2b$$

$$= \boldsymbol{20\,a^3b^3 - \dfrac{5}{4}a^4b^2}$$

(3) $\underbrace{(3xy+5)(xy+x+2)}_{\text{展開する}} = 3x^2y^2 + 3x^2y + 6xy + 5xy + 5x + 10$

$$= \boldsymbol{3x^2y^2 + 3x^2y + 11xy + 5x + 10}$$

(4) $\underbrace{(x-2y+4)(2x-3y-5)}_{\text{展開する}} = 2x^2 - 3xy - 5x - 4xy + 6y^2 + 10y + 8x - 12y - 20$

$$= \boldsymbol{2x^2 - 7xy + 3x + 6y^2 - 2y - 20}$$

No.1 （解答 ▶ P.1）

次の計算をしなさい。

(1)　$ab \times (-a^2 b)$

(2)　$3x(x+y)$

(3)　$-5xy(x^2-y^2)$

(4)　$-2x^2 y(xy+x+y)$

(5)　$(x+3)(x+7)$

No.2 （解答 ▶ P.1）

次の式を展開し，簡単な形にしなさい。

(1)　$0.5x(8x+2y+6)$

(2)　$\dfrac{1}{3}x^2(9xy+6y-3)$

(3)　$\dfrac{3}{4}ab(8a^2+b^2-12)$

(4)　$0.1x^2 y(7x+52y+2)$

(5)　$\dfrac{7}{15}a^2 b^3(3ab-5a+10)$

No.3 （解答 ▶ P.2）

次の式を展開し，簡単な形にしなさい。

(1)　$(x-5)(x+3)$

(2)　$(3x-7)(4x+5)$

(3)　$(x-2)(x+2y-3)$

(4)　$(x+5)(3x-4y+5)$

(5)　$(2x+5y-1)(3x-y+4)$

4 式の展開

整式の積を乗法を行って1つの整式に展開するときに，より早く正確に展開するために，次のような乗法公式がある。次の公式の□，○，△，●には，それぞれ同じ数，文字，項が入る。

（公式1） $(\square+\bigcirc)^2=\square^2+2\square\bigcirc+\bigcirc^2$

□$=x$，○$=3$ならば，$(x+3)^2=x^2+6x+9$となる。

（公式2） $(\square-\bigcirc)^2=\square^2-2\square\bigcirc+\bigcirc^2$

□$=x$，○$=3$ならば，$(x-3)^2=x^2-6x+9$となる。

（公式3） $(\square+\bigcirc)(\square-\bigcirc)=\square^2-\bigcirc^2$

□$=3x$，○$=5y$ならば，$(3x+5y)(3x-5y)=9x^2-25y^2$となる。

（公式4） $(\square+\bigcirc)(\square+\triangle)=\square^2+(\bigcirc+\triangle)\square+\bigcirc\triangle$

□$=x$，○$=3$，△$=2$ならば，$(x+3)(x+2)=x^2+5x+6$となる。

（公式5） $(\square x+\bigcirc)(\triangle x+\bullet)=\square\triangle x^2+(\square\bullet+\bigcirc\triangle)x+\bigcirc\bullet$

□$=3$，○$=4$，△$=5$，●$=6$ならば，

$\quad(3x+4)(5x+6)=15x^2+38x+24$となる。

（公式6） $(\square+\bigcirc)^3=\square^3+3\square^2\bigcirc+3\square\bigcirc^2+\bigcirc^3$

□$=a$，○$=b$ならば，$(a+b)^3=a^3+3a^2b+3ab^2+b^3$となる。

□$=x$，○$=2$ならば，$(x+2)^3=x^3+6x^2+12x+8$となる。

（公式7） $(\square-\bigcirc)^3=\square^3-3\square^2\bigcirc+3\square\bigcirc^2-\bigcirc^3$

□$=a$，○$=b$ならば，$(a-b)^3=a^3-3a^2b+3ab^2-b^3$となる。

□$=x$，○$=2$ならば，$(x-2)^3=x^3-6x^2+12x-8$となる。

（公式8） $(\square+\bigcirc+\triangle)^2=\square^2+\bigcirc^2+\triangle^2+2\square\bigcirc+2\bigcirc\triangle+2\square\triangle$

□$=a$，○$=b$，△$=c$ならば，

$\quad(a+b+c)^2=a^2+b^2+c^2+2ab+2bc+2ac$となる。

□$=x$，○$=2y$，△$=-1$ならば，

$\quad(x+2y-1)^2=x^2+4y^2+1+4xy-4y-2x$となる。

また，次のように同じ式の部分を他の文字におきかえて展開する場合もある。

$(x^2+2x+3)(x^2+2x-3)$ を展開するとき，両方の式に共通な x^2+2x を，他の文字におきかえる。

$x^2+2x=A$とすると，

$(x^2+2x+3)(x^2+2x-3)$ は $(A+3)(A-3)$ になるから，

  $(A+3)(A-3)=A^2-9$

  $A=x^2+2x$をもどして，展開すると，

  $(x^2+2x)^2-9=x^4+4x^3+4x^2-9$

よって，答えは $x^4+4x^3+4x^2-9$

このように，おきかえて乗法公式を使えるようにしておく。

また，次のように工夫し，途中でおきかえを使って展開する場合もある。

$$(x+3)(x+7)(x+2)(x-2)=(x+3)(x+2)(x+7)(x-2)$$
$$=(x^2+5x+6)(x^2+5x-14)$$

ここで，$x^2+5x=A$とおくと，

$$(与式)=(A+6)(A-14)$$
$$=A^2-8A-84$$
$$=(x^2+5x)^2-8(x^2+5x)-84$$
$$=x^4+10x^3+25x^2-8x^2-40x-84$$
$$=x^4+10x^3+17x^2-40x-84$$

◇ 解法のポイント

乗法公式

1. $(a+b)^2=a^2+2ab+b^2$

2. $(a-b)^2=a^2-2ab+b^2$

3. $(a+b)(a-b)=a^2-b^2$

4. $(x+a)(x+b)=x^2+(a+b)x+ab$

5. $(ax+b)(cx+d)=acx^2+(ad+bc)x+bd$

6. $(a+b+c)^2=a^2+b^2+c^2+2ab+2bc+2ca$

7. $(a+b)^3=a^3+3a^2b+3ab^2+b^3$

8. $(a-b)^3=a^3-3a^2b+3ab^2-b^3$

Q 例題①

次の式を展開し整理しなさい。

(1) $(x+5)^2$

(2) $(a-4)^2$

(3) $(x+2)(x-5)$

(4) $(x+6)(x-6)$

(5) $(2x+3)(4x-1)$

(6) $(x+2)^3$

(7) $(x-1)^3$

(8) $(x+2)(x^2-2x+4)$

ヒント

これらの問題は，すべて乗法公式にあてはまる式である。公式を覚えることが大切。

(1) $(a+b)^2=a^2+2ab+b^2$の公式を使う。a，bの位置にx，5が入る。

(2) $(a-b)^2=a^2-2ab+b^2$の公式を使う。bの位置に4が入る。

(3) $(x+a)(x+b)=x^2+(a+b)x+ab$の公式を使う。a，bの位置に，2，-5が入る。

(4) $(a+b)(a-b)=a^2-b^2$の公式を使う。a，bの位置にx，6が入る。

(5) $(ax+b)(cx+d)=acx^2+(ad+bc)x+bd$の公式を使う。$a$，$b$，$c$，$d$の位置に2，3，4，$-1$が入る。

(6) $(a+b)^3=a^3+3a^2b+3ab^2+b^3$の公式を使う。$a$，$b$の位置に$x$，2が入る。

(7) $(a-b)^3=a^3-3a^2b+3ab^2-b^3$の公式を使う。$a$，$b$の位置に$x$，1が入る。

(8) $(a+b)(a^2-ab+b^2)=a^3+b^3$の公式を使う。$a$，$b$の位置に$x$，2が入る。

A 解答・解説

(1) $(x+5)^2=x^2+10x+25$

(2) $(a-4)^2=a^2-8a+16$

(3) $(x+2)(x-5)=x^2-3x-10$

(4) $(x+6)(x-6)=x^2-36$

(5) $(2x+3)(4x-1)=8x^2+(12-2)x-3=8x^2+10x-3$

(6) $(x+2)^3=x^3+3\times2x^2+3\times4x+8=x^3+6x^2+12x+8$

(7) $(x-1)^3=x^3-3x^2+3x-1$

(8) $(x+2)(x^2-2x+4)=x^3+8$

$A=x+y$，$B=x-y$のとき，次の式をx，yの式に展開し整理しなさい。

(1) AB (2) $(A+B)^2$

(3) $(A-B)^2$ (4) $(A-1)(B-1)$

(5) $(A+B)(A-B)$ (6) $(A+3B)(A-2B)$

A 解答・解説

(1) $A=x+y$, $B=x-y$とすると，

$AB=(x+y)(x-y)=x^2-y^2$

(2) $A+B=x+y+x-y=2x$

よって，$(A+B)^2=(2x)^2=4x^2$

(3) $A-B=x+y-(x-y)=x+y-x+y=2y$

よって，$(A-B)^2=(2y)^2=4y^2$

(4) $(A-1)(B-1)=AB-A-B+1=AB-(A+B)+1$

ところで，(1)より$AB=x^2-y^2$，(2)より$A+B=2x$だから，

$AB-(A+B)+1=x^2-y^2-2x+1$

(5) (2)，(3)より，$A+B=2x$，$A-B=2y$

よって，$(A+B)(A-B)=2x\times 2y=4xy$

(6) $(A+3B)(A-2B)=A^2+AB-6B^2$

ところで，$A^2=(x+y)^2=x^2+2xy+y^2$

$B^2=(x-y)^2=x^2-2xy+y^2$

$AB=(x+y)(x-y)=x^2-y^2$だから，

$A^2+AB-6B^2=x^2+2xy+y^2+x^2-y^2-6(x^2-2xy+y^2)$

$=x^2+2xy+y^2+x^2-y^2-6x^2+12xy-6y^2$

$=-4x^2+14xy-6y^2$

または，$A+3B=x+y+3(x-y)=x+y+3x-3y=4x-2y$

$A-2B=x+y-2(x-y)=x+y-2x+2y=-x+3y$

より，$(A+3B)(A-2B)=(4x-2y)(-x+3y)=-4x^2+14xy-6y^2$でもよい。

Q 例題③

　　次の式を展開し，xについての降べきの順に整理しなさい。

(1) $(x-3)(x+6)+(x+5)(x-2)$

(2) $(3x+5)^2-(2x-5)^2$

(3) $(2x-1)(2x+1)+(x-2)^2$

(4) $(6x-\dfrac{1}{3})^2$

(5) $(2x+3)^3$

A 解答・解説

(1) $(x+a)(x+b)=x^2+(a+b)x+ab$の乗法公式を利用し展開後，同類項を整理する。

$$(x-3)(x+6)+(x+5)(x-2)=x^2+3x-18+x^2+3x-10$$
$$=\mathbf{2x^2+6x-28}$$

(2) $(a\pm b)^2=a^2\pm 2ab+b^2$の乗法公式を利用し展開後，同類項を整理する。

$$(3x+5)^2-(2x-5)^2=9x^2+30x+25-4x^2+20x-25$$
$$=\mathbf{5x^2+50x}$$

(3) $(a+b)(a-b)=a^2-b^2$の乗法公式を利用し展開後，同類項を整理する。

$$(2x-1)(2x+1)+(x-2)^2=4x^2-1+x^2-4x+4$$
$$=\mathbf{5x^2-4x+3}$$

(4) 分数計算のときは，約分を忘れないようにする。

$$(6x-\dfrac{1}{3})^2=\mathbf{36x^2-4x+\dfrac{1}{9}}$$

(5) $(a+b)^3=a^3+3a^2b+3ab^2+b^3$の乗法公式を利用する。

$$(2x+3)^3=\mathbf{8x^3+36x^2+54x+27}$$

No.1

(解答 ▶ P.2)

次の(1)～(6)の式を展開し，xについて降べきの順に整理しなさい。

(1)　$x(2x+1)+x^2(x-1)$

(2)　$(x+1)^2-(x+2)(x+3)$

(3)　$(2x-1)(x+1)-(x-1)(x-4)$

(4)　$(2x-y)^2$

(5)　$(3x+2)^2$

(6)　$(2x+\dfrac{1}{4})^2$

No.2

(解答 ▶ P.2)

次の(1)～(6)の式を展開し，xについて降べきの順に整理しなさい。

(1)　$(2x-1)(2x+1)$

(2)　$(2x-3)(2x+3)$

(3)　$(2x+1)^3$

(4)　$(x-3)^3$

(5)　$(2x+3)(2x-1)$

(6)　$(2x-3)(5x-1)$

No.3

(解答 ▶ P.2)

次の式を展開しなさい。

(1)　$(a+b)^2+(a-b)^2$

(2)　$(a+b)^2-(a-b)^2$

(3)　$(a-b)^3+3ab(a-b)$

(4)　$(a+b)^2-2ab$

(5)　$(a+b)^3-3ab(a+b)$

5　因数分解とその応用

　展開された多項式を，できるだけ簡単な**整式の積**になおすことを**因数分解**するという。因数分解では，まず共通因数があれば，次のようにくくり出す。

・$5x + 10xy + 15 \xrightarrow[\text{展開}]{\text{因数分解}} 5(x + 2xy + 3)$

・$am^2 + a^2m + am \xrightarrow[\text{展開}]{\text{因数分解}} am(m + a + 1)$

そして，次の公式にあてはめられるかどうか調べてみる。乗法公式の逆である。

・$x^2 + 8x + 16 = x^2 + (4 + 4)x + 4 \times 4 = (x + 4)^2$

　　$\boldsymbol{a^2 + 2ab + b^2 = (a + b)^2}$

・$y^2 - 6y + 9 = y^2 - (3 + 3)y + 3 \times 3 = (y - 3)^2$

　　$\boldsymbol{a^2 - 2ab + b^2 = (a - b)^2}$

・$9x^2 - 4y^2 = (3x)^2 - (2y)^2 = (3x + 2y)(3x - 2y)$

　　$\boldsymbol{a^2 - b^2 = (a + b)(a - b)}$

・$x^2 + 9x + 20 = x^2 + (4 + 5)x + 4 \times 5 = (x + 4)(x + 5)$

　　$\boldsymbol{x^2 + (a + b)x + ab = (x + a)(x + b)}$

　また，上の公式にあてはまらないとき，x^2の係数と定数項を2つの数の積に分解し，たすきにかけた数の和が，まん中の項の係数と同じになる場合，2式の数の部分ができる。

・$6x^2 - 11x - 10$の場合，たすきがけで因数分解すると，

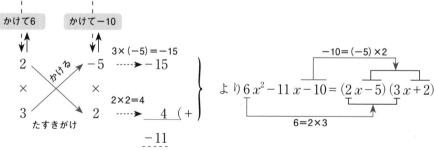

（公式）　$\boldsymbol{acx^2 + (bc + ad)x + bd = (ax + b)(cx + d)}$

共通因数でくくれるかどうか確認したあと，すぐに公式に当てはめられない場合，次のように，式に含まれている文字について調べ，最も低い次数の文字について降べきの順に整理してみると，共通因数がみえてくる。

・$2a^2+a+2ab+b$の場合

出てくる文字はaとbで，aは2次，bは1次だから，bでくくる。

$2a^2+a+b(2a+1)$ より$2a+1$が共通因数になるような見込みがたつ。よって，

$$2a^2+a+2ab+b=2a^2+a+b(2a+1)=a(2a+1)+b(2a+1)=(a+b)(2a+1)$$

※1

また，簡単な式を1つの文字のようにまとめて考えるとよいときもある。

・$(x^2+2x-5)(x^2+2x+3)+7$の場合

$x^2+2x=t$ とおくと，

$$\begin{aligned}
&(x^2+2x-5)(x^2+2x+3)+7\\
&=(t-5)(t+3)+7\\
&=t^2-2t-15+7\\
&=t^2-2t-8\\
&=(t-4)(t+2)\\
&=(x^2+2x-4)(x^2+2x+2)
\end{aligned}$$

因数分解をし，まだ因数分解ができる場合は，これ以上ができない段階まで因数分解する。

◇ 解法のポイント

因数分解の方法

1. 共通因数があればくくる。

2. 公式にあてはめられたら，あてはめる。

  ① $a^2+2ab+b^2=(a+b)^2$

  ② $a^2-2ab+b^2=(a-b)^2$

  ③ $a^2-b^2=(a+b)(a-b)$

  ④ $x^2+(a+b)x+ab=(x+a)(x+b)$

  ⑤ $acx^2+(bc+ad)x+bd=(ax+b)(cx+d)$ （たすきがけ）

3. 公式にあてはめられないとき，

  ① できるだけ次数の低い文字でくくると共通因数があらわれる。

  ② 簡単な式を1つの文字におきかえて公式にあてはめる。

※1 $(2a+1)$ が共通因数になる。

Q 例題①

次の式を因数分解しなさい。

(1) $8x^2y^2 + 4x^2y + 12xy^2$

(2) $x^2 + 10x + 25$

(3) $a^2 - 8a + 16$

(4) $x^2 - 6x - 16$

(5) $9x^2 - 4y^2$

(6) $8x^2 + 10x - 3$

⑦ ヒント

因数分解をするとき，まず共通因数でくくる。そして，公式にあてはめる。

(1) 係数の共通因数は4，文字の共通因数はxyなので，$4xy$でくくる。くくったあとは，公式にあてはめる。

(2) 乗法公式　$a^2 + 2ab + b^2 = (a+b)^2$にあてはまる。

(3) 乗法公式　$a^2 - 2ab + b^2 = (a-b)^2$にあてはまる。

(4) 乗法公式　$x^2 + (a+b)x + ab = (x+a)(x+b)$ にあてはまる。

(5) 乗法公式　$a^2 - b^2 = (a+b)(a-b)$ にあてはまる。

(6) 乗法公式　$acx^2 + (ad+bc)x + bd = (ax+b)(cx+d)$ にあてはめる。

A 解答・解説

(1) $8x^2y^2 + 4x^2y + 12xy^2 = \boldsymbol{4xy(2xy + x + 3y)}$

(2) $x^2 + 10x + 25 = \boldsymbol{(x+5)^2}$

(3) $a^2 - 8a + 16 = \boldsymbol{(a-4)^2}$

(4) $2 \times 8 = 16,\ 2 + (-8) = -6$より，$x^2 - 6x - 16 = \boldsymbol{(x+2)(x-8)}$

(5) $3 \times 3 = 9,\ 2 \times 2 = 4$より，$9x^2 - 4y^2 = \boldsymbol{(3x+2y)(3x-2y)}$

(6) たすきがけをすると，

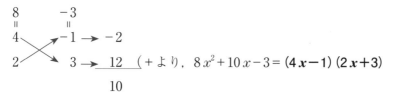

より，$8x^2 + 10x - 3 = \boldsymbol{(4x-1)(2x+3)}$

次の式を因数分解しなさい。

(1) $x^2 y^2 + x^2 y + xy^2$

(2) $x^3 + 8x^2 + 16x$

(3) $15ab^2 + 14ab - 8a$

(4) $(x+y)^2 - 9$

(5) $2x^2 - xy + 6x - 3y$

(6) $(x^2 - 3x + 3)(x^2 - 3x - 5) + 7$

A 解答・解説

(1) 共通因数xyでくくって,

$$x^2 y^2 + x^2 y + xy^2 = \boldsymbol{xy(xy + x + y)}$$

(2) 共通因数xでくくった後,乗法公式$x^2 + 2ax + a^2 = (x+a)^2$にあてはめて,

$$x^3 + 8x^2 + 16x = x(x^2 + 8x + 16)$$
$$= \boldsymbol{x(x+4)^2}$$

(3) 共通因数aでくくり,$15 = 3 \times 5$,$-8 = 4 \times (-2)$ のたすきがけをすると,

$$15ab^2 + 14ab - 8a = a(15b^2 + 14b - 8) = \boldsymbol{a(5b-2)(3b+4)}$$

(4) $x + y = A$とおきかえると,

$$(x+y)^2 - 9 = A^2 - 9 = (A-3)(A+3) = \boldsymbol{(x+y-3)(x+y+3)}$$

(5) 最低次数の文字yでくくると,

$$2x^2 - xy + 6x - 3y = 2x^2 + 6x - y(x+3) = 2x(x+3) - y(x+3) = \boldsymbol{(2x-y)(x+3)}$$

(6) $x^2 - 3x = A$とおきかえると,

$$(x^2 - 3x + 3)(x^2 - 3x - 5) + 7 = (A+3)(A-5) + 7$$
$$= A^2 - 2A - 15 + 7$$
$$= A^2 - 2A - 8$$
$$= (A-4)(A+2)$$
$$= (x^2 - 3x - 4)(x^2 - 3x + 2) \quad \Leftarrow \text{まだ因数分解できる。}$$
$$= \boldsymbol{(x-4)(x+1)(x-1)(x-2)}$$

Q　例題③

次の式を因数分解しなさい。

(1)　$3x^2 - 18x + 27$

(2)　$32x^2 - 8y^2$

(3)　$10x^2 - 13x - 30$

(4)　$x^2 + 6x + 9 - y^2$

(5)　$a^2 b - 5ab + 3a^2 - 15a$

(6)　$(x^2 + 3x - 2)(x^2 + 3x + 5) + 12$

A　解答・解説

(1)　$3x^2 - 18x + 27 = 3(x^2 - 6x + 9) = \mathbf{3(x-3)^2}$

(2)　$32x^2 - 8y^2 = 8(4x^2 - y^2) = \mathbf{8(2x+y)(2x-y)}$

(3)　たすきがけ，

$$
\begin{array}{ccc}
2 & \diagdown & -5 \rightarrow -25 \\
\times & \times & \times \\
5 & \diagup & 6 \rightarrow \underline{12}\,(+ \text{より,} \\
& & -13
\end{array}
$$

$10x^2 - 13x - 30 = \mathbf{(2x-5)(5x+6)}$

(4)　$x^2 + 6x + 9$を因数分解してから，おきかえて因数分解する。

$x^2 + 6x + 9 - y^2 = (x+3)^2 - y^2$，$x + 3 = t$とおいて，

$t^2 - y^2 = (t+y)(t-y) = \mathbf{(x+y+3)(x-y+3)}$

(5)　共通因数aでくくると，$a^2 b - 5ab + 3a^2 - 15a = a(ab - 5b + 3a - 15)$

そして，bと3でくくると，$a\{b(a-5) + 3(a-5)\} = \mathbf{a(a-5)(b+3)}$

(6)　$x^2 + 3x = t$とおくと，

$(t-2)(t+5) + 12 = t^2 + 3t - 10 + 12$

$\qquad = t^2 + 3t + 2 = (t+2)(t+1) = (x^2 + 3x + 2)(x^2 + 3x + 1)$

そして，まだ因数分解できるので，$\mathbf{(x+2)(x+1)(x^2+3x+1)}$

No.1

（解答 ▶ P.3)

次の式を因数分解しなさい。

(1) $x^2 y + x y^2$

(2) $3 xy - 9 xy^2$

(3) $x^2 + x + xy + y$

(4) $x^2 + 8 xy + 16 y^2$

(5) $9 x^2 + 12 x + 4$

(6) $\dfrac{1}{2} x^2 + x + \dfrac{1}{2}$

No.2

（解答 ▶ P.3)

次の式を因数分解しなさい。

(1) $x^2 + 7 x + 12$

(2) $3 x^2 + 9 x + 6$

(3) $x^2 + 5 x - 14$

(4) $4 x^2 - 25$

No.3

（解答 ▶ P.3)

次の式を因数分解しなさい。

(1) $3 x^2 + 7 x + 2$

(2) $6 x^2 + 19 x + 8$

(3) $2 x^2 - 7 x + 5$

(4) $4 x^2 - 15 x + 9$

(5) $2 x^2 + 5 x - 3$

(6) $14 x^2 + 17 x - 6$

No.4

（解答 ▶ P.4)

次の式を展開した後，因数分解して簡単にしなさい。

(1) $x(x-4) + x^2(x-1)$

(2) $2(x^2 + 3 x - 4) + 4(2 x + 3)(x + 4)$

6　整式の除法

　整数の割り算$619 \div 27 = 22$ …… 25を筆算で求めると，右のように商は22，余りは25になる。整式の除法もこれと同様に行う。

　例えば，$(3x^3 - 10x^2 + 7) \div (x^2 - 5x)$ のとき，右下のように，割られる式を降べきの順に並べ，抜けている次数の項(ここではxの1次の項) は空けておく。

$$
\begin{array}{r}
22 \\
27\overline{)619} \\
54 \\
\hline
79 \\
54 \\
\hline
25
\end{array}
$$

　そして，次の順で商と余りを求める。

① 　x^2に何をかけると$3x^3$になるか　　⟶　$\mathbf{3x}$

② 　$x^2 - 5x$に$3x$をかけた積をかく

　　　　　　　　　　　⟶　$3x^3 - 15x^2$

③ 　上段から引く　　　⟶　$5x^2$

④ 　割られる式から，次に次数の低い項をおろす　　⟶　1次の項はない

⑤ 　①と同様にx^2に何をかけると$5x^2$になるか　　⟶　$\mathbf{5}$

⑥ 　上段から引いて定数項をおろして余りになる。　　⟶　$25x + 7$

$$
\begin{array}{r}
3x + 5 \\
x^2 - 5x\,\overline{)3x^3 - 10x^2 + 7} \\
3x^3 - 15x^2 \\
\hline
5x^2 \\
5x^2 - 25x \\
\hline
25x + 7
\end{array}
$$

　よって，$(3x^3 - 10x^2 + 7) \div (x^2 - 5x) = \mathbf{3x + 5}$　余り$\mathbf{25x + 7}$

　ただし，数の除法では，「余り＜割る数」だが，整式の除法では，「**余りの次数＜割る式の次数**」となることに注意する。

　これを等式で表した場合，整数の「(割られる数) ＝ (割る数) ✕ (商) ＋ (余り)」と同様に，

$$3x^3 - 10x^2 + 7 = (x^2 - 5x)(3x + 5) + 25x + 7$$

となる。

🔍 解法のポイント

- 整式の割り算は，整数の場合と同様に筆算で求められる。このとき，余りは割る式の次数より低くなる。
- 整式Aと整式Bがあり，AをBで割ったときの商をQ，余りをRとすると，等式 $A = BQ + R$が成り立つ。ただし，$(Bの次数) > (Rの次数)$

Q 例題①

AとBが次の式のとき，AをBで割って，$A=BQ+R$（RはBより低次）の形に式を表しなさい。

(1) $A=x^3+2x^2-3x+4$　　$B=x+5$

(2) $A=4x^4-2x^3+6x^2$　　$B=2x^2+1$

(3) $A=x^3+1$　　$B=x^2-x+1$

⑦ ヒント

整式の除法の筆算は，次のようにする。このとき，余りは割る式よりも低次の式になる。

(1)
$$
\begin{array}{r}
x^2-3x+12 \\
x+5 \,\overline{)\, x^3+2x^2-3x+4} \\
\underline{x^3+5x^2} \\
-3x^2-3x \\
\underline{-3x^2-15x} \\
12x+4 \\
\underline{12x+60} \\
-56
\end{array}
$$

(2)
$$
\begin{array}{r}
2x^2-x+2 \\
2x^2+1 \,\overline{)\, 4x^4-2x^3+6x^2} \\
\underline{4x^4\qquad+2x^2}\qquad ※1 \\
-2x^3+4x^2 \\
\underline{-2x^3\qquad-x} \\
4x^2+x \\
\underline{4x^2\qquad+2} \\
x-2
\end{array}
$$

(3)
$$
\begin{array}{r}
x+1 \\
x^2-x+1 \,\overline{)\, x^3\qquad+1} \\
\underline{x^3-x^2+x} \\
x^2-x+1 \\
\underline{x^2-x+1} \\
0
\end{array}
$$

A 解答・解説

上の筆算より，

(1) $x^3+2x^2-3x+4=(\boldsymbol{x+5})(\boldsymbol{x^2-3x+12})-56$

(2) $4x^4-2x^3+6x^2=(\boldsymbol{2x^2+1})(\boldsymbol{2x^2-x+2})+\boldsymbol{x-2}$

(3) $x^3+1=(\boldsymbol{x^2-x+1})(\boldsymbol{x+1})^{※2}$

※1　3次の項はないので空ける。
※2　乗法公式 $a^3+1=(a+1)(a^2-a+1)$ と同じ。

Q 例題②

次のそれぞれの問いに答えなさい。

(1) 次の割り算をして，余りも出しなさい。

① $(x^3+2x^2+3x+4)\div(x^2+x+1)$

② $(2x^4+4x^3-2x^2-3)\div(x^3+x)$

(2) 次の割り算は割り切れる。これを利用して，割られる式を因数分解しなさい。

① $(x^3+x^2+x-3)\div(x-1)$

② $(2x^2-3x-9)\div(x-3)$

A 解答・解説

(1) 下図のように筆算する。

①
$$
\begin{array}{r}
x+1 \\
x^2+x+1\,\overline{\smash{)}\,x^3+2x^2+3x+4} \\
\underline{x^3+x^2+x} \\
x^2+2x+4 \\
\underline{x^2+x+1} \\
x+3
\end{array}
$$

② 3次式で割るから余りは2次式以下になる。
$$
\begin{array}{r}
2x+4 \\
x^3+x\,\overline{\smash{)}\,2x^4+4x^3-2x^2-3} \\
\underline{2x^4+2x^2} \\
4x^3-4x^2 \\
\underline{4x^3+4x} \\
-4x^2-4x-3
\end{array}
$$

よって，商　**$x+1$**

　　　余り　**$x+3$**

よって，商　**$2x+4$**

　　　余り　**$-4x^2-4x-3$**

(2) ① 筆算で計算すると，$(x^3+x^2+x-3)\div(x-1)=x^2+2x+3$

　　　よって，因数分解すると，$x^3+x^2+x-3=$**$(x-1)(x^2+2x+3)$**

② 筆算で計算すると，$(2x^2-3x-9)\div(x-3)=2x+3$

　　　よって，因数分解すると，$2x^2-3x-9=$**$(x-3)(2x+3)$**

No.1

（解答 ▶ P.4）

次の計算をしなさい。

(1) $(x^2 + 3x + 2) \div (x + 1)$

(2) $(x^3 + 4x^2 - x + 2) \div (x + 1)$

(3) $(3x^4 + 2x^3 - 32x^2 + 2x - 3) \div (x - 3)$

(4) $(4x^3 - 2x^2 + 3x - 2) \div (x^2 + 2x + 3)$

(5) $(3x^3 - 4x^2 - 2x - 5) \div (x^2 - 2)$

No.2

（解答 ▶ P.5）

次のAの式をBの式で割って，その商Qと余りRを使って$A = BQ + R$の形に表しなさい。

(1) $A = x^3 + 2x^2 - x + 2$ $B = x + 1$

(2) $A = 2x^3 - x^2 + 3x - 2$ $B = x - 1$

(3) $A = 3x^4 + 2x + 3$ $B = x^2 + 3$

(4) $A = 5x^3 - 2x^2 + x - 1$ $B = x^2 + 2x + 1$

(5) $A = 3x^5 + 2x^4 - 2x + 3$ $B = x^2 + 3x$

No.3

（解答 ▶ P.5）

次の式を因数分解の途中まで表した。因数分解を完成させなさい。

(1) $x^3 + 2x^2 - x - 2 = (x - 1)($ $)($ $)$

(2) $10x^2 + 23x + 12 = (5x + 4)($ $)$

(3) $x^3 + 2x^2 - 5x - 6 = (x + 1)($ $)($ $)$

7 平方根

$x^2=4$のxにあてはまる数は2と-2，$x^2=9$のxにあてはまる数は3と-3。

このように，2乗してaになる数をaの**平方根**[※1]といい，**絶対値**[※2]が等しく符号が反対の2つの数で表す。特に，$x^2=5$や$x^2=6$などを満たす平方根には根号$\sqrt{}$（ルート）をつけて，$\pm\sqrt{5}$[※3]，$\pm\sqrt{6}$のように表す。よって，$(\pm\sqrt{5})^2=5$，$(\pm\sqrt{6})^2=6$である。このような数を長さで表すと，面積4，5，6，7…の正方形の1辺の長さは，2，$\sqrt{5}$，$\sqrt{6}$，$\sqrt{7}$…となり，下図のように表すことができる。また，根号のついた数は，だいたいどのくらいの大きさであるかということが下のような方法でわかる。例えば$\sqrt{13}$の場合，[※4]

$\sqrt{13}$は$\sqrt{9}$より大きく，$\sqrt{16}$より小さいから，

$$3<\sqrt{13}<4 \;\rightarrow\; \sqrt{13}は3と4の間にある。$$

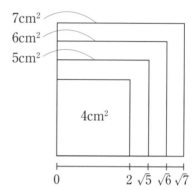

また，平方根どうしの積は，符号を最初につけて，根号の中でかけることができる。

$$\sqrt{3}\times\sqrt{5}=\sqrt{15}$$

これを記号で表すと，

$$\sqrt{a}\times\sqrt{b}=\sqrt{ab} \;(ただし，a>0，b>0)$$

となる。

また，割り算のとき，符号を最初につけて，根号の中で割ることができる。

$$\sqrt{3}\div\sqrt{5}=\frac{\sqrt{3}}{\sqrt{5}}=\sqrt{\frac{3}{5}} \quad よって，\frac{\sqrt{a}}{\sqrt{b}}=\sqrt{\frac{a}{b}} になる。$$

根号のついている数と整数の積は，$\times$の記号を省略して，

$$3\times\sqrt{5}=3\sqrt{5} \quad のように表す。$$

このことから，$\sqrt{45}=\sqrt{9\times5}=\sqrt{9}\times\sqrt{5}=3\sqrt{5}$ のように平方数が根号の数に因数としてある[※5]ときには，根号をはずした形にして，前に出し変形する。

（例）・$\sqrt{80}=\sqrt{16\times5}=4\sqrt{5}$

　　　・$\sqrt{50}=\sqrt{25\times2}=5\sqrt{2}$

※1　**平方**とは2乗のことで，**根**は方程式の解のこと。
※2　数の符号をとったもの。
※3　ルート5と読む。この数は分数で表すことができない無理数という。
※4　これを近似値という。
※5　ある数をかけ算の形に表したときに含まれる数。

このように「(整数)×(根号を使った数)」で表すことができることから，分配法則を利用して，$\sqrt{75}+\sqrt{48}=5\sqrt{3}+4\sqrt{3}=(5+4)\times\sqrt{3}=9\sqrt{3}$ のように同じ根号のついた数は，加法，減法ができる。

　これによって，次のように乗法公式に根号を使った数を使うことができる。

$$(\sqrt{3}+5)(\sqrt{3}-2)=(\sqrt{3})^2+(5-2)\sqrt{3}+5\times(-2)=3+3\sqrt{3}-10$$
$$=-7+3\sqrt{3}$$

　代表的な平方根の近似値は，次のような語呂あわせで覚える。

$\sqrt{2}≒1.41421356$

　　一夜一夜に人見ごろ

$\sqrt{3}≒1.7320508$

　　人並におごれや

$\sqrt{5}≒2.2360679$

　　富士山ろくオウム鳴く

$\sqrt{6}≒2.44949$

　　煮よよくよく

$\sqrt{7}≒2.64575$

　　菜にむしいない

◈ 解法のポイント

> 1．$0<a<b$ならば$\sqrt{a}<\sqrt{b}$
>
> 2．$0<a$，$0<b$のとき，
>
> ・$\sqrt{a}\sqrt{b}=\sqrt{ab}$
>
> ・$\dfrac{\sqrt{a}}{\sqrt{b}}=\sqrt{\dfrac{a}{b}}$
>
> 　このことから，
>
> ・$\sqrt{a^2 b}=a\sqrt{b}$
>
> ・$a\sqrt{b}=\sqrt{a^2 b}$

Q 例題①

> 次のそれぞれの問いに答えなさい。
>
> (1) 次の数を$a\sqrt{b}$の形に表しなさい。
>
> ① $\sqrt{54}$　② $\sqrt{200}$　③ $\sqrt{72}$
>
> (2) 次の計算をしなさい。
>
> ① $\sqrt{54}\times\sqrt{18}$
>
> ② $\sqrt{50}\times\sqrt{8}$
>
> ③ $\sqrt{75}\div\sqrt{3}$
>
> ④ $\sqrt{72}-\sqrt{50}$
>
> ⑤ $(\sqrt{5}-\sqrt{3})^2$
>
> ⑥ $(\sqrt{7}+3)(\sqrt{7}-1)$

❓ ヒント

(1) ① $\sqrt{a^2b}$となるabをみつけて，$a\sqrt{b}$にする。$54=9\times6=3^2\times6$

② $200=100\times2=10^2\times2$

③ $72=36\times2=6^2\times2$のように平方数との積の形で考える。

(2) (1)と同様に，$\sqrt{a^2b}$の形は$a\sqrt{b}$にしてから，根号の中どうしの乗除は$\sqrt{a}\times\sqrt{b}=\sqrt{ab}$や

$\sqrt{a}\div\sqrt{b}=\sqrt{\dfrac{a}{b}}$のきまりを使って計算する。⑤，⑥は乗法公式を利用すればよい。

A 解答・解説

(1) ① $\sqrt{54}=\sqrt{9\times6}=\sqrt{3^2\times6}=\mathbf{3\sqrt{6}}$

② $\sqrt{200}=\sqrt{100\times2}=\sqrt{10^2\times2}=\mathbf{10\sqrt{2}}$

③ $\sqrt{72}=\sqrt{36\times2}=\sqrt{6^2\times2}=\mathbf{6\sqrt{2}}$

(2) ① $\sqrt{54}\times\sqrt{18}=3\sqrt{6}\times3\sqrt{2}=3\times3\times\sqrt{6}\times\sqrt{2}=9\sqrt{12}=9\times2\sqrt{3}=\mathbf{18\sqrt{3}}$

② $\sqrt{50}\times\sqrt{8}=5\sqrt{2}\times2\sqrt{2}=5\times2\times(\sqrt{2})^2=\mathbf{20}$

③ $\sqrt{75}\div\sqrt{3}=\sqrt{\dfrac{75}{3}}=\sqrt{25}=\mathbf{5}$

④ $\sqrt{72}-\sqrt{50}=6\sqrt{2}-5\sqrt{2}=\mathbf{\sqrt{2}}$

⑤ $(\sqrt{5}-\sqrt{3})^2=(\sqrt{5})^2-2\times\sqrt{5}\times\sqrt{3}+(\sqrt{3})^2=5-2\sqrt{15}+3=\mathbf{8-2\sqrt{15}}$

⑥ $(\sqrt{7}+3)(\sqrt{7}-1)=(\sqrt{7})^2+(3-1)\sqrt{7}-3=\mathbf{4+2\sqrt{7}}$

次のそれぞれの問いに答えなさい。

(1) 次の①〜④の〜線の部分を正しく直しなさい。

① $\sqrt{(-3)^2}$は$\underset{\sim}{-3}$と等しい。　　② $\sqrt{36}$は$\underset{\sim}{\pm 6}$である。

③ $\sqrt{\underset{\sim}{0.4}}$は0.2と等しい。　　④ 25の平方根は$\underset{\sim}{5}$である。

(2) 次の計算をしなさい。

① $\sqrt{72} \div 6\sqrt{3} \times \sqrt{3}$　　② $6\sqrt{120} \div 2\sqrt{2} \div \sqrt{3}$

③ $6\sqrt{48} - 4\sqrt{24} + \sqrt{108}$　　④ $\dfrac{5\sqrt{8}}{2} - \sqrt{98} + \dfrac{2}{\sqrt{2}}$

A 解答・解説

(1) ① $(-3)^2 = 9$であるから，

$$\sqrt{(-3)^2} = \sqrt{9} = \mathbf{3}$$

② $\sqrt{36}$とは，36の正と負の平方根のうち，正の数を表しているから，

$$\sqrt{36} = \mathbf{6}$$

③ $(0.2)^2 = 0.2 \times 0.2 = 0.04$より，

$$0.2 = \sqrt{(0.2)^2} = \sqrt{\mathbf{0.04}}$$

④ 正の数の平方根は，正と負の2個あるから，

25の平方根は± 5

(2) ① $\sqrt{72} \div 6\sqrt{3} \times \sqrt{3} = \dfrac{6\sqrt{2} \times \sqrt{3}}{6\sqrt{3}} = \boldsymbol{\sqrt{2}}$

② $6\sqrt{120} \div 2\sqrt{2} \div \sqrt{3} = \dfrac{6 \times 2\sqrt{30}}{2\sqrt{2} \times \sqrt{3}} = \mathbf{6}\boldsymbol{\sqrt{5}}$

③ $6\sqrt{48} - 4\sqrt{24} + \sqrt{108} = 6 \times 4\sqrt{3} - 4 \times 2\sqrt{6} + 6\sqrt{3} = 24\sqrt{3} - 8\sqrt{6} + 6\sqrt{3} = \mathbf{30}\boldsymbol{\sqrt{3}} - \mathbf{8}\boldsymbol{\sqrt{6}}$

④ $\dfrac{2}{\sqrt{2}} = \dfrac{\sqrt{2} \times \sqrt{2}}{\sqrt{2}} = \sqrt{2}$のように約分して，

$$\dfrac{5\sqrt{8}}{2} - \sqrt{98} + \dfrac{2}{\sqrt{2}} = \dfrac{5 \times 2\sqrt{2}}{2} - 7\sqrt{2} + \sqrt{2} = 5\sqrt{2} - 7\sqrt{2} + \sqrt{2} = \boldsymbol{-\sqrt{2}}$$

Q　例題③

次のそれぞれの問いに答えなさい。

(1)　aを正の整数とするとき，次の問いに答えなさい。

①　$\sqrt{25-a}$ の値が整数になるとき，すべてのaの値を求めなさい。

②　$2.5<\sqrt{a}<3$を満たすaの値をすべて求めなさい。

(2)　次の計算をしなさい。

①　$(\sqrt{3}+1)^2$　　　　②　$(\sqrt{5}+\sqrt{2})(\sqrt{5}-\sqrt{2})$

③　$(2\sqrt{3}+3\sqrt{6})^2$　　　　④　$3\sqrt{8}(\sqrt{24}+3\sqrt{6})-\sqrt{108}$

A　解答・解説

(1)　①　$x<25$で$\sqrt{x}$が整数になるとき，xにあてはまる数は大きい順に16，9，4，1，0の5つである。

$25-a=x$だから$a=$**9，16，21，24，25**

②　2.5と3を根号の中に入れて表すと，$\sqrt{6.25}<\sqrt{a}<\sqrt{9}$

これを満たすすべての整数aは，**7，8**になる。

(2)　①　乗法公式$(a+b)^2=a^2+2ab+b^2$だから，

$(\sqrt{3}+1)^2=(\sqrt{3})^2+2\sqrt{3}+1=$**$4+2\sqrt{3}$**

②　乗法公式$(a+b)(a-b)=a^2-b^2$だから，

$(\sqrt{5}+\sqrt{2})(\sqrt{5}-\sqrt{2})=(\sqrt{5})^2-(\sqrt{2})^2=$**3**

③　①と同様にして，$(2\sqrt{3}+3\sqrt{6})^2=(2\sqrt{3})^2+2\times(2\sqrt{3})(3\sqrt{6})+(3\sqrt{6})^2=$**$66+36\sqrt{2}$**

④　$\sqrt{a^2b}$を$a\sqrt{b}$に変形し，できるだけ計算を楽に進める。

$3\sqrt{8}(\sqrt{24}+3\sqrt{6})-\sqrt{108}=3\times2\sqrt{2}(2\sqrt{6}+3\sqrt{6})-6\sqrt{3}=6\sqrt{2}\times5\sqrt{6}-6\sqrt{3}=$**$54\sqrt{3}$**

No.1 （解答 ▶ P.5）

次の計算をしなさい。

(1) $(-\sqrt{3})^2$　　　(2) $-\sqrt{3^2}$

(3) $-\sqrt{(-3)^2}$　　　(4) $3\sqrt{5}-\sqrt{5}$

(5) $3\div\sqrt{3}$

No.2 （解答 ▶ P.5）

次の□にあてはまる数を求めなさい。

(1) $100\sqrt{3}=\sqrt{\boxed{}}$

(2) $\sqrt{2200}=\boxed{}\sqrt{22}$

(3) $\sqrt{0.0014}=\dfrac{\sqrt{14}}{\boxed{}}$

(4) $\dfrac{\sqrt{7}}{10}=\sqrt{0.\boxed{}}$

(5) $\dfrac{\sqrt{24}}{200}=\sqrt{0.\boxed{}}$

No.3 （解答 ▶ P.5）

次の計算をしなさい。

(1) $\sqrt{45}-\sqrt{5}-\sqrt{80}$

(2) $\sqrt{48}+\sqrt{72}+\sqrt{27}-\sqrt{2}$

(3) $2\sqrt{\dfrac{3}{4}}-8\sqrt{\dfrac{3}{16}}+3\sqrt{27}$

(4) $3\sqrt{12}-2\sqrt{27}-\sqrt{3}$

(5) $\sqrt{28}-\sqrt{112}+\sqrt{63}$

No.4

（解答▸P.6）

次の計算をしなさい。

(1) $\sqrt{50} \times \sqrt{32}$

(2) $\sqrt{6} \times \sqrt{2} \div \sqrt{3}$

(3) $(3\sqrt{5} - \sqrt{3})(2\sqrt{5} + \sqrt{3})$

(4) $(3 + \sqrt{6})^2$

(5) $(\sqrt{2} + \sqrt{3})(\sqrt{6} + \sqrt{8})$

No.5

（解答▸P.6）

$\sqrt{11}$の整数部分をa，小数部分をbとしたとき，次の値を求めなさい。

(1) $a + b$

(2) $(a + b)^2$

(3) $a^2 + b^2$

(4) ab

(5) $a - b$

(6) $(a - b)^2$

No.6

（解答▸P.6）

次のそれぞれの問いに答えなさい。

(1) $4 < \sqrt{3n} < 5$にあてはまる整数nの個数を求めなさい。

(2) $\sqrt{63n}$が整数になるとき，最も小さい整数nを求めなさい。

8 　分母の有理化

$\dfrac{1}{\sqrt{2}}$ のように分母に根号のある数があると近似値が求めにくい。また，$\dfrac{1}{\sqrt{2}}+\dfrac{1}{\sqrt{3}}$ の分母を $\sqrt{6}$ のように通分しても計算しにくい。そこで，分母に根号がある数の分母と分子に同じ数をかけて，分母を有理数に変形する。このことを**分母を有理化する**という。

例えば，$\dfrac{1}{\sqrt{2}}$ ならば分母と分子に $\sqrt{2}$ をかけて，$\dfrac{1}{\sqrt{2}}=\dfrac{\sqrt{2}}{\sqrt{2}\times\sqrt{2}}=\dfrac{\sqrt{2}}{2}$ のようになる。

このように変形すると近似値も，$\dfrac{\sqrt{2}}{2}=(1.41421356\cdots\cdots)\div 2=0.70710678\cdots\cdots$ と，すんなりと求めることができる。

この分母，分子にかける数は，次のようにできるだけ小さい数にしたほうが計算しやすい。

$$\dfrac{3\sqrt{5}}{\sqrt{72}}=\dfrac{3\sqrt{5}}{6\sqrt{2}}=\dfrac{\sqrt{5}}{2\sqrt{2}}=\dfrac{\sqrt{5}\times\sqrt{2}}{2\sqrt{2}\times\sqrt{2}}=\dfrac{\sqrt{10}}{4}$$

また，分母が2つの根号のついた数の和（$\sqrt{\bigcirc}+\sqrt{\triangle}$）や差（$\sqrt{\bigcirc}-\sqrt{\triangle}$）になっている場合，乗法公式 $(a+b)(a-b)=a^2-b^2$ を利用して，分母と分子に（$\sqrt{\bigcirc}-\sqrt{\triangle}$）や（$\sqrt{\bigcirc}+\sqrt{\triangle}$）をかけて，分母の根号をなくすようにする。

例えば，$\dfrac{\sqrt{2}}{\sqrt{5}-\sqrt{3}}=\dfrac{\sqrt{2}(\sqrt{5}+\sqrt{3})}{(\sqrt{5}-\sqrt{3})(\sqrt{5}+\sqrt{3})}{}^{※1}=\dfrac{\sqrt{10}+\sqrt{6}}{(\sqrt{5})^2-(\sqrt{3})^2}=\dfrac{\sqrt{10}+\sqrt{6}}{2}$

このときも約分などで，できるだけ簡単にし，分母が正になるように工夫をして有理化する。

$$\dfrac{21\sqrt{3}}{\sqrt{98}+\sqrt{147}}=\dfrac{21\sqrt{3}}{7\sqrt{2}+7\sqrt{3}}=\dfrac{21\sqrt{3}}{7(\sqrt{2}+\sqrt{3})}=\dfrac{3\sqrt{3}}{(\sqrt{2}+\sqrt{3})}=\dfrac{3\sqrt{3}(\sqrt{3}-\sqrt{2})}{(\sqrt{3}+\sqrt{2})(\sqrt{3}-\sqrt{2})}$$

$$=\dfrac{3(\sqrt{3})^2-3\sqrt{6}}{(\sqrt{3})^2-(\sqrt{2})^2}=9-3\sqrt{6}$$

◈ 解法のポイント

$a>0$，$b>0$ のとき，・$\dfrac{b}{\sqrt{a}}=\dfrac{b\sqrt{a}}{\sqrt{a}\sqrt{a}}=\dfrac{b\sqrt{a}}{a}$

$\qquad\qquad\quad\cdot\dfrac{c}{\sqrt{a}+\sqrt{b}}=\dfrac{c(\sqrt{a}-\sqrt{b})}{(\sqrt{a}+\sqrt{b})(\sqrt{a}-\sqrt{b})}=\dfrac{c(\sqrt{a}-\sqrt{b})}{a-b}\ (a\neq b)$

$\qquad\qquad\quad\cdot\dfrac{c}{\sqrt{a}-\sqrt{b}}=\dfrac{c(\sqrt{a}+\sqrt{b})}{(\sqrt{a}-\sqrt{b})(\sqrt{a}+\sqrt{b})}=\dfrac{c(\sqrt{a}+\sqrt{b})}{a-b}\ (a\neq b)$

※1　分母と分子に（$\sqrt{5}+\sqrt{3}$）をかける。

Q 例題①

次の計算をしなさい。

(1) $\dfrac{\sqrt{2}}{\sqrt{3}} + \dfrac{2\sqrt{3}}{\sqrt{2}}$

(2) $\dfrac{\sqrt{7}}{\sqrt{5}+2} + 2\sqrt{7}$

ヒント

(1) それぞれの分数を有理化して計算する。

これを，もし分母を$\sqrt{6}$として計算すると，

$$\dfrac{\sqrt{2}}{\sqrt{3}} + \dfrac{2\sqrt{3}}{\sqrt{2}} = \dfrac{\sqrt{2}\times\sqrt{2}}{\sqrt{3}\times\sqrt{2}} + \dfrac{2\sqrt{3}\times\sqrt{3}}{\sqrt{2}\times\sqrt{3}} = \dfrac{2}{\sqrt{6}} + \dfrac{6}{\sqrt{6}} = \dfrac{2+6}{\sqrt{6}} = \dfrac{8}{\sqrt{6}}$$

$$= \dfrac{8\times\sqrt{6}}{\sqrt{6}\times\sqrt{6}} = \dfrac{8\sqrt{6}}{6} = \dfrac{4\sqrt{6}}{3}$$

このように複雑になるので，1つ1つ有理化してから計算する。

(2) $\dfrac{\sqrt{7}}{\sqrt{5}+2}$の分母・分子に$\sqrt{5}-2$をかけて，分母を有理化をする。

A 解答・解説

(1) $\dfrac{\sqrt{2}}{\sqrt{3}} + \dfrac{2\sqrt{3}}{\sqrt{2}} = \dfrac{\sqrt{2}\times\sqrt{3}}{\sqrt{3}\times\sqrt{3}}^{※1} + \dfrac{2\sqrt{3}\times\sqrt{2}}{\sqrt{2}\times\sqrt{2}}^{※2} = \dfrac{\sqrt{6}}{3} + \dfrac{2\sqrt{6}}{2} = \dfrac{\sqrt{6}}{3} + \sqrt{6}$

$$= \dfrac{\sqrt{6}}{3} + \dfrac{3\sqrt{6}}{3} = \mathbf{\dfrac{4\sqrt{6}}{3}}$$

(2) $\dfrac{\sqrt{7}}{\sqrt{5}+2} + 2\sqrt{7} = \dfrac{\sqrt{7}(\sqrt{5}-2)}{(\sqrt{5}+2)(\sqrt{5}-2)}^{※3} + 2\sqrt{7} = \dfrac{\sqrt{35}-2\sqrt{7}}{5-4} + 2\sqrt{7}$

$$= \sqrt{35} - 2\sqrt{7} + 2\sqrt{7} = \mathbf{\sqrt{35}}$$

※1 分母と分子に$\sqrt{3}$をかける。
※2 分母と分子に$\sqrt{2}$をかける。
※3 分母と分子に（$\sqrt{5}-2$）をかける。

次のそれぞれの式の分母を有理化して簡単にしなさい。

(1) $\dfrac{\sqrt{3}}{3\sqrt{2}}$

(2) $\dfrac{\sqrt{3}+\sqrt{2}}{\sqrt{6}}$

(3) $\dfrac{6+4\sqrt{3}}{4\sqrt{3}}$

(4) $\dfrac{1}{3-2\sqrt{2}}$

(5) $\dfrac{\sqrt{7}-\sqrt{5}}{\sqrt{7}+\sqrt{5}}$

A 解答・解説

(1) 分母・分子に$\sqrt{2}$をかけて，分母を有理化する。

$$\frac{\sqrt{3}}{3\sqrt{2}}=\frac{\sqrt{3}\times\sqrt{2}}{3\sqrt{2}\times\sqrt{2}}=\frac{\sqrt{6}}{6}$$

(2) 分母・分子に$\sqrt{6}$をかけて分母を有理化する。$\sqrt{a^2 b}=a\sqrt{b}$の形にするとよい。

$$\frac{\sqrt{3}+\sqrt{2}}{\sqrt{6}}=\frac{(\sqrt{3}+\sqrt{2})\times\sqrt{6}}{\sqrt{6}\times\sqrt{6}}=\frac{\sqrt{18}+\sqrt{12}}{6}=\frac{3\sqrt{2}+2\sqrt{3}}{6}$$

(3) 分母・分子に$\sqrt{3}$をかける。約分するとよい。

$$\frac{6+4\sqrt{3}}{4\sqrt{3}}=\frac{(6+4\sqrt{3})\times\sqrt{3}}{4\sqrt{3}\times\sqrt{3}}=\frac{6\sqrt{3}+12}{12}=\frac{\sqrt{3}}{2}+1$$

(4) 分母・分子に$3+2\sqrt{2}$をかけて，乗法公式$(a+b)(a-b)=a^2-b^2$を利用して分母を有理化する。

$$\frac{1}{3-2\sqrt{2}}=\frac{3+2\sqrt{2}}{(3-2\sqrt{2})(3+2\sqrt{2})}=3+2\sqrt{2}$$

(5) 分母・分子に$\sqrt{7}-\sqrt{5}$をかけて，分母を有理化する。

$$\frac{\sqrt{7}-\sqrt{5}}{\sqrt{7}+\sqrt{5}}=\frac{(\sqrt{7}-\sqrt{5})^2}{(\sqrt{7}+\sqrt{5})(\sqrt{7}-\sqrt{5})}=\frac{12-2\sqrt{35}}{2}=6-\sqrt{35}$$

演習問題

No.1 （解答▶P.6）

次の式の分母を有理化して，簡単にしなさい。

(1) $\dfrac{2}{\sqrt{3}}$

(2) $\dfrac{4}{2\sqrt{5}}$

(3) $\dfrac{1}{\sqrt{5}-2}$

(4) $\dfrac{\sqrt{6}-\sqrt{3}}{\sqrt{6}+\sqrt{3}}$

(5) $\dfrac{7}{\sqrt{7}}$

No.2 （解答▶P.6）

次の式を計算しなさい。

(1) $\dfrac{3}{\sqrt{2}}+\dfrac{\sqrt{6}}{2\sqrt{2}}$

(2) $\dfrac{3}{\sqrt{3}}+3\sqrt{3}$

(3) $\dfrac{\sqrt{2}}{\sqrt{2}+\sqrt{3}}+\dfrac{\sqrt{2}}{\sqrt{2}-\sqrt{3}}$

(4) $\sqrt{45}-\dfrac{\sqrt{5}}{2-\sqrt{5}}$

(5) $\dfrac{\sqrt{2}}{\sqrt{3}}-\dfrac{1}{\sqrt{6}}+\dfrac{\sqrt{3}}{\sqrt{2}}$

9　二重根号

$a>0$，$b>0$のとき，根号のついた数は，次のように因数分解できる。

$$a+b+2\sqrt{ab}=(\sqrt{a})^2+(\sqrt{b})^2+2\sqrt{a}\cdot\sqrt{b}=(\sqrt{a})^2+2\sqrt{a}\cdot\sqrt{b}+(\sqrt{b})^2{}^{※1}$$
$$=(\sqrt{a}+\sqrt{b})^2$$

この最初の式と，最後の式を根号の中に入れて，最後の式の根号をはずすと，

$$\sqrt{a+b+2\sqrt{ab}}=\sqrt{(\sqrt{a}+\sqrt{b})^2}=\sqrt{a}+\sqrt{b}{}^{※2}$$

よって，正の数a，bについて，

$\sqrt{和+2\sqrt{積}}$ の形 $\longrightarrow \sqrt{a}+\sqrt{b}$ のように二重根号がはずせる。

また，同じ$a>0$　$b>0$で，$a>b$のとき，

$$a+b-2\sqrt{ab}=(\sqrt{a})^2+(\sqrt{b})^2-2\sqrt{ab}=(\sqrt{a})^2-2\sqrt{a}\sqrt{b}+(\sqrt{b})^2$$
$$=(\sqrt{a}-\sqrt{b})^2$$

になるから，正の数a，bについて，$a>b$のとき，

$\sqrt{和-2\sqrt{積}}$ の形 $\longrightarrow \sqrt{a}-\sqrt{b}$ になる。

根号の中は平方の形に因数分解できなければならないので，次のようなときは$2\sqrt{積}$の形をつくらなければならない。

$$\sqrt{2+\sqrt{3}}=\sqrt{\frac{4+2\sqrt{3}}{2}}=\frac{\sqrt{(\sqrt{3}+1)^2}}{\sqrt{2}}=\frac{\sqrt{3}+1}{\sqrt{2}}=\frac{\sqrt{6}+\sqrt{2}}{2}{}^{※3}$$

🔷 解法のポイント

> $a+b=x$，$ab=y$を満たす正の整数a，bがあるとき（$a>b$），
> ・$\sqrt{x+2\sqrt{y}}=\sqrt{a}+\sqrt{b}$
> ・$\sqrt{x-2\sqrt{y}}=\sqrt{a}-\sqrt{b}$

※1　乗法公式$(a+b)^2=a^2+2ab+b^2$と同じ。
※2　$\sqrt{A^2}=A$になる。
※3　分母・分子に$\sqrt{2}$をかけて有理化する。

Q 例題①

> 次の二重根号をはずしなさい。
>
> (1) $\sqrt{9+2\sqrt{20}}$
>
> (2) $\sqrt{11-2\sqrt{30}}$
>
> (3) $\sqrt{7-\sqrt{40}}$

⑦ ヒント

(1) $\sqrt{和+2\sqrt{積}}$ となる a, b をみつける。和＝9，積＝20となる2つの正の数は，4と5になる。

(2) 和＝11，積＝30となる2つの正の数は5と6で，6を先頭にして，二重根号をはずす。

(3) 大きな根号の中は，$(a+b)-2\sqrt{ab}$[※1] のように根号の係数が2でなければ因数分解できない。

よって，$\sqrt{40}=2\sqrt{10}$ のように変形する。

A 解答・解説

(1) $\sqrt{(a+b)+2\sqrt{ab}}$ にあたる a, b は，

$a+b=9$, $ab=20$ より，$a=5$, $b=4$

よって，$\sqrt{9+2\sqrt{20}}=\sqrt{5}+\sqrt{4}=\boldsymbol{\sqrt{5}+2}$

(2) $\sqrt{(a+b)-2\sqrt{ab}}$ にあたる a, b は，

$a+b=11$, $ab=30$ より，$a=6$, $b=5$

よって，$\sqrt{11-2\sqrt{30}}=\boldsymbol{\sqrt{6}-\sqrt{5}}$

(3) $\sqrt{(a+b)-2\sqrt{ab}}$ の形に変形すると，

$\sqrt{7-2\sqrt{10}}$, $a+b=7$, $ab=10$ より，$a=5$, $b=2$

よって $\boldsymbol{\sqrt{5}-\sqrt{2}}$

※1 $(\sqrt{a})^2-2\sqrt{a}\cdot\sqrt{b}+(\sqrt{b})^2=(\sqrt{a}-\sqrt{b})^2$

次の二重根号をはずしなさい。

(1) $\sqrt{9 - 4\sqrt{5}}$

(2) $\sqrt{2 + \sqrt{3}}$

A 解答・解説

(1) $\sqrt{a + b - 2\sqrt{ab}}$の2を出すために，$4\sqrt{5} = 2\sqrt{20}$に変形する。

よって，$\sqrt{9 - 2\sqrt{20}}$ になり，$a + b = 9$，$ab = 20$になる2つの数は$a > b$にするから，

$a = 5$，$b = 4$になる。

従って，$\sqrt{9 - 4\sqrt{5}} = \sqrt{5} - 2$のように二重根号がはずれる。

(2) $\sqrt{3}$の前に係数2がないので，大きな根号の中の数を分母2の分数にすると，

$$2 + \sqrt{3} = \frac{4 + 2\sqrt{3}}{2}$$ になり，分子を$\sqrt{a + b + 2\sqrt{ab}}$ の形にする。

ここで，$a + b = 4$，$ab = 3$になるので，$a = 3$，$b = 1$となり，

分子の二重根号をはずすと，

$$\sqrt{\frac{4 + 2\sqrt{3}}{2}} = \frac{\sqrt{3} + 1}{\sqrt{2}}$$ となる。

これを有理化して，$\dfrac{\sqrt{6} + \sqrt{2}}{2}$

演習問題

No.1 （解答 ▶ P.7）

次の二重根号をはずし，簡単な式に直しなさい。

(1) $\sqrt{5+2\sqrt{6}}$

(2) $\sqrt{8+2\sqrt{15}}$

(3) $\sqrt{11-2\sqrt{30}}$

(4) $\sqrt{13-2\sqrt{42}}$

(5) $\sqrt{18+6\sqrt{5}}$

No.2 （解答 ▶ P.7）

次の二重根号をはずし，簡単な式に直しなさい。

(1) $\sqrt{2-\sqrt{3}}$

(2) $\sqrt{7+4\sqrt{3}}$

(3) $\sqrt{5-\sqrt{21}}$

(4) $\sqrt{8-3\sqrt{7}}$

(5) $\sqrt{14+5\sqrt{3}}$

Coffee Break

ローマ数字とアラビア数字

　ローマ数字はI＝1，V＝5，X＝10，L＝50，C＝100，D＝500，M＝1000を表している。2017年は，ローマ数字でMMXVII年。アラビア数字の便利さに慣れてしまった皆さんにとっては，この不慣れなローマ数字の表記は読むこともおぼつかないかもしれない。しかし，将来要職につく人の一般常識として知っておいたほうがいいのではなかろうか。

　左から大きい順に数を並べ全部の和が，その数を表す。例えば，25ならばXXV（X＋X＋V＝10＋10＋5），78ならばLXXVIII（L＋X＋X＋V＋I＋I＋I＝50＋10＋10＋5＋1＋1＋1）のようになる。また，4や9のようにVやXよりI少ない数は，その手前に書いてIV,IXのように表す。すなわち，19ならばXVIIIIのX＋V＋I＋I＋I＋I＝10＋5＋1＋1＋1＋1と表すところ，X－1＋X＝10－1＋10のXIXのように簡単に表す減算則がある。

第2章 方程式と不等式

1 連立方程式

剰法公式で使った等式は，式の中の文字にどのような数を代入しても成り立つ等式であった。このような等式を**恒等式**という。それに対して，式の中の文字にある数を代入したときにだけ成り立つ等式を，その文字に対する**方程式**という。

方程式について，求める数の文字を**未知数**（右図のx），方程式を成り立たせる未知数を求めることを**方程式を解く**という。

2つの未知数（わからない数，例えばx，yなど）をもつ方程式が2つある連立方程式の解法には，**加減法，代入法，等置法**の3つがある。

恒等式と方程式

（恒等式） 文字に何を入れても成立
$$(x+2)^2 = x^2 + 4x + 4$$

（方程式） 文字にある数を入れたとき成立
$$x+2 = 2x-8$$
xに10を入れたときだけ成立

---

(1) 加減法

(図1) は，「りんご3個とみかん2個で440円だが，りんご1個とみかん2個買うと200円になる。したがって，りんご2個が240円になる」ことを表している。

これを方程式に表すと，**(図2)** のようになる。ここでは，yがみかんの値段にあたり，係数がそろっていたので求められた。

しかし，係数がそろっていないときには，「等式の両辺に同じ数をかけても成り立つ」という性質を用いて，xかyの係数の絶対値をそろえる。その例を **(図3)** に示した。

(図1)

① ⓧ ⓧ ⓧ ＋ ⓨ ⓨ ＝440円
② ⓧ ＋ ⓨ ⓨ ＝200円
－)
③ ⓧ ⓧ ＝240円

⇩

(図2)

$$
\begin{array}{rrrl}
3x & + 2y & = 440 & \cdots\cdots ① \\
-)\quad x & + 2y & = 200 & \cdots\cdots ② \\
\hline
2x & & = 240 & \cdots\cdots ③
\end{array}
$$

③より $x=120$
②に代入し，$y=40$

(図3)

$$
\begin{cases}
3x + 4y = 410 & \cdots\cdots ① \\
5x - 3y = 200 & \cdots\cdots ②
\end{cases}
$$

$$
\begin{array}{rll}
①×3 & 9x + 12y = 1230 & \cdots\cdots ①' \\
+)\quad ②×4 & 20x - 12y = 800 & \cdots\cdots ②' \\
\hline
& 29x\qquad = 2030 &
\end{array}
$$

両辺を29で割って，$x=70$
$x=70$ を①に代入して，$3×70+4y=410$

$4y=200$
$y=50$

よって $\begin{cases} x=70 \\ y=50 \end{cases}$

⑵　代入法

　（図4）は、「なし1個はいちご3個より30円高く、なし2個といちご5個では500円になることを表し、この500円のうちなしをいちごにすべてかえると、いちご11個と60円で500円になる」ことを表している。これを式に表すと（図5）のようになり、これが代入法の解き方になる。

⑶　等置法^{※1}

　同じ未知数を下の①②のように2通りの式で表した場合、代入して等号で結び一元1次方程式にする方法。

$$y = 2x + 4 \quad \cdots\cdots ①$$
$$y = 5x - 20 \quad \cdots\cdots ②$$

　①，②より

$$2x + 4 = 5x - 20 \longrightarrow 3x = 24$$
$$x = 8$$

これを①に代入して

$$y = 2 \times 8 + 4 = 20$$

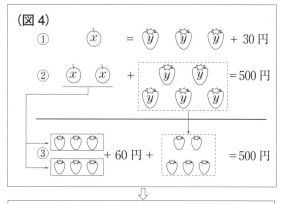

（図4）

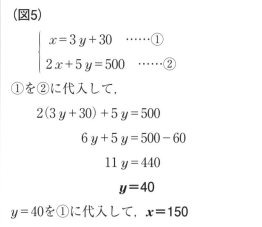

（図5）

$$\begin{cases} x = 3y + 30 & \cdots\cdots① \\ 2x + 5y = 500 & \cdots\cdots② \end{cases}$$

①を②に代入して、

$$2(3y + 30) + 5y = 500$$
$$6y + 5y = 500 - 60$$
$$11y = 440$$
$$\boldsymbol{y = 40}$$

$y = 40$を①に代入して，$\boldsymbol{x = 150}$

🖝 解法のポイント

1.　常に成り立つ式を恒等式，ある数だけで成り立つ式を方程式という。

　　（恒等式）　$(x + 2)^2 = x^2 + 4x + 4$　（方程式）　$x^2 + 4x + 4 = 0$

2.　連立方程式の解法は，2つの未知数のうち1つを消去して，1つの未知数の方程式を導き出して解く。　⑴加減法　⑵代入法　⑶等置法

⑴加減法	⑵代入法	⑶等置法
$\begin{cases} 3x + 4y = 50 & \cdots\cdots① \\ 5x - 3y = 35 & \cdots\cdots② \end{cases}$	$\begin{cases} y = 2x & \cdots\cdots① \\ 4x + 2y = 70 & \cdots\cdots② \end{cases}$	$\begin{cases} y = 2x + 3 & \cdots\cdots① \\ y = -2x - 5 & \cdots\cdots② \end{cases}$
①×3＋②×4でyを消す	①を②に代入する	①と②の右辺を等号で結ぶ

※1　等置法は，関数では大切な解き方なのでぜひ身につけよう。

次の連立方程式を解きなさい。

(1) $\begin{cases} 3x - 5y + 18 = 0 \\ 7x + 5y = 58 \end{cases}$ (2) $\begin{cases} 3x + 2y = 31 \\ 2x + 7y = 66 \end{cases}$

(3) $\begin{cases} y = 3x + 5 \\ y = -2x - 10 \end{cases}$

⑦ ヒント

(1) 上下の式のyの係数が，-5と$+5$であるから，上の式を$ax + by = c$の形に変形してから加えればよい。

(2) xの係数を3と2の最小公倍数6にそろえるために，上の式は2を，下の式は3を両辺にかける。

(3) 2つの式ともyについての式なので，右辺どうしを等号で結ぶ。

A 解答・解説

(1) $\begin{cases} 3x - 5y + 18 = 0 & \cdots\cdots ① \\ 7x + 5y = 58 & \cdots\cdots ② \end{cases}$

①の等式を変形して，

$$\begin{array}{r} 3x - 5y = -18 \quad \cdots\cdots ①' \\ +)\,7x + 5y = 58 \quad \cdots\cdots ② \\ \hline 10x \qquad\quad = 40 \end{array}$$

$$x = 4$$

$x = 4$を①に代入して，

$$3 \times 4 - 5y + 18 = 0$$
$$-5y = -18 - 12$$
$$y = 6$$

$\begin{cases} \boldsymbol{x = 4} \\ \boldsymbol{y = 6} \end{cases}$

(2) $\begin{cases} 3x + 2y = 31 & \cdots\cdots ① \\ 2x + 7y = 66 & \cdots\cdots ② \end{cases}$

①×2，②×3の等式を①′，②′として，

$$\begin{array}{r} 6x + 4y = 62 \quad \cdots\cdots ①' \\ -)\,6x + 21y = 198 \quad \cdots\cdots ②' \\ \hline -17y = -136 \end{array}$$

$$\boldsymbol{y = 8}$$

このyの値を①に代入して，$\boldsymbol{x = 5}$

(3) $\begin{cases} y = 3x + 5 & \cdots\cdots ① \\ y = -2x - 10 & \cdots\cdots ② \end{cases}$

①＝②より，$3x + 5 = -2x - 10$

$$5x = -15$$
$$\boldsymbol{x = -3}$$

①にxの値を代入して，

$$\boldsymbol{y = -4}$$

Q 例題②

次のx, yをそれぞれ求めなさい。

(1) $\begin{cases} 1.5\,x - 0.5\,y = 2.5 \\ 0.2\,x + 1.1\,y = 5 \end{cases}$ 　　(2) $\begin{cases} x = -2\,y + 1 \\ 2\,x + 5\,y = 0 \end{cases}$

(3) $x + 3\,y - 2 = 3\,x + y + 2 = 7\,x - y - 2$

A 解答・解説

(1) $\begin{cases} 1.5\,x - 0.5\,y = 2.5 & \cdots\cdots① \\ 0.2\,x + 1.1\,y = 5 & \cdots\cdots② \end{cases}$

①×2　　　$3\,x - y = 5$　　$\cdots\cdots①'$

②×10　$2\,x + 11\,y = 50$　$\cdots\cdots②'$

①′×2　$6\,x - 2\,y = 10$　$\cdots\cdots①''$

$-\,)$ ②′×3　$6\,x + 33\,y = 150$　$\cdots\cdots②''$

$\qquad\qquad\qquad -35\,y = -140$

$\qquad\qquad\qquad\qquad y = 4$　$\cdots\cdots③$

③を①′に代入して,

$\qquad 3\,x - 4 = 5$　　　　　$\begin{cases} \boldsymbol{x = 3} \\ \boldsymbol{y = 4} \end{cases}$

$\qquad\quad x = 3$

(2) $\begin{cases} x = -2\,y + 1 & \cdots\cdots① \\ 2\,x + 5\,y = 0 & \cdots\cdots② \end{cases}$

①を②に代入して,

$\quad 2\,(-2\,y + 1) + 5\,y = 0$

$\qquad -4\,y + 2 + 5\,y = 0$

$\qquad\qquad\qquad\quad y = -2$　$\cdots\cdots③$

③を①に代入して,　$\begin{cases} \boldsymbol{x = 5} \\ \boldsymbol{y = -2} \end{cases}$

$\quad x = 5$

(3) $A = B = C$ の式を2つの等式

$A = B$ と $B = C$ に分解して,

$\begin{cases} x + 3\,y - 2 = 3\,x + y + 2 & \cdots\cdots① \\ 3\,x + y + 2 = 7\,x - y - 2 & \cdots\cdots② \end{cases}$

整理して,

$\qquad -2\,x + 2\,y = 4$　$\cdots\cdots①'$

$-\,)\ -4\,x + 2\,y = -4$　$\cdots\cdots②'$

$\qquad\qquad 2\,x = 8$

$\qquad\qquad\quad x = 4$　$\cdots\cdots③$

③を①′に代入して,

$\quad -2 \times 4 + 2\,y = 4$

$\qquad\qquad 2\,y = 12$　　　$\begin{cases} \boldsymbol{x = 4} \\ \boldsymbol{y = 6} \end{cases}$

$\qquad\qquad\quad y = 6$

No.1 　　　　　　　　　　　　　　　　　　　　　　　　　　（解答 ▸ P.8）

次の連立方程式を解きなさい。

(1) $\begin{cases} x+y=7 \\ x-y=1 \end{cases}$

(2) $\begin{cases} 3x+2y=4 \\ 7x+2y=-4 \end{cases}$

(3) $\begin{cases} 5x+3y=21 \\ 3x-4y=1 \end{cases}$

(4) $\begin{cases} x=3y-4 \\ 2x+5y=25 \end{cases}$

(5) $\begin{cases} y=5x-1 \\ x+2y=20 \end{cases}$

No.2 　　　　　　　　　　　　　　　　　　　　　　　　　　（解答 ▸ P.8）

次の連立方程式を解きなさい。

(1) $\begin{cases} y=6x-2 \\ 2x+3y=-46 \end{cases}$

(2) $\begin{cases} 3x+y+5=0 \\ 3x-2=x+4y-10 \end{cases}$

(3) $\begin{cases} y+8=7x \\ 5x-4y=3x+y-26 \end{cases}$

(4) $\begin{cases} 1.5x+y=0.5 \\ 0.2x-0.3y=1.8 \end{cases}$

(5) $15x-7y+2=6x+5y-13=3$

2　2次方程式

　方程式の右辺を0にするように式を整理すると，左辺が ax^2+bx+c のような2次式になる方程式を**2次方程式**といい，次のように表せる。

　（2次方程式）　$\underset{\text{2次式}}{\underline{ax^2+bx+c}}=0$　$(a\neq0)$

　2次方程式の解き方には，次の3通りがある。

(1)　因数分解による解き方

　$A×B=0$になるとき，$A=0$でも$B=0$でも成り立つ。

（図1）のように左辺が因数分解できると，$A=2x+3$，$B=x-2$で$A×B=0$だから，

　$x=-\dfrac{3}{2}$でも$x=2$でも成り立ち，

解は，$x=-\dfrac{3}{2}$，2となる。[※1]

（図1）
$(2x+3)(x-2)=0$
$\quad A\quad×\quad B\quad=0$
$2x+3=0$，または$x-2=0$
$x=-\dfrac{3}{2}$　または[※2]　$x=2$

(2)　$x^2=a$より$x=\pm\sqrt{a}$になる解き方

　$x^2+4x+4=5$のように左辺が $(x+2)^2$に因数分解できる場合，

$$(x+2)^2=5$$
$$x+2=\pm\sqrt{5}$$
$$x=-2\pm\sqrt{5}$$

のように解くことができる。

　したがって，方程式が$x^2=a$になった場合は，

$$x^2=a$$
$$x=\pm\sqrt{a}$$

のように解いていくことができる。

※1　方程式の答えを解という。
※2　「または」は省略することが多い。

(3) 解の公式による解き方

$ax^2+bx+c=0(a\neq0)$ の方程式は定数 a, b, c を使って解を表すことができる。

$x=\dfrac{-b\pm\sqrt{b^2-4ac}}{2a}$ を 2 次方程式の解の公式といい，この解の公式の a, b, c に

$ax^2+bx+c=0$ の，a, b, c の数値をあてはめれば解が求まる。

　例えば，$2x^2+4x-5=0$ であるならば，$a=2$, $b=4$, $c=-5$ であるから，

$$x=\frac{-4\pm\sqrt{4^2-4\cdot2\cdot(-5)}}{2\cdot2}$$

$$=\frac{-4\pm\sqrt{56}}{4}$$

$$=\frac{-4\pm2\sqrt{14}}{4}$$

$$=\frac{-2\pm\sqrt{14}}{2}$$

$$=-1\pm\frac{\sqrt{14}}{2}$$

となる。

　ただし，解の公式の $\sqrt{}$ の中の b^2-4ac が負のときには解はない。

◇ 解法のポイント

1. 右辺が 0 になるように整理すると，$ax^2+bx+c=0(a\neq0)$ のようになる方程式を 2 次方程式という。

2. 2 次方程式には，因数分解，$x^2=a$ より $x=\pm\sqrt{a}$, 解の公式利用の 3 通りの解法がある。

   (1) 左辺が因数分解できるとき，$(x-\alpha)(x+\beta)=0$ のとき $x=\alpha$, $-\beta$

   (2) $x^2=a$ より $x=\pm\sqrt{a}$ による解法

   $(px+q)^2=s$ のように変形されたとき，

   $x=\dfrac{-q\pm\sqrt{s}}{p}$

   (3) 解の公式による解法

   $ax^2+bx+c=0$ のとき，$x=\dfrac{-b\pm\sqrt{b^2-4ac}}{2a}$

Q 例題①

次の2次方程式を解きなさい。

(1)　$(3x+1)^2 = 49$

(2)　$(x-1)(x+4) = 0$

(3)　$x^2 - 8x = 0$

(4)　$x^2 - 13x + 22 = 0$

(5)　$2x^2 - 5x = 12$

ヒント

(1)　$A^2 = 49$のとき，$A = \pm 7$になる。

(2)　$x-1 = 0$でも$x+4 = 0$でも成り立つ。

(3)　$x^2 - 8x$は，xでくくって因数分解する。

(4)　$x^2 - 13x + 22$を，$(x-a)(x-b)$ の形に因数分解する。

(5)　右辺＝0になるように式を整理してから，たすきがけで因数分解する。

A 解答・解説

(1)　$(3x+1)^2 = 49$

$3x+1 = \pm 7$

$3x = -1 \pm 7$

$x = \dfrac{-1 \pm 7}{3}$　　より，

$x = 2, \ -\dfrac{8}{3}$

(2)　$(x-1)(x+4) = 0$　より，

$x = 1, \ -4$

(3)　$x^2 - 8x = 0$

$x(x-8) = 0$　より，

$x = 0, \ 8$

$\uparrow$ $x=0$を忘れずに！

(4)　$x^2 - 13x + 22 = 0$

$(x-2)(x-11) = 0$　より，$x = 2, \ 11$

(5)　$2x^2 - 5x = 12$

$2x^2 - 5x - 12 = 0$　　たすきがけ

$(2x+3)(x-4) = 0$　$\begin{pmatrix} 2 & \diagdown & 3 \\ 1 & \diagup & -4 \end{pmatrix}$　より，

$x = -\dfrac{3}{2}, \ 4$

次のそれぞれの問いに答えなさい。

(1) 次の2次方程式を $(x\text{の式})^2 = a$ の形にすることにより解きなさい。

① $x^2 + 2x = 3$ ② $5x^2 + 20 = 30x$

(2) 次の2次方程式を解の公式で解きなさい。

① $2x^2 - 3x - 5 = 0$ ② $x^2 - 6x = -3$

A 解答・解説

(1) ① 両辺に1を加えて平方完成すると,

$$x^2 + 2x = 3$$
$$x^2 + 2x + 1 = 3 + 1$$
$$(x + 1)^2 = 4$$
$$x + 1 = \pm 2$$
$$x = -1 \pm 2$$
$$\boldsymbol{x = 1, \ -3}$$

② 両辺を5で割って整理してから,
平方完成をすると,

$$5x^2 + 20 = 30x$$
$$x^2 + 4 = 6x$$
$$x^2 - 6x = -4$$
$$x^2 - 6x + 9 = -4 + 9$$
$$(x - 3)^2 = 5$$
$$x - 3 = \pm\sqrt{5}$$
$$\boldsymbol{x = 3 \pm \sqrt{5}}$$

(2) 2次方程式 $ax^2 + bx + c = 0$ のとき,

解の公式は, $x = \dfrac{-b \pm \sqrt{b^2 - 4ac}}{2a}$ であるから,

① $2x^2 - 3x - 5 = 0$ は,

解の公式より,

$$x = \frac{-(-3) \pm \sqrt{(-3)^2 - 4 \times 2 \times (-5)}}{2 \times 2}$$
$$= \frac{3 \pm \sqrt{9 + 40}}{4}$$
$$= \frac{3 \pm 7}{4}$$
$$= \frac{5}{2}, \ -1$$

② 移項して, $x^2 - 6x + 3 = 0$

解の公式より,

$$x = \frac{-(-6) \pm \sqrt{(-6)^2 - 4 \times 1 \times 3}}{2 \times 1}$$
$$= \frac{6 \pm \sqrt{24}}{2}$$
$$= \frac{6 \pm 2\sqrt{6}}{2}$$
$$= 3 \pm \sqrt{6}$$

演習問題

No.1

(解答 ▶ P.9)

次の2次方程式を解きなさい。

(1) $x^2 + 6x + 9 = 0$

(2) $4x^2 + 4x + 1 = 0$

(3) $4x^2 + 32x + 16 = 0$

(4) $x^2 - 10x + 21 = 0$

No.2

(解答 ▶ P.9)

次の2次方程式を$x^2 = a$の形にして解きなさい。

(1) $x^2 + 8x = 9$

(2) $x^2 - 10x = -9$

(3) $9x^2 + 6x = 5$

(4) $x^2 + x = \dfrac{3}{4}$

No.3

(解答 ▶ P.10)

次の2次方程式を解きなさい。

(1) $x^2 - x - 1 = 0$

(2) $x^2 + 4x - 3 = 0$

(3) $x^2 - 4x - 11 = 0$

No.4

(解答 ▶ P.10)

$x=2$において，2次方程式 $x^2 + 3ax + 2b - 4 = 0$が成立するような，aとbの条件は次のうちどれか。ただし，a，bは実数とする。

① $2a = b$

② $3a = b$

③ $2a = -b$

④ $3a = -b$

⑤ $a = -3b$

3　1次不等式

不等号＞（大なり）や，不等号＜（小なり）で結ばれた式を**不等式**という。そして，1次式で表される不等式を**1次不等式**という。

不等式の性質については，⑤⑥を除き，等式と同じである。

① 両辺に同じ数を加えても成り立つ。

② 両辺から同じ数を引いても成り立つ。

③ 両辺に同じ正の数をかけても成り立つ。

④ 両辺を同じ正の数で割っても成り立つ。

等式とちがうのは，

⑤ 両辺に同じ負の数をかけると，不等号の向きは逆になる。

⑥ 両辺を同じ負の数で割ると，不等号の向きは逆になる。

例えば，-3と5を不等式で結ぶと，$-3 < 5$　になる。

不等式は，両辺に正の数をかけたり割ったりしても不等号の向きは変わらないが，両辺に負の数をかけたり，両辺を負の数で割ったりすると，不等号の向きは反対になる。

この両辺に $+2$ をかけたときと，-2 をかけたときを比べてみよう。

（両辺×2）	（両辺×（-2））
$-3 < 5$	$-3 < 5$
$-3 \times 2 < 5 \times 2$	$-3 \times (-2) > 5 \times (-2)$
$-6 < 10$	$6 > -10$

（$a < b$ のとき）
① $a+c < b+c$
② $a-c < b-c$
（$c > 0$ のとき）
③ $ac < bc$
④ $\dfrac{a}{c} < \dfrac{b}{c}$
（$c < 0$ のとき）
⑤ $ac > bc$
⑥ $\dfrac{a}{c} > \dfrac{b}{c}$

◈ 解法のポイント

不等式の性質

1. $a > b$ ならば，$a+c > b+c$, $a-c > b-c$

2. $a > b$ ならば，

$c > 0$ のとき，$ac > bc$, $\dfrac{a}{c} > \dfrac{b}{c}$

$c < 0$ のとき，$ac < bc$, $\dfrac{a}{c} < \dfrac{b}{c}$

Q 例題①

次の不等式を解きなさい。

(1) $5x-4<2x+8$

(2) $\dfrac{2x+4}{3} \geqq \dfrac{x+2}{4}$

(3) $3x+5\leqq 5x-3$

❓ ヒント

(1) x の 1 次の項を左辺に，定数項を右辺にまとめて，まず $ax<b$ の形に整理する。それから両辺を a で割って解を導く。

(2) 分母3と4の最小公倍数は12である。両辺に12をかけて分母をはらってから整理する。

(3) x の 1 次の項を左辺にまとめると，x の係数は負の数になる。両辺を負の数で割ったときには，不等号の向きが反対になることに注意する。

A 解答・解説

(1)
$$5x-4<2x+8$$
$$5x-2x<8+4$$
$$3x<12$$
両辺を3で割って，$\boldsymbol{x<4}$

(2)
$$\dfrac{2x+4}{3} \geqq \dfrac{x+2}{4}$$

両辺に12をかけて，
$$4(2x+4)\geqq 3(x+2)$$
$$8x+16\geqq 3x+6$$
$$8x-3x\geqq 6-16$$
$$5x\geqq -10$$
両辺を5で割って，$\boldsymbol{x\geqq -2}$

(3)
$$3x+5\leqq 5x-3$$
$$3x-5x\leqq -3-5$$
$$-2x\leqq -8$$
両辺を -2 で割って，$\boldsymbol{x\geqq 4}$

$\boxed{x\text{の範囲を，ことばで表すとき，}}$

$x>4$ は，「x は4より大きい」，「x 大なり4」

$x<4$ は，「x は4より小さい」または
　　　　　　「x は4未満」，「x 小なり4」

$x\geqq 4$ は，「x は4以上」，「x 大なりイコール4」

$x\leqq 4$ は，「x は4以下」，「x 小なりイコール4」

となる。

次のそれぞれの問いに答えなさい。

(1) xが$-1<x\leqq4$の範囲であるとき，次の式の値はどんな範囲にあるか。

※式の値…式の答えのこと。

① $x+1$ ② $4x$ ③ $-2x$

(2) 次の不等式を解きなさい。

① $2.4+x\leqq1.6x$

② $\dfrac{5x+2}{2}>\dfrac{9x+4}{5}+3$

A 解答・解説

(1) ① $-1<x$の両辺に1を加えて，

$-1+1<x+1$, $0<x+1$

$x\leqq4$の両辺に1を加えて，

$x+1\leqq4+1$, $x+1\leqq5$

したがって，**$0<x+1\leqq5$**

これは，はじめの不等式$-1<x\leqq4$の各辺に1を加えたものと一致する。

② $-1<x\leqq4$の各辺に4をかけて，

$-1\times4<4x\leqq4\times4$

$-4<4x\leqq16$

③ $-1<x\leqq4$の各辺に-2をかける。負の数をかけると不等号の向きは逆になるから，

$-1\times(-2)>-2x\geqq4\times(-2)$

$2>-2x\geqq-8$

(2) ① 両辺を10倍して，係数を整数にしてから整理する。

$2.4+x\leqq1.6x$

両辺に10をかけて，

$24+10x\leqq16x$

$10x-16x\leqq-24$

$-6x\leqq-24$

$x\geqq4$

② 分母をはらってから整理する。

$\dfrac{5x+2}{2}>\dfrac{9x+4}{5}+3$

両辺に10をかけて，

$5(5x+2)>2(9x+4)+30$

$25x+10>18x+8+30$

$25x-18x>8+30-10$

$7x>28$

$x>4$

演習問題

No.1

（解答▶P.10）

xが$-3≦x≦2$の範囲の値をとるとき，次の式の値の範囲をそれぞれ求めなさい。

(1)　$2+x$

(2)　$x-4$

(3)　$5x$

(4)　$-4x$

(5)　$6-3x$

No.2

（解答▶P.10）

次の不等式を解きなさい。

(1)　$x+4>5$

(2)　$2-3x<4$

(3)　$x-3>5x-7$

(4)　$5-3x≧-5x+9$

(5)　$5x-15>6x-18$

No.3

（解答▶P.11）

次の不等式を解きなさい。

(1)　$\dfrac{x}{-3}>4$

(2)　$\dfrac{1}{3}x>\dfrac{1}{2}x+5$

(3)　$\dfrac{x}{3}+\dfrac{3}{4}≧\dfrac{x}{2}-\dfrac{2}{3}$

(4)　$\dfrac{2x-5}{3}-2<\dfrac{5}{6}x$

(5)　$\dfrac{x-3}{4}-\dfrac{x+1}{3}<3x+1$

第3章 関　数

1　関数の基礎

　右のように，定価の2倍を表示する器機がある。100円の100を入力すると200円と表示（出力）される。

　この器機では，1つの数を入れるとそれに対応して1つの数が出される。このように1つの数に対して1つの数が対応するしかたを**関数**という。

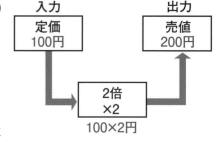

　この入力する数（定価）をx円，出力される2倍の数をy円とすると，xの入力でyが出力されるから，**yはxの関数である**という。これを，数が入るところに□□□□を使った式で表すと，

$$\boxed{\text{表示される金額（円）}} \ = \ 2\times \ \boxed{\text{定価（円）}} \quad \text{となる。}$$

入力するxと出力されるyを使った式で表すと，

　　$y=2x$　となる。

　式の表し方は，文字式のきまりに従って表す。ここでの$2x$のようにxの1次式で表される関数を**1次関数**，yがxの2次式 $y=ax^2+bx+c$ のような関数は**2次関数**と名付ける。

|関数である関係と，関数でない関係|

《関数である》　**yをxの式で表せる。**

(1)　毎分60 mでx分歩くとym進む。

(2)　長方形のたて$x$cm，横$y$cmの面積は200 cm^2。

(3)　何もつるさないとき200 cmの長さで，1 g
　　あたり0.5 cm伸びるバネ全体の長さ$y$cm。

《関数でない》　**yをxの式で表せない。**

(1)　x円の料金でタクシーは$y$km走る。

(2)　xの約数y。

(3)　深さ$x$cmの水の量yL。

◇ 解法のポイント

　2つの変数x，yがあり，1つのxの値に対応してyの値が1つ定まるとき，その対応のきまりを関数という。このとき，yはxの関数であるという。一般に$y=f(x)$と表され，「y，イコール，エフエックス」と読む。

　そのとき，特に $y=ax+b$ のように1次式で表されると1次関数といい，$y=ax^2+bx+c$ のように2次式で表されたら2次関数という。

Q　例題①

　　次の量を求めるとき，何によって決まるか，その関係式をことばの式で表し，それ
ぞれ「〜は……の関数である」という形でいいなさい。

(1)　たて5 cmの長方形の面積

(2)　1,000円で商品の代金を払ったときのおつり

(3)　分速80 mで進む人が歩いた道のり

(4)　たて20 cmで横の長さを変えたとき，その長方形の面積

ヒント

　　求める数量をy，必要な数をxとして，1つのxに対して1つのyが定まる関係にあるとき，
yをxの関数であるという。それぞれ，長方形の面積，おつり，道のりを求めるとき，どん
なことがらが必要かを考え，ことばの式に表してみよう。

A　解答・解説

(1)　長方形の面積を求めるときには，たてと横の長さがわかればよい。

　　　（長方形の面積）＝（たての長さ）×（横の長さ）

　式を簡単にして，

　　　（長方形の面積）＝5×（横の長さ）

　　（答）　（たて5 cmの長方形の面積）＝5×（横の長さ）

　　　　　たて5 cmの長方形の面積は横の長さの関数である。

(2)　おつりは1,000円から代金を引いた値になり，商品の代金によっておつりは決まる。

　　（答）　（おつり）＝1000円－（商品の代金）

　　　　　おつりは商品の代金の関数である。

(3)　速さ，時間，道のり（距離）の関係は，右図のように左下から，
速さ・時間・道のりを書き，求める場所をかくせば，

道のり＝速さ×時間，速さ＝道のり÷時間，時間＝道のり÷速さ
という関係式がわかる。よって，ここでは80m／分の速さがわかっ
ているから，あとは歩いた時間がわかればよい。

　　（答）　（道のり）＝80×（歩いた時間）　道のりは歩いた時間の関数である。

(4)　たて×よこ＝長方形の面積

　　（答）　（長方形の面積）＝20×（横の長さ）　　　長方形の面積は横の長さの関数である。

次のそれぞれのyをxの式で表しなさい。

(1) 直角をはさむ2辺の長さが，$x$cmの直角二等辺三角形の面積$y$cm^2

(2) 定価x円の品物が3割引になったときの売価y円

(3) 底面積$x$cm^2，体積400 cm^{3}の柱体の高さ$y$cm

(4) 毎時5 kmでx時間進んだとき，進んだ道のり$y$km

(5) たて$x$cm，横$2x$cm，高さ$3x$cmの直方体の体積$y$cm^3

A 解答・解説

(1) 底辺も高さも$x$cmの三角形であるから，

$$y = x \times x \times \frac{1}{2}$$

よって，$\boldsymbol{y = \dfrac{1}{2}x^2}$

(2) 3割引は，定価$\times(1-0.3)$ だから，

$$y = x \times (1-0.3)$$

よって，$\boldsymbol{y = 0.7\,x}$

(3) 柱体の体積は，底面積$\times$高さ だから，

$$400 = x \times y \quad \text{より} \quad y = 400 \div x$$

よって，$\boldsymbol{y = \dfrac{400}{x}}$

(4) 速さ$\times$時間$=$道のり だから，

$$y = 5 \times x$$

よって，$\boldsymbol{y = 5\,x}$

(5) 直方体の体積は，たて$\times$横$\times$高さ だから，

$$y = x \times 2\,x \times 3\,x$$

よって，$\boldsymbol{y = 6\,x^3}$

演習問題

No.1

（解答 ▶ P.11）

次の(1)〜(4)のうち，yがxの関数にならないものを選びなさい。

(1)　3人の子供にお菓子をx個ずつ配るには，y個のお菓子が必要になる。

(2)　正の数xはyの2乗に等しい。

(3)　毎時4 kmの速さで進むと，x時間で$y$km進む。

(4)　体重$x$kgの人の身長は$y$cmになる。

No.2

（解答 ▶ P.11）

下の(1)〜(6)はxとyの対応のグラフである。yがxの関数であることを表すグラフを選びなさい。

(1)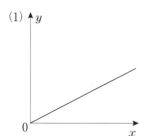

(2)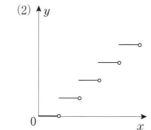

(3)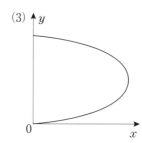

(4)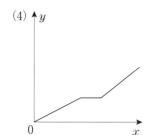

(5)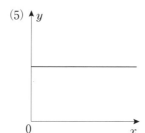

(6)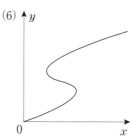

No.3

（解答 ▶ P.11）

下の数表は，$y=3\,x$，$y=\dfrac{12}{x}$のときのxとyの値を表したものです。(1)〜(6)の空いているところに数を入れなさい。

$y=3\,x$

x	-4	-3	-2	-1	0	1	2	3
y	-12	(1)	-6	(2)	(3)	3	6	9

$y=\dfrac{12}{x}$

x	-12	-6	-4	-3	1	2	3	4
y	(4)	-2	-3	(5)	12	(6)	4	3

　右図は，容積30Lの容器に毎分2Lの速さで水を入れて3分たったときのようすを表している。

　このあと，速さを変えずに水を入れ続け容器がいっぱいになったら水を止める。そして，いまからx分後に容器にたまった水をyLとすると，下の表のようになった。

〈容器にたまった水量と時間〉

時間(x分)	-3	-2	-1	0	1	2	…	11	12
水量(yL)	0	2	4	6	8	10	…	28	30

　いま，6Lたまっていて，これからも続けて毎分2Lずつ入れるから，式に表すと，

$$y \quad = \quad 6 \quad + \quad 2{\times}x$$

$\begin{pmatrix}x\text{分後に，}\\ \text{たまった水量}\end{pmatrix}$　$\begin{pmatrix}\text{いままでに}\\ \text{入れた水量}\end{pmatrix}$　$\begin{pmatrix}\text{毎分2Lずつ}\\ x\text{分入る水量}\end{pmatrix}$

　文字式のきまりに従って，降べきの順に右辺を整理すると，[※1]

$$y=2x+6$$

という**1次関数**[※2]で表せる。また，上の表のように水は，いまより3分前から入れはじめて12分でいっぱいになるから，xの数の範囲は，-3以上12以下で，それに対するyの範囲は，0以上30以下である。このxの範囲$-3{\leqq}x{\leqq}12$をxの**定義域**，それにともなって取りうるyの範囲$0{\leqq}y{\leqq}30$を**値域**という。

　このように，定数をa，b，変数をx，yとして，

　　$y=ax+b$と表せるとき，aを**変化の割合**，bを**切片**[※3]という。

　それでは，変化の割合2，切片6の1次関数 $y=2x+6$ のxとyの関係をx，y座標に表してみよう。座標とは，$x=0$のとき$y=6$のようなxとyの対応を$(0, 6)$のように表し，次ページのグラフ中のⒶのように点で表すことができる。この点の集合は直線になり，$x=-5$の点の集合は直線Ⓑ，$y=0$のような点の集合は直線Ⓒで表すことができる。

※1　6ページ参照。
※2　64ページ参照。
※3　69ページの図を参照。

$y=2x+6$ 上の $(x,\ y)$ の点の集合を直線で表すと，右下の図のように，y軸と $(0,\ 6)$ で交わり，xが1進むとyが2上がるような右上がりの直線になる。

ここで，グラフ上で $y=ax+b$ の直線の性質を理解しておこう。

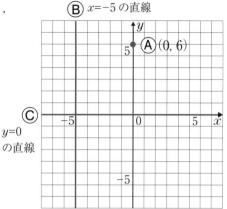

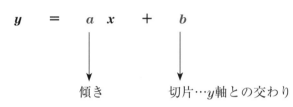

傾き　　　　切片…y軸との交わり

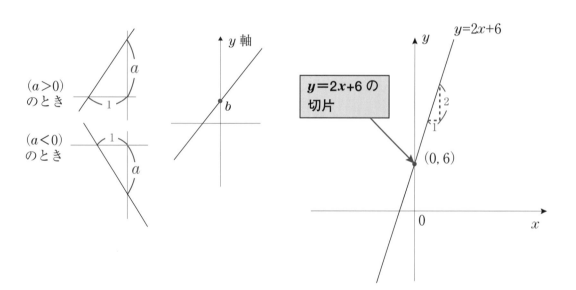

$y=2x+6$ の切片

傾きは変化の割合であり，xが1増加するのに対して，yはいくつ増加するのかを表している。

$$傾き＝変化の割合＝\frac{y\text{の増加量}}{x\text{の増加量}}$$

数直線の表し方と同じように，座標も右方向に数は増加する。よって，直線の傾きをみるときも，右方向に進んで上がっていくのか，それとも下がっていくのかをみる。$a>0$のとき右上がり，$a<0$のとき右下がりになる。

以上のことから，いまからx分後の水量
yLを表す定義域$-3 \leqq x \leqq 12$の1次関数を
グラフに表すと，右図のようになる。

グラフの定義域以外の線は点線でかく。
また，定義域との境界にあたる点は●か
○で表す。●の場合は，その数を含み，
○の場合は，その数を含まない範囲の端
点となる。

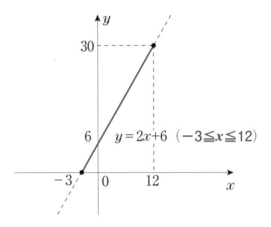

$y = 2x + 6$ $(-3 \leqq x \leqq 12)$

✍ 解法のポイント

1. 関数のxの範囲を定義域，yの範囲を値域という。

  $y = 2x + 1$の定義域が$1 < x \leqq 3$のとき，値域は$3 < y \leqq 7$になる。

2. 1次関数$y = ax + b$をグラフに表すと直線になる。このとき，
  aを傾き，bを切片という。また，aは変化の割合ともいう。

  $y = 2x + 1$の直線の傾きは2，切片は1になる。

3. 1次関数のグラフである直線は，通る点と方向が決まると，
  ただ1通り書くことができる。

  $y = 2x + 1$の通る点は（0，1）。進む方向は，右に1，上に2の割合の方向。

Q 例題①

x＋5はyに比例しており，x＝−3のときy＝−6になる。また，xの定義域は，−6≦x≦5になる。このとき，y＝ax＋bの形に表し，yの値域も求め，グラフに表しなさい。

⑫ ヒント

　　$\boxed{A}$ が $\boxed{B}$ に比例しているとき，比例定数をaとして，$\boxed{B}＝a×\boxed{A}$ の式の形で表すことができる。ここでは，$\boxed{A}$ にx＋5，$\boxed{B}$ にyがあてはまり，xは−3，y＝−6を代入して，比例定数aを求める。また，yの値域はxの定義域の中でyのとる値の範囲である。

　　このように，yがxの1次式，**y＝ax＋b**で表すことができるとき，yはxの1次関数といい，グラフは直線で表すことができる。「**2点を通る直線はただ1本だけ**」である。直線が通る2点がわかれば，直線をかくことができる。

A 解答・解説

　　x＋5がyに比例していることから，aを比例定数として，y＝a(x＋5) と表すことができる。

　　ここで，x＝−3のとき y＝−6なので，上のy＝a(x＋5) の式に代入して，

　　　−6＝a(−3＋5)

　　　　a＝−3

　　よって，y＝−3(x＋5)

　　右辺を展開して，

　　　　　y＝−3x−15

　　また，定義域−6≦x≦5 に対応して，

　　　値域は，**−30≦y≦3**になり，通る点は

(−3，−6) と，切片(0，−15) の2点であり，両端は

(−6，3) と (5，−30) となって，**グラフは右図のようになる**。

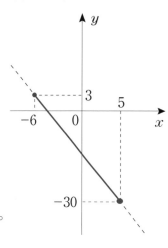

次の１次関数のグラフの式を求めなさい。

(1) 傾きが3でy切片が－4の直線。

(2) 傾きが－4で点(2, 3) を通る。

(3) ２点(1, 3)(4, 9) を通る。

(4) $y=-2x+5$のグラフをy軸方向に－3移動したグラフ。

A 解答・解説

(1) １次関数の直線の式は，a，bを定数として，$y=ax+b$と表せる。そして，aが傾き，bはy切片になる。ここでは，aの傾きが3，bのy切片が－4であるから，

$$y=3x-4$$

(2) 傾きが－4である１次関数$y=ax+b$のaは－4だから，$y=-4x+b$となる。この直線は(2, 3) を通るので，$x=2$のとき，$y=3$になる。$y=-4x+b$に $x=2$, $y=3$を代入してbを求めると，

$3=-4\times2+b$

$b=11$　　　　　　　　　　　　　　　　よって，直線の式は，$y=-4x+11$

(3) (1, 3)(4, 9) を通るから，xの増加量$4-1=3$に対し，yは$9-3=6$増加する。よって，

$$変化の割合（傾き）=\frac{y の増加量}{x の増加量}=\frac{6}{3}=2$$

式は$y=2x+b$になり，

これが (1, 3) を通るから，

$y=2x+b$に代入して，

$3=2\times1+b$

$b=1$　　　　　　　　　　　　　　　　したがって，直線の式は　$y=2x+1$

(4) y軸方向に平行移動しても，傾きは変わらない。しかし，切片は平行移動された点を通る。

もとの直線は$y=-2x+5$だから，傾きは－2，切片の座標は (0, 5) になる。

この直線をy軸方向に－3平行移動すると，傾きは－2，切片の座標は (0, 2) になる。

したがって，直線の式は $y=-2x+2$

演習問題

No.1

（解答 ▶ P.12）

次の1次関数の式を求めなさい。

(1) 傾きが2で，y 切片が -1

(2) 傾きが $-\dfrac{3}{4}$ で，y 切片が1

(3) 傾きが -2 で，y 軸と1で交わる。

(4) 傾きが $\dfrac{1}{4}$ で，原点を通る。

(5) 傾きが -2 で，$(0,\ 4)$ を通る。

No.2

（解答 ▶ P.12）

次の1次関数の式を求めなさい。

(1) 点 $(1,\ 2)$ を通り，y 切片が4

(2) 点 $(-1,\ 3)$ を通り，y 切片が $\dfrac{7}{2}$

(3) 2点 $(2,\ 4)(5,\ 6)$ を通る。

(4) 2点 $(-2,\ -5)(2,\ 3)$ を通る。

(5) 2点 $(0,\ 5)(5,\ 0)$ を通る。

No.3

（解答 ▶ P.12）

次の直線の交点の座標を求めなさい。

(1) $y = 2x + 3$ と $y = \dfrac{1}{2}x + \dfrac{9}{2}$

(2) $4x + 3y = -2$ と $x - y = -4$

No.4 (解答 ▶ P.12)

直線 $(2+k)x+2y-k+4=0$ は，k の値にかかわらず定点を通る。定点の座標を選びなさい。

① $(-1,\ -1)$

② $(1,\ 1)$

③ $(-1,\ 2)$

④ $(1,\ -3)$

⑤ $(-1,\ 3)$

No.5 (解答 ▶ P.13)

下のグラフ①〜⑤の直線の式を求めなさい。

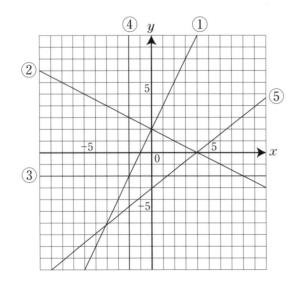

3　$y=ax^2$のグラフ

y が x^2 に比例しているとき，$y=ax^2$ と表すことができる。これは，最も基本的な2次関数である。この関数をグラフに表したときの形と，aの大きさによってグラフがどのように違うかをみていこう。

$a>0$の場合	$a<0$の場合
例　$y=2x^2$ と $y=\dfrac{1}{2}x^2$	例　$y=-2x^2$ と $y=-\dfrac{1}{2}x^2$

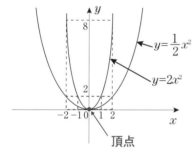

x	-2	-1	0	1	2
x^2	4	1	0	1	4
$2x^2$	8	2	0	2	8
$\dfrac{1}{2}x^2$	2	$\dfrac{1}{2}$	0	$\dfrac{1}{2}$	2

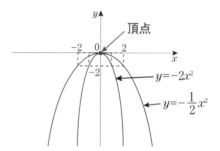

x	-2	-1	0	1	2
x^2	4	1	0	1	4
$-2x^2$	-8	-2	0	-2	-8
$-\dfrac{1}{2}x^2$	-2	$-\dfrac{1}{2}$	0	$-\dfrac{1}{2}$	-2

グラフは，下に凸

$y=\dfrac{1}{2}x^2$ のほうが，ゆるやかな変化

グラフは，上に凸

$y=-\dfrac{1}{2}x^2$ のほうが，ゆるやかな変化

$y=ax^2$のグラフは，上のグラフのように放物線になる。この線が変化のしかたを変える点を**頂点**といい，上のグラフの場合，頂点はどちらも**原点**になる。グラフの向きやとがり方はaの値によって変わる。

$a>0$のとき，下に凸のグラフ，$a<0$のときに上に凸のグラフになる。また，aが2や-2のときのほうより$\dfrac{1}{2}$や$-\dfrac{1}{2}$のときのほうが，グラフはなだらかになる。すなわち，aの**絶対値は小さいほうがなだらかになる。**[1]

※1　その数値から符号をとった数。

次に$y=ax^2$のグラフをもとに，**定義域**と**値域**，**最大値**と**最小値**をみていこう。※1 ※2

最大値とは，yの値が最大になるときのyの値を意味しており，グラフで表された最高地点のy座標を表す。

最小値とは，yの値が最小になるときのyの値を意味しており，グラフで表された最低地点のy座標を表す。

例えば，$y=3x^2$と定義域が（$-2\leqq x\leqq5$）の$y=-x^2$について，グラフをもとにして，最大値・最小値を求めてみると，

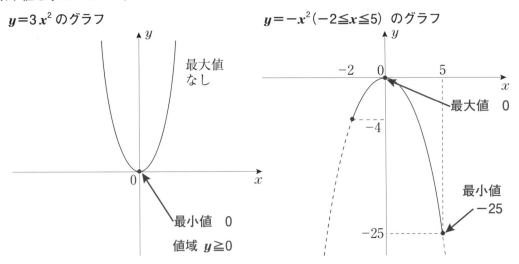

上のグラフからもわかるように，$y=3x^2$では定義域は実数全体になるので値域は$y\geqq0$になり，最大値はなく，最小値は0となる。また，$y=-x^2$（定義域：$-2\leqq x\leqq5$）では，値域が$-25\leqq y\leqq0$になり，最大値は0で最小値が-25になる。

◇ 解法のポイント

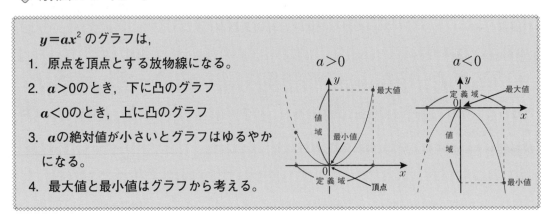

$y=ax^2$のグラフは，
1. 原点を頂点とする放物線になる。
2. $a>0$のとき，下に凸のグラフ
   $a<0$のとき，上に凸のグラフ
3. aの絶対値が小さいとグラフはゆるやかになる。
4. 最大値と最小値はグラフから考える。

※1　xのとる値の範囲（68ページ参照）
※2　式の答えであるyの値の範囲（68ページ参照）

Q 例題①

次の２次関数①～④のグラフは，右のア～エのどれか。

① $y = 5x^2$

② $y = -0.5x^2$

③ $y = \dfrac{1}{2}x^2$

④ $y = -3x^2$

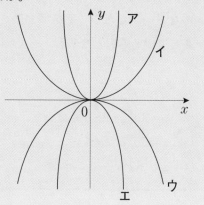

？ ヒント

$y = ax^2$ のグラフの向きは，$a > 0$ になるか，$a < 0$ になるかで決まる。

$a > 0$ のとき下に凸，$a < 0$ のとき上に凸の放物線になる。また，a の絶対値が大きいほど変わり方が激しくなり，せまいグラフになる。

この４つのグラフのうち，最もせまいのは $y = 5x^2$ であり，$y = -0.5x^2$ と $y = \dfrac{1}{2}x^2$ とは絶対値が同じで符号が違うので，x 軸に対して線対称になる。

A 解答・解説

① $y = ax^2$ で，$a > 0$ であるから下に凸のグラフになる。また，$y = 5x^2$ と $y = \dfrac{1}{2}x^2$ を比べると，$y = 5x^2$ のほうが a の絶対値が大きいので，グラフはせまい。よって，ア

（答）ア

② $y = ax^2$ で，$a < 0$ であるから上に凸のグラフになる。また，$y = -0.5x^2$ と $y = -3x^2$ を比べると，$y = -0.5x^2$ のほうが a の絶対値が小さいので，グラフはゆるやかになる。よって，ウ

（答）ウ

③ $y = ax^2$ の $a > 0$ で，a の絶対値は小さいので，イ

（答）イ

④ $y = ax^2$ の $a < 0$ で，a の絶対値は大きいので，エ

（答）エ

Q 例題②

次のように定義域のついた $y=ax^2$ の関数について，その値域と最小値，最大値を求めなさい。ただし，定義域が表されていないものは，定義域が実数全体であることを表しているものとする。

(1) $y=3x^2$

(2) $y=3x^2(-2\leqq x\leqq4)$

(3) $y=3x^2(1\leqq x\leqq4)$

(4) $y=-2x^2(-3<x\leqq2)$

A 解答・解説

(1) $y=3x^2$ は，右図①の放物線である。

定義式はすべての実数になるので，値域は $y\geqq0$，また，グラフより $x=0$ のとき最小値0，最大値はなし。

（答） 値域 $y\geqq0$，最小値0，最大値なし

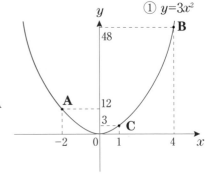

(2) $y=3x^2$ の $-2\leqq x\leqq4$ の範囲は，①のグラフ上の点A から点Bまでになる。

よって，値域は $0\leqq y\leqq48$。また，グラフより $x=0$ のとき最小値0，$x=4$ のとき最大値48になる。

（答） 値域 $0\leqq y\leqq48$，最小値0，最大値48

(3) $y=3x^2$ の $1\leqq x\leqq4$ の範囲は，①のグラフ上の点Cから点Bまでになる。

よって，値域は $3\leqq y\leqq48$。また，グラフより $x=1$ のとき最小値3，$x=4$ のとき最大値48になる。

（答） 値域 $3\leqq y\leqq48$，最小値3，最大値48

(4) $y=-2x^2$ は，右図②の放物線である。このグラフで，$-3<x\leqq2$ の範囲は，点Dから点Eまでになり，点Dはその数を含まないから○となる。

よって，値域は $-18<y\leqq0$，また②のグラフより，$x=-3$ は含まれないので最小値はなく，$x=0$ のとき最大値0になる。

（答） 値域 $-18<y\leqq0$，最小値なし，最大値0

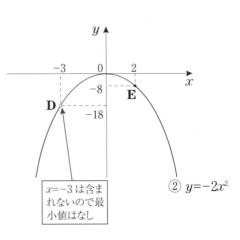

$x=-3$ は含まれないので最小値はなし

演習問題

No.1 （解答 ▶ P.13）

次の $y=ax^2$ のグラフのうち，(1)〜(4)の条件にあうものをそれぞれ答えなさい。

① $y=-\dfrac{1}{4}x^2$ 　　② $y=\dfrac{1}{3}x^2$ 　　③ $y=\dfrac{3}{2}x^2$

④ $y=-3x^2$ 　　⑤ $y=4x^2$ 　　⑥ $y=-1.5x^2$

(1) 下に凸のグラフをすべて

(2) 最もせまいグラフ

(3) x軸について線対称になるグラフ

(4) グラフが点（2, 6）を通る

No.2 （解答 ▶ P.13）

$y=4x^2$ について，次の問いに答えなさい。

(1) グラフをかいたときの頂点の座標を求めなさい。

(2) 定義域が$1\leqq x\leqq3$のとき，値域を求めなさい。

(3) 定義域が$-2\leqq x\leqq4$のとき，値域を求めなさい。

(4) 定義域が$-3\leqq x\leqq2$のとき，最大値と最小値を求めなさい。

No.3 （解答 ▶ P.13）

右のように，頂点が原点である放物線が(4, −8) の点
を通る。これについて，あとの問いに答えなさい。

(1) このグラフを表す関数の式を書きなさい。

(2) このグラフは，x軸とy軸のどちらに対して線対

称か。

(3) 定義域が$-2\leqq x\leqq4$のとき，値域を求めなさい。

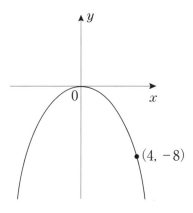

4　$y=a(x-p)^2+q$のグラフ

　座標に表された関数のグラフをx軸に平行に移動したり，y軸に平行に移動したりすると，どのような式になるだろう。

　点$(x,\ y)$をx軸方向にp，y軸方向にq平行移動した点を$(X,\ Y)$とすると，

　　　$X=x+p$　……①　x軸方向にpだけ平行移動した点X

　　　$Y=y+q$　……②　y軸方向にqだけ平行移動した点Y

これを$x,\ y$について解くと，※1

　　①より　$x=X-p$　……③

　　②より　$y=Y-q$　……④

　この③，④を平行移動前のグラフのxとyの関係式（直線$y=ax+b$や放物線$y=ax^2$）に代入すれば，移動した後の点$(X,\ Y)$の関係式ができる。※2

　例えば，$y=2x^2$をx軸方向に3，y軸方向に4平行移動した式をつくってみよう。

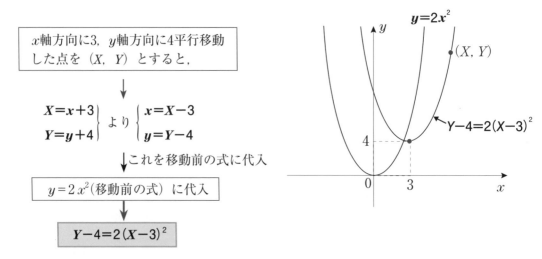

　移動したあとの2つの変数XとYの関係式は，上の □ のようになり，グラフ上でみると，上図のようになる。

　□ 式の-4を移項して，YをXの関係式で表すと，$Y=2(X-3)^2+4$になる。もし，x軸方向に3だけなら$y=2(x-3)^2$，y軸方向に4だけなら$y=2x^2+4$になる。

　右上図より，$Y=2x^2$のグラフを頂点が$(3,\ 4)$，グラフの軸は$x=3$になるように平行移動したグラフの式は，$Y=2(X-3)^2+4$になる。同じxy座標に表せるから，移動後の関係式は，$y=2(x-3)^2+4$と同じことになる。

※1　pやqを移項して，$x=$………，$y=$………の式をつくる。
※2　1つの式にxとyが入っている関係式。

よって，2次関数のグラフの形は，$y=a(x-p)^2+q$ の式にするとわかりやすい。下のそれぞれの式とグラフから，放物線の形，頂点，軸を確認してみよう。

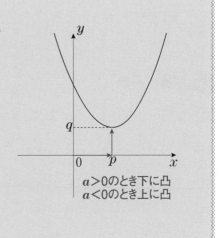

$y=2(x+3)^2+4$ は，

$y=2x^2$ のグラフを，

> **頂点(-3, 4)**
>
> **軸　$x=-3$**

になるように平行移動したグラフ。

$y=-2(x-4)^2+4$ は，

$y=-2x^2$ のグラフを，

> **頂点(4, 4)**
>
> **軸　$x=4$**

になるように平行移動したグラフ。

◈ 解法のポイント

(1) **関数 $y=f(x)$ のグラフ**

x 軸方向に p だけ平行移動 → x を $x-p$ におきかえる。

y 軸方向に q だけ平行移動 → y を $y-q$ におきかえる。

(2) **$y=a(x-p)^2+q$ のグラフ**

$y=ax^2$ のグラフを

　　x 軸方向に p

　　y 軸方向に q

だけ平行移動したグラフになる。

軸　　$x=p$

頂点$(p,\ q)$

$a>0$のとき下に凸
$a<0$のとき上に凸

次のそれぞれの問いに答えなさい。

(1) 次の直線や放物線を（　　　）のように平行移動したとき，直線や放物線の式を
$y =$（式）の形に表しなさい。

① $y = 3x$ 　　　　　　（x軸方向に2）

② $y = 3x^2$ 　　　　　　（x軸方向に-2）

③ $y = 3x + 6$ 　　　　　（y軸方向に-4）

④ $y = 3(x-2)^2$ 　　　　（y軸方向に3）

(2) 次の放物線の頂点の座標と軸の式を，それぞれ答えなさい。

① $y = 3(x-2)^2 + 3$

② $y = -4(x+3)^2 - 4$

⑦ ヒント

(1) x軸方向にp，y軸方向にq平行移動したグラフの式は，xを$x-p$に，yを$y-q$におきかえ
てから，yについて解けばよい。

① xを$x-2$におきかえる。

② xを$x+2$におきかえる。

③ yを$y+4$におきかえる。

④ yを$y-3$におきかえる。

(2) $y = a(x-p)^2 + q$ のグラフの頂点は (p, q)，軸は$x = p$になる。

A 解答・解説

(1) ① $y = 3x$のxを$x-2$にして，$y = 3(x-2)$ 　　　　　よって，**$y = 3x - 6$**

② $y = 3x^2$のxを$x+2$にして，$y = 3(x+2)^2$ 　　　　よって，**$y = 3(x+2)^2$**

③ $y = 3x+6$のyを$y+4$にして，$y+4 = 3x+6$ 　　　　よって，**$y = 3x + 2$**

④ $y = 3(x-2)^2$のyを$y-3$にして，$y-3 = 3(x-2)^2$

　　　　　　　　　　　　　　　　　　　　　　　よって，**$y = 3(x-2)^2 + 3$**

(2) ① **頂点(2, 3)** 　　　**軸 $x = 2$**

② **頂点(-3, -4)** 　　**軸 $x = -3$**

Q 例題②

次のグラフの頂点の座標と軸の方程式を答えなさい。

(1) $y = 3x^2$

(2) $y = 3x^2 + 2$

(3) $y = 3(x-4)^2$

(4) $y = 3(x-4)^2 + 2$

(5) $y = -2(x+5)^2 - 3$

A 解答・解説

(1) 原点を頂点とした放物線である。

（答）　頂点 $(0,\ 0)$　軸 $x = 0$

(2) $y = 3x^2$ のグラフを y 軸方向に2平行移動したグラフになる。

（答）　頂点 $(0,\ 2)$　軸 $x = 0$

(3) $y = 3x^2$ のグラフを x 軸方向に4平行移動したグラフになる。

（答）　頂点 $(4,\ 0)$　軸 $x = 4$

(4) $y = 3x^2$ のグラフを x 軸方向に4，y 軸方向に2平行移動したグラフになる。

（答）　頂点 $(4,\ 2)$　軸 $x = 4$

(5) $y = -2x^2$ のグラフを x 軸方向に -5，y 軸方向に -3平行移動したグラフになる。

（答）　頂点 $(-5,\ -3)$　軸 $x = -5$

No.1 （解答 ▶ P.13）

次のグラフの式を求めなさい。

(1)　$y = -2x^2$をx軸方向に3平行移動する。

(2)　$y = 3(x-4)^2$をx軸方向に5，y軸方向に3平行移動する。

(3)　$y = -\dfrac{1}{2}(x+3)^2$をx軸方向に-1，y軸方向に5平行移動する。

(4)　$y = -(x-3)^2+4$をx軸方向に2，y軸方向に-3平行移動する。

(5)　$y = x^2$をx軸方向に-5，y軸方向に4平行移動する。

No.2 （解答 ▶ P.14）

次のグラフの式を求めなさい。

(1)　$y = 3(x-5)^2$のグラフをy軸を対称軸として，対称移動する。

(2)　$y = -2x^2+4$のグラフをx軸を対称軸として，対称移動する。

(3)　$y = 2(x-2)^2-3$のグラフを原点を中心にして，点対称に移動する。

(4)　$y = x^2$のグラフをx軸を対称軸として，対称移動する。

(5)　$y = \dfrac{1}{2}(x+3)^2-4$のグラフを$y$軸を対称軸として，対称移動する。

No.3

（解答 ▶ P.14）

次のグラフの頂点が（　　）のようになるように平行移動したときの式を求めなさい。

(1)　$y = 2x^2$　　$(3,\ 5)$

(2)　$y = -x^2$　　$(-4,\ 2)$

(3)　$y = \dfrac{1}{2}x^2$　　$(5,\ 6)$

(4)　$y = -\dfrac{1}{2}x^2$　　$(-2,\ 6)$

(5)　$y = -\dfrac{1}{3}x^2$　　$\left(\dfrac{1}{2},\ \dfrac{3}{2}\right)$

No.4

（解答 ▶ P.14）

次の(1)〜(5)の2次関数のグラフは，A 〜 E をそれぞれ x 軸と平行にいくつ，y 軸と平行にいくつ平行移動したものか答えなさい。

(1)　$y = -3(x-4)^2 + 1$

(2)　$y = 2x^2 + 3$

(3)　$y = \dfrac{(x-4)^2}{3} - 1$

(4)　$y = 0.5(x+3)^2 - 5$

(5)　$y = -x^2 - 3$

A　$y = 2x^2$

B　$y = -x^2$

C　$y = \dfrac{1}{2}x^2$

D　$y = \dfrac{1}{3}x^2$

E　$y = -3x^2$

$y=ax^2+bx+c$のグラフ

頂点が $(3, 4)$ で，グラフの形が$y=2x^2$の放物線の式(80ページ参照)は，

$y=2(x-3)^2+4$であった。この式の右辺を展開すると，

$2(x-3)^2+4=2(x^2-6x+9)+4=2x^2-12x+18+4$

$\qquad\qquad\qquad = 2x^2-12x+22$

になる。これは，定数をa，b，cとして，$y=ax^2+bx+c$ の形に表すことができることを意味する。この形を**2次関数の一般形**という（ただし$a \neq 0$）。この一般形 $y=ax^2+bx+c$ からグラフのようすでわかることは，次の3つである。

(1) **グラフの形**

　x^2の係数aは，$y=a(x-p)^2+q$と変形したときも同じだから，グラフの形は $y=ax^2$ となる。

(2) **y 切片**

　$x=0$を代入すると，y軸との交点が求まる。y切片は $(0, c)$ になる。

(3) **x 切片**

　$y=0$を代入すると，2次方程式ax^2+bx+c $=0$になる。この解をα，βとすると，x軸との交点は，$(\alpha, 0)(\beta, 0)$ になる。このことから，$y=ax^2+px+q$が因数分解され，$y=a(x-\alpha)$ $(x-\beta)$ のように変形できれば，x軸との交点がすぐにわかる。また，頂点のx座標はαとβのまん中である $\dfrac{\alpha+\beta}{2}$ になる。

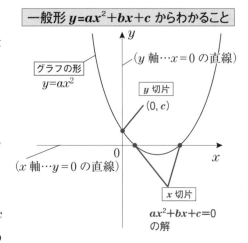

一般形 $y=ax^2+bx+c$ からわかること

グラフの形
$y=ax^2$

（y軸…$x=0$の直線）

y切片
$(0, c)$

（x軸…$y=0$の直線）

x切片
$ax^2+bx+c=0$
の解

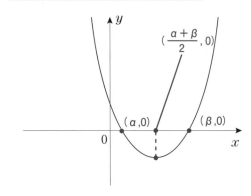

$y=a(x-\alpha)(x-\beta)$ からわかること

$\left(\dfrac{\alpha+\beta}{2}, 0\right)$

$(\alpha, 0)$　$(\beta, 0)$

$y = ax^2 + bx + c$ から $y = a(x-p)^2 + q$ への変形

$$x^2 + \frac{b}{a}x + \left(\frac{b}{2a}\right)^2$$

$$= \left(x + \frac{b}{2a}\right)^2 \text{になるから,}$$

↓

$$x^2 + \frac{b}{a}x + \left(\frac{b}{2a}\right)^2$$

をつくる。

→

$$y = ax^2 + bx + c$$

$$= a\left(x^2 + \frac{b}{a}x\right) + c$$

$$= a\left\{x^2 + \frac{b}{a}x + \left(\frac{b}{2a}\right)^2 - \left(\frac{b}{2a}\right)^2\right\} + c$$

$$= a\left\{x^2 + \frac{b}{a}x + \left(\frac{b}{2a}\right)^2\right\} - a \times \frac{b^2}{4a^2} + c$$

$$= a\left(x + \frac{b}{2a}\right)^2 - \frac{b^2 - 4ac}{4a}$$

かっこの中に $\left(\frac{b}{2a}\right)^2$ をつけ足してゆく。

これより，頂点$\left(-\dfrac{b}{2a},\ -\dfrac{b^2-4ac}{4a}\right)$ になる。これは，公式でおぼえず，途中の変形の仕方をおぼえよう。

(例)　$y = 2x^2 + 8x + 6$ を変形すると，

$$y = 2(x^2 + 4x) + 6$$
$$= 2(x^2 + 4x + 4) - 8 + 6$$
$$= 2(x+2)^2 - 2$$

また，$y = 2(x^2 + 4x + 3)$
$$= 2(x+3)(x+1)$$

よって，
グラフは，
y切片$(0,\ 6)$
頂点$(-2,\ -2)$
x切片$(-3,\ 0)$
$(-1,\ 0)$

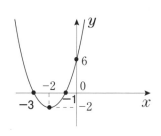

◇ 解法のポイント

1. $y = ax^2 + bx + c\ (a \neq 0)$ のグラフ

   ・y切片$(0,\ c)$　　グラフの形　$y = ax^2$

   ・$ax^2 + bx + c = 0$ の解がx軸との交点

2. $y = a(x-\alpha)(x-\beta)\ (a \neq 0)$ のグラフ

   ・x軸との交点$(\alpha,\ 0)(\beta,\ 0)$　　グラフの形　$y = ax^2$

3. $y = ax^2 + bx + c$ の頂点は変形すると，

   $y = a\left(x + \dfrac{b}{2a}\right)^2 - \dfrac{b^2 - 4ac}{4a}$ になり，

   $\left(-\dfrac{b}{2a},\ -\dfrac{b^2 - 4ac}{4a}\right)$

$ax^2 + bx + c = a(x-\alpha)(x-\beta)$

$(a \neq 0,\ \beta > \alpha)$ と因数分解する

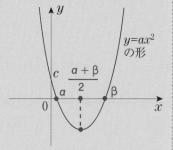

2次関数 $y = -4x^2 + 16x + 20$ について，次の問いに答えなさい。

(1) このグラフの形は，下の①〜⑤のどれと同じか。

　① $y = x^2$　　② $y = -x^2$　　③ $y = 3x^2$　　④ $y = -3x^2$　　⑤ $y = -4x^2$

(2) y軸との交点，x軸との交点を求めなさい。

(3) 頂点のx座標を求めなさい。

(4) 頂点のy座標を求めなさい。

💡 ヒント

(1) $y = ax^2 + bx + c$ のグラフの形は，$y = ax^2$と同じになる。

(2) y軸との交点は，$x = 0$を入れればよい。また，x軸との交点は，$y = 0$を入れる。

(3) 頂点のx座標は，$y = ax^2 + bx + c$ とx軸との交点の中点になるから，$ax^2 + bx + c = 0$ の2つの解の平均でもある。

(4) (3)で求めたxの値を，$ax^2 + bx + c$ に代入して求める。

A 解答・解説

(1) $y = -4x^2 + 16x + 20$より，x^2の係数は-4，よって$y = -4x^2$　　　　　　　　　**(答)** ⑤

(2) $x = 0$を代入して$y = 20$より，y軸との交点は $(0, 20)$

　　$y = 0$を代入して，$-4x^2 + 16x + 20 = 0$，両辺を-4で割って，$x^2 - 4x - 5 = 0$

　　因数分解して，$(x - 5)(x + 1) = 0$，$x = 5, \ -1$

　　よって，交点のx座標は，5と-1

(答) $\begin{cases} \boldsymbol{y}\textbf{軸との交点}(0, \ 20) \\ \boldsymbol{x}\textbf{軸との交点}(5, \ 0) \\ \qquad\qquad (-1, \ 0) \end{cases}$

(3) 頂点のx座標は，x切片の5と-1の中点だから，$\dfrac{5 + (-1)}{2} = 2$　　　　**(答)** 2

(4) 頂点のy座標は，$x = 2$に対する$y = -4x^2 + 16x + 20$ のyの値だから，$x = 2$を代入して，

　　$y = -4 \times 4 + 16 \times 2 + 20 = 36$　　　　　　　　　　　　　　　　　　　　**(答)** 36

Q 例題②

$y＝2x^2＋8x＋9$のグラフについて，次の問いに答えなさい。

(1) 次の直線との交点をそれぞれ求めなさい。

①　$x＝1$

②　$y＝9$

③　$x＝-1$

(2) y軸との交点の座標を求めなさい。

(3) 頂点がわかる形に式を変形した。次の①～④にあてはまる数を入れなさい。

$y＝2x^2＋8x＋9$

$＝2(x^2＋4x)＋9$

$＝2(x^2＋4x＋\boxed{①}-\boxed{①})＋9$

$＝2(x^2＋4x＋\boxed{①})-\boxed{②}＋9$

$＝2(x＋\boxed{③})^2＋\boxed{④}$

(4) グラフの概形を書きなさい。

A 解答・解説

(1) ①　$x＝1$を代入して，

$y＝2×1^2＋8×1＋9＝19$

(答)　(1, 19)

②　$y＝9$を代入して，

$9＝2x^2＋8x＋9$　より　$x(x＋4)＝0$　$x＝0,　-4$

(答)　(0, 9) (-4, 9)

③　$x＝-1$を代入して，

$y＝2×(-1)^2＋8×(-1)＋9＝3$

(答)　(-1, 3)

(2) y軸は$x＝0$の直線だから，xに0を代入して，$y＝2×0^2＋8×0＋9＝9$

(答)　(0, 9)

(3) $x^2+4x+4=(x+2)^2$になるので①は4

　　$2(x^2+4x+4-4)$ の-4はカッコの外に出すと-8になるから②は8

　　$2(x^2+4x+4)=2(x+2)^2$より③は2，$-8+9=1$より④は1

(答)

(4)

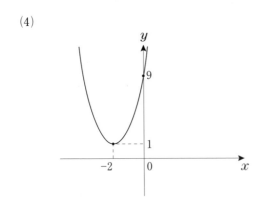

演習問題

No.1 （解答 ▸ P.14）

$y = ax^2 + bx + c$の式を変形して，$y = a(x+p)^2 + q$の形にしました。◯◯◯にあてはまる数を求めなさい。

(1) $y = 2x^2 + 8x + 1$

$= 2(x^2 + 4x + \boxed{} - \boxed{}) + 1$

$= 2(x^2 + 4x + \boxed{}) - \boxed{} + 1$

$= 2(x + \boxed{})^2 - \boxed{}$　　　よって頂点は $(\boxed{})$

(2) $y = -3x^2 + 6x + 3$

$= -3(x^2 - 2x + \boxed{} - \boxed{}) + 3$

$= -3(x^2 - 2x + \boxed{}) + \boxed{} + 3$

$= -3(x - \boxed{})^2 + \boxed{}$　　　よって頂点は $(\boxed{})$

(3) $y = 5x^2 - 30x + 47$

$= 5(x^2 - 6x + \boxed{} - \boxed{}) + 47$

$= 5(x^2 - 6x + \boxed{}) - \boxed{} + 47$

$= 5(x - \boxed{})^2 + \boxed{}$　　　よって頂点は $(\boxed{})$

(4) $y = -2x^2 + 4x - 3$

$= -2(x^2 - 2x + \boxed{} - \boxed{}) - 3$

$= -2(x^2 - 2x + \boxed{}) + \boxed{} - 3$

$= -2(x - \boxed{})^2 - \boxed{}$　　　よって頂点は $(\boxed{})$

No.2 （解答 ▸ P.14）

次の2次関数の頂点を求めなさい。

(1) $y = 3x^2 + 12x$

(2) $y = -2x^2 + 4x + 1$

(3) $y = x^2 + 3x - 2$

(4) $y = x^2 + 6x - 3$

(5) $y = -x^2 + 2x - 1$

No.3 (解答 ▸ P.15)

$y=2x^2+4x-30$ について，あとの問いに答えなさい。

(1) y軸との交点であるy切片を求めなさい。

(2) x軸との交点であるx切片を求めなさい。

(3) 頂点のx座標を求めなさい。

(4) 頂点の座標を求めなさい。

No.4 (解答 ▸ P.15)

次の2次関数の式を一般形 $y=ax^2+bx+c$ で表しなさい。

(1) 2点 $(1,\ -2)$, $(4,\ 1)$ を通るように平行移動した $y=x^2$ のグラフ

(2) 頂点が $(-1,\ 2)$ でy切片が4になるグラフ

(3) 原点を通り，頂点が $(-3,\ 18)$ のグラフ

(4) 頂点が $(2,\ -1)$ で，点 $(3,\ -4)$ を通るグラフ

No.5 (解答 ▸ P.15)

次のグラフの式を求めなさい。

(1) $y=x^2$をx軸方向に-1，y軸方向に2だけ平行移動したグラフ

(2) $y=-2x^2$をx軸方向に1，y軸方向に-2だけ平行移動したグラフ

(3) $y=x^2-4x+3$をx軸方向に-1，y軸方向に3だけ平行移動したグラフ

(4) $y=4(x+1)(x-2)$ をx軸方向に2，y軸方向に1だけ平行移動したグラフ

No.6 (解答 ▸ P.16)

$y=x^2+ax+b$の頂点が $(3,\ 4)$ であるとき，定数a，bの値を求めなさい。

6　2次関数の最大・最小

　2次関数の最大値・最小値を求めるときには，頂点がわかるグラフの定義域内で，y の最大と最小をみる。**y の最大はグラフの中で最も高い位置，y の最小はグラフの中で最も低い位置**のことである。そこで $y = ax^2 + bx + c = a(x-p)^2 + q$ の定義域で分類する。

(1)　定義域がかかれていないとき，定義域は実数全体のことである。

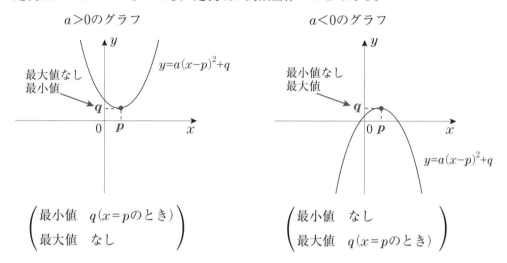

$a > 0$ のグラフ　　　　　　　　　　　　$a < 0$ のグラフ

$$\left(\begin{array}{l} \text{最小値}\quad q(x=p\text{のとき}) \\ \text{最大値}\quad \text{なし} \end{array}\right) \qquad \left(\begin{array}{l} \text{最小値}\quad \text{なし} \\ \text{最大値}\quad q(x=p\text{のとき}) \end{array}\right)$$

(2)　定義域があるとき

　頂点が定義域内にあるときと，ないときで整理すると，

　①　**頂点が定義域内にあるとき**

$a > 0$ のグラフ　　　　　　　　　　　　$a < 0$ のグラフ

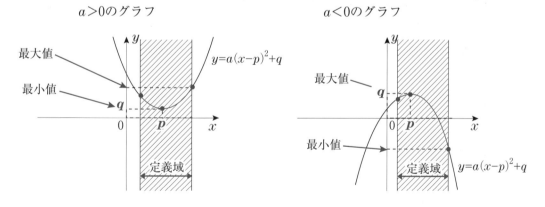

② 頂点が定義域外にあるとき

$a>0$のグラフ　　　　　　　　　　　　$a<0$のグラフ

このように，最大，最小はグラフと定義域から決まる。

◇ 解法のポイント

$y=a(x-p)^2+q$ のグラフの最大値，最小値

必ずグラフをかいて考えよう。

1. 定義域が実数全体のとき

　$a>0$ならば　最大値なし　最小値　q

　$a<0$ならば　最大値　q　最小値なし

2. 定義域が$\alpha \leqq x \leqq \beta$のとき，$\alpha$と$\beta$は定義域の両端（$\alpha < \beta$）

① 　$\alpha \leqq p \leqq \beta$のとき

　$a>0$ならば，最大値は$f(\alpha)$と$f(\beta)$のうち，大きいほう

　　　　　　　　最小値　q

　$a<0$ならば，最大値　q

　　　　　　　　最小値は，$f(\alpha)$と$f(\beta)$のうち小さいほう

② 　$p>\beta$または$\alpha>p$のとき

　最大値は，$f(\alpha)$と$f(\beta)$のうち大きいほう

　最小値は，$f(\alpha)$と$f(\beta)$のうち小さいほう

Q 例題①

　次の関数の最大値，最小値と，そのときのxの値をそれぞれ求めなさい。ない場合には，なしと書きなさい。

(1)　$y=3(x-2)^2+4$

(2)　$y=-(x+5)^2-3\,(-6\leqq x\leqq3)$

(3)　$y=(x+3)^2+1\,(-3\leqq x\leqq0)$

ヒント

(1)　グラフは下に凸で，頂点は（2, 4）になり（図1）のようになる。**最大値はない**。

(2)　グラフは上に凸で，頂点は（-5, -3）になり（図2）のようになる。そして，定義域の両端の直線をひくと，$x=3$のときが最小値になることがわかる。

(3)　グラフは下に凸で，頂点は（-3, 1）になり（図3）のようになる。そして，定義域の両端の直線をひくと，$x=0$のときが最大値であることがわかる。

（図1）

（図2）
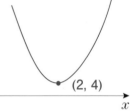

A 解答・解説

(1)　グラフより，最小値の座標は（2, 4）

最大値なし

最小値4（$x=2$のとき）

(2)　グラフより，最大値の座標は（-5, -3），最小値は$x=3$のときで，$y=-(3+5)^2-3=-67$より

最大値-3（$x=-5$のとき）

最小値-67（$x=3$のとき）

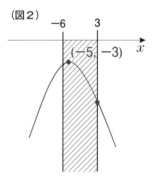

(3)　グラフより，最小値の座標は（-3, 1），最大値は$x=0$のときで，$y=(0+3)^2+1=10$

最大値10（$x=0$のとき）

最小値1（$x=-3$のとき）

（図3）
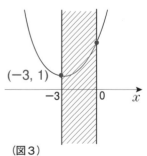

次の定義域における(1)(2)の2次関数の最大値，最小値を求めなさい。

(1) $y = 3x^2 - 6x + 9 \ (-2 \leqq x \leqq 3)$

(2) $y = 3(x+4)(x-6) \ (-5 \leqq x \leqq 5)$

A 解答・解説

(1) 式を変形すると，$y = 3x^2 - 6x + 9$

$$= 3(x^2 - 2x) + 9$$
$$= 3(x^2 - 2x + 1 - 1) + 9$$
$$= 3(x - 1)^2 - 3 + 9$$
$$= 3(x - 1)^2 + 6$$

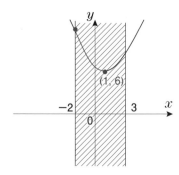

よりグラフと定義域は右図のようになり，

　$x = 1$のとき**最小値6**

　$x = -2$を代入すると$y = 33$で**最大値 33**

(2) $y = 3(x+4)(x-6)$ より，x切片は $(-4, \ 0)(6, \ 0)$ に

なるから，頂点のx座標はその中点 $\{(-4) + 6\} \div 2 = 1$

　そのときのy座標は，$x = 1$を代入して$y = -75$

　よって，グラフと定義域は右図のようになる。グラフよ

り$x = -5$のとき最大値で，$y = 3(x+4)(x-6)$ に代入して，

$y = 3(-5+4)(-5-6) = 3 \times (-1) \times (-11) = 33$

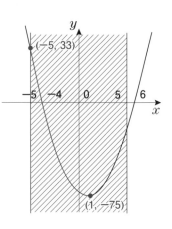

　よって，$x = 1$のときに**最小値−75**

　　　　$x = -5$のときに**最大値33**

演習問題

No.1 （解答 ▶ P.16）

次の定義域における最大値と最小値を求めなさい。どちらかがないときには，なしと答えなさい。

(1) $y = (x-3)^2$

(2) $y = -2(x+2)^2 - 1$

(3) $y = 2(x-2)(x+2)$ （$-1 \leq x \leq 3$）

(4) $y = x^2 + 2x$ （$-2 \leq x \leq 2$）

(5) $y = (x+1)^2 - 4$ （$1 \leq x \leq 3$）

No.2 （解答 ▶ P.16）

2次関数$y = 2x^2 - 6x + 5$（$-1 \leq x \leq 3$）の最大値M, 最小値mの値の組合せとして正しいのは，次のうちどれか。

	M	m
①	2	$\dfrac{1}{2}$
②	2	-6
③	5	3
④	13	$\dfrac{1}{2}$
⑤	13	$\sqrt{3}$

第4章 関数のグラフと方程式・不等式

1 関数のグラフと方程式の関係

2次関数 $y=ax^2+bx+c$ と x 軸（$y=0$），2次関数 $y=ax^2+bx+c$ と y 軸（$x=0$）の交点について，図解してみよう。

$y=ax^2+bx+c$ のグラフと $y=0$ の交点

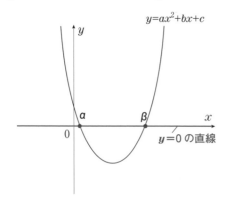

$y=ax^2+bx+c$ のグラフと $x=0$ の交点

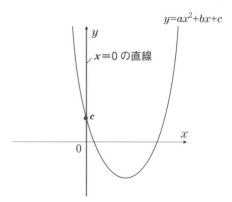

これは，$\begin{cases} y=ax^2+bx+c \\ y=0 \end{cases}$

の連立方程式を代入法で解くと，$ax^2+bx+c=0$ の2つの解 α，β が x 座標になる。

この解 $\begin{cases} x=\alpha \\ y=0 \end{cases}$ $\begin{cases} x=\beta \\ y=0 \end{cases}$

は上図のように交点になる。

これは，2次関数の表し方 $y=a(x-\alpha)(x-\beta)$ からもわかる。

これは，$\begin{cases} y=ax^2+bx+c \\ x=0 \end{cases}$

の連立方程式を代入法で解いたことになる。

この解 $\begin{cases} x=0 \\ y=c \end{cases}$

は上図のように交点になる。

このように考えると，放物線 $y=x^2$ と直線 $y=2x+3$ との交点や，直線 $y=3x+2$ と直線 $y=-2x+2$ の交点など2つの関数のグラフの交点を求めるときには，連立方程式にして解を求めればよい。

ここで2つのグラフのようすと，解の個数についてみてみよう。

$y = ax^2 + bx + c$ と $y = 0$ との位置関係は，解についてまとめると次のように３つある。

(1) **x軸と交わる**　　　　(2) **x軸に接する**　　　　(3) **x軸と交わらない**

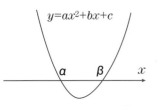
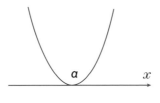
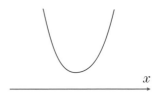

解は $\begin{cases} x = \alpha \\ y = 0 \end{cases} \begin{cases} x = \beta \\ y = 0 \end{cases}$ の２組　　　解は $\begin{cases} x = \alpha \\ y = 0 \end{cases}$ の１組　　　　解なし

$y = ax^2 + bx + c$ と直線 $y = Ax + B$ についても同様に，

連立方程式 $\begin{cases} y = ax^2 + bx + c & \cdots\cdots ① \\ y = Ax + B & \cdots\cdots ② \end{cases}$ の解である。

(1) ①と②が交わる　　　(2) ①と②が接する　　　(3) ①と②は交わらない

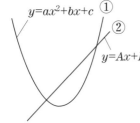

解は２組　　　　　　　　　　解は１組　　　　　　　　　　解なし

☞ 解法のポイント

1. **$y = ax^2 + bx + c$とx軸，y軸との交点は，**

   連立方程式 $\begin{cases} y = ax^2 + bx + c \\ y = 0 \end{cases}$ や $\begin{cases} y = ax^2 + bx + c \\ x = 0 \end{cases}$ の解である。

2. **$y = ax^2 + bx + c$とx軸の位置関係と解には３通りある。**

   ・交わる　　　　　　　　　　　　・接する　　　　　　　　　　　・交わらない

   $\begin{cases} x = \alpha \\ y = 0 \end{cases} \begin{cases} x = \beta \\ y = 0 \end{cases}$　　　 $\begin{cases} x = \alpha \\ y = 0 \end{cases}$

   　　　　　　　　　　　　　　　　　　　　　　　　　　　　　　解なし

3. **２つのグラフの交点は，２つの関数を連立方程式にした解である。**

Q 例題①

次の2つの関数のグラフの交点をそれぞれ求めなさい。

(1) $\begin{cases} y = 2x + 3 \\ y = -x - 9 \end{cases}$　　　　(2) $\begin{cases} y = 2x^2 - 4x + 1 \\ y = 1 \end{cases}$

❓ ヒント

(1) 連立方程式を等置法で，$2x + 3 = -x - 9$
　　として解くと解きやすい。
　　グラフに表すと（図1）のようになる。

(2) (1)と同様に等置法で，$2x^2 - 4x + 1 = 1$を解い
　　て，まずx座標を求める。
　　グラフに表すと（図2）のようになる。

（図1）

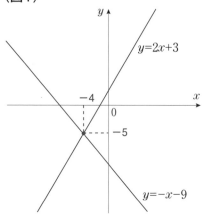

（図2）

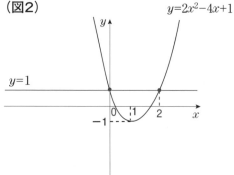

A 解答・解説

(1) $\begin{cases} y = 2x + 3 & \cdots\cdots ① \\ y = -x - 9 & \cdots\cdots ② \end{cases}$

　①と②が等しいから，

　　$2x + 3 = -x - 9$　これを解いて，

　　　$3x = -12$

　　　　$x = -4$　$\cdots\cdots ③$

　③を①に代入して，

　　　$y = -5$

　よって，交点は **(−4, −5)**

(2) $\begin{cases} y = 2x^2 - 4x + 1 & \cdots\cdots ① \\ y = 1 & \cdots\cdots ② \end{cases}$

　①と②が等しいから，

　　$2x^2 - 4x + 1 = 1$

　　　$2x^2 - 4x = 0$

　両辺を2で割り因数分解すると，

　　　$x(x - 2) = 0$

　よって，$x = 0,\ 2$　　したがって，交点は **(0, 1) (2, 1)**

Q 例題②

右図のA〜Fは$y=x^2-4x+5$の放物線と，(1)〜(4)に示された直線や放物線との交点を表している。A〜Fのそれぞれの座標を求めなさい。

(1) $y=x^2$

(2) $y=5$

(3) $y=2$

(4) $y=1$

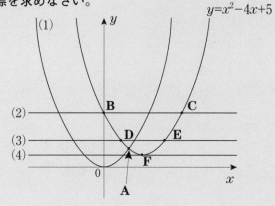

A 解答・解説

(1) Aは，$y=x^2-4x+5$と$y=x^2$との交点だから，次の連立方程式の解が座標になる。

$$\begin{cases} y=x^2-4x+5 & \cdots\cdots① \\ y=x^2 & \cdots\cdots② \end{cases}$$

①と②が等しいから，

$$x^2-4x+5=x^2$$
$$-4x+5=0$$
$$-4x=-5$$
$$x=\frac{5}{4} \quad \cdots\cdots③$$

③を②に代入して，

$$y=\left(\frac{5}{4}\right)^2=\frac{25}{16}$$

(答) $A\left(\dfrac{5}{4},\ \dfrac{25}{16}\right)$

(2) B, Cは，$y=x^2-4x+5$と$y=5$との交点だから，次の連立方程式の解が座標になる。

$$\begin{cases} y=x^2-4x+5 & \cdots\cdots④ \\ y=5 & \cdots\cdots⑤ \end{cases}$$

④と⑤が等しいから，

$$x^2-4x+5=5$$
$$x(x-4)=0$$

よって，$x=0,\ 4$

(答) $\begin{cases} B(0,\ 5) \\ C(4,\ 5) \end{cases}$

(3) D, Eは, $y = x^2 - 4x + 5$ と $y = 2$ の交点だから, 次の連立方程式の解が座標になる。

$$\begin{cases} y = x^2 - 4x + 5 \quad \cdots\cdots ⑥ \\ y = 2 \quad \cdots\cdots ⑦ \end{cases}$$

⑥と⑦が等しいから,

$$x^2 - 4x + 5 = 2$$
$$x^2 - 4x + 3 = 0$$
$$(x-1)(x-3) = 0$$

よって, $x = 1, 3$

(答) $\begin{cases} \mathbf{D}(1, \ 2) \\ \mathbf{E}(3, \ 2) \end{cases}$

(4) Fは $y = x^2 - 4x + 5$ と $y = 1$ の交点だから 次の連立方程式の解が座標になる。

$$\begin{cases} y = x^2 - 4x + 5 \quad \cdots\cdots ⑧ \\ y = 1 \quad \cdots\cdots ⑨ \end{cases}$$

⑧と⑨が等しいから,

$$x^2 - 4x + 5 = 1$$
$$x^2 - 4x + 4 = 0$$
$$(x-2)^2 = 0$$

よって, $x = 2$

(答) $\mathbf{F}(2, \ 1)$

演習問題

No.1

（解答▶P.16）

次の関数とx軸との交点の座標を求めなさい。

(1) $y = 2x + 5$

(2) $y = x^2 - 6x + 5$

(3) $y = -x^2 + 3x$

(4) $y = x^2 + 8x + 15$

(5) $y = 2x^2 - 18x + 40$

No.2

（解答▶P.17）

$(x-4)^2 + 3 = k$ を，$y = (x-4)^2 + 3$ と $y = k$ の交点と考え，下の図を参考にして，あとの問いに答えなさい。

(1) 解が2個になるkの範囲を求めなさい。

(2) 解が1個だけのとき，kの値を求めなさい。

(3) 解がないとき，kの範囲を求めなさい。

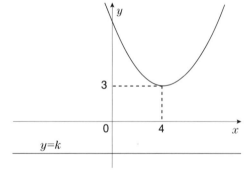

共有点の数と判別式の関係

2次関数 $y = ax^2 + bx + c$ と x 軸（$y = 0$）の交点の x 座標は，等置法から求める2次方程式 $ax^2 + bx + c = 0$ の解である。この2次方程式の解は，解の公式

$$x = \frac{-b \pm \sqrt{b^2 - 4ac}}{2a}$$

で求まり，この公式の $\sqrt{}$ の中は，正の数ならば解は2個求まる。ということは，交点が2個ある。また，$\sqrt{}$ の中が0ならば，x の解は1個でグラフは x 軸に接する。そして，$\sqrt{}$ の中が負ならば解は求まらず，グラフと x 軸は交わらない。この $\sqrt{}$ の中の式 $b^2 - 4ac$＝判別式（Dで表す）によって，グラフと x 軸との交わり方がわかる。

(1) $b^2 - 4ac > 0$ ならば，2点で交わる　　　(2) $b^2 - 4ac = 0$ ならば，接する

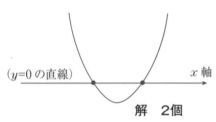 

(3) $b^2 - 4ac < 0$ ならば，交わらない

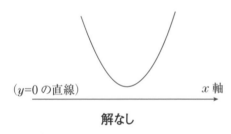

🖝 解法のポイント

> 2次関数 $y = ax^2 + bx + c$ と x 軸との解の個数は，判別式 $D = b^2 - 4ac$ の符号でわかる。
>
> 1. $D = b^2 - 4ac > 0$　2点で交わるから，解は2個。
>
> 2. $D = b^2 - 4ac = 0$　1点で接するから，解は1個。
>
> 3. $D = b^2 - 4ac < 0$　交わらないから，解はなし。
>
> 判別式は，解の公式 $x = \dfrac{-b \pm \sqrt{b^2 - 4ac}}{2a}$ の $\sqrt{}$ の中の式。

Q 例題①

次の2次関数とx軸との関係を，それぞれア～カから選びなさい。

(1) $y = 2x^2 + 3x + 4$

(2) $y = -3x^2 + 4x - 3$

(3) $y = 5x^2 - 6x + 1$

(4) $y = -x^2 + 2x + 3$

(5) $y = 2x^2 - 8x + 8$

(6) $y = -3x^2 + 18x - 27$

ア

イ

ウ

エ
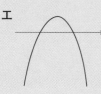

オ

カ

⑦ ヒント

グラフの向きは，$y = ax^2 + bx + c$ のaの符号でわかる。$a > 0$ならば下に凸，$a < 0$ならば上に凸になる。そしてx軸との交わり方は，判別式 $D = b^2 - 4ac$ の符号で決まる。

$D > 0$ならば2点で交わり，$D = 0$ならば1点で接し，$D < 0$ならば交わらない。

A 解答・解説

(1) $a > 0$で，$b^2 - 4ac = 3^2 - 4 \times 2 \times 4 = -23$より，$b^2 - 4ac < 0$だから，………………………ウ

(2) $a < 0$で，$b^2 - 4ac = 4^2 - 4 \times (-3) \times (-3) = -20$より，$b^2 - 4ac < 0$だから，…………カ

(3) $a > 0$で，$b^2 - 4ac = (-6)^2 - 4 \times 5 \times 1 = 16$より，$b^2 - 4ac > 0$だから，………………ア

(4) $a < 0$で，$b^2 - 4ac = 2^2 - 4 \times (-1) \times 3 = 16$より，$b^2 - 4ac > 0$だから，………………エ

(5) $a > 0$で，$b^2 - 4ac = (-8)^2 - 4 \times 2 \times 8 = 0$より，$b^2 - 4ac = 0$だから，………………イ

(6) $a < 0$で，$b^2 - 4ac = 18^2 - 4 \times (-3) \times (-27) = 0$より，$b^2 - 4ac = 0$だから，…………オ

右のグラフは，点Aを頂点とする放物線と点Cを切片にもつ直線が点Bで接している
ようすを表している。また，それぞれの座標は，A$(1, 1)$，B$(2, 2)$，C$(0, -2)$ で
ある。これについて，次の問いに答えなさい。

(1) B，Cを通る直線の式を求めなさい。

(2) A，Bを通る放物線の式を求めなさい。

(3) 点Cを通り，放物線に接する傾きが負の直線
の式を求めなさい。

(4) (3)で求めた直線と，放物線の接点の座標を求
めなさい。

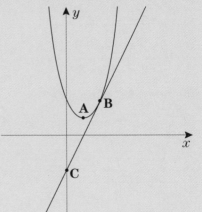

A 解答・解説

(1) B$(2,2)$, C$(0,-2)$ を通る直線の傾きは，

$$傾き = \frac{2-(-2)}{2-0} = 2$$

切片は-2であるから，直線の式は，

$$y = 2x - 2$$

(答) $y = 2x - 2$

(2) 放物線の頂点はA$(1, 1)$ だから，

放物線の式は，$y = a(x-1)^2 + 1$

また，B$(2,2)$ を通るから，

$2 = a(2-1)^2 + 1$より

$a = 1$

よって，$y = (x-1)^2 + 1$

(答) $y = (x-1)^2 + 1$

(3) 点Cを通り傾きが負で放物線に接する直
線の式を $y = ax - 2 \, (a<0)$ とすると，次の
連立方程式の解が重解になる。

$$\begin{cases} y = (x-1)^2 + 1 & \cdots\cdots ① \\ y = ax - 2 & \cdots\cdots ② \end{cases}$$

①，②のyが等しいから，

$$(x-1)^2 + 1 = ax - 2$$

整理して，

$$x^2 - (2+a)x + 4 = 0$$

この式の判別式が0になるから，

$$D = (-a-2)^2 - 4 \times 1 \times 4 = 0$$
$$(-a-2)^2 = 16$$
$$-a-2 = \pm 4$$
$$a = 2, \quad -6$$

$a<0$より，$a = -6$

(答) $y = -6x - 2$

(4) 次の連立方程式の解が接点の座標になる。

$$\begin{cases} y = (x-1)^2 + 1 & \cdots\cdots ① \\ y = -6x - 2 & \cdots\cdots ② \end{cases}$$

①と②の y が等しいから,

$$(x-1)^2 + 1 = -6x - 2$$
$$x^2 + 4x + 4 = 0$$
$$(x+2)^2 = 0$$
$$x = -2 \quad \cdots\cdots ③$$

③を②に代入して,

$$y = 10 \quad \cdots\cdots ④$$

（答）　$(-2,\ 10)$

　　　　　　　　　　　　　　　　　　　　　　　　　　　　　（解答 ▶ P.17）

次の２つのグラフ**A**と**B**はア〜エのどのような位置関係になりますか。それぞれ答えなさい。

① A　$y = x^2 + 3x - 4$　　　B　$y = 3x - 4$

② A　$y = x^2 + 3x - 4$　　　B　$y = 3x$

③ A　$y = x^2 + 3x - 4$　　　B　$y = x^2$

④ A　$y = x^2 - 3x + 5$　　　B　$y = 0$

⑤ A　$y = x^2 - 3x + 5$　　　B　$x = 0$　（y軸）

ア　2点で交わる　　　イ　1点で交わる　　　ウ　接する　　　エ　交わらない

　　　　　　　　　　　　　　　　　　　　　　　　　　　　　（解答 ▶ P.17）

次のそれぞれのグラフとx軸との位置関係は，下の**A**，**B**，**C**のどれにあてはまりますか。記号で答えなさい。

① $y = 2x^2 + 5x + 5$

② $y = -3x^2 - 3x + 4$

③ $y = -4x^2 - 8x - 4$

④ $y = 5x^2 + 4x + 3$

⑤ $y = x^2 + 8x + 16$

A　交わる　　　　　　　　B　接する　　　　　　　C　交わらない

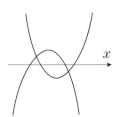 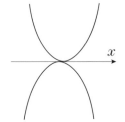 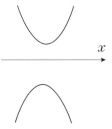

xがどんな実数値をとっても，$y=x^2+ax+(a-1)$ のグラフがx軸と接する実数aは，次のうちどれか。

① $-2<a<2$

② $a<-2,\ 2<a$

③ $0<a<2$

④ $a<0,\ 2<a$

⑤ $a=2$

3　関数のグラフと不等式の関係

$3x>9$ や $x^2-8<6x$ などの不等式を解くときには，まず右辺が0になるように整理する。

整理し終わったとき，左辺は $ax+b$ や ax^2+bx+c のように x の関数の式になっている。このように（x の関数の式）>0 や（x の関数の式）<0 になったとき，左辺が1次関数 $ax+b$ であるときを例にとって，その不等式の解がグラフ上で，どのように求められるか確認してみよう。

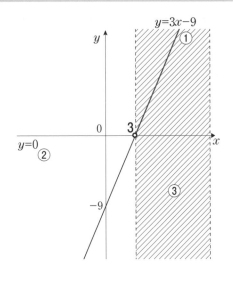

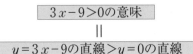

$3x-9>0$ の意味は，「$\boldsymbol{y=3x-9}$ の直線が（x 軸である）$y=0$ よりも上にあるのは，x がどんな範囲のときか」ということである。

$y=3x-9$ と $y=0$ の交点は，$3x-9=0$ を解くと $x=3$ となるので，$(3,0)$。座標から考えると，右上の図でいえば，①＞②を表す。したがって，①の直線が②の直線の3より右にあるときの x の範囲③（斜線部分）が解になる。グラフでの○（白丸）は，その数が含まれない $<$，$>$ を表し，●（黒丸）のときには，その数が含まれる $\leqq$，$\geqq$ を表す。

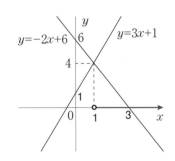

$3x+1>-2x+6$ を解くと $x>1$
グラフからみても $x>1$

また，$3x+1>-2x+6$ を例にとると，この解は，式を変形して解くと，$x>1$ だが，左辺を0にせず，右図のように $y=3x+1$ と $y=-2x+6$ の位置関係からみることもできる。交点 $(1,4)$ よりも右の $x>1$ の範囲のとき，$3x+1>-2x+6$ になるように不等式を解くと，$y=$（左辺）と $y=$（右辺）の2つのグラフの位置関係を表し，その不等式の位置になる x の範囲が解になる。このような見方も大切である。

ここで，不等式と方程式の大きな違いだけを確認しておこう。

　不等式は，両辺に負の数をかけると不等号が逆になる。

　不等式を，不等式のきまりに従って解いたときと，2つのグラフがそのような位置関係になるときのxの範囲を比べてみよう。

　$-2x+3 \geqq 5$のとき，

〈不等式を解く〉

　　$-2x+3 \geqq 5$

　　　$-2x \geqq 5-3$

　　　$-2x \geqq 2$

　　　　$x \leqq -1$

グラフと比べ
てみよう
→

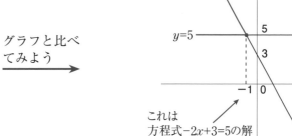

$(y=-2x+3\text{のグラフ}) \geqq (y=5\text{のグラフ})$

これは
方程式$-2x+3=5$の解

不等式の解はグラフより，$x \leqq -1$

◈ 解法のポイント

1. 不等式は，グラフの位置関係を表す。

2. 不等式の解は，不等式が表す位置関係のときのxの範囲である。

　$x \geqq -x+2$は，$y=x$が$y=-x+2$以上であることを表す（図1）。

　$x \geqq -x+2$の解は，（図1）の状態のときのxの範囲$x \geqq 1$になる（図2）。

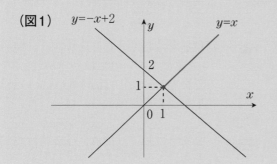

（図1）

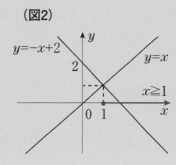

（図2）

　右の図のように，$y=ax+b$ と $y=mx+n$ は（1，4）で交わって，x軸とは（−1，0）（3，0）でそれぞれ交わっている。図をみて，⑴〜⑷のxの範囲を求めなさい。

⑴　$ax+b \leqq 0$

⑵　$ax+b \geqq 4$

⑶　$mx+n < 0$

⑷　$ax+b > mx+n$

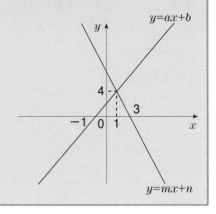

ヒント

　2本の直線のうち，どちらが上にあるかを式から確かめて，定規を右図のようにあててずらしていこう。不等式に表されたような位置関係になるxの範囲が解になる。

A 解答・解説

⑴　$y=ax+b$が$y=0$（x軸）以下であるxの範囲は，

$$x \leqq -1$$

⑵　$y=ax+b$が$y=4$以上であるxの範囲は，

$$x \geqq 1$$

⑶　$y=mx+n$が$y=0$（x軸）より下にあるxの範囲は，

$$x > 3$$

⑷　$y=ax+b$が$y=mx+n$より上にあるxの範囲は，

$$x > 1$$

定規をずらしていくと，
　−1まで（$x<-1$）は$ax+b<0$，
　1まで（$x<1$）は$ax+b<mx+n$，
　1をこえると（$x>1$）は
　　　　　　$ax+b>mx+n$，
　3まで（$x<3$）は$mx+n>0$，
になる。

Q 例題②

右の図は，$y=2x+1$，$y=2x+4$，$y=-x-5$ の直線を表している。次の問いに答えなさい。

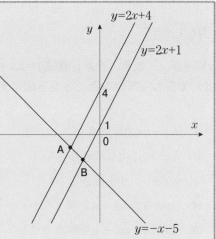

(1) グラフのAとBの座標を求めなさい。

(2) $2x+1<2x+4$ の解は，次の（ア）〜（ウ）のどれか。

　（ア）解なし　（イ）$x=0$　（ウ）xはすべての実数

(3) (1)をもとに，$2x+1>-x-5$ を解きなさい。

(4) 点Aから点Bまでのxの範囲を式で表しなさい。

A 解答・解説

(1) 次の連立方程式の解が交点になる。

A $\begin{cases} y=2x+4 & \cdots\cdots① \\ y=-x-5 & \cdots\cdots② \end{cases}$

①，②より，

$2x+4=-x-5$

$2x+x=-5-4$

$3x=-9$

$x=-3 \quad \cdots\cdots③$

③を②に代入して，

$y=-2$

$(-3, \ -2)$

B $\begin{cases} y=2x+1 & \cdots\cdots④ \\ y=-x-5 & \cdots\cdots⑤ \end{cases}$

④，⑤より

$2x+1=-x-5$

$2x+x=-5-1$

$3x=-6$

$x=-2 \quad \cdots\cdots⑥$

⑥を⑤に代入して，

$y=-3$

$(-2, \ -3)$

（答）$\begin{cases} \mathbf{A}(-3, \ -2) \\ \mathbf{B}(-2, \ -3) \end{cases}$

(2) $2x+1<2x+4$ の解は，

$y=2x+1$の直線が$y=2x+4$の直線よりも下になる範囲だから，すべての実数。

（答）（ウ）

(3) $y=2x+1$ が $y=-x-5$ よりも上になるxの範囲は，点Bより右になる。

（答）$-2<x$

(4) $A(-3, \ -2)$，$B(-2, \ -3)$ より，この範囲は，

（Aのx座標）$\leqq x \leqq$（Bのx座標）で表す。

（答）$-3 \leqq x \leqq -2$

No.1   （解答 ▶ P.17）

x切片が（−3, 0）である直線$y=ax+b$と, x切片が（4, 0）である直線$y=mx+n$が, 点（$α$, $β$）で交わっているところを下図は表している。この図をみて, あとの問いに答えなさい。

(1)　$ax+b≦0$を解きなさい。

(2)　$mx+n>0$を解きなさい。

(3)　$ax+b>β$を解きなさい。

(4)　$ax+b≦mx+n$を解きなさい。

(5)　$ax+b<mx+n$を解きなさい。

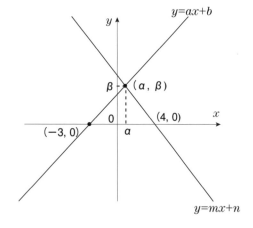

No.2   （解答 ▶ P.18）

$3x+6>k$について, あとの問いに答えなさい。

(1)　$y=3x+6$のy切片であるy座標（　①　）
　　にあてはまる数を答えなさい。

(2)　$y=3x+6$のx切片であるx座標（　②　）
　　にあてはまる数を答えなさい。

(3)　不等式の解が$x>0$になるのは, kがいくつ
　　のときか, 求めなさい。

(4)　不等式の解が$x<−2$になるのは, kがいく
　　つのときか, 求めなさい。

(5)　不等式の解が$x>9$になるのは, kがいくつのときか, 求めなさい。

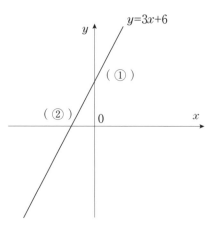

次の不等式がすべての実数xについて成り立つとき，a, bの関係式のうち正しいものはどれか。

$$\frac{(a+1)x^2+(a-2)x+a+1}{x^2+x+1}>b$$

① $a+b-2>0$

② $a+b-2<0$

③ $a-b<0$

④ $a-b>0$

⑤ $a-b-1>0$

4　2次不等式

$x^2<3$ や $x^2-4x\geqq6$ は，3や6を左辺に移項して整理すると，それぞれ $x^2-3<0$ や $x^2-4x-6\geqq0$ となる。このように，左辺が2次式になる不等式を**2次不等式**という。2次不等式を解くには，解き方を簡単にするために，次のような順で解いていく。

(1)　ax^2+bx+c の a を $a>0$ の形になおす。

例えば，$-4x^2+6x-2<0$ のような2次の係数が負の不等式の場合，両辺に-1をかけて，$4x^2-6x+2>0$と不等号の向きが変わることに注意して，2次の係数を正にする。このことによって，左辺の2次関数は，すべて下に凸のグラフになる。これによって，不等式に表された左辺と右辺の式をグラフに表すと，次の3パターンだけになる。

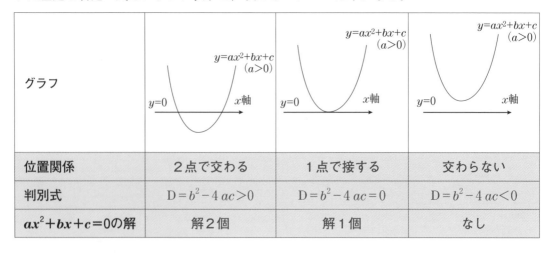

グラフ			
位置関係	2点で交わる	1点で接する	交わらない
判別式	$D=b^2-4ac>0$	$D=b^2-4ac=0$	$D=b^2-4ac<0$
$ax^2+bx+c=0$の解	解2個	解1個	なし

(2)　$ax^2+bx+c=0$ の解を求める。

2次方程式を解くと，上の3つのパターンになる。そのそれぞれのパターンで解を整理すると，

① 解が2個の場合

2つの解をα，β（α＜β）とすると，不等式の解は不等号の向きによって，次のように決まる。

（2次式）＞0のとき，解は $x<α$，$x>β$

（2次式）＜0のとき，解は $α<x<β$

グラフをみると明らかだが，覚えてしまったほうが早い。

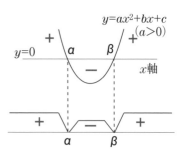

式が正（式＞0）なら両側，式が負（式＜0）ならはさまれる。

② 解が1個の場合

$y = ax^2 + bx + c$とx軸との位置関係は，右図のように接

するから，接点を（α，0）とすると不等式の解は次の

4つのパターンになる。グラフで確認しておこう。

$(x - \alpha)^2 > 0$　→　$x \neq \alpha$（xはα以外すべて）

$(x - \alpha)^2 < 0$　→　解なし

$(x - \alpha)^2 \geq 0$　→　すべての実数

$(x - \alpha)^2 \leq 0$　→　$x = \alpha$（xはαのときだけ）

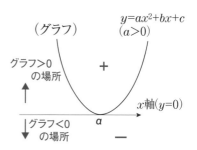

③ 解が0個の場合

$y = ax^2 + bx + c$とx軸との位置関係は右図のように交わら

ない。このとき，不等式の解は，次の2つのパターンになる。

$ax^2 + bx + c > 0$　→　すべての実数

$ax^2 + bx + c < 0$　→　解なし

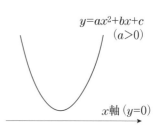

◈ 解法のポイント

2次不等式の解法

1. 左辺$ax^2 + bx + c$のaを正にする。負を正に変えるには，両辺に-1をかける。

　このとき，不等号の向きは逆になる。

2. 式$ax^2 + bx + c = 0（a＞0）$の判別式$D = b^2 - 4ac$によって分類すると，

① $D = b^2 - 4ac > 0$で2つの解がα，β（α＜β）のとき，

　式$ax^2 + bx + c > 0（a＞0）$の解は，$x < \alpha$，$x > \beta$

　式$ax^2 + bx + c < 0（a＞0）$の解は，$\alpha < x < \beta$

② $D = b^2 - 4ac = 0$で重解をαとすれば，

　式$ax^2 + bx + c > 0（a＞0）$の解は，$x \neq \alpha$（≧のときはすべての実数）

　式$ax^2 + bx + c < 0（a＞0）$の解はない。（≦のときは$x = \alpha$）

③ $D = b^2 - 4ac < 0$のとき，

　式$ax^2 + bx + c > 0（a＞0）$の解はすべての実数。

　式$ax^2 + bx + c < 0（a＞0）$の解はない。

Q 例題①

次の２次不等式を解きなさい。

(1) $x^2+5x-6\geqq0$

(2) $x^2-3x+2\leqq0$

(3) $x^2+2x-4>0$

(4) $-x^2-4x-3>0$

📖 ヒント

(1)～(3)は ax^2+bx+c のaは正$(a>0)$ になっているが，(4)は負$(a<0)$ である。(4)は，両辺に-1をかけて，不等号の向きを変える。そして，$ax^2+bx+c=0$の解を求める。

$ax^2+bx+c>0$のときは，解の両側$x<\alpha$, $\beta<x$が不等式の解になり，逆に不等号が負を表す$ax^2+bx+c<0$のときは，解にはさまれる$\alpha<x<\beta$が不等式の解になる。

A 解答・解説

(1) $x^2+5x-6\geqq0$

$x^2+5x-6=0$の解は，

$(x-1)(x+6)=0$より，

$x=1, \ -6$

よって，**$x\leqq-6, \ x\geqq1$**

(2) $x^2-3x+2\leqq0$

$x^2-3x+2=0$の解は，

$(x-2)(x-1)=0$より，

$x=1, \ 2$

よって，**$1\leqq x\leqq2$**

(3) $x^2+2x-4>0$

$x^2+2x-4=0$の解は，

$$x=\frac{-2\pm\sqrt{4+16}}{2}=-1\pm\sqrt{5}$$

よって，**$x<-1-\sqrt{5}, \ x>-1+\sqrt{5}$**

(4) $-x^2-4x-3>0$

両辺に-1をかけて，

$x^2+4x+3<0$

$x^2+4x+3=0$の解は，

$(x+3)(x+1)=0$より，

$x=-3, \ -1$

よって，**$-3<x<-1$**

Q 例題②

次の２次不等式を解きなさい。

(1) $x^2+6x+9 \geqq 0$

(2) $x^2+6x+9 > 0$

(3) $x^2-4x+8 < 0$

(4) $x^2-4x+8 > 0$

A 解答・解説

(1) $y=x^2+6x+9$

$=(x+3)^2$ より，グラフは次のように
なる。

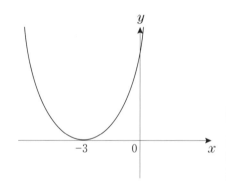

よって，$x^2+6x+9 \geqq 0$はすべての実数
であてはまる。

　　　　　　（答）　すべての実数

(2) $x^2+6x+9 > 0$の解は，(1)のグラフより，

$x=-3$以外の実数であてはまる。

　　　（答）　$x \neq -3$のすべての実数

(3) $y=x^2-4x+8$

$=x^2-4x+4+4$

$=(x-2)^2+4$　より，

グラフは，次のようになる。

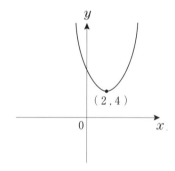

よって，$x^2-4x+8 < 0$にあてはまるxは
ない。

　　　　　　（答）　解なし

(4) $x^2-4x+8 > 0$の解は，(3)のグラフより，

すべての実数であてはまる。

　　　　　　（答）　すべての実数

演習問題

No.1 （解答 ▸ P.18）

次の２次不等式を解きなさい。

(1) $(x-3)(x+2)>0$

(2) $(x+5)(x-2)\geqq0$

(3) $x(x+2)<0$

(4) $(x+2)(x+1)\leqq0$

(5) $x^2-3x+2>0$

No.2 （解答 ▸ P.18）

次の２次不等式を解きなさい。

(1) $x^2+6x+9>0$

(2) $x^2+6x\leqq-9$

(3) $x^2-8x+5\geqq0$

(4) $x^2-8x+5<0$

(5) $-2x^2+4x-5<0$

No.3 （解答 ▸ P.19）

次の条件を満たす実数kの値の範囲を求めなさい。

(1) $y=2x^2-4kx+k$ がx軸と２点で交わるとき。

(2) $(k+1)x^2+(k+2)x+3=0$ が，異なる２つの実数解を持つとき。

(3) $y=x^2+(2-k)x+2k+1$ がx軸と共有点を持たないとき。

(4) ２次不等式 $x^2+(2k-2)x-2k^2-4k+2>0$ が，すべての実数 x で成立するとき。

(5) ２次不等式 $3x^2+2kx+4>0$ がすべての実数xについて成り立つとき。

No.4

（解答 ▶ P.19）

xがどんな実数値をとっても，$x^2+2ax+(a+2) \geqq 0$が成立する実数の範囲は，次のうちどれか。

① $a \leqq -1,\ 2 \leqq a$

② $-1 \leqq a \leqq 2$

③ $-2 \leqq a \leqq 1$

④ $a \leqq -2,\ 1 \leqq a$

⑤ $-1 < a < 2$

Coffee Break

2進法を片手で……31まで数える

　2進法を利用して片手で31までの数を表そう。

　2進法で1から16まで表すと1・10・11・100・101・110・111・1000・1001・1010・1011・1100・1101・1110・1111・10000。

　2進法で表された数は，0と1の数を使う。1のときは指を立てる。まず手のひらを自分のほうに向け右手をグーにする。一番右の濃い数字は親指を表す。それを立てて1。その親指を寝かせて，人差し指を立てた10は2を意味する。人差し指と親指を立てた11は3を意味する。この法則で，右はじの桁から指を立てて1，指を寝かせて0を表すと5本の指で11111の31まで表すことができる。

第5章 三角比

1 三角比の基礎

三角形の相似条件の1つに,「**対応する2角が等しければ相似になる**」という条件がある。相似であれば,三角形の三辺の比は,もとの三角形と同じになる。直角三角形であれば,下図のように,直角以外のもう1つの角が決まれば相似条件にあてはまり,3辺の比は一定に決まる。

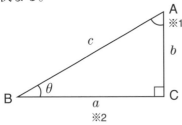

θ が決まれば3辺の比$a:b:c$は1つに決まる。

三角比は,この角 θ※3 によって決まる比の値のことである。そして,次のように定義する。

（右の図のa,b,cに対して）　　（右の図を使った意味）

$\sin \theta = \dfrac{b}{c}$　より　　対辺bは斜辺cの$\sin \theta$倍
$$b = c \sin \theta$$

$\cos \theta = \dfrac{a}{c}$　より　　底辺aは斜辺cの$\cos \theta$倍
$$a = c \cos \theta$$

$\tan \theta = \dfrac{b}{a}$　より　　対辺bは底辺aの$\tan \theta$倍
$$b = a \tan \theta$$

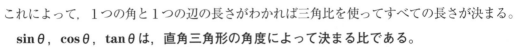

これによって,1つの角と1つの辺の長さがわかれば三角比を使ってすべての長さが決まる。

　　$\sin \theta$,$\cos \theta$,$\tan \theta$は,直角三角形の角度によって決まる比である。

そして,123ページのように**代表的な三角比**は,30°,45°,60°のときであり,このときの3辺の比は覚えておこう。

三角定規の辺の比は,三平方の定理で決まる。$1:2:\sqrt{3}$,$1:1:\sqrt{2}$で,この角度の三角比は求められるようにしておきたい。

※1　図形は反時計回りの順にABCの記号をつける。
※2　∠Aの向かいの辺の長さがaのように対応する。
※3　θは角度を表すときに使う記号で,シータと読む。

代表的な三角比

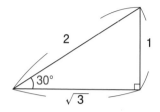
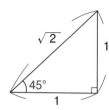
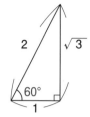

$$\sin 30° = \frac{1}{2}$$

$$\cos 30° = \frac{\sqrt{3}}{2}$$

$$\tan 30° = \frac{1}{\sqrt{3}}$$

$$\sin 45° = \frac{1}{\sqrt{2}}$$

$$\cos 45° = \frac{1}{\sqrt{2}}$$

$$\tan 45° = \frac{1}{1} = 1$$

$$\sin 60° = \frac{\sqrt{3}}{2}$$

$$\cos 60° = \frac{1}{2}$$

$$\tan 60° = \sqrt{3}$$

☞ 解法のポイント

1. $\sin\theta$, $\cos\theta$, $\tan\theta$ の定義

　右図①　$\sin\theta = \dfrac{b}{c}$　筆記体 s の順で覚える。

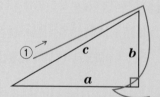

　　② 　$\cos\theta = \dfrac{a}{c}$　筆記体 c の順で覚える。

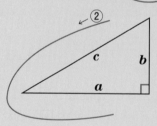

　　③ 　$\tan\theta = \dfrac{b}{a}$　筆記体 t の順で覚える。

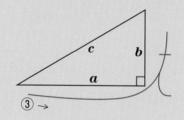

2. 30°，45°，60° の直角三角形の比

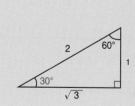
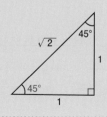
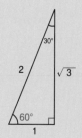

Q 例題①

次の三角比を求めなさい。

(1)　$\sin 30°$

(2)　$\tan 45°$

(3)　$\cos 60°$

(4)　$\tan\theta = \dfrac{4}{5}$ のときの $\sin\theta$ と $\cos\theta$ $(0° < \theta < 90°)$

❓ ヒント

(1)～(3)　右の（図1），（図2）のように，30°，60°，90°の直角三角形と，45°，45°，90°の直角三角形の2つをかいて求めよう。

(4)　$\tan\theta$ が $\dfrac{4}{5}$ のとき，（図3）のように θ のある角から直角の頂点に向けて，辺の長さが5：4の直角三角形をかき，残りの辺を三平方の定理で求める。

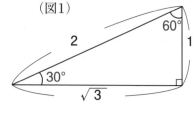
（図1）

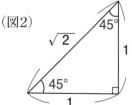
（図2）

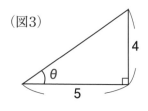
（図3）

A 解答・解説

(1)　（図1）より，$\sin 30° = \dfrac{1}{2}$　　　　（答）　$\dfrac{1}{2}$

(2)　（図2）より，$\tan 45° = \dfrac{1}{1} = 1$　　（答）　1

(3)　（図1）より，$\cos 60° = \dfrac{1}{2}$　　　　（答）　$\dfrac{1}{2}$

(4)　（図3）より斜辺は，$\sqrt{5^2 + 4^2} = \sqrt{41}$

よって，$\sin\theta = \dfrac{4}{\sqrt{41}}$　　　$\cos\theta = \dfrac{5}{\sqrt{41}}$

（答）　$\sin\theta = \dfrac{4}{\sqrt{41}}$

（答）　$\cos\theta = \dfrac{5}{\sqrt{41}}$

Q 例題②

次の直角三角形の$\sin\theta$，$\cos\theta$，$\tan\theta$の値をそれぞれ求めなさい。

(1)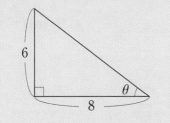

(2)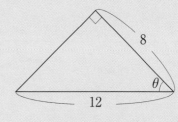

(3)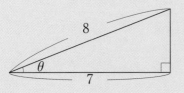

(4)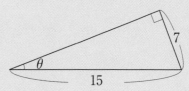

A 解答・解説

(1) 斜辺の長さは，三平方の定理により，$\sqrt{6^2+8^2}=10$

$$\sin\theta=\frac{6}{10}=\frac{3}{5}$$

$$\cos\theta=\frac{8}{10}=\frac{4}{5}$$

$$\tan\theta=\frac{6}{8}=\frac{3}{4}$$

（答）$\begin{cases}\sin\theta=\dfrac{3}{5}\\[2mm]\cos\theta=\dfrac{4}{5}\\[2mm]\tan\theta=\dfrac{3}{4}\end{cases}$

(2) 直角をはさむもう1辺の長さは，$\sqrt{12^2-8^2}=4\sqrt{5}$

よって，$\sin\theta=\dfrac{4\sqrt{5}}{12}=\dfrac{\sqrt{5}}{3}$　$\cos\theta=\dfrac{8}{12}=\dfrac{2}{3}$

$\tan\theta=\dfrac{4\sqrt{5}}{8}=\dfrac{\sqrt{5}}{2}$

（答）$\begin{cases}\sin\theta=\dfrac{\sqrt{5}}{3}\\[2mm]\cos\theta=\dfrac{2}{3}\\[2mm]\tan\theta=\dfrac{\sqrt{5}}{2}\end{cases}$

(3) 直角をはさむもう1辺の長さは，$\sqrt{8^2-7^2}=\sqrt{15}$

よって，$\sin\theta=\dfrac{\sqrt{15}}{8}$　$\cos\theta=\dfrac{7}{8}$　$\tan\theta=\dfrac{\sqrt{15}}{7}$

（答）$\begin{cases}\sin\theta=\dfrac{\sqrt{15}}{8}\\[2mm]\cos\theta=\dfrac{7}{8}\\[2mm]\tan\theta=\dfrac{\sqrt{15}}{7}\end{cases}$

(4)　直角をはさむもう 1 辺の長さは，$\sqrt{15^2-7^2}=\sqrt{176}=4\sqrt{11}$

よって，$\sin\theta=\dfrac{7}{15}$　$\cos\theta=\dfrac{4\sqrt{11}}{15}$

$\tan\theta=\dfrac{7}{4\sqrt{11}}=\dfrac{7\sqrt{11}}{44}$

（答）$\left\{\begin{array}{l}\sin\theta=\dfrac{7}{15}\\[2mm]\cos\theta=\dfrac{4\sqrt{11}}{15}\\[2mm]\tan\theta=\dfrac{7\sqrt{11}}{44}\end{array}\right.$

演習問題

No.1

（解答 ▸ P.19）

∠Aが直角で，AC＝5cm，AB＝12cmの直角三角形がある。この図において，∠Bの大きさを θ としたとき，$\cos\theta$ の値はいくつになるか。

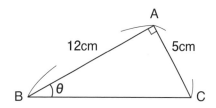

① $\dfrac{5}{12}$

② $\dfrac{5}{13}$

③ $\dfrac{12}{13}$

④ $\dfrac{12}{5}$

⑤ $\dfrac{13}{12}$

No.2

（解答 ▸ P.19）

$\sin\theta = \dfrac{7}{25}$ のとき，$\cos\theta$ の値を求めなさい。

① $\dfrac{23}{25}$

② $\dfrac{23}{24}$

③ $\dfrac{24}{25}$

④ $\dfrac{7}{24}$

⑤ $\dfrac{7}{23}$

2　三角比の応用

三角比には，sin，cos，tanの関係を示す大切な
公式がある。まず，$\tan\theta$ から導こう。右図で，

$$\tan\theta = \frac{b}{a} \quad \cdots\cdots①$$

①の右辺の分子と分母を斜辺の長さcで割ると，

$$\tan\theta = \frac{\frac{b}{c}}{\frac{a}{c}} = \frac{\sin\theta}{\cos\theta} \left(\overset{※1}{\because} \frac{b}{c} = \sin\theta \quad \frac{a}{c} = \cos\theta \right)$$

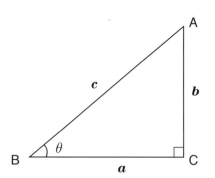

よって，$\tan\theta$，$\cos\theta$，$\sin\theta$ の間には $\tan\theta = \dfrac{\sin\theta}{\cos\theta}$ の関係がある。

また，三平方の定理より　$a^2 + b^2 = c^2$

両辺をc^2で割って，$\dfrac{a^2}{c^2} + \dfrac{b^2}{c^2} = 1 \left(\left(\dfrac{a}{c}\right)^2 + \left(\dfrac{b}{c}\right)^2 = 1 \right)$

よって，$\sin^2\overset{※2}{\theta} + \cos^2\theta = 1$

また，sinとcosの間にも関係式がある。

右図から$\sin(90° - \theta) = \dfrac{b}{c}$ と表せ，この$\dfrac{b}{c}$ はθで表すと

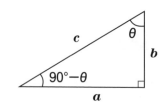

$\cos\theta = \dfrac{b}{c}$で等しくなる。

（$\because$　直角三角形の90°以外の2角の和は90°）

よって，

$$\sin(90° - \theta) = \cos\theta$$

$$\cos(90° - \theta) = \sin\theta$$

$$\tan(90° - \theta) = \frac{1}{\tan\theta}$$

が成り立つ。$\left(\dfrac{1}{\tan\theta} = 1 \div \dfrac{a}{b} = \dfrac{b}{a} \right)$

※1　$\because$……はなぜならばの記号。
※2　三角比の2乗は $(\sin\theta)^2 = \sin^2\theta$ のように表す。

三角比には，「ある建物から何m離れたところから，何度で見上げれば建物の屋上が見えるか」を知ることで，ビルの高さがわかる便利さがある。

例えば右図のように，20 m離れたところから48°で見上げたらビルの先端が見えたのであれば，三角比表のtan48°の値tan48°＝1.11を使い，ビルの高さを20 m×tan48°＝20×1.11＝22.2（m）と求めることができる。このように，三角比は測量でよく利用する。この測量で利用する**見上げる角度**のことを**仰角**（ぎょうかく），見下ろす角度のことを**俯角**（ふかく）という。この角度と，観察した場所の距離から谷の深さや建物の高さを計算することができる。

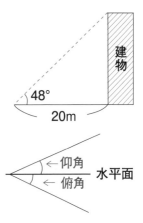

◇ 解法のポイント

---

1. 45°以下の角で三角比を表す。

$$\sin(90° - \theta) = \cos\theta$$

$$\cos(90° - \theta) = \sin\theta$$

$$\tan(90° - \theta) = \frac{1}{\tan\theta}$$

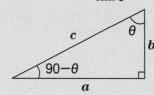

2. 三角比は，測量で利用される。

建物の高さを測るとき……何m離れたところからの仰角は何度か。

谷の深さを測るとき……何m離れたところからの俯角は何度か。

　　この距離と角度を測ることが三角法の基本。

3. $\tan\theta = \dfrac{\sin\theta}{\cos\theta}$, $\sin^2\theta + \cos^2\theta = 1$

Q 例題①

高さ5mの建物があり，その屋上の端から隣のビルの高さを測定することにした。隣のビルまでの距離が20 m，その屋上の端の仰角が48°だとすると，ビルの高さは何mか。ただし，tan48°＝1.11とする。

? ヒント

文字だけでは解答しづらいので，図をかくようにする。

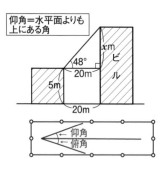

左図のようになる。

これで**5mの高さから見たビルの高さ**（図のxm）は，

$$\tan48° = \frac{x}{20}$$

で求められるので，それに5mを加えればビルの高さが出る。

（ビルの高さをAmとおいて，$\tan48° = \frac{A-5}{20}$としてもよい）

A 解答・解説

5mの高さから見たビルの高さをxmとすると，距離が20 m，仰角が48°より

$$\tan48° = \frac{x}{20}$$

$\tan48° ＝1.11$なので，

$$\frac{x}{20} = 1.11$$

$$x = 20 \times 1.11$$

$$= 22.2$$

したがって，ビルの高さは　$22.2 + 5 = 27.2 \text{(m)}$

（答）　**27.2 m**

Q 例題②

sin 63°＝0.89，cos 34°＝0.83，tan 39°＝0.81としたとき，(1)(3)はxの値を，(2)(4)は三角形の面積を求めなさい。

(1)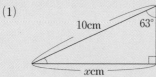

(2)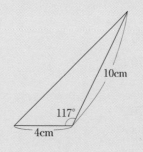

(3)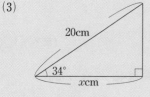

(4)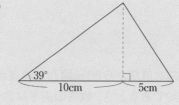

A 解答・解説

(1)　10 cmの斜辺と，63°の角をもつ直角三角形。

$x＝10×\sin 63°＝10×0.89＝8.9$

（答）　8.9 cm

(2)　右図のように補助線をひき，直角三角形をつくると，底辺を4 cm

とすると，高さ＝$10×\sin 63°＝8.9$

よって，面積＝$4×8.9×\dfrac{1}{2}＝17.8$

（答）　17.8 cm²

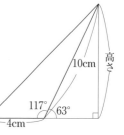

(3)　20 cmの斜辺と，34°の角をもつ直角三角形。

$x＝20×\cos 34°＝20×0.83＝16.6$

（答）　16.6 cm

(4)　底辺を15 cmとしたとき，高さ＝$10×\tan 39°＝10×0.81＝8.1$

よって，面積＝$15×8.1×\dfrac{1}{2}＝60.75$

（答）　60.75 cm²

No.1（解答 ▶ P.20）

$\sin40°+\cos20°$と等しい値になる式は，どれか。

① $\sin30°+\cos60°$

② $\sin50°+\cos70°$

③ $\tan70°+1$

④ $\cos50°+\sin70°$

⑤ $\cos40°+\sin20°$

No.2（解答 ▶ P.20）

ある鉄塔の先端を鉄塔から80 m離れた地点から見上げたら，仰角は40°になった。
$\tan40°=0.839$であるとき，鉄塔の高さは約何mか。

① 66 m

② 67 m

③ 68 m

④ 69 m

⑤ 70 m

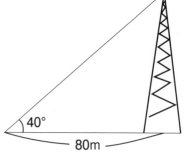

No.3（解答 ▶ P.20）

△ABCにおいて，∠B=60°，∠C=45°，BC=5のとき，辺ABの長さは次のうちどれか。

① $\sqrt{3}+1$

② $5\sqrt{3}-4\sqrt{2}$

③ $3\sqrt{2}$

④ $5(\sqrt{3}-1)$

⑤ 3

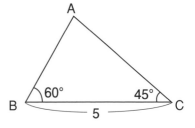

3 鈍角の三角比

90°＜θ＜180°を鈍角[※1]という。この鈍角θの三角比は，右図のように（180°－θ）の角をもつ直角三角形をかき，この直角三角形の（180°－θ）の角を利用して決定する。

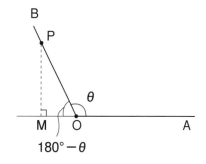

右図のようにOBがOAからθ°回ると直線OAとOBの間には，点Pからひいた垂線の足M[※2]を使うと直角三角形MOPができる。その△MOPをもとにすると，

$$\sin\theta = \frac{\mathrm{PM}}{\mathrm{OP}} = \sin(180° - \theta)$$

$$\cos\theta = \frac{\mathrm{OM}}{\mathrm{OP}} = -\cos(180° - \theta)$$

$$\tan\theta = \frac{\mathrm{MP}}{\mathrm{OM}} = -\tan(180° - \theta)$$

であることがわかる。Oを数直線OAの0とみると，OMは負になる。だからOMの長さが計算に出るcos，tanの値は負になる。

例えば，$\theta = 150°$のときの三角比は下図のように，$1:2:\sqrt{3}$の三角形をかいて，

$$\sin 150° = \frac{1}{2}$$

$$\cos 150° = -\frac{\sqrt{3}}{2}$$

$$\tan 150° = -\frac{1}{\sqrt{3}}$$

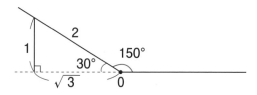

になる。

このように，θが90°をこえた場合でも右図のように，動かした線分OB上の任意の点P[※3]から直線OAに垂線PMをひき，直角三角形OPMをつくり，辺の長さの比をかいて，（180°－θ）の角度で，三角比を考える。

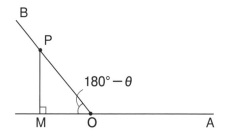

※1 0°＜θ＜90°を鋭角　$\theta = 90°$を直角　90°＜θ＜180°を鈍角という。
※2 ある直線に向けて垂線をひいたとき，直線と垂線の交点。
※3 適当な位置。

以上のことから，よくでる角度の三角比をまとめると，次のようになる。ただし，$\theta = 90°$ のとき，直角三角形はできないが，前の図でOP＝PM，OM＝0として定める。

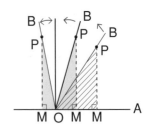

θ	30°	45°	60°	90°	120°	135°	150°
$\sin\theta$	$\dfrac{1}{2}$	$\dfrac{1}{\sqrt{2}}$	$\dfrac{\sqrt{3}}{2}$	1	$\dfrac{\sqrt{3}}{2}$	$\dfrac{1}{\sqrt{2}}$	$\dfrac{1}{2}$
$\cos\theta$	$\dfrac{\sqrt{3}}{2}$	$\dfrac{1}{\sqrt{2}}$	$\dfrac{1}{2}$	0	$-\dfrac{1}{2}$	$-\dfrac{1}{\sqrt{2}}$	$-\dfrac{\sqrt{3}}{2}$
$\tan\theta$	$\dfrac{1}{\sqrt{3}}$	1	$\sqrt{3}$		$-\sqrt{3}$	-1	$-\dfrac{1}{\sqrt{3}}$

$\tan 90°$ は，分母が0になるので値はない。

◇ 解法のポイント

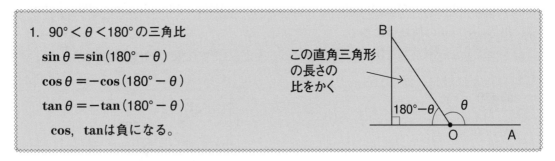

1. $90° < \theta < 180°$ の三角比

   $\sin\theta = \sin(180° - \theta)$

   $\cos\theta = -\cos(180° - \theta)$

   $\tan\theta = -\tan(180° - \theta)$

   $\cos$，$\tan$は負になる。

この直角三角形の長さの比をかく

Q 例題①

次の式の値を求めなさい。

(1) $10\cos120° - 6\sin150° + \tan135°$

(2) $\sin120°\cos150° - \tan150°$

(3) $\sin30°\cos150° + \sin60°\tan150°$

ヒント

① 三角比に数をかけるとき，文字式のきまりと同じように「×」(かける)は省略する。

② θ が $90° < \theta < 180°$ のとき，**cosとtanの値は負**になることに気をつける。

③ $120°$，$135°$，$150°$ を図にかき，三角比を考えて直角三角形をかき加えると，下図のようになる。**辺の比をかいて求める。**

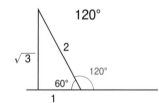

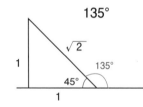

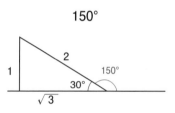

A 解答・解説

(1) $\cos120° = -\dfrac{1}{2}$，$\sin150° = \dfrac{1}{2}$，$\tan135° = -1$ より，

$$(与式) = 10 \times (-\dfrac{1}{2}) - 6 \times \dfrac{1}{2} - 1 = -9$$

(答) -9

(2) $(与式) = \dfrac{\sqrt{3}}{2} \times (-\dfrac{\sqrt{3}}{2}) - (-\dfrac{1}{\sqrt{3}}) = -\dfrac{3}{4} + \dfrac{1}{\sqrt{3}} = -\dfrac{3}{4} + \dfrac{\sqrt{3}}{3}$

(答) $-\dfrac{3}{4} + \dfrac{\sqrt{3}}{3}$

(3) $(与式) = \dfrac{1}{2} \times (-\dfrac{\sqrt{3}}{2}) + \dfrac{\sqrt{3}}{2} \times (-\dfrac{1}{\sqrt{3}}) = -\dfrac{\sqrt{3}}{4} - \dfrac{1}{2}$

(答) $-\dfrac{\sqrt{3}}{4} - \dfrac{1}{2}$

Q 例題②

sin 43°＝0.6820, cos 43°＝0.7314, tan 43°＝0.9325であるとき，次の値をそれぞれ求めなさい。

(1) sin 137°

(2) cos 137°

(3) tan 137°

(4) sin 133°

(5) cos 133°

(6) tan 133°

A 解答・解説

(1) $\sin 137° = \sin(180° - 43°) = \sin 43° = 0.6820$

（答）　0.6820

(2) $\cos 137° = \cos(180° - 43°) = -\cos 43° = -0.7314$

（答）　−0.7314

(3) $\tan 137° = \tan(180° - 43°) = -\tan 43° = -0.9325$

（答）　−0.9325

(4) $\sin 133° = \sin(180° - 47°) = \sin 47° = \sin(90° - 43°) = \cos 43° = 0.7314$

（答）　0.7314

(5) $\cos 133° = \cos(180° - 47°) = -\cos 47° = -\cos(90° - 43°) = -\sin 43° = -0.6820$

（答）　−0.6820

(6) $\tan 133° = \tan(180° - 47°) = -\tan 47° = -\tan(90° - 43°) = -\dfrac{1}{\tan 43°} = -\dfrac{1}{0.9325}$
$= -\dfrac{10000}{9325} = -\dfrac{400}{373}$

（答）　$-\dfrac{400}{373}$

演習問題

No.1

（解答 ▶ P.20）

次のア，イ，ウの三角比を45°以下の角度で表すと，どれと同じになるか。

ア　$\sin135°$　　イ　$\cos150°$　　ウ　$\tan120°$

① 　ア　$\sin30°$　　　　イ　$-\cos60°$　　ウ　$\tan60°$

② 　ア　$-\sin45°$　　　イ　$\cos60°$　　　ウ　$-\dfrac{1}{\tan30°}$

③ 　ア　$-\sin45°$　　　イ　$\cos30°$　　　ウ　$\dfrac{1}{\tan30°}$

④ 　ア　$\sin45°$　　　　イ　$-\cos30°$　　ウ　$\tan30°$

⑤ 　ア　$\sin45°$　　　　イ　$-\cos30°$　　ウ　$-\dfrac{1}{\tan30°}$

No.2

（解答 ▶ P.20）

次の式の値を求めなさい。

(1)　$\sin60° \cdot \cos30° + \sin150° \cdot \cos120°$

(2)　$\dfrac{1}{\tan150°} \cdot \tan30° - \cos135° \cdot \sin45°$

(3)　$\cos120° \cdot \sin150° + \cos150° \cdot \sin120°$

(4)　$\sin^2150° + \cos^2150°$

(5)　$\dfrac{\sin120°}{\cos120°}$

No.3

（解答 ▶ P.21）

下の図から$\sin165°$の値を求めなさい。

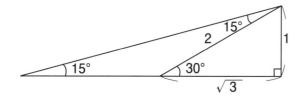

4　三角比の相互関係

　鈍角になっても，直角三角形をつくって求めることができるため，鋭角のときと同様に，次の2つの式は成り立つ。

$$\tan\theta = \frac{\sin\theta}{\cos\theta} \quad \cdots\cdots① \qquad \sin^2\theta + \cos^2\theta = 1 \quad \cdots\cdots②$$

　また，②の式の両辺を$\cos^2\theta$で割ると，

$$\frac{\sin^2\theta}{\cos^2\theta} + \frac{\cos^2\theta}{\cos^2\theta} = \frac{1}{\cos^2\theta} \quad \cdots\cdots③$$

　また①より，$\tan\theta = \dfrac{\sin\theta}{\cos\theta}$であるから，

　③は，$1 + \tan^2\theta = \dfrac{1}{\cos^2\theta} \quad \cdots\cdots③'$

　三角比の1つの値が求められていて，角度の範囲 $0° < \theta < 90°$，$90° < \theta < 180°$ などがわかっていたら，直角三角形をかき，三平方の定理から求めてもよい。

　三角比の角度による符号の変化は下に表したようになる。$\sin\theta$ では $0° < \theta < 180°$ で正，$180° < \theta < 360°$ で負，そして，＋－の境界の角度のときは0になる。

　すなわち，$\sin0° = \sin180° = 0$ である。

　$\cos\theta$ では $0° < \theta < 90°$，$270° < \theta < 360°$ が正，$90° < \theta < 270°$ が負，そして，その境界の角度が0になる。すなわち，$\cos90° = \cos270° = 0$ になる。それと同様に，$\tan$ では図のような符号の変化になる。ただし，$\tan90°$，$\tan270°$ の値はない。

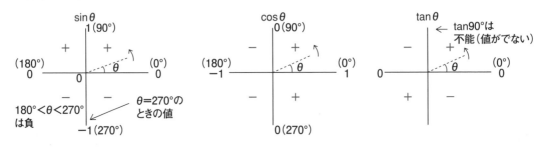

✍ 解法のポイント

> ### すべての角で成り立つ公式
>
> 1.　$\tan\theta = \dfrac{\sin\theta}{\cos\theta}$　　　2.　$\sin^2\theta + \cos^2\theta = 1$　　　3.　$1 + \tan^2\theta = \dfrac{1}{\cos^2\theta}$

Q 例題①

> $\tan\theta = 3$ のとき，次の問いに答えなさい。
>
> (1)　$\cos^2\theta$ の値を求めなさい。
>
> (2)　$\dfrac{1}{1-\sin\theta} + \dfrac{1}{1+\sin\theta}$ の値を求めなさい。

⑦ ヒント

(1)　$\tan\theta$ の値から $\cos\theta$ を求める公式は，$1+\tan^2\theta = \dfrac{1}{\cos^2\theta}$

　　または簡単に，$\tan\theta = 3$ になる直角三角形を右図のようにかき，

　三平方の定理を使って残りの辺の長さを求め，$\cos\theta$ を導いてもよい。

(2)　通分すると，分母に $1-\sin^2\theta$ がでる。

　　$\sin^2\theta + \cos^2\theta = 1$ の公式を使って，その分母を変形して，(1)の

　答えを代入する。

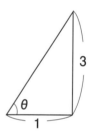

A 解答・解説

(1)　$\cos^2\theta = \dfrac{1}{1+\tan^2\theta} = \dfrac{1}{1+3^2} = \dfrac{1}{10}$

（答）　$\dfrac{1}{10}$

(2)　$\dfrac{1}{1-\sin\theta} + \dfrac{1}{1+\sin\theta} = \dfrac{2}{(1-\sin\theta)(1+\sin\theta)}$

　　　　　　$(分子 = 1+\sin\theta + 1-\sin\theta = 2)$

　　　　　$= \dfrac{2}{1-\sin^2\theta}$

　　　　　$= \dfrac{2}{\cos^2\theta}$　$\left((1)より\ \cos^2\theta = \dfrac{1}{10}\right)$

　　　　　$= 20$

（答）　20

$\tan\theta = -2 + \sqrt{3}$ のとき，次の問いに答えなさい。

(1) θ が鈍角のとき，$\cos\theta$ の値を求めなさい。

(2) $0° < \theta < 180°$ のとき，$\sin\theta$ の値を求めなさい。

A 解答・解説

(1) $1 + \tan^2\theta = \dfrac{1}{\cos^2\theta}$ より，

$$\dfrac{1}{\cos^2\theta} = 1 + (-2 + \sqrt{3})^2 = 8 - 4\sqrt{3}$$

$$\cos^2\theta = \dfrac{1}{8 - 4\sqrt{3}} = \dfrac{1}{4(2 - \sqrt{3})} = \dfrac{2 + \sqrt{3}}{4(2 - \sqrt{3})(2 + \sqrt{3})} = \dfrac{2 + \sqrt{3}}{4}$$

よって，

$$\cos\theta = \pm\sqrt{\dfrac{2 + \sqrt{3}}{4}} = \pm\dfrac{\sqrt{2 + \sqrt{3}}}{2} = \pm\dfrac{\sqrt{4 + 2\sqrt{3}}}{2\sqrt{2}} = \pm\dfrac{1 + \sqrt{3}}{2\sqrt{2}} = \pm\dfrac{\sqrt{2} + \sqrt{6}}{4}$$

θ は鈍角なので，$\cos\theta < 0$

したがって，$\cos\theta = -\dfrac{\sqrt{2} + \sqrt{6}}{4}$

(答) $-\dfrac{\sqrt{2} + \sqrt{6}}{4}$

(2) $0° < \theta < 180°$ だから，$\sin\theta > 0$，また，$\tan\theta = -2 + \sqrt{3} < 0$ より $\cos\theta < 0$

$\sin\theta = \tan\theta \times \cos\theta$ だから，

$$\sin\theta = (-2 + \sqrt{3})\left(-\dfrac{\sqrt{2} + \sqrt{6}}{4}\right) = \dfrac{1}{4}(2 - \sqrt{3})(\sqrt{2} + \sqrt{6}) = \dfrac{2\sqrt{2} + 2\sqrt{6} - \sqrt{6} - 3\sqrt{2}}{4}$$

$$= \dfrac{\sqrt{6} - \sqrt{2}}{4}$$

(答) $\dfrac{\sqrt{6} - \sqrt{2}}{4}$

演習問題

No.1

（解答 ▶ P.21）

$90° < \theta < 180°$ の角で，$\sin\theta = \dfrac{12}{13}$ のとき，$\cos\theta$，$\tan\theta$ の値はどれになるか。

① $\cos\theta = \dfrac{5}{13}$，$\tan\theta = \dfrac{5}{12}$

② $\cos\theta = -\dfrac{5}{13}$，$\tan\theta = \dfrac{5}{12}$

③ $\cos\theta = \dfrac{5}{13}$，$\tan\theta = -\dfrac{5}{12}$

④ $\cos\theta = -\dfrac{5}{13}$，$\tan\theta = -\dfrac{12}{5}$

⑤ $\cos\theta = \dfrac{5}{13}$，$\tan\theta = \dfrac{12}{5}$

No.2

（解答 ▶ P.21）

$0° \leqq \theta \leqq 180°$ において，$2\sin^2\theta > 1$ を満たすような θ の値の範囲を求めなさい。

① $135° < \theta < 180°$

② $90° < \theta < 135°$

③ $45° < \theta < 135°$

④ $45° < \theta < 90°$

⑤ $60° < \theta < 120°$

5 三角形と三角比

△ABC の 3 つの角の大きさを A，B，C，その対辺の長さをそれぞれ a，b，c とする。

1 正弦定理

角と対辺と外接円には，次のようなきまりがある。

△ABC の外接円の半径を r とすると，

$$\frac{a}{\sin A}=\frac{b}{\sin B}=\frac{c}{\sin C}=2r$$

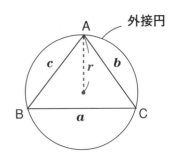
外接円

これを，$0°<A<90°$，$90°<A<180°$，$A=90°$ の 3 つの場合で証明すると，

(1) $0°<A<90°$ の場合

右図のように△ABC の外接円の中心を通る A'B をつくり，△A'BC とすると，直径に対する円周角は直角だから，

$$\angle A'CB=90°$$

同じ弧に対する円周角は等しいから，

$$\angle A=\angle A'$$

よって，

$$\sin A=\sin A'=\frac{BC}{A'B}=\frac{a}{2r}$$

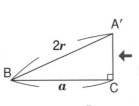
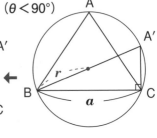

$$\sin A'=\frac{a}{2r}$$

$(\theta<90°)$

$(\theta>90°)$

(2) $90°<A<180°$ の場合

円に内接する四角形の内対角の和は 180° だから，

$$\angle A'=180°-\angle A \quad より，\quad \sin A'=\sin(180°-A)=\sin A$$

よって，

$$\sin A=\sin A'=\frac{BC}{A'C}=\frac{a}{2r}$$

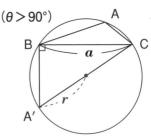

(3) $A=90°$ のとき

$a=2r$ になり，$\sin A=\sin 90°=1=\dfrac{a}{a}=\dfrac{a}{2r}$

よって，$0°<A<180°$ で正弦定理は成り立つ。

この公式は，$a:b:c=\sin A:\sin B:\sin C$ であることも示している。

2 余弦定理

右図のように，△ABC の点AからBCに垂線を
ひき，点Mをつくると，それぞれの辺の長さは，
次のように表せる。

$\quad$ AM $= c\sin B$ $\quad$ ……①

$\quad$ MC $= a - c\cos B$ $\quad$ ……②

直角三角形AMCの三平方の定理より，

$\quad$ $\text{AM}^2 + \text{MC}^2 = \text{AC}^2$ $\quad$ ……③

③の式にAC $= b$ と，①，②を代入すると，

$(c\sin B)^2 + (a - c\cos B)^2 = b^2$ $\quad$ 左辺を展開して，等式を変形すると，

$c^2\sin^2 B + a^2 - 2ac\cos B + c^2\cos^2 B = b^2$

$a^2 + c^2(\sin^2 B + \cos^2 B) - 2ac\cos B = b^2$

$\sin^2 B + \cos^2 B = 1$だから，$a^2 + c^2 - 2ac\cos B = b^2$

よって，$\qquad b^2 = a^2 + c^2 - 2ac\cos B$

a，cについても同様に，余弦定理 $\quad a^2 = b^2 + c^2 - 2bc\cos A$

$\qquad\qquad\qquad\qquad\qquad\qquad c^2 = a^2 + b^2 - 2ab\cos C$ $\quad$ が成り立つ。

3 三角形の面積

三角形は2辺とその間の角が同じなら，すべて
合同な三角形になる。2辺とその間の角がわかれ
ば面積がわかる。

右図△ABC で，底辺aに対する高さAM $= c\sin B$
だから，

$$\triangle\text{ABC} = \frac{1}{2}a \cdot c\sin B\left(\frac{1}{2}ab\sin C, \ \frac{1}{2}bc\sin A\text{でも成立する}\right)$$

◈ 解法のポイント

1. 正弦定理 $\quad \dfrac{a}{\sin A} = \dfrac{b}{\sin B} = \dfrac{c}{\sin C} = 2r$（$r$は外接円の半径）

2. 余弦定理

$\quad a^2 = b^2 + c^2 - 2bc\cos A$

$\quad b^2 = a^2 + c^2 - 2ac\cos B$

$\quad c^2 = a^2 + b^2 - 2ab\cos C$

3. △ABCの面積 $= \dfrac{1}{2}ab\sin C$

△ABC において，次の値を求めなさい。

(1) $b=4$，$c=6$，A $=60°$ のとき，△ABC の面積と a の長さ

(2) $a=5$，$b=13$，$c=12$ のときのBの角度

(3) A $=45°$，B $=60°$，$a=6$ のとき，b および外接円の半径

ヒント

(1) 面積は公式 $\dfrac{1}{2}bc\sin$A にあてはめる。また，a の長さは余弦定理 $a^2=b^2+c^2-2bc\cos$A から求める。

(2) 余弦定理 $b^2=a^2+c^2-2ac\cos$B から求める。

(3) 正弦定理 $\dfrac{a}{\sin\text{A}}=\dfrac{b}{\sin\text{B}}=2r$ から求める。

A 解答・解説

(1) △ABCの面積 $=\dfrac{1}{2}\times4\times6\times\sin60°=12\times\dfrac{\sqrt{3}}{2}=6\sqrt{3}$

$a^2=4^2+6^2-2\times4\times6\cos60°=52-48\times\dfrac{1}{2}=28$

∴ $a=\pm2\sqrt{7}$

$a>0$ より $a=2\sqrt{7}$ （答）$\begin{cases}6\sqrt{3}\\2\sqrt{7}\end{cases}$

(2) 余弦定理より，$\cos$B $=\dfrac{a^2+c^2-b^2}{2ac}$

これに a，b，c の値を代入して，$\cos$B $=\dfrac{5^2+12^2-13^2}{2\times5\times12}=0$

よって，∠B $=90°$ （答）$90°$

(3) $\dfrac{b}{\sin60°}=\dfrac{6}{\sin45°}$ より，$\dfrac{2b}{\sqrt{3}}=\sqrt{2}\times6$ $b=3\sqrt{6}$

$\dfrac{6}{\sin45°}=2r$ より，$r=3\sqrt{2}$ （答）$\begin{cases}3\sqrt{6}\\3\sqrt{2}\end{cases}$

Q 例題②

$\triangle$ABCにおいて，$\dfrac{\sin A}{2} = \dfrac{\sin B}{3} = \dfrac{\sin C}{4}$のとき，次の値を求めなさい。

(1)　cos A

(2)　cos B

(3)　sin A

(4)　tan A

A 解答・解説

(1)　$\dfrac{\sin A}{2} = \dfrac{\sin B}{3} = \dfrac{\sin C}{4} = k$（$k$は実数）とすると，
$\sin A = 2k$，$\sin B = 3k$，$\sin C = 4k$となり，

正弦定理より，

$\dfrac{a}{2k} = \dfrac{b}{3k} = \dfrac{c}{4k}$だから，$a = 2k$，$b = 3k$，$c = 4k$とおける。

よって余弦定理より，$\cos A = \dfrac{b^2 + c^2 - a^2}{2bc} = \dfrac{9k^2 + 16k^2 - 4k^2}{2 \cdot 3k \cdot 4k} = \dfrac{21k^2}{24k^2} = \dfrac{7}{8}$

（答）　$\dfrac{7}{8}$

(2)　(1)と同様に，

$\cos B = \dfrac{a^2 + c^2 - b^2}{2ac} = \dfrac{4k^2 + 16k^2 - 9k^2}{2 \cdot 2k \cdot 4k} = \dfrac{11k^2}{16k^2} = \dfrac{11}{16}$

（答）　$\dfrac{11}{16}$

(3)　$\sin A = \sqrt{1 - \cos^2 A} = \sqrt{1 - \left(\dfrac{7}{8}\right)^2} = \dfrac{\sqrt{15}}{8}$

（答）　$\dfrac{\sqrt{15}}{8}$

(4)　(1)，(3)より，

$\tan A = \dfrac{\sin A}{\cos A} = \dfrac{\dfrac{\sqrt{15}}{8}}{\dfrac{7}{8}} = \dfrac{\sqrt{15}}{7}$

（答）　$\dfrac{\sqrt{15}}{7}$

No.1 （解答▸P.21）

△ABC の次の値を求めなさい。

  (1) $a=12$，$b=6$，$C=60°$ のとき c の値

  (2) $b=6$，$c=4$，$A=30°$ のとき △ABC の面積

  (3) $a=2\sqrt{2}$，$A=30°$，$C=135°$ のとき，c の値

  (4) $a=6$，$A=150°$ のとき，外接円の半径 r の値

  (5) $a=2$，$b=3\sqrt{3}$，$C=30°$ のとき，c の値

No.2 （解答▸P.22）

△ABCにおいて，∠A=30°，∠B=45°，AC=2$\sqrt{2}$, BC=2であるとき，ABの長さを求めなさい。

下の図のような1辺の長さが8cmの正三角形ABCがある。辺BC上にBP＝5cmとなる点P をとり，Bから線分APに下ろした垂線と線分APとの交点をQとする。このとき，線分BQの 長さとして正しいのはどれか。

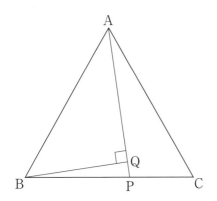

① $\dfrac{25}{8}$cm

② 4 cm

③ $3\sqrt{3}$ cm

④ $\dfrac{25}{7}$cm

⑤ $\dfrac{20}{7}\sqrt{3}$ cm

Coffee Break

正弦　余弦　正接ってなに？

　sin，cos，tanを習うと同時に，sinは正弦，cosは余弦，tanは正接だと漢字2文字の言葉で 表す。これは，なぜだろう。

　三角比は，もともと天体の星の間の距離を計測する三角測量（三角法）としてギリシアで 考案され，インドに伝えられてアールヤバタ（6世紀ころ）によってサインの記号が使われた といわれる。円に内接した弦を切ってできる半弦をサイン（弓の弦(diya)）としたのである。 アールヤバタの天文学の書物は，やがてアラビアに渡り，sinusはアラビア語のジャイブ「袋， ふくらみ，乳房」のラテン語に翻訳され，さらに欧州に伝わり，現在の記号sineに訳された。

　その後，cosineやtangentといったほかの三角比も考え出され，中国へと伝えられる。そして， 徐光啓によって漢訳されたとき，正弦，余弦，正切（接ではなく，弦を切るという意味での切） という用語が初めて使われるようになったそうである。

第6章 数 列

1 数列の一般項

右のように，あるきまりにしたがって並ぶ数の列を**数列**という。

数列を構成する数の1つ1つを**項**という。その項の位置を表すために，前から4番目なら第4項，10番目ならば第10項などという。そして，記号では，第4項をa_4，第10項をa_{10}などと表す。

数列は，それぞれのきまりにしたがって並んでいるから，[*1] n番目の項の数a_nは，nを使った式で表すことができる。上の表の例の数列では，$a_n = n^2$のような式で表すことができる。このような式に表すことで，「50番目のa_{50}

はいくつになるのか」や「10000は何項目にあるか」などがわかる。この$a_n = n^2$のように式で表した形を**数列の一般項**という。数列は右表のように，一般項さえ決まれば，その数の並び方は決まる。

また，数列で新しく登場する記号には，初項から第n項までの和を表す記号S_nもある。例えば，S_4といえば，

$$S_4 = a_1 + a_2 + a_3 + a_4$$

であり，$a_5 = S_5 - S_4$のように表すこともある。記号にも慣れておくことが大切だ。

> **《数列の一般項とは》**
>
> ・1，4，9，16，25，36，49，64，81…
> の数列の第5項を$a_5 = 25$のように表す。
> ・第n項の一般項
> $$a_n = n^2$$

> **《いろいろな数列と一般項》**
>
> $a_n = n^3$ 1，8，27，64，125……
> $a_n = n+1$ 2，3，4，5，6，7……
> $a_n = (n+1)^2$ 4，9，16，25，36，49……
> $a_n = 3^{n-1}$ 1，3，9，27，81，243……

☞ 解法のポイント

1. 項 ……… 数列を構成する数。第1項，第2項……など，先頭から何番目にあるかを第何項といういい方で表す。

2. a_n ……… 第n番目にある第n項を表す。

3. 一般項 …… 第n項の数をnを使った式で表し，その式を一般項という。

4. 数列の和 …… 初項からn項までの数列の和をS_nで表す。

[*1] n…natural number（自然数）の略で，nを使う。自然数は1，2，3……。

Q 例題①

　一般項が$a_n = 3n + 5$ の数列について，あとの問いに答えなさい。

(1)　第20項はいくつか。

(2)　nがいくつになると，$a_n > 100$になるか。

(3)　455は第何項か。

(4)　$a_{n+1} - a_n$はいくつか。

(5)　1から5までの和は15であることを利用して，$a_1 + a_2 + a_3 + a_4 + a_5$を求めよ。

⑦ ヒント

(1)　第20項はa_{20}だから，$a_n = 3n + 5$ のnに20を代入して求める。

(2)　$a_n > 100$になるのは，$3n + 5 > 100$になるときだから，この不等式を解いたとき，その条件を満たす最小の自然数。

(3)　$a_n = 3n + 5 = 455$ をnについて解く。

(4)　a_{n+1}とは，$a_n = 3n + 5$のnの代わりに，$n + 1$を代入した式になる。

(5)　$a_1 + a_2 + a_3 + a_4 + a_5 = (3 \times 1 + 5) + (3 \times 2 + 5) + (3 \times 3 + 5) + (3 \times 4 + 5) + (3 \times 5 + 5)$

$\qquad = 3 \times 1 + 5 + 3 \times 2 + 5 + 3 \times 3 + 5 + 3 \times 4 + 5 + 3 \times 5 + 5$

$\qquad = 3 \times (1 + 2 + 3 + 4 + 5) + 5 + 5 + 5 + 5 + 5$

$\qquad = 3 \times (1 + 2 + 3 + 4 + 5) + 5 \times 5$　を考えてみよう。

A 解答・解説

(1)　$a_{20} = 3 \times 20 + 5 = 65$　　　　（答）　**65**

(2)　$3n + 5 > 100$より

$3n > 95$

$n > \dfrac{95}{3} = 31\dfrac{2}{3}$ より，$n = 32$

（答）　**32**

(3)　$3n + 5 = 455$より，$3n = 450$

$\qquad n = 150$

（答）　**第150項**

(4)　$a_{n+1} - a_n = 3(n + 1) + 5 - (3n + 5)$

$\qquad\qquad = 3$　　　　（答）　**3**

(5)　$S_5 = 3 \times (1 + 2 + 3 + 4 + 5) + 5 \times 5$

$\qquad = 3 \times 15 + 25$

$\qquad = 70$

（答）　**70**

Q 例題②

次のA～Cの数列について，あとの問いに答えなさい。

A　1, 4, 9, 16, 25, 36, 49 ………

B　1, 8, 27, 64, 125 ………

C　$\sqrt{3}$, $\sqrt{6}$, 3, $2\sqrt{3}$, $\sqrt{15}$ ………

(1)　それぞれの一般項を求めなさい。

(2)　それぞれの第10項a_{10}の値を求めなさい。

A 解答・解説

(1)　A　第n項の2乗だから，

$$a_n = n^2$$

　　B　第n項の3乗だから，

$$a_n = n^3$$

　　C　全部根号の中に入れて並べてみると，

$$\sqrt{3}, \ \sqrt{6}, \ \sqrt{9}, \ \sqrt{12}, \ \sqrt{15} \ \cdots\cdots\cdots$$

　　よって，$a_n = \sqrt{3n}$

$$(答) \left\{ \begin{array}{l} \textbf{A} \quad a_n = n^2 \\ \textbf{B} \quad a_n = n^3 \\ \textbf{C} \quad a_n = \sqrt{3n} \end{array} \right.$$

(2)　(1)で求めた一般項に$n = 10$を代入して，

　　A　$a_{10} = 10^2 = 100$

　　B　$a_{10} = 10^3 = 1000$

　　C　$a_{10} = \sqrt{30}$

$$(答) \left\{ \begin{array}{l} \textbf{A} \quad a_{10} = 100 \\ \textbf{B} \quad a_{10} = 1000 \\ \textbf{C} \quad a_{10} = \sqrt{30} \end{array} \right.$$

演習問題

No.1

（解答 ▶ P.22）

2ケタの自然数のうち，8で割ると2余る数列を表す一般項は，どれか。

① $8n-2$ $(2≦n≦12)$

② $\dfrac{n}{8}+2$ $(8≦n≦783)$

③ $8n+1$ $(1≦n≦12)$

④ $8n+2$ $(2≦n≦12)$

⑤ $8n+2$ $(1≦n≦12)$

No.2

（解答 ▶ P.23）

次の数は，それぞれある規則に従って並んでいる。その一般項は，どれか。

Ⓐ 3, 4, 6, 9, 13, 18, 24 ………

Ⓑ 81, 64, 49, 36, 25, 16 ………

	Ⓐ	Ⓑ
①	$3n+1$	n^2
②	$\dfrac{1}{2}n^2-\dfrac{1}{2}n+3$	$(n+8)^2$
③	$2n+3$	$(n-4)^2$
④	$\dfrac{1}{2}n^2-\dfrac{1}{2}n+3$	$(10-n)^2$
⑤	$\dfrac{1}{2}n^2-\dfrac{1}{2}n+\dfrac{1}{2}$	$(10-n)^2$

No.3

（解答 ▶ P.23）

数列 a_n の初項から第 n 項までの和が $S_n=3n^2-2n$ であるとき，一般項 a_n は次のうちどれか。

① $a_n=6n+5$

② $a_n=6n-5$

③ $a_n=4n+5$

④ $a_n=4n-5$

⑤ $a_n=6n+1$

2　等差数列

　いろいろな数列のうち，次の数列のように差が一定の数列を**等差数列**といい，これらの数列の最初の項を**初項**，いくつずつ増えるかを**公差**という。

7	10	13	16	19	22	………	34	37
a_1	a_2	a_3	a_4	a_5	a_6	………	a_{10}	a_{11}
初項	第2項	第3項	第4項	第5項	第6項	………	第10項	第11項

　この数列は第1項の初項が7（$a=7$とも表す），公差が3（$d=3$とも表す）である。上の図のように第1項から第6項まで順に3ずつつけ加えられているが，第10項と第11項のように途中の項でも，となりどうしの差は3になる。よって，$a_{n+1}-a_n=3$と表される。

　では，等差数列の一般項の表し方を考えてみよう。

　初項aで公差dの等差数列を，初項aから第6項まで数直線上に並べてみよう。下の図のように初項からdずつ増加し，$a_2=a+d$，$a_3=a+2d$，$a_4=a+3d$，$a_5=a+4d$……のように第n項まで，初項に加える公差dの個数は$(n-1)$個になる。

　右下図のように，項を指，指と指の間を公差とすると考えやすい。小指にあたるa_5は，a_1にdを4回加えている。このように，指と指の間である加えられる公差の数は，項数よりも1少なくなる。よって，$a_n=a+d(n-1)$　と表される。

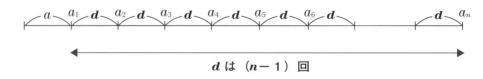

$$d は（n-1）回$$

　また，この一般項を整理すると，$a_n=a+dn-d=dn+a-d$とnの1次式になり，nの係数は必ず公差になる。例えば，$a_n=7+3(n-1)=3n+4$　のようなnの1次式になる。

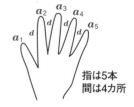

指は5本
間は4カ所

◇ 解法のポイント

> 1.　等差数列は，初項a，公差dとすると，一般項は，
>
> 　　　$a_n=a+d(n-1)$　と表せる。
>
> 2.　等差数列は，nの1次式で表される。
>
> 　$a_n=dn+a-d$　（例）　$a_n=3n+4$　ならば，公差3，初項（$n=1$のとき）7

Q 例題①

次の等差数列の一般項を求めなさい。

(1) 2, 6, 10, 14, 18 ………

(2) 第5項が27, 第20項が-18

(3) 初項が-8, 第15項が34

ヒント

いずれも等差数列であるから, 一般項は $a_n = a + d(n-1)$ になる。

(1) 初項が2, 公差^{※1}が4の等差数列である。

(2) 等差数列 $a_n = a + d(n-1)$ (a＝初項, d＝公差) の式に代入する。

$n=5$ のとき, $a_5 = 27$ だから, $27 = a + d(5-1)$ ……①

$n=20$ のとき, $a_{20} = -18$ だから,

$-18 = a + d(20-1)$ ……②

①, ②を連立方程式にして, a と d を求める。

(3) 初項は-8, $n=15$ のとき, $a_{15} = 34$ だから, $34 = -8 + d(15-1)$ から公差 d を求める。

A 解答・解説

(1) 初項 $a=2$, 公差 $d=4$ より, $a_n = 2 + 4(n-1) = 4n-2$

(答) $a_n = 4n-2$

(2) $n=5$ のとき, $27 = a + d(5-1)$ より, $27 = a + 4d$ ……①

$n=20$ のとき, $-18 = a + d(20-1)$ より, $-18 = a + 19d$ ……②

①-②をして, $45 = -15d$ より $d = -3$

これを①に代入して, $a = 27 + 4 \times 3 = 39$

よって, 初項39, 公差-3で $a_n = 39 - 3(n-1)$

$$= -3n + 42 \qquad \text{(答)}\quad a_n = -3n+42$$

(3) 初項＝-8, $n=15$ のとき, $34 = a + d(15-1)$ より, $a = -8$ を代入して,

$$34 = -8 + 14d$$

$$14d = 42$$

$$d = 3$$

よって, $a_n = -8 + 3(n-1) = 3n-11$ (答) $a_n = 3n-11$

※1 隣り合う2つの項の差のこと。

Q 例題②

等差数列において，第n項a_n，初項a，公差dとしたとき，次の問いに答えなさい。

(1) $a=5$，$a_9=29$のとき，d，a_nを求めなさい。

(2) $d=4$，$a_{10}=16$のとき，a，a_nを求めなさい。

(3) $a_2=6$，$a_8=36$のとき，a，dを求めなさい。

(4) $a=2$，$d=10$，$a_n=112$のとき，nを求めなさい。

A 解答・解説

(1) 等差数列の一般項を，$a_n=a+d(n-1)$
とすると，

$\quad a=5$より，$a_9=5+d(9-1)=29$

$\quad$これを解いて，

$\quad\quad 8d=29-5$

$\quad\quad d=3$

$\quad\quad a_n=5+3(n-1)=3n+2$

$\quad\quad\quad\quad$（答）　$d=3$　$a_n=3n+2$

(2) 等差数列の一般項を，$a_n=a+d(n-1)$
とすると，

$\quad d=4$より，$a_{10}=a+4(10-1)=16$

$\quad$これを解いて，

$\quad\quad a+36=16$

$\quad\quad a=-20$

$\quad\quad a_n=-20+4(n-1)=4n-24$

$\quad\quad\quad$（答）　$a=-20$　$a_n=4n-24$

(3) 等差数列の一般項を，$a_n=a+d(n-1)$
とすると，

$\quad\quad a_2=a+d(2-1)=6$

$\quad\quad a_8=a+d(8-1)=36$

$\quad$この連立方程式を解いて，

$\quad\quad d=5$，$a=1$

$\quad\quad\quad\quad$（答）　$a=1$　$d=5$

(4) この等差数列の一般項は，$a=2$，$d=10$
だから，

$\quad\quad a_n=2+10(n-1)=10n-8$

$\quad$第n項は112だから，

$\quad\quad 10n-8=112$

$\quad\quad 10n=120$

$\quad\quad n=12$

$\quad\quad\quad\quad\quad$（答）　$n=12$

演習
問題

No.1

（解答 ▶ P.23）

次の等差数列の一般項を求めなさい。

(1) $a_5 = 12$, $a_9 = 24$

(2) $a_4 = -1$, $a_{10} = 17$

(3) $a_{12} = 50$, $a_{13} = 54$

No.2

（解答 ▶ P.23）

等差数列について，次の問いに答えなさい。

(1) 第10項が210，第20項が−10のとき，初めて100より小さくなるのは第何項からか。

① 第13項

② 第14項

③ 第15項

④ 第16項

⑤ 第17項

(2) 71，66，61……… の第14項はいくつか。

① −9

② −4

③ 1

④ 6

⑤ 11

(3) 第2項が4，第6項が46のとき，第4項はいくつか。

① 50

② 23

③ 26

④ 25

⑤ 30

3 等差数列の和

　数列の第n項を表す記号はa_nであった。ここに出てくる**数列の和**を表す記号はS_nで表す。初項から第10項までの和ならばS_{10}，初項から第n項までの和ならばS_nのように表す。ここで，初項3，公差5の等差数列を例にとり，S_7の求め方をA，Bの2通りで考えて公式を導く。

A　（考え方） 〈$a_1=3$　$d=5$の等差数列$a_n=3+5(n-1)$ のS_7を求める〉

$$S_7=3+8+13+18+23+28+33$$

（和は36）

　上図のように，S_7を表したとき，初項と末項(最後の項)，a_2とa_6，a_3とa_5の和は一定になっている。この場合，$3+33=36$だ。この36が3つと，$a_4=18$を合わせた数がS_7になる。

　以上のことを式に表すと，$S_7=(3+33)\times3+18=126$だが，36の和が3セットあるのは6項の和を表すから，6項÷2，また，a_4の18は初項と末項とのちょうどまん中の数で，$(3+33)÷2$になることを含めて式に表すと，

$$S_7=\underset{\text{6項÷2}}{(3+33)\times6\times\frac{1}{2}}+\underset{(3+33)÷2}{(3+33)\times\frac{1}{2}}$$

$$=(3+33)\times7\times\frac{1}{2}$$

の式になる。これを公式化すると，次のようになる。nが偶数のときは，まん中の項を考えなくてよい。

$$S_n=(a_1+a_n)\times n\times\frac{1}{2}=\frac{n(a_1+a_n)}{2}$$

B　（考え方） 〈$a_1=3$, $d=5$の等差数列$a_n=3+5(n-1)$ のS_7を求める〉

$$S_7=\ 3+\ 8+13+18+23+28+33　\cdots\cdots ①$$

①を逆順に並べて，$\quad +)\,S_7=33+28+23+18+13+\ 8+\ 3　\cdots\cdots ②$

①+②を表すと，$\quad 2S_7=36+36+36+36+36+36+36　\cdots\cdots ③$

③を整理してS_nを求めると，$\quad 2S_n=36\times7$

$$S_n=\frac{36\times7}{2}\quad\cdots\cdots ④$$

$$S_n=126$$

④を公式化すると，36は初項と末項の和だから，Aの考え方と同じ結果になる。

$$S_n=\frac{n(a_1+a_n)}{2}$$

　ここまで，等差数列を和の公式で求めたが，Σ（シグマ）で求める方法もある。この記号は数列の和を求めるときに使うもので，前ページの数列の$a_n = 3 + 5(n-1) = 5n-2$の1項から7項までの和は，次のように求める。

$$\underset{\overset{\uparrow}{\text{——}k\text{に1から入れ始める}}}{\overset{\overset{\text{——}k\text{に7まで順に入れる}}{\downarrow}}{\sum_{k=1}^{7}}}(5k-2) \Leftarrow \text{この式の}k\text{に順に入れてたす}$$

　このΣには，次の用法がある。

① $\displaystyle\sum_{k=1}^{n}(a_k + b_k) = \sum_{k=1}^{n}a_k + \sum_{k=1}^{n}b_k$　（例：$\displaystyle\sum_{k=1}^{7}(k+3) = \sum_{k=1}^{7}k + \sum_{k=1}^{7}3$）

② $\displaystyle\sum_{k=1}^{n}ca_k = c\sum_{k=1}^{n}a_k$　（例：$\displaystyle\sum_{k=1}^{7}5k = 5\sum_{k=1}^{7}k$）

③ $\displaystyle\sum_{k=1}^{n}c = nc$　（例：$\displaystyle\sum_{k=1}^{7}2 = 7\times 2 = 14$）

　この3つの用法と右の公式を覚えれば等差数列はもちろん，すべての数列の和で用いることができる。これを利用して，前の例である初項3，公差5の等差数列の第7項までの和をΣで求めてみると，一般項は$a_n = 3 + 5(n-1) = 5n-2$だから，

$$\sum_{k=1}^{n}k = \frac{1}{2}n(n+1)$$
$$\sum_{k=1}^{n}k^2 = \frac{1}{6}n(n+1)(2n+1)$$
$$\sum_{k=1}^{n}c = nc$$

$$\sum_{k=1}^{7}(5k-2) = 5\sum_{k=1}^{7}k - \sum_{k=1}^{7}2 = 5\cdot\frac{1}{2}\cdot 7(7+1) - 2\cdot 7 = 140 - 14 = 126$$

$$\underset{\displaystyle\sum_{k=1}^{n}k = \frac{1}{2}n(n+1)}{\downarrow}\qquad\underset{\displaystyle\sum_{k=1}^{n}c = nc}{\downarrow}$$

　よって，最初のA，Bの考え方と同様になる。

☞ 解法のポイント

1. 等差数列の和

　初項$=a_1$　末項$=a_n$　初項から第n項までの和　$\displaystyle S_n = \frac{n(a_1 + a_n)}{2}$

2. Σの使い方と公式

$\underset{\text{初め}}{\overset{\text{終り}}{\sum_{k=}}}(k\text{の式})$　で表し，

公式

$$\sum_{k=1}^{n}k = \frac{1}{2}n(n+1)\qquad \sum_{k=1}^{n}c = nc$$

$$\sum_{k=1}^{n}(3k+5) = 3\sum_{k=1}^{n}k + \sum_{k=1}^{n}5 = \frac{3}{2}n(n+1) + 5n$$

$$\sum_{k=1}^{n}k^2 = \frac{1}{6}n(n+1)(2n+1)$$

例題①

次の等差数列の和を求めなさい。

(1) 初項6，公差−4の等差数列の第10項までの和

(2) 初項−5，公差2の等差数列の第11項から第20項までの和

⑦ **ヒント**

等差数列で，初項と末項と項数がわかれば，初項a，末項a_n，項数nとして和S_nは，

$S_n = \dfrac{n(a+a_n)}{2}$ **の公式**で求められる。この公式を使えば，(2)のような問いのとき，a_{11}を初項，a_{20}を末項として項数10にすればよい。また，それぞれΣで求めるには，まず数列の式をつくる。

(1)であるなら$6-4(n-1)=-4n+10$，(2)なら$-5+2(n-1)=2n-7$になる。

また，$\displaystyle\sum_{k=11}^{20}$は$\displaystyle\sum_{k=1}^{20}$から$\displaystyle\sum_{k=1}^{10}$をひいたものになる。

A **解答・解説**

(1) $a_n = 6-4(n-1) = -4n+10$だから，$a_{10} = -4 \times 10 + 10 = -30$

よって，$S_{10} = \dfrac{1}{2} \times 10 \times (6-30) = -120$

また，Σを使うと，$\displaystyle\sum_{k=1}^{10}(-4k+10) = -4 \cdot \sum_{k=1}^{10}k + \sum_{k=1}^{10}10 = -4 \times \dfrac{1}{2} \times 10 \times (10+1) + 10 \times 10$

$= -120$

（答）　-120

(2) $a_n = -5+2(n-1) = 2n-7$だから，第11項は$a_{11} = 2 \times 11 - 7 = 15$

第20項は$a_{20} = 2 \times 20 - 7 = 33$　よって，a_{11}を初項としてa_{20}を末項とすると項数は10項になるから，$S_{10} = \dfrac{10}{2} \times (15+33) = 240$

また，Σを使うと$\displaystyle\sum_{k=11}^{20}(2k-7) = 2\sum_{k=11}^{20}k - \sum_{k=11}^{20}7 = \left(2\sum_{k=1}^{20}k - \sum_{k=1}^{10}k\right) - \left(\sum_{k=1}^{20}7 - \sum_{k=1}^{10}7\right)$

$= 2 \times \left(\dfrac{1}{2} \times 20 \times 21 - \dfrac{1}{2} \times 10 \times 11\right) - (7 \times 20 - 7 \times 10)$

$= 240$

（答）　240

Q 例題②

1000よりも小さい正の整数のうち，次のような数の和を求めなさい。

(1) 3でも5でも割り切れない数。

(2) 3または5または7の倍数。

(3) 3の倍数，5の倍数および7の倍数を除いた数。

A 解答・解説

(1)　1～999までの数で，(3でも5でも割り切れない数の和) = (全体の和) −

(3で割り切れる数の和) − (5で割り切れる数の和) + (15で割り切れる数の和)

だから，

$$全体の和 = \frac{(1+999)}{2} \times 999 = 499500$$

$$3で割り切れる数の和 = \frac{(3+999)}{2} \times 333 = 166833$$

$$5で割り切れる数の和 = \frac{(5+995)}{2} \times 199 = 99500$$

$$15で割り切れる数の和 = \frac{(15+990)}{2} \times 66 = 33165$$

よって，$499500 - 166833 - 99500 + 33165 = 266332$　　　　　　　　　**(答)** 266332

(2)　(3または5または7の倍数の和) = (3の倍数の和) + (5の倍数の和) + (7の倍数の和) − (15
の倍数の和) − (35の倍数の和) − (21の倍数の和) + (105の倍数の和)

だから，

$$7の倍数の和 = \frac{(7+994) \times 142}{2} = 71071$$

$$15の倍数の和 = \frac{(15+990) \times 66}{2} = 33165$$

$$35の倍数の和 = \frac{(35+980) \times 28}{2} = 14210$$

$$21の倍数の和 = \frac{(21+987) \times 47}{2} = 23688$$

$$105の倍数の和 = \frac{(105+945) \times 9}{2} = 4725$$

よって，$166833 + 99500 + 71071 - 33165 - 14210 - 23688 + 4725 = 271066$

(答)　271066

(3)　(3, 5, 7の倍数を除いた数の和) = (全体) − (3または5または7の倍数の和)

だから，(1), (2)より，$499500 - 271066 = 228434$　　　　　　　**(答)**　228434

No.1　　　　　　　　　　　　　　　　　　　　　　　　　　　　　　　　（解答 ▶ P.23）

等差数列a_nの初項から第n項までの和は，$S_n = 2n^2 - 3n$で表される。一般項は，次のうちどれか。

① $3n - 1$

② $4n + 3$

③ $4n - 5$

④ $n - 5$

⑤ $2n - 5$

No.2　　　　　　　　　　　　　　　　　　　　　　　　　　　　　　　　（解答 ▶ P.24）

初項9，公差4の等差数列の第n項までの和は，nを使った式でどのように表されるか。

① $2n^2 + 5n$

② $3n^2 - 5n$

③ $2n^2 + 7n$

④ $2n^2 - 7n$

⑤ $3n^2 + 5n$

4 等比数列

数列には, 等差数列以外にも, 次のように3倍[※1]ずつに増加したり, $\frac{1}{2}$[※2]倍ずつに減少したりする数列がある。

① 4, 12, 36, 108, 324, 972 ……………

② 8, 4, 2, 1, $\frac{1}{2}$, $\frac{1}{4}$, $\frac{1}{8}$ ……………

このように, 一定の倍率で変化していく数列を**等比数列**といい, これらの数列の最初の項を初項(152ページ参照), 倍率を**公比**という。上の数列の場合, ①が初項4, 公比3の等比数列, ②が初項8, 公比$\frac{1}{2}$の等比数列という。そして, 等比数列の一般項は, 初項a, 公比をrとして$a_n=ar^{n-1}$と表す。初項4, 公比3の等比数列の第6項までを表すと, 下のようになる。

a_1	a_2	a_3	a_4	a_5	a_6	……………	a_n
$4 \cdot 3^{1-1}$	$4 \cdot 3^{2-1}$	$4 \cdot 3^{3-1}$	$4 \cdot 3^{4-1}$	$4 \cdot 3^{5-1}$	$4 \cdot 3^{6-1}$		$4 \cdot 3^{n-1}$
↓	↓	↓	↓	↓	↓		
4	12	36	108	324	972	…………	

この等比数列の一般項 ar^{n-1} は, 初項 a から第 n 項まで, 公比 r を $(n-1)$ 回かけることを表している。等差数列のときと同様, 右のように指を数列, 指と指の間を公比と考えると, 個数は $(n-1)$ 個であることから理解できる。

🖎 解法のポイント

1. 一定の比率で変化していく数列を等比数列という。

2. 等比数列の一般項は, 初項a, 公比rとして,

$$a_n=ar^{n-1}$$

※1 2倍, 4倍 …… でもいえる。
※2 $\frac{1}{3}$倍, $\frac{1}{4}$倍 …… でもいえる。

Q 例題①

次の等比数列の一般項を求めなさい。

(1)　4，8，16，32，64 ……………
(2)　第3項は27，第4項が9の数列
(3)　a_3とa_5の積は81，公比は$\sqrt{3}$，初項は正の数列

ヒント

等比数列の一般項はar^{n-1}なので，**初項a，公比rをみつければよい。**

(1)　初項$a_1=4$で，公比は$8\div4=2$になる。

(2)　$a_3=27$，$a_4=9$であるならば，$r=a_4\div a_3$で求められる。また，$a_4=9$と，求めたrを$a_4=ar^3$に代入すると，$9=ar^3(r=a_4\div a_3)$ で，初項aが求められる。

(3)　$a_3=ar^2$と$a_5=ar^4$の積は，$ar^2\times ar^4=a^2r^6=(ar^3)^2$になるので，81は第4項$a_4=ar^3$の2乗になる。公比は$\sqrt{3}$であることから初項も求められる。

A 解答・解説

(1)　$r=8\div4=2$，$a_1=4$より，初項4，公比2の等比数列

（答）　$a_n=4\cdot2^{n-1}$

(2)　$r=9\div27=\dfrac{1}{3}$　　$a_4=9$　　$9=a\left(\dfrac{1}{3}\right)^{4-1}$　　$9=\dfrac{a}{3^3}$

よって，$a=243$

（答）　$a_n=243\cdot\left(\dfrac{1}{3}\right)^{n-1}$

(3)　$a_3\times a_5=(a_4)^2$より，$(a_4)^2=81$　　　$a_4=\pm9$

公比が$\sqrt{3}$で，初項が正だから$a_4=a(\sqrt{3})^3=9$

$a(\sqrt{3})^3=9$

$a=\dfrac{9}{3\sqrt{3}}$

$a=\sqrt{3}$

よって，$a_n=\sqrt{3}(\sqrt{3})^{n-1}=(\sqrt{3})^n$ ※1

（答）　$a_n=(\sqrt{3})^n$

※1　式は簡単にする。

Q　例題②

次のそれぞれの問いに答えなさい。

(1)　等比数列a_nの$a_2 = 96$，$a_4 = 24$，$a_7 = -3$のとき，a_nの一般項を求めなさい。

(2)　数列8，a，bが等差数列で，数列a，b，36が等比数列であるとき，a，bの値を求めなさい。

A　解答・解説

(1)　等比数列の一般項を$a_n = ar^{n-1}$とすると，

$$a_2 = ar = 96 \quad \cdots\cdots ①$$

$$a_4 = ar^3 = 24 \quad \cdots\cdots ②$$

$$a_7 = ar^6 = -3 \quad \cdots\cdots ③$$

②÷①より，$r^2 = \dfrac{1}{4}$

$$r = \pm \dfrac{1}{2} \quad \cdots\cdots ④$$

③÷②より，$r^3 = -\dfrac{1}{8} \quad \cdots\cdots ⑤$

④，⑤より，$r = -\dfrac{1}{2}$

よって，$a = -192$

（答）　$a_n = -192\left(-\dfrac{1}{2}\right)^{n-1}$

(2)　連続した3つの項の等差数列を，

a_{n-1}，a_n，a_{n+1}とすると，

$$a_{n-1} = a + d(n-2)$$

$$a_n = a + d(n-1)$$

$$a_{n+1} = a + dn$$

$$\begin{aligned} a_{n-1} + a_{n+1} &= 2a + 2dn - 2d \\ &= 2a + 2d(n-1) \\ &= 2\{a + d(n-1)\} \\ &= 2a_n \end{aligned}$$

より，

等差数列は，まん中の項の2倍と，両側の項の和が等しいから，

$8+b=2a$　……①

連続した3つの項の等比数列をa_{n-1}, a_n, a_{n+1}とすると，

$$a_{n-1}=ar^{n-2}$$
$$a_n=ar^{n-1}$$
$$a_{n+1}=ar^n$$

$$\begin{aligned}a_{n-1}\cdot a_{n+1}&=a^2\,r^{2n-2}\\&=a^2\,r^{2(n-1)}\\&=(ar^{n-1})^2\\&=(a_n)^2\end{aligned}$$

より，

等比数列は，まん中の項の2乗が両側の項の積になるから，

$36\,a=b^2$　……②

②に①を代入して，

$$18(8+b)=b^2$$
$$b^2-18\,b-144=0$$
$$(b-24)(b+6)=0$$
$$b=24,\quad -6$$

①に代入して，

$$a=16,\quad 1$$

(答)　$\begin{cases}a=16,\ b=24\\a=1,\ b=-6\end{cases}$

演習問題

No.1 （解答 ▶ P.24）

等比数列について，次のそれぞれの数を求めなさい。

(1) 初項が280，公比が$-\dfrac{1}{2}$のとき，第5項はいくつか。

(2) 初項が-3，公比が2のとき，-384は第何項か。

(3) 初項が5，第4項が135のとき，公比はいくつか。

(4) 公比0.5，第6項が14のとき，初項はいくつか。

(5) 第5項が12，第9項が60のとき，初項はいくつか。

No.2 （解答 ▶ P.24）

次の等比数列の一般項は，どれか。

$$1\dfrac{1}{2},\ 4\dfrac{1}{2},\ 13\dfrac{1}{2},\ 40\dfrac{1}{2}\ \cdots\cdots\cdots$$

① $3\left(\dfrac{1}{2}\right)^{n-1}$

② $\left(\dfrac{3}{2}\right)^{n-1}$

③ $\dfrac{3^{n-1}}{2}$

④ $\dfrac{3^{n}}{2}$

⑤ $\left(\dfrac{3}{2}\right)^{n}$

No.3 （解答 ▶ P.24）

次の等比数列のa_7とa_8を求めなさい。

$$\dfrac{16}{27},\ -\dfrac{4}{9},\ \dfrac{1}{3},\ -\dfrac{1}{4}\cdots\cdots\cdots$$

5　等比数列の和

初項2，公比3の等比数列の第5項までの和S_5は，式に表すと右の①のようになり，等差数列のような規則性はなさそうに見える。だが，この数列の両辺に公比である3をかけると，②のようになる。これを①と比べてみると，〜〜〜線部が同じになっている。

$$S_5 = 2 + 2 \cdot 3 + 2 \cdot 3^2 + 2 \cdot 3^3 + 2 \cdot 3^4 \quad \cdots\cdots ①$$
$$3\,S_5 = \quad\; 2 \cdot 3 + 2 \cdot 3^2 + 2 \cdot 3^3 + 2 \cdot 3^4 + 2 \cdot 3^5 \cdots\cdots ②$$

②－①の式は，
$$2\,S_5 = 2 \cdot 3^5 - 2 \quad \cdots\cdots ③$$
③の両辺を2で割って，
$$S_5 = \frac{(2 \cdot 3^5 - 2)}{2} = 3^5 - 1 = 242$$

よって，$S_5 = 242$

ここで，等式の②－①を表すと③のように〜〜〜線部が消えた式ができて，両辺をS_5の係数2で割れば，S_5を求めることができる。

この等比数列の和を文字を使って表し，公式を導いてみよう。

等比数列a_nの初項a，公比rとしたとき，第n項までの和S_nを求めると，

$a_n = ar^{n-1}$と表せて，$a_1 = ar^{1-1} = ar^0 = a \cdot 1 = a$，$a_2 = ar^{2-1} = ar$，$\cdots\cdots\cdots$

だから，$\qquad S_n = a + ar + ar^2 + ar^3 + \cdots\cdots\cdots\cdots + ar^{n-1} \quad \cdots\cdots ①$

①×r $\qquad -\,\big)\,rS_n = \qquad ar + ar^2 + ar^3 + \cdots\cdots\cdots\cdots + ar^{n-1} + ar^n \quad \cdots\cdots ②$

①－② $\quad (1-r)S_n = \qquad\qquad\qquad\qquad\qquad\qquad a - ar^n \quad \cdots\cdots ③$

（③の両辺を$1-r$で割って，$(r \neq 1)$）[1]

$$S_n = \frac{a - ar^n}{1-r}$$
$$= \frac{a(1-r^n)}{1-r} \quad \Rightarrow \text{分母と分子に}(-1)\text{をかけて，} \frac{a(r^n-1)}{r-1} \text{としてもよい。}$$

よって，初項a，公比$r(r \neq 1)$の等比数列の和S_nを求める公式は，

$$S_n = \frac{a(1-r^n)}{1-r} \text{ または } \frac{a(r^n-1)}{r-1}$$

になる。

また，$r = 1$の場合，$a_n = a$になるから，例えばS_4なら$S_4 = a + a + a + a$で，初項が4個並んだ和になって，$4a$のようになる。よって，$r = 1$のとき，

――――――――――――――――――――――――――――――――――――――

※1　等式は両辺を0で割ってはいけない。

$$\mathbf{S}_n = na$$

になる。

　公式ができたところで，等比数列の和を Σ で表してみよう（右表参照）。Σ で表すときには，数列の式と，何番から何番まで k を順に増やした和を出すのかを表すことが大切だから，前ページの例の初項2，公比3の数列で，第5項までの和ならば下のように，

$$\sum_{k=1}^{5} 2 \cdot 3^{k-1}$$

と表す。

　よって，等比数列の公式を Σ で表すと，右のようになる。

Σ の表し方
$$\sum_{k=①}^{②} \boxed{\text{式③}}$$
① 最初の番号
② 最後の番号
③ k の入った式（定数だけでもよい）

等比数列の和

$r \neq 1$ のとき

$$\sum_{k=1}^{n} ar^{k-1} = \frac{a(r^n-1)}{r-1}$$

$r = 1$ のとき

$$\sum_{k=1}^{n} ar^{k-1} = na$$

☞ 解法のポイント

1. 初項 a，公比 r の等比数列の第 n 項までの和 $\mathbf{S}_n$ は，

（$r \neq 1$ のとき）

$$\mathbf{S}_n = \frac{a(1-r^n)}{1-r} \quad \text{または} \quad \frac{a(r^n-1)}{r-1} \quad （r>1 \text{のときは右を使うほうが便利}）$$

（$r = 1$ のとき）

$$\mathbf{S}_n = na$$

2. また，同様のことを Σ で表すと，

（$r \neq 1$ のとき）

$$\sum_{k=1}^{n} ar^{k-1} = \frac{a(1-r^n)}{1-r} \quad \text{または} \quad \frac{a(r^n-1)}{r-1}$$

次の数列の和を求めなさい。

(1) 初項3, 公比2の等比数列の6項目までの和

(2) 第3項が1, 第4項が$\frac{1}{2}$の等比数列の7項目までの和

ヒント

初項$=a$, 公比$=r$の**等比数列の和**は, $\dfrac{a(1-r^n)}{1-r}$で求めることができるから, まず, 初項と公比を求めることが必要である。(1)では問題文に出ているが, (2)では求めなければならない。$a_3=ar^2=1$, $a_4=ar^3=\dfrac{1}{2}$から公比を求め, それをもとに初項を求める。

(1)のように$r>1$のときは, 公式$S_n=\dfrac{a(r^n-1)}{r-1}$を使ったほうが計算が楽である。

A **解答・解説**

(1) 数列の一般項は$a_n=3\cdot2^{n-1}$より, $S_6=\dfrac{3(2^6-1)}{2-1}=3\times(64-1)=189$

（答）　189

(2) $a_3=ar^2=1$, $a_4=ar^3=\dfrac{1}{2}$より, $a_4\div a_3=r$だから,

$ar^3\div ar^2=\dfrac{1}{2}$, $r=\dfrac{1}{2}$を$ar^2=1$に代入して$a=4$

よって, 一般項は, $a_n=4\cdot\left(\dfrac{1}{2}\right)^{n-1}$

7項までの和$S_7=\dfrac{4\left(1-\left(\dfrac{1}{2}\right)^7\right)}{1-\dfrac{1}{2}}=\dfrac{4\left(1-\dfrac{1}{128}\right)}{\dfrac{1}{2}}=8\times\dfrac{127}{128}=\dfrac{127}{16}$

（答）　$\dfrac{127}{16}$

Q 例題②

次のそれぞれの問いに答えなさい。

(1) 初項4，公比3の等比数列で，初項からの和が1000をこえるのは第何項目か。

(2) 初項が1，公比が3である等比数列の，少なくとも第何項目までの和を取ると300より大きくなるか。

(3) 等比数列の和S_nが，$S_{10}=2$，$S_{30}=14$であるとき，S_{60}を求めよ。

A 解答・解説

(1) $a_n = 4 \cdot 3^{n-1}$だから，$S_n = \dfrac{4(3^n-1)}{3-1} = 2 \cdot 3^n - 2$

$2 \cdot 3^n - 2 > 1000$

$3^n - 1 > 500$

$3^n > 501$

$3^5 = 243$，$3^6 = 729$　より，$n > 5$

(答)　第6項目

(2) $a_n = 1 \cdot 3^{n-1} = 3^{n-1}$だから，$S_n = \dfrac{3^n-1}{3-1} = \dfrac{3^n-1}{2}$

$\dfrac{3^n-1}{2} > 300$

$3^n - 1 > 600$

$3^n > 601$

$n > 5$

(答)　第6項目

(3) $a_n = ar^{n-1}$とすると，$S_n = \dfrac{a(r^n-1)}{r-1}$だから，

$S_{10} = \dfrac{a(r^{10}-1)}{r-1} = 2$　……①

$S_{30} = \dfrac{a(r^{30}-1)}{r-1} = 14$　……②

②÷①より,

$$\frac{r^{30}-1}{r^{10}-1}=7$$

$$\frac{(r^{10}-1)(r^{20}+r^{10}+1)}{r^{10}-1}=7$$

$$r^{20}+r^{10}+1=7$$

$r^{10}=$ X とすると,

$$X^2+X+1=7$$

$$X^2+X-6=0$$

$$(X+3)(X-2)=0$$

より X $=-3$, 2

$r^{10}>0$ より, $r^{10}=2$ ……③

③を①に代入して,

$$\frac{a(2-1)}{r-1}=2$$

$$\frac{a}{r-1}=2$$

よって, $S_{60}=\dfrac{a(r^{60}-1)}{r-1}=\dfrac{a}{r-1}\times\{(r^{10})^6-1\}=2\times(2^6-1)=126$

（答） 126

演習問題

No.1

（解答 ▶ P.25）

初項a，公比rの等比数列（ただし，$a \neq 0$，rは正の整数）において，初項から第n項までの和が93，最大の項の値は48であり，第$2n$項までの和が3069である。aの値として正しいのは，次のうちどれか。

① 2

② 3

③ 4

④ 5

⑤ 6

No.2

（解答 ▶ P.25）

次の数列の第11項の数はいくつか。また，11項目までの和はいくつか。次の中から選びなさい。

$$\frac{1}{8}, \ \frac{1}{4}, \ \frac{1}{2}, \ 1, \ 2\cdots\cdots\cdots\cdots$$

	a_{11}	S_{11}
①	128	$\frac{2047}{8}$
②	256	$\frac{4095}{8}$
③	64	$\frac{1023}{8}$
④	128	$\frac{1023}{8}$
⑤	256	$\frac{2047}{8}$

6 確率

まず確率を理解するために用語の解説を行う。

「**サイコロを投げて6の目はどう出るか**」というとき，「サイコロを投げる」という行為を**試行**という。この結果は最初からわかるわけでなく，偶然に支配される。その試行の結果である「6の目が出る」という場面を**事象**という。

しかし，6の目だけではなく，「1の目」「2の目」「3の目」「4の目」「5の目」が出るなどの場面がある。この1つ1つの起こりうるすべての場面を**根元事象**という。根元事象を集合で表そう。集合の表し方は，{　}の中に要素（集合を形成する1つ1つ）をかいて表す。すると，サイコロの目の根元事象は {1} {2} {3} {4} {5} {6} のように表せる。そして，根元事象全体からなる集合{1, 2, 3, 4, 5, 6} を**全事象**という。

「6の目が出る」という集合Aの要素の個数を$n(A)$＝1のように表す。例えば，サイコロの目の全事象の要素（根元事象）の数は，{1, 2, 3, 4, 5, 6} の6つがあるから$n(U)$＝6のように表す。これらのことを元に，ある事象Aの確率P(A)〔PはProbability（確率）の頭文字〕を求める公式を表すと，

$$P(A) = \frac{n(A)}{n(U)} = \frac{事象Aの起こる場合の数}{起こりうるすべての場合の数}$$

Aをサイコロを振って6の目が出る事象の集合として，Uをサイコロを振って出る目のすべての根元事象の集合とすると，$P(A) = \frac{1}{6}$ になる。

試行
サイコロを投げて目が出る

事象（A）
サイコロを投げた 「結果の場面」　　例えば

根元事象
起こりうる場面の1つ1つ

全事象（U）
起こりうるすべての場面

集合の要素（根元事象）の個数
A＝6の目が出る場面の集合
U＝サイコロの目の根元事象
　　全体の集合
$n(A) = 1$，$n(U) = 6$

Aの確率P(A)
$$P(A) = \frac{n(A)}{n(U)}$$

これまでの結果をもとに確率を定義しよう。

起こりうるすべての場合が n 通りあり，それらの

   (1)   どの場合の起こることも，ある程度の場合にかたよることなく同様に確からしく

   (2)   どの場合も重複して起こらない

とき，この n 通りのうち，事象Aの起こる場合の数が a 通りあるならば，事象 A の起こる確率は，

$$P(A) = \frac{a}{n}$$

☞ 解法のポイント

1. 試行…… 結果が偶然に支配される行為

2. 事象…… 結果の場面

3. 根元事象…… 起こりうる1つ1つの場面

4. 全事象…… 起こりうるすべての場面

5. 集合の要素の数 …… 集合Aの要素の数 $n(A)$，全事象Uの集合 $n(U)$ のように表す

6. 確率 …… ある試行の結果，同様に確からしいすべての根元事象のうち，ある特定の事象 A について，

      Aの起こる確率は $P(A) = \dfrac{n(A)}{n(U)}$

Q 例題①

> 1，2，3，4の数字が1つずつかかれた4枚のカードがある。この中から2枚を取り出して2けたの整数をつくるとき，その整数が 34 以上になる確率を求めよ。

❓ ヒント

4枚のカードのうち2枚を取り出して並べるという試行の全事象は，｛12，13，14，21，23，24，31，32，34，41，42，43｝になり，この場合の数は，12通り。

全事象をUとすると，全事象の個数$n(U) = 12$

34以上になる事象の集合をAとすると，A＝｛34，41，42，43｝より，Aの個数 $n(A) = 4$ になる。

$$確率＝\frac{34以上になる場合の数}{起こりうるすべての場合の数}＝\frac{n(A)}{n(U)}$$

で求める。

A 解答・解説

34以上が出る事象の集合をA，全事象をUとすると，Aの出る確率P(A)は，

$n(A) = 4$，$n(U) = {}_4P_2 = 4 \times 3 = 12$より，

$$P(A) = \frac{4}{12} = \frac{1}{3}$$

（答）　$\dfrac{1}{3}$

Q 例題②

　袋の中に赤球6個，黒球4個および白球2個がある。この袋の中から2個の球を無作為に取り出すとき，取り出した2個の球が互いに異なる色である確率を求めよ。

① $\dfrac{1}{3}$

② $\dfrac{1}{4}$

③ $\dfrac{3}{4}$

④ $\dfrac{2}{3}$

⑤ $\dfrac{1}{5}$

A 解答・解説

　赤球6個，黒球4個，白球2個の合計12個の中から2個の球を取り出す事象をU，互いに異なる色になる事象の集合をAとすると，

$$n(U) = {}_{12}C_2 = \frac{12 \cdot 11}{1 \cdot 2} = 66（通り）$$

　Aの事象は，　赤球と黒球の$6 \times 4 = 24$（通り）

　　　　　　　黒球と白球の$4 \times 2 = 8$（通り）

　　　　　　　赤球と白球の$6 \times 2 = 12$（通り）

　　　　　　　の和になるから，

$$n(A) = 24 + 8 + 12 = 44（通り）$$

よって，求める確率は，$\dfrac{44}{66} = \dfrac{2}{3}$

（別解）

　次のように，同じ色を取り出す確率を1からひいて求めてもよい。

同じ色を取り出す確率 $= \dfrac{{}_6C_2 + {}_4C_2 + {}_2C_2}{{}_{12}C_2} = \dfrac{15 + 6 + 1}{66} = \dfrac{22}{66} = \dfrac{1}{3}$

よって，求める確率は，$1 - \dfrac{1}{3} = \dfrac{2}{3}$

（答）　④

No.1 （解答 ▶ P.25）

２つのサイコロを投げて，出た目の積が偶数となる確率はどれだけか。

① $\dfrac{1}{2}$ ② $\dfrac{2}{3}$ ③ $\dfrac{3}{4}$

④ $\dfrac{5}{8}$ ⑤ $\dfrac{13}{18}$

No.2 （解答 ▶ P.25）

１〜９の数字が１つずつかかれたカード９枚から２枚取るとき，２枚のカードの数の和が偶数になる確率はいくらか。

① $\dfrac{5}{9}$ ② $\dfrac{4}{9}$ ③ $\dfrac{2}{3}$

④ $\dfrac{1}{3}$ ⑤ $\dfrac{1}{2}$

No.3 （解答 ▶ P.26）

白球３個，赤球４個を入れた袋から２個の球を取り出したとき，２個とも赤球が出る確率はいくつか。

① $\dfrac{1}{4}$ ② $\dfrac{3}{7}$ ③ $\dfrac{2}{5}$

④ $\dfrac{3}{8}$ ⑤ $\dfrac{2}{7}$

白球8個，黒球6個の入っている袋から同時に4個を取り出すとき，次の確率の正しい組合せを選べ。

(1) 全部白である。

(2) 白，黒同数である。

	(1)	(2)
①	$\dfrac{5}{49}$	$\dfrac{4}{49}$
②	$\dfrac{4}{49}$	$\dfrac{3}{49}$
③	$\dfrac{50}{1001}$	$\dfrac{60}{143}$
④	$\dfrac{10}{143}$	$\dfrac{70}{143}$
⑤	$\dfrac{10}{143}$	$\dfrac{60}{143}$

40名をA，B，C，Dの10名ずつ4組に分けた。代表委員2名を選ぶとき，2名が同じ組に属する確率を求めよ。

① $\dfrac{1}{156}$

② $\dfrac{4}{39}$

③ $\dfrac{9}{156}$

④ $\dfrac{3}{13}$

⑤ $\dfrac{1}{4}$

第 2 編

数的推理

第1章 文章題

1 方程式の導き方と解き方

方程式を立てる，方程式を解く，という2つの段階を，注意点をふまえて解説していこう。

1. 方程式を立てる

注意点 (1) どの数値を使って，何について，等号（＝）で結べるか。

(2) 何をxにするか。数の単位はそろえる。

(3) 文字の種類はできるだけ少なくする。

次の例題で，上の注意点を考えてみよう。

> 収穫したみかんをクラス全員に分けた。5個ずつ分けると12個余り，7個ず
> つ分けると4個足りない。クラスの人数と収穫したみかんの個数を求めなさい。

この問題では，同じ個数のみかんを2通りの分け方で表すことができる。よって，注意点
(1)の等号で結ぶのは，収穫したみかんの個数である。この場合は，

> （みかんの個数）＝（5個ずつ）×（人数）＋（12個余り）
> （みかんの個数）＝（7個ずつ）×（人数）－（4個足りない）

（等号の結び方①）として，人数をx人とし，$5x+12=7x-4$と式が立てられる。

また，人数について等号で結んでみると，

> （クラスの人数）＝｛（みかんの個数）－（12個余り）｝÷（5個ずつ）
> （クラスの人数）＝｛（みかんの個数）＋（4個足りない）｝÷（7個ずつ）

（等号の結び方②）として，みかんの個数をx個とし，$\dfrac{x-12}{5}=\dfrac{x+4}{7}$と式が立てられる。

式を立てる場合は，割り算でなくかけ算が多いほうが解きやすいので，①と②の方法のうち，①のほうが解きやすい。この問題では，クラスの人数と，みかんの個数の両方がわからないが，すぐにそれぞれをx，yとするのはよくない。文字の種類は少ないほうが解きやすいからだ。まずは，注意点(1)のように何を等号で結べるのかを考えてみよう。

式の立て方は，それぞれの問題によって異なるが，注意することは，何をイコールで結び，何をxとして式をつくるかだ。そして，少ない文字数，少ない計算量で解ける方法を見つけるように心がける。文字がxとyの2つなら，方程式は2つ必要だし，x，y，zの3つなら方

程式が3つ必要になってしまう。

次に方程式の解き方について考えてみよう。

2. 方程式を解く

等式には，右下のような4つの法則がある。この法則に従って，$ax=b$の等式に変形し^{※1}
ていく。そして，最後に両辺をaで割って，xを求める。では，$5x+12=7x-4$を例にして，
下の法則を利用して解いていく。

$$5x+12=7x-4$$

①両辺から$7x$をひく

$$5x+12-7x=-4$$

②両辺から12をひく

$$5x-7x=-4-12$$

③$ax=b$にする

計算して，$-2x=-16$

④両辺を-2で割る

$$x=8$$

A＝Bのとき
1. 両辺にCをたしても成立
$A+C=B+C$
2. 両辺からCをひいても成立
$A-C=B-C$
3. 両辺にCをかけても成立
$A×C=B×C$
4. 両辺をCで割っても成立
$\dfrac{A}{C}=\dfrac{B}{C}$ （C≠0）

番号順に

① 両辺から$7x$をひく。$7x$が右辺にはなくなる。

② 両辺から12をひく。左辺に12がなくなる。

③ $5x-7x$と，$-4-12$を計算する。

④ 両辺を$-2x$の-2で割って，右辺は $(-16)÷(-2)=8$

このように等式のきまりを使って方程式を解いたら，必ず最初の文章にもどって条件にあ
てはまるかどうか，確かめてから答えとする（例えば，人数なのに小数になったり，負の数
になったりしていると誤っていることがわかる）。

◈ 解法のポイント

1. **方程式の立て方**

   ① 等号で結べる数値や式を決める。

   ② 何をxにするか。単位に注意して決める。

   ③ 文字の種類は少なめに，割り算よりかけ算が多い式をつくる。

2. **方程式の解き方**

   ① 等式の4つの性質を利用して，方程式を$ax=b$の形に変形し，両辺をaで割る。

   ② 最後に求められた答えが問題にあてはまることを確認する。

※1 xは未知数だが，a，bは$5x=10$の5，10とか$3x=15$の3，15のような数。

つるとかめが合わせて50匹いる。足の数を数えると，全部で130本であった。つるとかめはそれぞれ何匹いるか。文字数を1つにして解きなさい。

⑦ ヒント

何がイコールで結べて，何をxにしたらよいかを考えるために，右のような（表1）を表した。

ここで，つるをx匹とするとかめは$(50-x)$匹になるから，（表2）が完成する。これで（足の数）を2つ合わせると130になることから，方程式をつくる。

（表1）

	つる	かめ	合計
1匹あたりの足の数	2	4	
匹　数			50
足の数			130

A 解答・解説

つるをx匹とすると，かめは$(50-x)$匹だから，

$$2x+4(50-x)=130$$

両辺を2で割って，

$$x+2(50-x)=65$$

左辺を整理して，

$$x+100-2x=65$$

両辺から100をひいて，

$$x-2x=65-100$$

計算して，　　　$-x=-35$

両辺に-1をかけ　$x=35$　　　よって，かめ$=50-35=15$

（表2）

	つる	かめ	合計
1匹あたりの足の数	2	4	
匹　数	x	$50-x$	50
足の数	$2x$	$4(50-x)$	130

（答）{ つる35匹
　　　かめ15匹

Q 例題②

下のように方程式を解いた。等式や式を変形するときに使ったきまりを，右のア〜オからそれぞれ選び，①〜⑤に入れなさい。

$$0.62(x-2)=3.1(1.2-2x)$$
$$62(x-2)=310(1.2-2x)$$
$$x-2=5(1.2-2x)$$
$$x-2=6-10x$$
$$x+10x=6+2$$
$$11x=8$$
$$x=\frac{8}{11}$$

（ ① ）
（ ② ）
（ ③ ）
（ ④ ）

（ ⑤ ）

$(A=B$のとき$)$

ア　$A+C=B+C$

イ　$A-C=B-C$

ウ　$A\times C=B\times C$

エ　$A\div C=B\div C$

オ　$a(b+c)=ab+ac$

A 解答・解説

① 両辺に×100をした。…ウ

② 両辺を÷62した。…エ

③ 右辺を分配の法則を使って展開した。…オ

④ 両辺に2と$10x$をたした。…ア

⑤ 両辺を11で割った。…エ

No.1 （解答 ▶ P.27）

AとBはチョコレートをいくつかずつ持っていて，それをかけてゲームを3回することにした。その結果は，以下の通りになった。

　1回目：Aが負けて，持っているチョコレートの $\frac{2}{7}$ をBに取られ，AとBのチョコレートの個数が同じになった。

　2回目：Bが負けて，1回目のゲームでAからもらったチョコレートの半分をAに渡した。

　3回目：Aが負けて，チョコレートを8個Bにあげたところ，AとBのチョコレートの個数が同じになった。

このとき，Aが最初に持っていたチョコレートの個数はいくつか。

① 49個

② 56個

③ 63個

④ 70個

⑤ 77個

No.2 （解答 ▶ P.27）

1冊520円のマンガと1冊1,180円の小説を合わせて37冊売ったところ，総売上額は33,100円だった。小説は何冊売れたか。

① 16冊

② 19冊

③ 21冊

④ 24冊

⑤ 27冊

No.3

（解答 ▸ P.27）

50円切手と80円切手をあわせて30枚買う。予算が2,000円以内のとき，80円切手をできるだけ多く買ったときの代金はいくらか。

① 1,990円

② 1,980円

③ 1,970円

④ 1,960円

⑤ 1,950円

No.4

（解答 ▸ P.27）

A君は１個90円のチョコレートを，B君は１個130円のキャンデーをそれぞれ買ったところ，２人が支払った代金の合計は3,950円だった。このとき，A君とB君がそれぞれ買ったチョコレートとキャンデーの個数はそれぞれ何個か。また，キャンデーとチョコレートの合計個数は35個であったとする。

	A	B
①	10個	25個
②	12個	23個
③	15個	20個
④	20個	15個
⑤	25個	10個

No.5

（解答 ▸ P.27）

連続する３つの奇数がある。最も小さい数と中央の数との積は，中央の数と最も大きい数との積よりも156小さいという。この3つの奇数の和はいくらか。

① 117

② 123

③ 129

④ 135

⑤ 141

（解答 ▶ P.28）

あるパン屋では，１個60円のアンパン，１個80円のメロンパン，１個110円のカレーパンが売られている。これら３種類のパンを合計20個買ったところ，その代金は1,740円だった。このとき，買ったカレーパンの個数として可能性があるのは，次のどれか。

① 5個

② 7個

③ 10個

④ 14個

⑤ 18個

（解答 ▶ P.28）

２桁の正の整数がある。この数の一の位の数と十の位の数の和は10である。またこの数の１の位の数と10の位の数を逆にしたとき，元の数との差を計算すると，求められた値は元の数より19小さい正の数となる。元の数はいくらか。

① 28

② 37

③ 73

④ 82

⑤ 91

（解答 ▶ P.28）

一つの水槽の中で，大きな金魚１匹と小さな金魚３匹を飼っている。大きな金魚が１日に食べるえさの量は，水温20℃では12ｇであり，そこから水温が１℃上昇又は下降するごとに１ｇずつ減っていく。１匹の小さな金魚が１日に食べるえさの量は，水温24℃では５ｇであり，そこから水温が１℃上昇又は下降するごとに0.5ｇずつ減っていく。このとき，4匹の金魚が食べるえさの総量が最も大きくなる水温は何℃か。

① 20℃

② 21℃

③ 22℃

④ 23℃

⑤ 24℃

2 和と差（平均・過不足）

いろいろな平均

1. **平均**……2数の平均は，（2数の和÷2）だが，数と人数が多い場合の平均は，数の総和を人数で割る。下にあるのは，点数と人数の表から平均を求める例だ。

点　数	70	80	90	100	合計
人　数	8	6	4	2	20
合計点	560	480	360	200	1600

平均点＝合計点÷人数

平均 ＝ $1600 \div 20 = 80$

80点

2. **植木の本数と木の間**……端から端まで，2mおきに30本の木を植えると，その全体の距離は何mになるかを考えるとき，（**間の数＝木の本数－1**）になる。

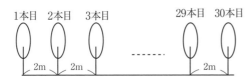

（木と木の間の数＝木の本数－1）より，

2mの間隔は，$30 - 1 = 29$

よって，全体は$2 \times 29 = 58$（m）

この考えは，数の個数を計算するときにも利用する。

3. **過不足**……ある一定の個数のものを分配するとき，全体の個数をどのように表すかが大切である。全体の個数Aをxの式で表すには，次の2通りがある。

A個のおはじきを5個ずつx人で分けたら9個余った。　**A＝5x＋9**

A個のおはじきを8個ずつx人で分けたら6個不足した。**A＝8x－6**

4. **つるかめ算**……1匹または1個あたりの足の数や金額と，匹数(個数)の表をかいて，式を立てる。

（例）　**10円玉と100円玉が合わせて50枚あり，合計金額は4,100円である。**

10円玉をx枚として，方程式$10x + 100(50 - x) = 4100$を解く。

☞ 解法のポイント

1. 平均 ……… 平均＝（総和）÷個数
2. 植木の本数と間の数 ……… 全体の距離＝（間隔の長さ）×（木の本数－1）
   　　　　　　　　　　　　　　　木の本数＝間隔の数＋1
3. 過不足 ……… $A \div B = C \dots D$のとき，$B \times C + D = A$
4. つるかめ算 ……… 表をかいて整理する。

> あるテストのクラスの平均点は60.3点であり，男子の平均点はそれより2.1点低い。また，女子の平均点は男子の平均点より5.6点高かった。クラスの生徒数が40人で全員テストを受けたとすると，男子の人数は何人になるか。

ヒント

男子の平均点は$60.3-2.1=58.2$（点）。女子の平均点は$58.2+5.6=63.8$（点）になる。また，男子の人数をx人とすると，クラスの合計が40人だから，女子は$(40-x)$人になる。この結果を表にまとめると右のようになる。

	男子	女子	全体
人　数	x	$40-x$	40
平均点	58.2	63.8	60.3

方程式は，平均点×人数＝（そのグループの総和）になることを利用して，男子をx人として，**男子の総和＋女子の総和と全体の総和をイコール**で結んで，方程式をつくる。

A 解答・解説

男子の平均点$=60.3-2.1=58.2$（点），女子の平均点$=58.2+5.6=63.8$（点）。また，男子の人数をx人とすると，女子の人数は$(40-x)$人。よって，

$$58.2x+63.8(40-x)=60.3\times40$$
$$58.2x+63.8\times40-63.8x=60.3\times40$$
$$58.2x-63.8x=60.3\times40-63.8\times40^{※1}$$
$$-5.6x=-3.5\times40$$
$$x=25$$

25人は問題の条件にあっている。

（答）　25人

※1　やたら計算せずに，分配の法則　$60.3\times40-63.8\times40=(60.3-63.8)\times40=-3.5\times40$を利用する。

Q 例題②

　下図のように内径2 cm，外径2.4 cmのリングをつなげた。これについて次の(1)，(2)に答えよ。

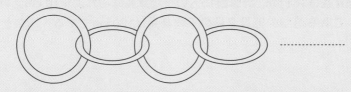

(1)　リングを40個一直線につなげたとき，端から端まで何cmになるか。

　①　80 cm　②　80.4 cm　③　80.8 cm　④　95.2 cm　⑤　96 cm

(2)　リングを一直線につなげたところ，端から端まで120.4 cmになる。このとき，リングは何個使ったか。

　①　58個　②　59個　③　60個　④　61個　⑤　62個

A 解答・解説

(1)　一直線につなげたとき，リングの内側だけを表すと下図のようになり，

　　（全体の長さ）＝（内径）×（個数）＋（両端の太さ）の式で求められる。

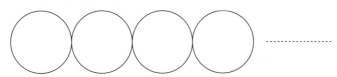

　　よって，全体の長さにリングの輪の太さが関係するのは，両端のみになるので，40個をつなげると，

$$2 \times 40 + (2.4 - 2) = 80.4 \, (\text{cm})$$

（答）　②

(2)　(1)の考え方と同様にして，リングの個数をx個とすると，

$$2x + (2.4 - 2) = 120.4$$
$$2x = 120$$
$$x = 60 \, (個)$$

（答）　③

No.1

（解答 ▶ P.28）

バレー部25人の平均身長は185 cm，野球部15人の平均身長はこれより10 cm低い。ほかにバスケ部が20人いて，これら3つの部員全員の平均身長は180 cmである。バスケ部の平均身長は何cmか。

① 169.5 cm

② 176.5 cm

③ 177.5 cm

④ 177.8 cm

⑤ 180.5 cm

No.2

（解答 ▶ P.28）

全校生徒が体育館の長いすに着席しようとした。1脚に3人ずつかけると92人がかけられなくなり，4人ずつかけるとちょうどかけられて，16脚の長いすが余る。この学校の全校生徒は何人か。

① 512人

② 524人

③ 540人

④ 560人

⑤ 572人

No.3

（解答 ▶ P.28）

1,000個の卵をある運送会社に頼んで運んでもらった。1個の運賃は3円で，割るとその分の運賃は払う必要がなく，逆に1個につき30円弁償してくれる。運んだ結果2,340円を運送会社に支払ったとすると，何個の卵が割れたことになるか。

① 35個

② 30個

③ 25個

④ 20個

⑤ 18個

No.4

（解答 ▶ P.29）

1 mのひもを何本か結んで13 mのひもをつくりたい。結び目のために各ひもの端から10 cm が必要であるとすると，全部で何本のひもが必要か。

① 15本

② 16本

③ 17本

④ 18本

⑤ 19本

No.5

（解答 ▶ P.29）

相異なる4つの自然数a，b，c，dのうち，2つずつの和が49，54，57，58，61，66であった。このとき，a，b，c，dの平均として正しいものは，次のうちどれか。

① 24.5

② 27.25

③ 28.75

④ 29.25

⑤ 30.5

No.6

（解答 ▶ P.29）

11＋14＋17＋20＋23＋………＋41を計算するのに，1カ所だけ＋の記号を抜かしてしまい，その部分を4桁の数として計算を行ったところ，計算結果が3157になった。このとき，どの数の後の＋の記号を抜かしてしまったか。

① 25

② 27

③ 29

④ 31

⑤ 33

3 　割合と比（歩合・百分率・比）

　ある量をもとにして，いろいろな量を比べるとき，その**倍率**を**割合**という。

　商品を120円で仕入れて，150円の定価をつけるとする。仕入れ値を「もとにする量」とすると，定価の割合は，150÷120＝1.25になる。

――〈割合の式〉――
（割合）＝（比べる量）÷（もとにする量）

割合は，小数がつく場合が多いので，わかりやすいように歩合，百分率，比で表す。

1. **歩合**（ぶあい）……小数第1位から右に向けて，○割○分○厘○毛という表し方をする。1割引きとは，0.1倍ひくことを意味し，もとにする量1からひくので，0.9倍のことでもある。

――〈歩合・百分率〉――
　　　　　0.125
（歩合）　1割2分5厘
（百分率）12.5％

2. **百分率**……$\frac{1}{100}$ である0.01を1％として表した割合。もとにする数を100とすると考えやすい。糖分5％の飲料といえば，100g中5gが糖分であることになる。

3. **比**……Aが150g，Bが200gの2つの量を比べるとき，A：B＝150：200＝3：4のように表す表し方を**比**という。比はそれぞれの項に同じ数をかけたり，同じ数で割ったりできるので，簡単な比になおすことができる。2つの比のときは，後項（B）がもとにする量になる。この場合，BをもとにしてAの比ともいう。

　また，比を表した比例式には
（内項の積）＝（外項の積）
という性質がある。

――〈比例式の性質〉――
　　a，b，c，d を数とすると，
$a：b＝c：d \longrightarrow ad＝bc$
　内項の積
　外項の積
（例）　$3：x＝21：14 \longrightarrow 3×14＝21\,x$

◇ 解法のポイント

1. 割合の式　　（割合）＝（比べる量）÷（もとにする量）
2. 割合の表し方　　① 歩合…割，分，厘，毛…（小数第1位から）
　　　　　　　　　　② 百分率…0.01＝1％
3. 比例式の性質　　$a：b＝c：d$ のとき $ad＝bc$

Q 例題①

箱の中にみかんとりんごが6：7の割合で入っている。みかんを6個，りんごを14個食べたので，8：7になった。このとき，箱の中にはみかんとりんごはあわせて何個残っているか。

ヒント

箱の中に入っていたみかんとりんごの合計を x 個とすると，箱の中のみかんの個数は，

$$\frac{6}{6+7}x(個) = \frac{6}{13}x(個)$$

りんごの個数は，

$$\frac{7}{6+7}x(個) = \frac{7}{13}x(個)$$

	みかん	りんご	合　計
箱の中	$\frac{6}{13}x$	$\frac{7}{13}x$	x
食べた	6	14	20
残　り	⑧	⑦	$x-20$

になる。それぞれ，6個と14個食べてしまうと残った個数の比が8：7になったので，⑧，⑦のように表して表にしてみる。これを比例式にして方程式をつくり，xについて解いていく。

A 解答・解説

箱の中のみかんとりんごの合計をx個とすると，6個と14個食べた残りが8：7になるから，

$$\left(\frac{6}{13}x-6\right):\left(\frac{7}{13}x-14\right)=8:7$$

内項の積＝外項の積になるから，

$$\left(\frac{7}{13}x-14\right)\times8=\left(\frac{6}{13}x-6\right)\times7$$

$$\frac{56}{13}x-112=\frac{42}{13}x-42$$

$$\frac{56}{13}x-\frac{42}{13}x=-42+112$$

$$\frac{14}{13}x=70$$
$$x=65$$

よって，残ったみかんとりんごの合計は　$x-20=65-20=45$

（答）　45個

Q 例題②

100万円を３年間預けると，年１％ならば単利と複利では，３年後に受け取る金額はいくらちがうか。

① 100円

② 301円

③ 420円

④ 982円

⑤ 1,000円

A 解答・解説

単利とは，元金100万円に対して毎年1％の利息がつく。

よって，毎年受け取る利息は100（万）×0.01＝1（万円）より，1（万円）。したがって，３年後の元利合計は，103万円。

これに対して，複利とは，一定の期間が過ぎるごとに元金に利息を加え，その合計を次の期間の元金として利息に計算するから，３年後の元利合計は，

$100（万）×(1+0.01)^3 = 1030301（円）$

よって，３年後に受け取る金額のちがいは，

$1030301 - 1030000 = 301（円）$

(答) ②

Q 例題③

人口密度が40人／km²であるA村の村民のうち200人が，人口１人当たりの面積が0.025 km²のB村へ移住したため，A村の人口はちょうど1,000人になり，B村の人口密度は45人／km²になった。このとき，A村とB村を合わせた人口密度は１km²当たり何人になるか。

① 30人 ② 34人 ③ 38人 ④ 40人 ⑤ 42人

A 解答・解説

移住前のA村の人口は$1000 + 200 = 1200$（人）

A村の面積は，$1200 \div 40 = 30$（km²）

また，B村の面積を$x$km²，移住前の人口をy人とすると，

$$\frac{x}{y} = 0.025 \quad \cdots\cdots ①$$

$$\frac{y + 200}{x} = 45 \quad \cdots\cdots ②$$

①より，$x = 0.025\,y \quad \cdots\cdots ①'$

②より，$y + 200 = 45\,x \quad \cdots\cdots ②'$

②'に①'を代入して，

$y + 200 = 45 \times 0.025\,y$

$y + 200 = 1.125\,y$

$200 = 0.125\,y$

$y = 1600 \quad \cdots\cdots ③$

③を①'に代入して，

$x = 40$

よって，移住前のB村は，

面積40 km²，人口1,600人

A村とB村を合わせた人口密度は，

$(1200 + 1600) \div (30 + 40) = 40$（人／km²）

（答） ④

No.1
（解答 ▶ P.29）

ある会社では昨年度，商品Aと商品Bを合わせて2,000個生産した。ところが商品Aの売れ行きはよく，商品Bの売れ行きが悪かったので，今年度は商品Aを20％増，商品Bを10％減にして生産したところ，全体の個数は8％の増加になった。昨年度の商品Bの生産個数はいくつか。

① 720個

② 750個

③ 780個

④ 800個

⑤ 850個

No.2
（解答 ▶ P.29）

大学生A，B，Cは同じ所でアルバイトをしている。1月のアルバイト代の比はA：B：C＝25：17：6であり，Cのもらったアルバイト代は30,000円であった。2月，店がA，B，Cの3人に払ったアルバイト代の総額は変わらなかったが，比はA：B：C＝6：4：5に変わった。2月のBのアルバイト代はいくらか。

① 60,000円

② 64,000円

③ 72,000円

④ 80,000円

⑤ 88,000円

No.3

（解答 ▶ P.29）

あるクラスで，生徒の通学方法の調査を行ったところ，女子の徒歩通学者は3人であった。
このクラスの男子と女子の人数の比は3：2で，女子の通学方法別の人数の比は，電車：自転車：徒歩＝2：3：1であった。
このクラスの人数は何人か。

① 　30人

② 　35人

③ 　40人

④ 　45人

⑤ 　50人

No.4

（解答 ▶ P.29）

A，B，Cの3人がビー玉を何個かずつ持っており，以下のようにビー玉をやりとりした。

「Aが持っているビー玉の数の$\dfrac{1}{4}$をBに，次にBが，Aからもらったビー玉を含めて，持っている数の$\dfrac{1}{5}$をCに，さらにCが，Bからもらったビー玉を含めて持っている数の$\dfrac{1}{8}$をAにあげた。」

このやり取りの結果，A, B, Cが持っているビー玉の数は，それぞれ42個, 36個, 21個となった。やり取りする前にCが持っていたビー玉の数は何個だったか。

① 　12個

② 　13個

③ 　14個

④ 　15個

⑤ 　16個

No.5 （解答 ▶ P.30）

ある企業でパソコンとデジタルカメラを製造している。去年の７月と今年の７月の生産台数を比べると，パソコンは20%，デジタルカメラは50%の増加であった。また，パソコンとデジタルカメラの増加分の生産台数は同じであった。去年の７月のパソコンとデジタルカメラの生産台数と，今年の７月のパソコンとデジタルカメラの生産台数は合計で58,000台であった。去年の７月のパソコンとデジタルカメラの生産台数の差は何台か。

① 10,775台

② 10,785台

③ 10,875台

④ 10,885台

⑤ 10,975台

No.6 （解答 ▶ P.30）

A～**D**の４人でタクシーに乗り，タクシー料金の分担は，次のようにした。

・**A**はタクシー料金の$\frac{1}{2}$を分担した。

・**B**はタクシー料金の$\frac{1}{6}$を負担した。

・**C**は400円だけ払った。

残りについては**D**が負担し，その金額はちょうどある２人が分担した金額の和に等しかった。タクシー料金はいくらだったか。

① 4,000円

② 4,800円

③ 5,400円

④ 6,000円

⑤ 6,600円

No.7

（解答 ▶ P.30）

A，B 2つのゲームがある。料金の高いゲームの4回分は安いゲームの5回分と同じ料金である。料金の高いゲーム2回と安いゲームを2回ずつすると360円かかる。1,800円を予算として残らず使った場合，最も多くできる回数は両ゲーム合計で何回か。（どちらのゲームも最低1回は行う。）

① 18回

② 19回

③ 21回

④ 22回

⑤ 25回

No.8

（解答 ▶ P.31）

毎月，Aは3万円，Bは2万円ずつ貯金をしている。いま，A，Bの貯金額がそれぞれ120万円，10万円だとすると，Aの貯金額がBの貯金額の3倍になるのは今から何ヶ月後か。

① 15ヶ月後

② 20ヶ月後

③ 25ヶ月後

④ 30ヶ月後

⑤ 35ヶ月後

商店では，物を売るときに，原価に利益（もうけ）を上のせして定価として売る。

利益は，原価をもとにして一定の割合をかけたものである。その割合を利益率といい，**利益÷原価**で求めることができ，百分率や歩合で表す。定価を原価と利益率だけで表すと，定価は**原価＋原価×利益率**なので，**定価＝原価×（1＋利益率）**と表すことができる。例えば，1,000円で仕入れた品物に3割の利益をつけた定価は，$1000×(1+0.3)=1300$（円）になる。

また，定価を割り引いて売るときもある。

割引率とは，定価をもとにして，どのくらいの割合で割り引くかを表した数である。**割引率＝割引き値÷定価**で，百分率や歩合で表す。すると，割り引いた金額は，**定価×割引率**であるから，**売り値は割り引いた売り値＝定価×（1－割引率）**で求められる。

定価とは

定価＝原価＋利益

$利益率 = \dfrac{利益}{原価}$

定価＝原価×（1＋利益率）

割り引いた売価（売り値）

売価＝定価－割引き値

$割引率 = \dfrac{割引き値}{定価}$

売価＝定価×（1－割引率）

（例）　1,200円で仕入れた品物に2割5分の利益をつけ，1割引きで売るといくらのもうけになるか。

$1200×(1+0.25)=1500$（円）　……定価

$1500×(1-0.1)=1350$（円）　……売価

$1350-1200=150$（円）　……利益

いずれも大切なのは，もとにする数のちがいである。もとにする数は，定価を求めるときは原価，売価を求めるときは定価になることに注意する。

◈ 解法のポイント

損益計算の公式

　　定価＝原価＋利益＝原価＋原価×利益率＝原価×（1＋利益率）

　　売価＝定価－割引き値＝定価－定価×割引率＝定価×（1－割引率）

Q　例題①

　ある商品を250個仕入れて，原価の15％の利益を見込んで定価をつけた。ところが150個売れ残ったので，仕方なく定価の２割引で売ることにした。商品は完売して，7,500円の利益を出した。この商品１個の原価はいくらか。

⑦ ヒント

損益計算のときのことばの意味を整理すると，

- ・**原価**（仕入れ値）……売り主が，問屋や生産者から仕入れた値段。
- ・**定価**　　　　　……（原価＋もうけ）で，店頭に並べるときの値段。
- ・**利益**（もうけ）　……売った後，原価を問屋などに払って残った金額。
- ・**損失**　　　　　……売った後，原価を問屋などに払うのに不足した金額。
- ・**売価**（売り値）　……定価をつけた後，割り引いたりした値段。
- ・**値引き**　　　　……定価×（1－割引率）＝売価
- ・**割引率**　　　　……小数になおす。

　ここでは，原価をx円として，式の形もあわせ，右表に表した。

　イコールで結ぶのは，

（売り上げ）－（原価）＝
利益（または損失）

で，右の表では，①＋②
－③＝④　になる。

	定価で 売った ①	割り引いて 売った ②	仕入れ値 （原価） ③	利益 または損失 ④
単価	$(1+0.15)x$ $=1.15x$	$1.15x$ $(1-0.2)$ $=0.92x$	x	
個数	$250-150$ $=100$	150	250	
金額	$1.15x$ $\times 100$	$0.92x$ $\times 150$	$250x$	$7,500$

A　解答・解説

　原価をx円とすると，

$$1.15x \times 100 + 1.15x \times 0.8 \times 150 - 250x = 7500$$

になり，これを整理すると，

$$115x + 138x - 250x = 7500$$
$$3x = 7500$$
$$x = 2500$$

　よって，原価は2,500円

（答）　2,500円

A商店の商品の売価は消費税を加算した金額から割引きをしたものであり，B商店の商品の売価は定価から割引きした金額に消費税を加算したものである。

A，B両商店とも定価が同じ金額である商品が，A商店では1割引，B商店では2割引で売られていた。A商店でこの商品を10個買ったときの金額で，B商店では11個買えた上，さらに168円余るとき，この商品の定価はいくらになるか。ただし，消費税は5％とする。

① 1,200円
② 1,000円
③ 900円
④ 800円
⑤ 600円

A　解答・解説

この商品の定価をx円とすると，A商店で10個買うときの金額は，

$x \times (1+0.05) \times (1-0.1) \times 10 = 9.45\,x$

また，B商店で11個買うときの金額は，

$x \times (1-0.2) \times (1+0.05) \times 11 = 9.24\,x$

両方の差が168円だから，

$9.45\,x = 9.24\,x + 168$

$0.21\,x = 168$

$x = 800$

（答）　④

演習問題

No.1

（解答 ▶ P.31）

ある原価の品物を100個仕入れ，25%の利益を見込んで定価をつけたが，20個しか売れなかったので，残りを定価の1割引で売った。品物は全部売れて，結局45,000円の利益が残った。この商品の原価はいくらか。

① 3,000円
② 3,150円
③ 3,250円
④ 3,350円
⑤ 3,450円

No.2

（解答 ▶ P.31）

卵1箱を1,500円で仕入れた。これを大小2種に分けたら，大きいほうが小さいほうより15個多くなった。大きいほうを1個17円，小さいほうを1個15円で売ると，835円の利益があるという。この卵は1箱に何個入っていたか。

① 120個
② 130個
③ 135個
④ 145個
⑤ 150個

ある商店で，A，B 2個の商品を合計13,000円で仕入れ，Aは2割，Bは3割の利益を見込んで定価をつけたが，売り出しのときに，どちらも定価の1割引で売ったところ，合わせて1,400円の利益を得たという。A，Bの仕入れの値段の差として正しいのは，次のうちどれか。

① 3,500円

② 4,000円

③ 4,500円

④ 5,000円

⑤ 5,500円

原価a円の商品を1,000個仕入れ，1個につき原価の2割の利益を見込んで定価をつけた。定価で900個売った後で，残りを定価の半額で売った。このとき総利益が14,000円だったとすると，原価a円はいくらか。

① 80円

② 90円

③ 100円

④ 110円

⑤ 120円

No.5

（解答▶P.31）

ある商品を出荷するのに，出荷個数の8％の返品があるものと仮定して総利益が114,000円となるように定価を設定したが，実際には10%の返品があったため，総利益が108,000円となった。このとき，仕入れ値の合計はいくらか。

① 156,000円

② 158,000円

③ 160,000円

④ 162,000円

⑤ 164,000円

No.6

（解答▶P.31）

原価3,000円の品物に原価のx割の利益を見込んで定価をつけたが，売れないので定価の1割5分引きで売ったところ，60円の利益がでた。xの値を求めよ。

① 1割

② 1割5分

③ 2割

④ 2割5分

⑤ 3割

No.7

（解答▶P.32）

ある商品をその定価の12%引きで売っても，原価の21%の利益があるようにするためには，定価を原価の何％増しにしておけばよいか。

① 33.4%

② 34.5%

③ 36.0%

④ 37.5%

⑤ 39.0%

5　食塩水の濃度

　食塩水の濃度は，食塩水の中に何％の食塩が含まれているかを表す数である。

　割合の基本式：「比べる量」÷「もとにする量」＝「割合」と比較すると，食塩が「比べる量」，食塩水が「もとにする量」，濃度が「割合」になる。したがって，

　　食塩＝食塩水×濃度

で求めることができる。方程式では，食塩量についてイコールで結ぶ場合が多い。

　例えば，10％の食塩水500 gに20％の食塩水xgを混ぜると18％の食塩水ができる。このような場合，食塩量を合わせて，でき上がりの食塩量だから，右中段のような方程式になる。

　また，濃度のちがう2種類の食塩水を混ぜるとき，右の図のように，線分の両端に濃さ，その下に重さを表し，線分を棒に見たてた支点にあたるところに，でき上がりの濃さが表されるてんびん図もある。

$$\boxed{\begin{array}{c}〔濃度〕＝\dfrac{〔食塩〕}{〔食塩水〕}\\[2mm] ％で表すときには×100をつける。\end{array}}$$

$$\underset{\substack{500\,g中\\の食塩}}{500 \times 0.1} + \underset{\substack{x\,g中\\の食塩}}{0.2x} = \underset{\substack{でき上がり\\の食塩量}}{0.18(500+x)}$$

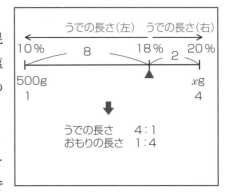

　右の図は，10％の食塩水500 gに20％の食塩水xgを混ぜて，18％の食塩水ができる図を表している。でき上がりの濃度を支点，混ぜた2つの濃さを両端につけたおもりの位置とすると，うでの長さは，左：右＝8：2＝4：1になる。つるした重さの比は，うでの長さの逆の比になり，1：4となり，500：x＝1：4でx＝2000(g) となる。

◇ 解法のポイント

1. 食塩水の濃度(％)＝$\dfrac{食塩}{食塩水}$×100　　食塩＝食塩水×濃度

2. 食塩水を混ぜるときの図

　　食塩水A，Bを混ぜて食塩水Cができ上がったとき，それぞれの濃度をx％，y％，z％，重さをag，bg，cgとすると，

$$\underset{a\mathrm{g}}{x\%} \overset{z-x}{\diagup} \underset{c\mathrm{g}}{z\%} \overset{y-z}{\diagup} \underset{b\mathrm{g}}{y\%} \qquad (x<z<y)$$

$$z-x : y-z = b : a$$

Q 例題①

> 濃度5％の食塩水が何gかある。この食塩水から水分を蒸発させて濃度10％の食塩水にし，濃度4％の食塩水300gを混ぜあわせると，濃度8％の食塩水となった。最初の濃度5％の食塩水の量は何gか。

✍ ヒント

方程式で考えると，最初（5％濃度）の食塩水をxgとして，それぞれの食塩量を求める式をつくっていく。最初の食塩量は，$0.05x$（g）。この食塩水から水を蒸発させても食塩量は変わらず$0.05x$（g）だ。これに4％濃度の食塩水300gの食塩量$0.04 \times 300 = 12$（g）が加わって，8％の食塩水が何gかでき上がった。この重さは，4％の食塩水300gと10％の食塩水の和だ。10％の食塩水は，5％の食塩水の水を蒸発させてできており，濃さは5％から10％へと2倍になったのだから，食塩水の量は半分の$\frac{1}{2}x$（g）になる。よって，でき上がった8％の食塩水の重さは，$\frac{1}{2}x + 300$（g）になる。食塩量で等式をつくると，5％の食塩水をxgとして，

$$0.05x + 0.04 \times 300 = 0.08\left(\frac{1}{2}x + 300\right)$$

になる。

てんびん図では，10％の食塩水の量を□gとして表すと右図のようになる。

```
                        2    :    1
   4%      4      8%  2  10%
   ├───────────┤────┤
   300g            600g
   1       :       2
```

A 解答・解説

5％の食塩水の量をxgとすると，10％の濃度の食塩水の量は，濃度が2倍になったのだから

$$\frac{1}{2}x\text{g}$$

よって，$0.1 \times \frac{1}{2}x + 0.04 \times 300 = 0.08\left(\frac{1}{2}x + 300\right)$

これを整理して， $0.05x + 12 = 0.04x + 24$

$$0.01x = 12$$
$$x = 1200$$

（答） 1,200 g

8%食塩水が600g入った容器Aと，12%食塩水が400g入った容器Bと，空の容器Cがある。まず，容器A，Bそれぞれから100gずつ取り出し容器Cへ移し，よくかき混ぜた。

次に容器Aの残りから100g取り出して容器Bへ移し，よくかき混ぜた後，容器Bから200g取り出して容器Aに戻し，よくかき混ぜた。

さらに，容器Aから300g取り出して容器Cに移し，よくかき混ぜた。このとき，容器Cの食塩水の濃度は何%になるか。

① 7.2%　② 8.4%　③ 9.2%　④ 9.4%　⑤ 9.6%

A 解答・解説

食塩水の変化を図に表すと右図のようになる。図にそって解くと，

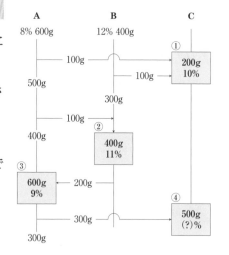

① 8%食塩水100gと12%食塩水100gを混ぜると，でき上がりの濃さは，

$$(8+12) \div 2 = 10(\%)$$

② 12%食塩水300gに8%食塩水100gを混ぜるから，でき上がりの濃さは，

$$(12 \times 300 + 8 \times 100) \div (300 + 100)$$

$$= (12 \times 3 + 8 \times 1) \div (3 + 1) = 11(\%)$$

③ 8%食塩水400gと11%食塩水200gを混ぜるから，でき上がりの濃さは，

$$(8 \times 400 + 11 \times 200) \div (400 + 200)$$

$$= (8 \times 4 + 11 \times 2) \div (4 + 2) = 9(\%)$$

④ 10%食塩水200gと9%食塩水300gを混ぜるから，でき上がりの濃さは，

$$(10 \times 200 + 9 \times 300) \div (200 + 300)$$

$$= (10 \times 2 + 9 \times 3) \div (2 + 3) = 9.4(\%)$$

（答）　④

演習問題

No.1　(解答 ▶ P.32)

次のそれぞれの問いに答えなさい。

⑴　15 gの食塩に185 gの水を加えてできる食塩水の濃度は何％か。

⑵　150 gの食塩水の水をすべて蒸発させると30 gの食塩が残った。最初の食塩水の濃度は何％か。

⑶　10％の食塩水300 gから，水分だけを100 g蒸発させると何％の濃度の食塩水になるか。

⑷　5％の濃度の食塩水90 gに何gの食塩を加えると10％濃度の食塩水ができるか。

⑸　3％の食塩水200 gを5％の濃さにするには，何gの水分を蒸発させればよいか。

No.2　(解答 ▶ P.32)

3％の食塩水と12％の食塩水を1：2の割合で混ぜると，何％の食塩水ができるか。

①　6％

②　7％

③　8％

④　9％

⑤　10％

No.3　(解答 ▶ P.32)

4％の食塩水180 gと14％の食塩水120 gを混ぜて，水を100 g加えると，何％濃度の食塩水ができるか。

①　5％

②　6％

③　7％

④　8％

⑤　9％

（解答 ▶ P.32）

No.4

３％の食塩水が400 gある。これから水を蒸発させて５％の食塩水にしたい。何gの水を蒸発させればよいか。

① 160 g

② 165 g

③ 170 g

④ 175 g

⑤ 180 g

No.5

（解答 ▶ P.33）

３％の食塩水が500 gある。いまこれに９％の食塩水を加えて６％の食塩水をつくるには，９％の食塩水を何g加えたらよいか。

① 350 g

② 400 g

③ 450 g

④ 500 g

⑤ 600 g

No.6

（解答 ▶ P.33）

濃度の異なる食塩水AとBがある。A500 gとB 1 kgを混ぜ，食塩50 gを加えて濃度を測ると25％であった。いま，Bの２倍の濃度溶液をB′とするとき，AとB′を質量比１：１で混合した溶液の濃度はおよそ何％か。

① 28％

② 30％

③ 32％

④ 34％

⑤ 36％

No.7

（解答▶P.33）

100％アルコール液に水を加えて，消毒用の55％アルコール水溶液をつくろうとしたが，誤って45％水溶液を600g つくってしまった。これに，87.5％アルコール水溶液と水を加えて55％水溶液を1,000g つくることにしたが，このとき加える87.5％アルコール水溶液は何gか。

① 300g

② 320g

③ 350g

④ 380g

⑤ 400g

No.8

（解答▶P.33）

A，B，Cの3つの容器にそれぞれ100％，75％，60％のアルコール水溶液が入っている。AとBをすべて混合すると80％水溶液になり，一方，BとCをすべて混合すると70％水溶液になる。A，B，Cをすべて混合すると，約何％のアルコール水溶液になるか。

① 約70％

② 約72％

③ 約74％

④ 約76％

⑤ 約78％

6   速さの基本

　速さは，1秒あたり進む距離，1分あたり進む距離，1時間あたり進む距離のように，単位時間あたりに進む距離で表す。したがって，単位は2つの量を使った表し方をする。例えば，1秒に何m進む速さを表す単位＝m／秒，1時間に何km進む速さを表す単位＝km／時のようにだ。この単位の表現は，割り算2÷3＝2/3の表し方と同じで，／（スラッシュ）は分数の横棒と同じ意味をもつ。だから，時速を表した単位がkm／時であるならば，下に表したように，(km)÷(時間)の結果の数値を表している。速さの単位は，このような表し方で，次のように表す。

　　　秒速□m＝□m／秒

　　　分速□m＝□m／分

距離の求め方

　毎分am進む速さでb分進めば，進んだ距離はa×bの積で求めることができる。時間の単位をそろえると，右に示したように時間を約すことができて，距離が求まる。

時間の求め方

　d mの距離をe m／分の速さで進むと$d÷e$の商で求めることができる。単位で表すと右のような計算を表し，距離の単位をそろえると，約すことができて，時間が求まる。

```
┌─── 時速の単位の意味 ───────┐
│                      ※1                    │
│  km／時(h) ⇒ ──km──  ⇒km÷時間  │
│              時(h)                 │
└────────────────────────┘
```

```
┌─── 単位表示から見た距離の計算 ──┐
│  (単位)   km／時×時間＝km     │
│           km                   │
│  (意味)   ──×時間＝km         │
│           時                   │
└────────────────────────┘
```

```
┌─── 単位表示から見た時間の計算 ──┐
│  (単位)   m÷m／分＝分         │
│               m        分       │
│  (意味)   m÷──＝m×──＝分     │
│               分        m       │
└────────────────────────┘
```

◈ 解法のポイント

```
┌╌╌╌╌╌╌╌╌╌╌╌╌╌╌╌╌╌╌╌╌╌╌╌╌╌╌╌╌╌┐
╎  1.  速さ＝距離÷時間  ┐                     ╎
╎                        ├ 単位をそろえることに注意する。╎
╎  2.  距離＝速さ×時間  │                     ╎
╎                        ┘                     ╎
╎  3.  時間＝距離÷速さ                        ╎
╎    (単位)   1 km＝1000 m   1時間＝60分   1分＝60秒 ╎
└╌╌╌╌╌╌╌╌╌╌╌╌╌╌╌╌╌╌╌╌╌╌╌╌╌╌╌╌╌┘
```

※1　km／h のhは*hour*（時間）の意味。

Q 例題①

次のそれぞれの問いに答えなさい。

(1) 8 kmの距離を1時間40分で進む自転車の分速は何 m／分か。

(2) 20 m／秒の速さで36 kmの道のりを進むためにかかる時間は何分か。

(3) 54 km／時で25分進むと何km進むか。

(4) 90 km／時で走る自動車は，2秒で何m進むか。

ヒント

(1) 速さを求める問題。**速さ＝距離÷時間**で，単位は分速で答えるから時間を分になおしてから計算する。また，距離もkmからmになおす。問題文の中に登場する速さの推測材料として，人の歩行速度は80 m／分であることを覚えておこう。

(2) 時間を求める問題。**時間＝距離÷速さ**で，ここでは距離の単位をkmからmになおして，次に時間を秒から分になおそう。

(3) 距離を求める問題。**距離＝速さ×時間**で，25分を時間になおして計算する。

(4) 時速を秒速にして進む距離を求める。秒速になおしやすい時速は右にまとめた。

使いやすい時速
36 km／時＝10 m／秒
54 km／時＝15 m／秒
72 km／時＝20 m／秒
90 km／時＝25 m／秒

A 解答・解説

(1) 8 km＝8000 m，1時間40分＝100分より，8000÷100＝80 　　　（答）　**80 m／分**

(2) 36 km＝36000 mより，36000÷20＝1800（秒），1800秒＝30分 　（答）　**30分**

(3) 25分＝$\frac{25}{60}$時間＝$\frac{5}{12}$時間，54×$\frac{5}{12}$＝22.5 　　　　　（答）　**22.5 km**

(4) 2秒＝$\frac{2}{60}$分＝$\frac{2}{3600}$時間＝$\frac{1}{1800}$時間

90×$\frac{1}{1800}$×1000＝50（m） 　　　　　　　　　　　（答）　**50 m**

　家から駅までの1.4 kmの道のりを，最初は80 m／分で歩いたが途中から120 m／分で走って15分かかった。途中走り始めた地点は，家から何m離れた場所か。

① 800 m

② 820 m

③ 840 m

④ 900 m

⑤ 920 m

A 解答・解説

家からxm離れた地点まで歩いたとすると，走った距離は $(1400-x)$ (m) だから，

$$\frac{x}{80}+\frac{1400-x}{120}=15 \quad より，$$

$$3x+2(1400-x)=3600$$

$$3x+2800-2x=3600$$

$$x=3600-2800$$

$$x=800$$

(答)　①

（別解）

　もし，15分間ずっと歩き続けたとしたら，$80\times15=1200$ (m)進むことになる。

　このとき，$1400-1200=200$ (m)不足してしまうから，走って200 m余計に進まなければならない。

　1分間だけ，歩くのではなく走ると，$120-80=40$ (m)余計に進むことができる。

　よって，歩くのではなく走らなければならない時間は，$200\div40=5$（分間）。

　したがって，歩いた時間は$15-5=10$（分間）。

　その距離は，$80\times10=800$ (m)

(答)　①

Q 例題③

家から図書館まで，行きは時速4kmで歩き，帰りは時速6kmで歩いて往復にかかった時間は1時間であった。家から図書館までは何kmあるか。

① 2 km

② 2.4 km

③ 3 km

④ 4 km

⑤ 4.8 km

A 解答・解説

家から図書館までの距離を$x$kmとすると，

$\dfrac{x}{4} + \dfrac{x}{6} = 1$　より，

両辺を12倍して，

$3x + 2x = 12$

$5x = 12$

$x = 2.4$

(答)　②

（別解）

行きと帰りの速さの比は，

行き：帰り＝4：6＝2：3

往復にかかった時間の比は，

行き：帰り＝3：2

この時間の合計が1時間になるから，行きにかかった時間は，

$1 \times \dfrac{3}{3+2} = \dfrac{3}{5}$（時間）

よって，家から図書館までの距離は，

$4 \times \dfrac{3}{5} = 2.4$（km）

(答)　②

No.1　　　　　　　　　　　　　　　　　　　　　　　（解答▸P.33）

A市からD市まで行くのに，A−B−C−Dというルートをたどった。AB間は上り坂で毎時2km の速さで，BC間は平地で毎時4kmの速さで，CD間は下り坂で毎時8kmの速さで進んだ。それぞれの区間の距離は等しく，これを$a$kmとするとき，

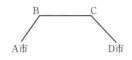

(1) A市からD市にたどりつくまでにかかった時間
(2) 平均の速さ

　として正しいものはどれか？

　　　　　　（1）　　　　　　（2）

① $\dfrac{7}{8}a$時間　　$\dfrac{14}{3}$ km／h

② $\dfrac{7}{8}a$時間　　$\dfrac{24}{7}$ km／h

③ $\dfrac{7}{8}a$時間　　$\dfrac{21}{8}$ km／h

④ $\dfrac{14}{a}$時間　　$42\,a^2$ km／h

⑤ $\dfrac{14}{a}$時間　　$\dfrac{14}{3}$ km／h

No.2

（解答 ▸ P.34）

遠足の計画を立てた。これによると，行きと帰りに使う時間は全部で5時間，道のりは全部で34 kmある。全部は歩けないので，帰りの途中からバスに乗ることにしたが，できるだけ多く歩いて，予定時間内に帰るようにしたい。歩く道のりを何kmにすればよいか。ただし，歩く時速を4 km，バスの時速を32 kmとする。

① 15 km   ② 16 km   ③ 18 km

④ 20 km   ⑤ 22 km

No.3

（解答 ▸ P.34）

A地点からB地点までを往復するのに，往きは時速4 km，帰りは時速6 kmで歩いた。平均時速は何kmか。

① 4.2 km／h   ② 4.8 km／h   ③ 5 km／h

④ 5.2 km／h   ⑤ 5.6 km／h

No.4

（解答 ▸ P.34）

A地点から峠を越えたB地点までの間を往復するのに上り坂は毎時3 km，下り坂は毎時5 kmの速さで歩いたら，行きは7時間44分かかり，帰りは7時間12分かかったという。A地点からB地点までは何kmか。

① 14 km   ② 18 km   ③ 22 km

④ 24 km   ⑤ 28 km

No.5 （解答 ▶ P.34）

1320 km離れた甲，乙両地点から，Aは甲から乙へ，Bは乙から甲へ向けて車で同時に出発した。Aは途中まで80 km／hの速さで進み，そこから40 km／hに速度を落とした。出発してから10時間後にBと会った。Bの速さが60 km／hだったとすると，Aが速度を40 kmに落としたのは甲から何kmのところか。

① 560 km

② 600 km

③ 640 km

④ 680 km

⑤ 720 km

No.6 （解答 ▶ P.35）

36 km離れたA町とB町の間を，同じ速さのバスが運行している。太郎君は自転車でA町を午前8時に出発してB町に向かった。途中，午前8時15分に7時50分B町発A町行きのバスに出会い，午前8時24分に午前8時16分A町発B町行きのバスに追い越された。

自転車とバスの速度の組み合わせとして正しいのは，次のどれか。

	自転車	バス
①	12 km／時	36 km／時
②	24 km／時	48 km／時
③	24 km／時	72 km／時
④	25 km／時	75 km／時
⑤	28 km／時	72 km／時

No.7

（解答 ▶ P.35）

ある人が午後４時ちょうどにA地点を出発し，B地点へ向かった。歩く速さは毎分100 mであるが，A地点からB地点の間には300 mごとに信号があり，各信号で60秒間ずつ信号待ちをした。道のり全体の $\frac{1}{5}$ の地点を通過した時刻が午後４時10分ちょうどとすると，B地点に着くのはいつか。

① 午後４時47分

② 午後４時49分

③ 午後４時51分

④ 午後４時53分

⑤ 午後４時55分

7 速さと比

　速さ，時間，距離の，比例と反比例の関係を調べてみよう。まず速さが一定のとき，時間が2倍，3倍……と増加すると，進む距離も2倍，3倍……と増加するから，速さが一定のとき進む距離と，かかる時間は正比例する。次に時間が一定のとき，速さが2倍，3倍……と増加するとき，進む距離は2倍，3倍……と増加する。よって，速さと進む距離も正比例する。次に距離が一定のとき，速さが2倍，3倍……と増加すると，かかる時間は$\frac{1}{2}$倍，$\frac{1}{3}$倍……と減少する。このように，距離が一定のときの速さと時間だけは反比例の関係にある。

　この関係を比でみていこう。

　80m/分のAと120m/分のBについて，

速さが一定のとき

　Aが3分進んだときと5分進んだときの距離の比は，3：5

時間が一定のとき

　AとBが同時に向かい合って進んだとき，出会うまでに進んだ距離の比は，

80m/分：120m/分＝2：3

距離が一定のとき

　AとBが同時に同じ地点を出発したとき，かかった時間の比は逆比になる。A：B＝3：2

> 速さが一定のとき，時間と距離は正比例
> 時間が一定のとき，速さと距離は正比例
> 距離が一定のとき，速さと時間は反比例

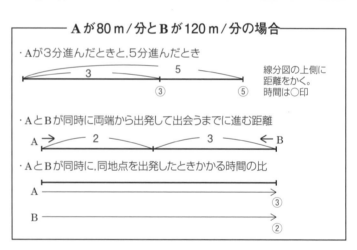

　このように，同じ距離を速さの違う2点が進むとき，速さの比の逆比が時間の比になる。

☞ 解法のポイント

> 1. 一定の速さで，x時間進むときと，y時間進むとき。
>
>   進む距離の比＝x：y
>
> 2. 速さの違うA（a km/時）とB（b km/時）が，
>
>   同じ時間に進む距離の比　A：B＝a：b
>
>   同じ距離を進むのにかかる時間の比　A：B＝b：a

Q 例題①

> 家を8時に出発して，80 m／分で歩くと始業時刻より3分遅れ，100 m／分で小走りで行くと，始業時刻の2分前に着く。始業時刻と学校までの距離を求めなさい。

ヒント

この種の問題は，方程式で解くよりも比で解いたほうが解きやすい。だが，まず方程式で解いてみる。始業時刻を8時x分とすると，学校までの距離をイコールで結び，

$$80(x+3)=100(x-2)$$
$$80x+240=100x-200$$
$$-20x=-440$$
$$x=22$$

となり，8時22分が始業時刻として求められる。

これを比で解くと，80 m／分で行ったときと100 m／分で行ったときでは，かかる時間の比が4：5の逆比，5：4になり，この差が3分＋2分＝5分になる。ここから考える。もちろん方程式でもよいが，比の使い方もマスターしておきたい。

A 解答・解説

$80：100＝4：5$

同じ距離を2通りの速さで進んだから，かかった時間の比は

(80 m／分の時)：(100 m／分の時)＝5：4

で，この差$5-4＝1$が$3+2＝5$分に相当するから，

80 m／分で$5×5＝25$分

かかった。（100 m／分では$5×4＝20$分）

よって，始業時刻は，$25-3＝22$より，8時22分

また，学校までの距離は，$80(m／分)×25(分)＝2000(m)$

(答) 始業時刻　8時22分
　　　距離　　　2,000 m

A，B，Cの３人が500 mの競走をした。Aが500 m走ったとき，BはAに50 m遅れ，Bが500 m走ったとき，CはBに20 m遅れた。A，B，Cそれぞれの速度が一定であるとすると，Aがゴールしたとき，CはAに何m遅れるか。

① 20 m

② 40 m

③ 42 m

④ 52 m

⑤ 68 m

A 解答・解説

それぞれが一定時間に走った距離の比を求めると，Aが500 m進んだとき，Bは450 m進んだから，

A：B＝500：450＝10：9 ……①

Bが500 m進んだとき，Cは480 m進んだから，

B：C＝500：480＝25：24 ……②

①，②より，A：B：Cの速比を求めると，下のようになる。

$$
\begin{array}{ccccc}
\text{A} & : & \text{B} & : & \text{C} \\
10 & : & 9 & & \cdots\cdots① \\
& & 25 & : & 24 \quad \cdots\cdots② \\
\hline
250 & : & 225 & : & 216 \quad \cdots\cdots①×25と②×9
\end{array}
$$

よって，A：B：C＝250：225：216 になる。

Aがゴールしたときには，Aは500 m進むから，Cの進む距離は，

A：C＝250：216＝500：432 より 432 m

遅れる距離は，500－432＝68（m）

（答） ⑤

演習問題

No.1

（解答 ▶ P.35）

A，Bの２人が，１周200mのトラックを同じ地点から同じ方向に走り出した。Aの走る速さは，毎分60 m，Bは毎分45 mである。

AがBを追い越すのは，スタートして何分何秒後か。

① 13分05秒

② 13分20秒

③ 13分30秒

④ 13分40秒

⑤ 13分55秒

No.2

（解答 ▶ P.35）

池のまわりをA，Bの２人が同じ地点から反対方向に，同時に走り出す。A，Bの速度の比が，A：B＝２：５のとき，２人が出会うのはAが何m走ったときか。

なお，池の周囲の長さは，1,400 mである。

① 200 m

② 400 m

③ 600 m

④ 800 m

⑤ 1,000 m

No.3

（解答 ▶ P.35）

池のまわりをA，Bが走っている。同じ地点から同じ方向に走ると，３分ごとにAがBを追い越す。反対方向に走ると，１分ごとに出会う。AとBの速さの比は次のうちどれか。

① 2：1

② 3：1

③ 3：2

④ 4：1

⑤ 5：2

駅伝大会において，最終ランナー AはライバルのBより4分早くスタートした。A，Bの速度を一定として，20分後にAはBに追いつかれたとすると，AとBの速度の比の組合せはいくらになるか。

	A		B
①	4	:	7
②	4	:	5
③	5	:	7
④	5	:	6
⑤	6	:	7

A，Bの2人がX，Y両地点間を往復する自動車レースをした。2人同時にX地点を出発してAはY地点を折り返してY地点から2kmのところでBとすれちがい，さらにAが2.4km行ったときにBはY地点に到着した。

X，Yの間の距離は何kmか。

① 20 km

② 22 km

③ 25 km

④ 27 km

⑤ 29 km

自動車でA地点からB地点まで行くのに，時速40 kmで行けば予定した時間より20分多くかかり，同じ道を時速50 kmで行けば予定した時間よりも16分短縮できるという。

このとき，両地点間の道のりは何kmか。

① 100 km

② 110 km

③ 120 km

④ 130 km

⑤ 140 km

MEMO

8　旅人算

■一直線上で向かい合う場合

　例えば，200 m離れたA，B 2地点から，Pが3 m／秒，Qが5 m／秒で向かい合って，それぞれ同時に出発したとする。このときの，出会うまでにかかる時間を考える。

・　**P，Qは，毎秒何mずつ近づくのかを考えて解く**

　1秒後を考えると，Pが3 m，Qが5 m動いているので，2人は1秒で3＋5＝8 (m)近づいている。これは，PとQの速さの和と一致する。よって，毎秒8 mずつ近づいてくることになり，PとQが出会うのは，200÷8＝25(秒後)になる。

$$3x+5x=200$$
$$8x=200$$
$$x=25$$

（答）　25秒後

・　**x秒後に出会うとして，方程式を立てて解く**

　PとQは出発してからx秒後に出会うとすると，進んだ距離の和は200 mになるから，方程式は上のようになる。

■一直線上で追いかける場合

　例えば，50 m離れたC，D 2地点から，Rが6 m／秒，Sが4 m／秒で同じ方向に，それぞれ同時に進んだとする。このとき，何秒後にRはSに追いつくかを考える。

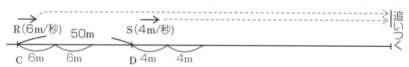

・　**RはSに，毎秒何mずつ追いつくのかを考えて解く**

　1秒後を考えると，Sが4 m，Rが6 m動いているので，2人は6－4＝2(m)近づいている。これは，SとRの差と一致する。よって，毎秒2 mずつ追いつくことになり，追いつくのは，50÷2＝25(秒後)になる。

・　**x秒後に追いつくとして方程式を立てて解く**

　2つの点のx秒間に進んだ距離の差が50 mだから，方程式は右のようになる。

$$6x-4x=50$$
$$2x=50$$
$$x=25$$

（答）　25秒後

　これまで一直線上に並んだ2点から，向かい合って進む場合と，同じ方向に向かう場合について考えた。次に，円形のコースでの旅人算はどのようになるのか考えてみる。

■円形のコースで向かい合う場合と追いかける場合

1周400mのコースをPとQの2人が，3 m/秒と5 m/秒の速さで，同じ場所をスタートした。同方向に進んだときと反対方向に進んだときでは出会う時間は，どのように求めるか。

・ 円形のときに出会うとは？　また，追いつくとは？

円形のコースで反対向きに進むと，毎秒2人の速さの和だけ離れ，1周分にあたる400 m離れたとき2人は出会う（図1）。また，（図2）のように，同じ向きに進むと，速い人が400 m先にいる遅い人を追いかけて追いついたとき，1周分追いついたことになる。よって，

反対向きで出会うまでの時間 = 400 ÷ (5 + 3) = 50（秒）

同じ向きで追いつくまでの時間 = 400 ÷ (5 - 3) = 200（秒）

このように，コースが円形であっても直線上に動く点のときと同じに考えればよい。

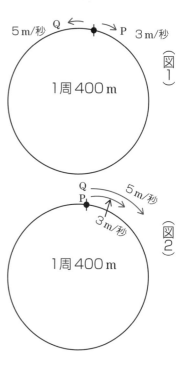

・ x 秒後に出会い，y 秒後に追いつくとして方程式で解く

PとQが反対方向に進むとx秒後に出会い，同方向に進むとy秒後に追いつくと考えると，

$$
\begin{array}{c|c}
3x + 5x = 400 & 5y - 3y = 400 \\
8x = 400 & 2y = 400 \\
x = 50 & y = 200
\end{array}
$$

（答）　50秒後に出会い，200秒後に追いつく。

◈ 解法のポイント

1. 向かい合って進むとき

（出会いまでにかかる時間）＝（へだたり）÷（速さの和）

方程式では，（x分で進んだ距離の和）＝（へだたり）

2. 一方が他方を追いかける

（追いつくまでにかかる時間）＝（へだたり）÷（速さの差）

方程式では，（x分で進んだ距離の差）＝（へだたり）

3. 円形のコースの場合

へだたりは1周分の距離と考える。

Q 例題①

> 1周3kmの円形の散歩道があり，AとBはここをジョギングすることにした。同時に同じ地点を出発して，反対方向に走ると15分後に出会い，同じ方向に走ると60分後にAがBを追い抜いた。このとき，Aの速度は毎分何mか。
>
> ① 75 m
> ② 105 m
> ③ 125 m
> ④ 145 m
> ⑤ 175 m

⑦ ヒント

　まず考えやすいように単位をそろえる。この問題では「毎分何mか」と問われているので，「3km＝3,000m」とmのほうにそろえる。円形の道を反対方向に同時に出発すると，毎分両者が離れていく距離は分速の和になる。3,000mの円形の道で，同じ地点から同時に反対方向に進むと15分後に出会うのだから，両者はスタートしてから3,000m離れるのに15分かかったのと同じ意味。また，円形の道を同方向に同時に出発すると，毎分引き離していく距離は，分速の差になる。3,000mの円形の道で，同時に同じ方向に進んで60分後に追い抜いたのだから，60分に進む距離の差は3,000mになる。

A 解答・解説

　2人の分速の和＝3000÷15＝200（m／分）
　2人の分速の差＝3000÷60＝50（m／分）

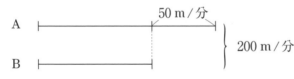

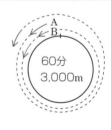

よって，Aの分速＝（200＋50）÷2＝125（m／分）
連立方程式を立てて解くと，Aの分速をxm／分，Bの分速をym／分とすると，

3000÷15＝200，3000÷60＝50より，　$x＋y＝200$　……①

$x－y＝50$　……②

（①＋②）÷2より，$x＝(200＋50)÷2＝125$　よって，125 m／分　　　　　　（答）　③

Q 例題②

　ある公園に一周840 mの円形の遊歩道がある。遊歩道を右回りに毎分40 mの速さで散歩するAと，左回りに毎分80 mの速さでジョギングするBがX地点を同時に出発した。AとBが初めてすれ違ったとき，Bは財布を落とした。AはBが財布を落としたことに気付き，財布を拾い立ち止まった。そして，これまでとは逆方向に毎分100 mの速さで追い掛け，Bに財布を届けようとした。AがBとすれ違ってから，Bを追い掛け始めるまでに6秒かかったとすると，AがBに追い付いた地点から出発したX地点までの距離はいくらか。

① 160 m

② 180 m

③ 200 m

④ 220 m

⑤ 240 m

A 解答・解説

　2人がすれ違った地点は，A：B＝40：80＝1：2 より，

$$840 \times \frac{1}{1+2} = 280(\text{m}) \quad \text{で,}$$

X地点から右回りに280 mのところ。

　財布を落としたBを追い掛け始めるまでに6秒かかったから，AがBに追い付くまでにかかった時間は，

$$80 \times \frac{6}{60} \div (100-80) = \frac{2}{5}(\text{分})$$

よって，そのとき追い掛けた距離は，$100 \times \frac{2}{5} = 40(\text{m})$

したがって，X地点までの距離は，$280 - 40 = 240(\text{m})$

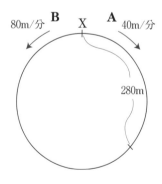

（答）　⑤

No.1

（解答▶P.36）

A，Bの2人が，1周300 mのトラックを同じ地点から反対の方向に歩き出した。Aの歩く速さは，毎分30 m，Bは毎分45 mである。
AとBが出会うのは，スタートしてから何分何秒後か。

① 2分30秒

② 3分

③ 3分30秒

④ 4分

⑤ 4分30秒

No.2

（解答▶P.36）

池の周囲の道がある。この道の同じ地点からA，B，Cの3人が同時に出発して，A，Bは右回りに，Cは左回りに歩き始めた。Aの速さは毎分80 m，Bの速さは毎分60 mで，Cは歩き始めて25分後にAと，その5分後にBと出会った。池の周囲の道は何mか。

① 2,500 m

② 2,800 m

③ 3,000 m

④ 3,200 m

⑤ 3,500 m

No.3

（解答▶P.36）

A，Bの2人が，1周2,000 mのトラックを逆向きに走り出した。Aの走る速さは毎分65 m，Bは毎分55 mである。2人が出会うのは，スタートして何分何秒後か。

① 15分06秒

② 15分40秒

③ 16分08秒

④ 16分40秒

⑤ 17分06秒

No.4

（解答 ▶ P.36）

1周650 mの池の周りを，Aは70 m／分，Bは60 m／分で移動するとする。同じ地点からAは右回り，Bは左回りに同時に出発すると，2人が2回目に出会う地点は最初の出発点から何m離れているか。短いほうで答えよ。

① 30 m

② 40 m

③ 50 m

④ 60 m

⑤ 70 m

No.5

（解答 ▶ P.36）

A，Bの2人が1周2,800 mの池の周囲を走っている。同じ地点からAは右回り，Bは左回りに進む。Aの走る速さが60 m／分，Bが80 m／分だとすると，AとBが2度目に出会うのは何分後か。

① 30分後

② 40分後

③ 45分後

④ 50分後

⑤ 55分後

No.6

（解答 ▶ P.37）

4.2 km離れたX，Y両地点から，AはXからYへ，BはYからXへ向けて同時に出発した。Aは途中まで毎分200 mの速さで自転車に乗り，そこから毎分60 mで歩き，出発してから18分後にBと出会った。

Bの速さが毎分80 mだったとすると，Aが自転車からおりて歩き始めたのはXから何kmのところか。

① 2.0 km

② 2.1 km

③ 2.2 km

④ 2.3 km

⑤ 2.4 km

9　時計算

アナログの時計は，長針が１時間に360°，短針が12時間で360°回転することから，長針と短針が毎分何度動くかを考えると，

　　長針：360° ÷ 60（分）＝ 6°

　　短針：360° ÷ 12（時間）÷ 60（分）＝ 0.5°

$$\left(\begin{array}{l}長針 \quad 360° \div 60（分）= 6°/分 \\ 短針 \quad 30° \div 60（分）= 0.5°/分\end{array}\right)$$

このことを考えると，時計を使った計算は，旅人算の道のりのかわりを角度にして，「長針が短針を追いかけている旅人算」とみると，考えやすい。

例えば，「３時20分の長針と短針の角度」を求めると，ちょうど３時には90°[※1]のひらきがあり，これから３時20分までの20分間，長針は短針を追いかけ，追い抜いていく。毎分追いつく角度は，6° − 0.5° ＝ 5.5°だ。20分後には，追いつく角度は，5.5° × 20分 ＝ 110°で90°を超えるから，追いついて重なって追い抜いたことになる。よって，追い抜いた角度は110° − 90° ＝ 20°になり，３時20分の長針と短針角度は20°になる。これをまとめると，□時△分の

時計の長針と短針がつくる角度は，30° × □と5.5° × △の差を求めればよいことになる。また，

長針は短針を何分ごとに追い抜いていくのかを考えると，$360° \div 5.5° = \dfrac{720}{11}分 = 65\dfrac{5}{11}$ 分ごとに追い抜いていく。

◈ 解法のポイント

1. 時計算は，同じ向きに動く長針と短針の旅人算と考える。
2. 時計の長針と短針の角度のへだたりは，毎分5.5°ずつ変化する。
3. □時△分の時計の針のひらきは，30° × □と5.5° × △の答えのうち大きい値から小さい値をひいた差になる。

※1　時計の１まわりを12で割った30°が数字の１目盛の角度。３時ならば30° × 3 ＝ 90°。

Q 例題①

3時のあと，時計の長針と短針が4回目に90°の角をつくるのは何時何分か。

① 4時10$\frac{1}{11}$分

② 5時9$\frac{5}{11}$分

③ 4時10$\frac{10}{11}$分

④ 5時10$\frac{10}{11}$分

⑤ 5時20$\frac{3}{11}$分

ヒント

　3時には90°のひらきがあり，また90°の角をつくるには，**90°追いついて90°追い抜けば**
よい。よって，1回目は180°追いつくまでの時間。そして，次は90°手前まで追いつけばよ
いから，90°追い抜いた状態から次に90°手前に追い抜くまで，360°−90°−90°＝180°追いつ
けばよい。

　3回目は，また180°，4回目も180°追いつけばよい。

3時

1回目
90°追いつき90°追い抜く

2回目
180°追い抜く

3回目
90°追いつき90°追い抜く

4回目
180°追い抜く

A 解答・解説

　長針が短針に追いつき，追い抜く角度の和は90°＋90°＋180°＋180°＋180°＝720°

　この角度だけ追いつき，追い抜くのにかかる時間は，

$$720 \div 5.5 = \frac{1440}{11} = 130\frac{10}{11}（分）= 2時間10\frac{10}{11}分$$

よって，その時刻は，3時＋2時間10$\frac{10}{11}$分＝5時10$\frac{10}{11}$分

（答）　④

Q 例題②

時計の3と9の目盛りを結ぶ線を対称軸として，長針と短針が線対称になるのは，4時何分のことか。

① 4時9$\frac{6}{13}$分

② 4時9$\frac{3}{13}$分

③ 4時9$\frac{5}{11}$分

④ 4時10$\frac{1}{13}$分

⑤ 4時11$\frac{2}{13}$分

A 解答・解説

　問題の条件に合うのは，短針の位置が4の目盛りよりも$x°$動いた下図の(1)の位置にきたときである。

　3－9の線を対称軸として，長針が線対称の位置になるには，長針がY°動いて，下図の(2)の位置にきたときである。

　3－9の線を基準として，$30+x$ の角度が下図のXの角度になること，X＋Y＝90であることから，

　求める時刻を4時t分とすると，

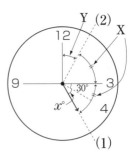

$$X = 30 + 0.5\,t \quad \cdots\cdots ①$$

$$Y = 6\,t \quad \cdots\cdots ②$$

$$X + Y = 90 \quad \cdots\cdots ③$$

③に①，②を代入して，

$$30 + 0.5\,t + 6\,t = 90$$

$$6.5\,t = 60$$

$$t = \frac{120}{13} = 9\frac{3}{13}$$

よって，4時9$\frac{3}{13}$分

（答）　②

Q 例題③

　７時から８時までの間で，時計の長針と短針の角度が直角になるのは，７時何分と
何分の２回か。

① 　７時$21\dfrac{5}{11}$分，７時$53\dfrac{5}{11}$分

② 　７時$21\dfrac{7}{11}$分，７時$53\dfrac{9}{11}$分

③ 　７時$21\dfrac{9}{11}$分，７時$54\dfrac{4}{11}$分

④ 　７時$21\dfrac{9}{11}$分，７時$54\dfrac{6}{11}$分

⑤ 　７時$21\dfrac{10}{11}$分，７時$54\dfrac{6}{11}$分

A 解答・解説

　７時から８時までの間で，両針が直角になるのは右下図のように図(1)の長針が短針より手
前にある場合と，図(2)の長針が短針より先にある場合の２通りある。

(ⅰ)　７時t分に長針が短針の手前90°の位置まで追いつくとすると，12時の目盛りを基準と
して，

　　短針の位置 $= 30 \times 7 + 0.5\,t = 210 + 0.5\,t$

　　長針の位置 $= 6\,t$

　よって，

　　$210 + 0.5\,t - 6\,t = 90$

　　　　　$5.5\,t = 120$

　　　　　　$t = \dfrac{240}{11} = 21\dfrac{9}{11}$

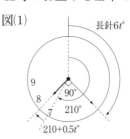

図(1)

長針$6t°$

$210+0.5t°$

(ⅱ)　(ⅰ)と同様に，長針 － 短針 $= 90°$ より，

　　$6\,t - (210 + 0.5\,t) = 90$

　　　　　$5.5\,t = 300$

　　　　　　$t = \dfrac{600}{11} = 54\dfrac{6}{11}$

よって，７時$21\dfrac{9}{11}$分と７時$54\dfrac{6}{11}$分

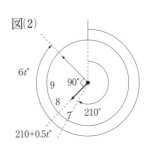

図(2)

$6t°$

$210+0.5t°$

（答）　　④

No.1
（解答 ▶ P.37）

柱時計がちょうど5時を打った。このときの長針と短針のつくる角は何度か。

① 150°

② 156°

③ 160°

④ 165°

⑤ 175°

No.2
（解答 ▶ P.37）

時計が3時40分をさしているとき，短針と長針のつくる角は何度か。

① 115°

② 120°

③ 130°

④ 140°

⑤ 150°

No.3
（解答 ▶ P.37）

時計の長針と短針は3時と4時の間では，秒未満を切り捨てて何時何分何秒に重なるか。

① 3時15分52秒

② 3時16分21秒

③ 3時16分31秒

④ 3時16分42秒

⑤ 3時16分52秒

No.4

(解答 ▶ P.37)

午前０時から翌日の午前０時までの間に，時計では，長針は短針を何回追い抜くか。ただし，午前０時と翌日の午前０時は含まない。

① 21回 　　② 22回 　　③ 23回

④ 24回 　　⑤ 25回

No.5

(解答 ▶ P.37)

いま，時計の長針と短針が重なっている。次に重なるとき，時計はちょうど12時をさす。いまは何時何分か。

① 10時54$\frac{6}{11}$分 　　② 10時55$\frac{6}{11}$分 　　③ 10時56$\frac{6}{11}$分

④ 11時54$\frac{6}{11}$分 　　⑤ 11時54$\frac{7}{11}$分

No.6

(解答 ▶ P.38)

４時と５時の間で，時計の短針と長針が文字盤の12と6を結ぶ線に対して線対称の位置にくる時刻として正しいものは，次のうちどれか。

① 4時35$\frac{7}{11}$分 　　② 4時35$\frac{11}{13}$分 　　③ 4時36$\frac{9}{11}$分

④ 4時36$\frac{12}{13}$分 　　⑤ 4時37$\frac{9}{13}$分

10 通過算

　電車や列車が，長いホームや鉄橋などにさしかかってから完全に通り過ぎるまでの時間は，電車や列車の長さによって，あるいはホームや鉄橋の長さによって変わってくる。旅人算では点が動くと考えたものが，長さがあるものが動く場合には，どのように考えるのだろう。それぞれの場合について考えていこう。

1. 電柱を通過するとき

　　長さ180 m，30 m／秒の列車が，電柱（幅を考えない）の前を通過するのにかかる時間は，

　　　$180 \div 30 = 6$（秒）

このように，

　　（通過にかかる時間）＝（列車の長さ）÷（速さ）

になる。列車の先頭の点が，どのようになったときが通過し終わったときなのかを考えればよい。

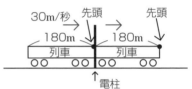

2. 鉄橋を渡るとき

　　長さ180 m，30 m／秒の列車が，長さ120 mの鉄橋にさしかかってから渡り終わるまでにかかる時間は，

　　　$(180 + 120) \div 30 = 10$（秒）

このように，

　　（渡り切るのにかかる時間）＝（列車の長さ＋鉄橋の長さ）÷（速さ）

で求められる。右上図のように先頭の点PがP′に移動したときが渡り切ったときなので，動いた長さは，180＋120になる。

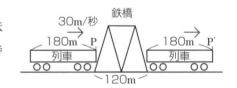

3. すれ違うとき

　　並行した線路を，長さ180 m，30 m／秒の列車Aと長さ120 m，20 m／秒の列車Bが，向かい合って進んでいる。両方の列車がすれ違い始めてから完全にすれ違い終わるまでの時間は，

　　　$(180 + 120) \div (30 + 20) = 6$（秒）

このように，

　　（列車の長さの和）÷（速さの和）

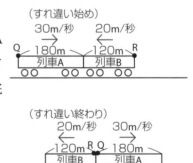

で求められる。前ページの下図のように，両方の列車の最後尾にある点Qと点Rが出会ったとき，すれ違い終わる。旅人算の2点間の距離にあたるのが2つの列車の長さの和になる。

4. 追い抜くとき

並行した線路を長さ180 m，30 m／秒の列車Aが，長さ120 m，20 m／秒の列車Bの最後尾に追いついて，完全に追い抜くまでにかかる時間は，

$$(180 + 120) \div (30 - 20) = 30 (秒)$$

このように，

(列車の長さの和) ÷ (速さの差)

で求められる。下図で，列車Aと列車Bの長さだけ離れた点Pが点Qに追いつくまでにかかる時間を考えればよい。

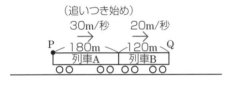

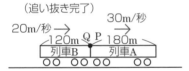

◇ 解法のポイント

1. 電柱を通りすぎるのにかかる時間＝(列車の長さ)÷(速さ)

2. 鉄橋を渡るのにかかる時間＝(列車の長さ＋鉄橋の長さ)÷(速さ)

3. 列車AとBがすれ違うのにかかる時間＝(列車の長さの和)÷(速さの和)

4. 列車AがBに追いついてから追い抜くまでにかかる時間

＝(列車の長さの和)÷(速さの差)

Q 例題①

　時速72 kmで長さ120 mの列車の先頭車両が300 mのトンネルの出口にさしかかると同時に，長さ240 m，時速90 kmの特急列車とすれ違った。トンネルに入り始めてから，特急列車とすれ違い終わるまで何秒かかったか。

① 17秒

② 19秒

③ 21秒

④ 23秒

⑤ 25秒

ヒント

　時速72 km＝秒速20 m，時速90 km＝秒速25 mで，**単位を秒速とmにそろえてからはじめた**ほうが解きやすい。時速72 kmの列車の1点を考えよう。例えば，ここでは運転席の進み方で考える。トンネルにさしかかり，出口ですれ違う列車と出会うまで進む距離は300 m。また，すれ違うときには，120＋240＝360(m) の距離だけ離れた両方の列車の車掌(最後尾)が20 m／秒と25 m／秒の速さで向かい合って出会うまでの時間を求めればよい。

A 解答・解説

　トンネルにさしかかって，出口に列車の先頭がくるまで72 km／時＝20 m／秒だから，

　　300÷20＝15(秒)

　2つの列車がすれ違って，すれ違い終わるまでにかかる時間は，時速90 km＝秒速25 mだから，

　　(120＋240)÷(20＋25)＝8(秒)

　よって，15＋8＝23(秒)

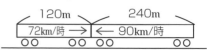

　　　　　　　　　　　(答)　④

Q 例題②

　6両連結の普通列車が，長さ1,502 mのトンネルに入り終わってから出始めるまでに86秒かかった。また，この普通列車が時速93.6 kmで走る8両連結の急行列車と完全にすれ違うのに7秒かかった。この普通列車の速度を求めよ。1両の長さはすべて同じであるとする。

① 12 m／秒　② 13 m／秒　③ 14 m／秒　④ 15 m／秒　⑤ 16 m／秒

A 解答・解説

　列車の1両の長さをxm，秒速をymとすると，1,502 mのトンネルに入り終わってから出始めるまでに86秒かかったから，$(1502 - 6x) \div 86 = y$

　これを整理すると，

　　$6x + 86y = 1502$

　両辺を2で割って，

　　$3x + 43y = 751$　　……①

　また，時速93.6 kmを秒速に直すと，$93.6 \times 1000 \div 60 \div 60 = 26$（m／秒）だから，

　　$(6x + 8x) \div (y + 26) = 7$

　これを整理して，

　　　　$14x = 7y + 182$

　　$14x - 7y = 182$

　両辺を7で割って，

　　$2x - y = 26$　　……②

　①，②の連立方程式を解くと，

　　$3x + 43y = 751$　　……①

　　　$2x - y = 26$　　……②

　①×2　$6x + 86y = 1502$　……①′

　②×3　$6x - 3y = 78$　……②′

　①′ − ②′　$89y = 1424$

　　　　　　　$y = 16$

　よって，普通列車の速度は16 m／秒。

（答）　⑤

No.1 （解答 ▶ P.38）

長さ180 m，速さ54 km/時の電車は，長さ420 mの鉄橋を渡りはじめて完全に渡りきるまで何秒かかるか。

① 30秒

② 35秒

③ 40秒

④ 45秒

⑤ 50秒

No.2 （解答 ▶ P.38）

長さ200 m，72 km/時の電車Aが，長さ600 m，36 km/時の貨物列車に追いついてから完全に追い抜くまで何秒かかるか。

① 50秒

② 60秒

③ 70秒

④ 80秒

⑤ 90秒

No.3 （解答 ▶ P.38）

1.2 km/分の列車Aと1.44 km/分の列車Bが，出会ってから完全に離れるまで10秒かかった。列車Aは列車Bより20 m長いとすると，列車Aの長さは何mか。

① 200 m

② 210 m

③ 220 m

④ 230 m

⑤ 240 m

No.4

（解答 ▸ P.38）

電車の線路沿いのまっすぐな道路を毎時12 kmの速度で走っている自転車がある。この自転車は，上りの電車の先頭に9分ごとに追い越される。また，止まった場合は7.2分ごとに追い越される。上り，下りの電車が等間隔で運転されているとする。この自転車が走っているとき，下りの電車の先頭と何分ごとに出会うか。

① 7分　　　　② 6分　　　　③ 5分

④ 4分　　　　⑤ 3分

No.5

（解答 ▸ P.38）

一定の速度で走っている列車が，長さ600 mの鉄橋を渡り始めてから完全に渡り終えるまでに35秒かかった。同じ列車が，今度は長さ1,600 mのトンネルに完全に入ってから，先頭がトンネルの出口にくるまで75秒かかった。列車の速度を求めよ。

① 60 km / 時　　② 62 km / 時　　③ 70 km / 時

④ 72 km / 時　　⑤ 80 km / 時

No.6

（解答 ▸ P.39）

時速48 kmの電車Aが，時速60 kmの電車Bとすれ違い始めてから，すれ違い終わるまで6秒かかった。電車Bの長さが80 mだとすると，電車Aの長さは何mか。
ただし，電車A及びBは，一定の速さで進んでいるものとする。

① 80 m　　　　② 100 m　　　　③ 120 m

④ 140 m　　　　⑤ 160 m

ある電車は，長さ600 mのトンネルを一定の速さで通過するとき，その最前部がトンネルに入ってから，最後部がトンネルに入るまでに10秒かかる。また，その最前部がトンネルに入ってから，最後部がトンネルから出るまでに50秒かかる。この電車の長さはいくらか。

① 100 m

② 120 m

③ 130 m

④ 150 m

⑤ 180 m

11 流水算

　流れのある川を下る船と上る船では，その速さが異なる。流れのない静水上の速さより，下りは川の流れの速さだけ速くなり，上りは川の流れの速さだけ遅くなる。「上りの速さ」「下りの速さ」「静水上の船の速さ」「流れの速さ」をそれぞれ，a m／秒，b m／秒，v m／秒，u m／秒とすると，

$$a=v-u \qquad b=v+u$$

より，$v=\dfrac{a+b}{2} \qquad u=\dfrac{b-a}{2}$

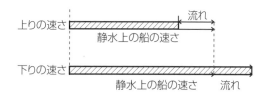

となり，静水上の速さは，上りの速さと下りの速さの和を2で割った，いわゆる上りと下りの平均である。また，流れの速さは，上りの速さと下りの速さの差の半分であり，下りの速さは，上りの速さよりも流れの速さの2倍だけ速くなることがわかる。

　流れのある川にそった，A，B両地点の間で川の中で旅人算を考えた場合，流れを考えに入れなくてよい場合もある。例えば，右のような問題のとき，上りの速さと下りの速さを出して，出会う時間を考えると，下りは5＋2＝7（km／時），上りは5－2＝3（km／時）だから30÷（7＋3）＝3（時間）となり，流れを考えに入れないで旅人算で解くと，30÷（5＋5）＝3（時間）となる。

> 　30 km離れた川べりのA，B両町から，静水上の速さが5 km／時の船がそれぞれの町から向かい合って出発した。出会うのは何時間後か。流れは2 km／時として答えよ。

　このように，川の水面上だけでの旅人算を考えれば，流れの速さを考えに入れなくてもよいときがあるので注意しよう。

◇ 解法のポイント

---

1. 上りの速さ＝（静水上の船の速さ）－（流れの速さ）
2. 下りの速さ＝（静水上の船の速さ）＋（流れの速さ）
3. 静水上の船の速さ＝｛（上りの速さ）＋（下りの速さ）｝÷2
4. 流れの速さ＝｛（下りの速さ）－（上りの速さ）｝÷2

ある川にそって24km離れたA，B両地間を往復する船がある。流れの速さが4km/時のとき，下りは上りの $\frac{3}{5}$ の時間になった。この船の静水上の速さが往復とも等しかったとすると，この船の静水上の時速と，往復の時間を求めなさい。

① 15km/時，3時間12分　　② 16km/時，3時間12分

③ 16km/時，4時間10分　　④ 15km/時，4時間10分

⑤ 15km/時，5時間30分

ヒント

下りの時間が上りの $\frac{3}{5}$ だから，上りと下りの速さの比は，3：5になる。この差が流れの速さの2倍になるので，比の1は，4×2÷(5−3)＝4(km/時)になり，上りと下りの速さは求められる。これをもとに，往復の時間を求める。

方程式では，静水上の速さを x km/時として，上りと下りの時間を求める式をつくる。そして，下りの時間＝上りの時間× $\frac{3}{5}$ のように等号で結び等式をつくる。

A 解答・解説

解き方①

(上りの速さ)：(下りの速さ)＝3：5で，(下りの速さ)−(上りの速さ)＝4×2＝8(km/時)

だから，比の1は，8÷(5−3)＝4(km/時)

よって，上りの速さ＝3×4＝12(km/時)，

静水上の速さ＝12＋4＝16km/時

また，上りの時間＝24÷12＝2時間，

下りの時間＝2× $\frac{3}{5}$ ＝1.2(時間)

よって，往復の時間は，2＋1.2＝3.2時間＝3時間12分になる。

解き方②

静水上の速さをx km／時とすると，

　下りの速さは　$(x+4)$ km／時

　上りの速さは　$(x-4)$ km／時

となるから，

$$\frac{24}{x+4} = \frac{3}{5}\left(\frac{24}{x-4}\right)$$

分母をはらって，両辺を24で割り

$$5(x-4) = 3(x+4)$$
$$5x - 20 = 3x + 12$$
$$2x = 32$$
$$x = 16 \qquad 16 \text{ km／時}$$

また往復の時間は，

$$\frac{24}{16+4} + \frac{24}{16-4} = \frac{16}{5}（時間）$$

$$= 3 \text{時間12分}$$

（答）　②

Q 例題②

　一定の速度で動いている"動く歩道"がある。いま子供がこの歩道の上を，歩道の動きと逆方向に端から端まで一定のペースで歩いたところ，歩道の動きと同じ方向に端から端まで同じように歩いたときの3倍の時間がかかった。子供がこのペースで歩く速さは歩道の動く速さの何倍か。

① $\dfrac{4}{3}$倍

② $\dfrac{3}{2}$倍

③ 2倍

④ $\dfrac{5}{2}$倍

⑤ 3倍

A 解答・解説

子供の歩く速さをx，動く歩道の速さをyとすると，

一定の距離を進むのにかかる時間の比は，

　（動く歩道と同じ向きに進む）：（動く歩道と逆向きに進む）＝1：3

より，速さの比は，

　$x+y : x-y = 3 : 1$

よって，

　$x+y = 3k$（kは整数）　……①

　$x-y = k$　……②

とおける。

この①②の連立方程式を解いて，

　$x = 2k$

　$y = k$

したがって，子供が歩く速さ$2k$は歩道の速さkの2倍になる。

(答)　③

演習問題

No.1

（解答 ▶ P.39）

長さ24 kmの川を下るのに2時間かかる船がある。この川を上って帰るとき，流れの速さが下りの速さの2倍になったため4時間かかった。下りのときの流れの速さと静水時の船の時速を求めなさい。

① （流れ）2 km/時　（船の速さ）8 km/時

② （流れ）2 km/時　（船の速さ）10 km/時

③ （流れ）3 km/時　（船の速さ）12 km/時

④ （流れ）3 km/時　（船の速さ）8 km/時

⑤ （流れ）4 km/時　（船の速さ）10 km/時

No.2

（解答 ▶ P.39）

ある川にそって36 km離れたA，B両地間を往復する船がある。A地からB地までこの川を上るのに3時間かかり，B地からA地に下るのに2時間かかった。この船の静水時の時速と，この川の流れの時速を求めなさい。

① （静水時）3 km/時　（流れ）15 km/時

② （静水時）15 km/時　（流れ）2 km/時

③ （静水時）15 km/時　（流れ）3 km/時

④ （静水時）16 km/時　（流れ）4 km/時

⑤ （静水時）17 km/時　（流れ）2 km/時

No.3

（解答 ▶ P.39）

流れるプールでの流れの速さが3 m/分のとき，流れにさからって100 m泳ぐと20分かかった。この人は，流れのないところで100 m泳ぐのに何分かかるか。

① 7.5分

② 8分

③ 10分

④ 12.5分

⑤ 15分

A港から**B**港へ向かう船は，**A**港から**B**港の方向へ海流が流れているため，行きは10時間かかる。この船が**B**港から**A**港へ海流に逆らって航行すると，12時間かかる。この海がもし海流のない静水状態だとすると，**A**港から**B**港まで何時間かかるか。

① $10\dfrac{7}{11}$時間 　　② $10\dfrac{8}{11}$時間 　　③ $10\dfrac{9}{11}$時間

④ $10\dfrac{10}{11}$時間 　　⑤ 11時間

あるエンジン付ボートは静水の上を時速50 km／hで進むことができる。このボートが，10 km／時で流れている川の**A**，**B**両地点を往復する。**A**，**B**間の距離が100 kmである場合，往復で何時間かかるか。

ただし，**A**が川の上流である。

① $4\dfrac{1}{3}$時間 　　② $4\dfrac{1}{4}$時間 　　③ $4\dfrac{1}{5}$時間

④ $4\dfrac{1}{6}$時間 　　⑤ 5時間

ある船は静水では時速25 kmで進むことができる。この船が，ある川の上流の**A**地点から下流にある**B**地点まで進む。途中で1時間エンジンが故障したが，修理して**B**地点へ着き，**B**地点から**A**地点へともどった。往復で5時間30分かかったとすると，**A**，**B**間の距離は何kmか。川の流れは時速5 kmとする。

① 50 km 　　② 52 km 　　③ 54 km

④ 56 km 　　⑤ 58 km

12　仕事算

　ある仕事をAは10日で仕上げるが，Bは16日で仕上げる。この2人が協力して，仕事を仕上げるには何日かかるか考えるとき，仕事量全体を1と考えるとAの仕事量は1日 $\frac{1}{10}$，Bの仕事量は1日 $\frac{1}{16}$ になる。1日の仕事量を分数で表すと実際の仕事量としてとらえにくい。また，仕事量を分数にすると複雑になるので，仕事算のときには，**仕事全体を日数で割り切れるような最小公倍数に決めて考えるとよい**。

　仕事量全体を，日数の最小公倍数と仮定して計算しよう。この問題の場合は，10と16の最小公倍数80を仕事量全体とする。これをもとにすると，$80 \div 10 = 8$ よりAの1日の仕事量は8，$80 \div 16 = 5$ よりBの1日の仕事量は5になる。2人一緒にすると $8 + 5 = 13$ の仕事量が1日に終わる。AとBで一緒にすると仕事全部が終わるまでかかる日数は，$80 \div 13 = \frac{80}{13}$（日）で，およそ6日と $\frac{2}{13}$ 日かかることになる。

　これは，人数が増えて3人になっても同じように計算できる。次の問題を考えてみよう。

> 　ある仕事をAは10分，Bは20分，Cは1時間でできる。この仕事を3人で同時にすると何分かかるか。

　まず，10分，20分，60分の最小公倍数60を仕事量全体とすると，毎分やる仕事量は，Aは**6**，Bは**3**，Cは**1**になる。3人一緒にやると，毎分終わるのは，**6＋3＋1＝10**，よって，**60**を終えるのにかかる時間は，**60÷10＝6分**となる。

　このように仕事量全体をいつでも1にするのではなく，最小公倍数の仕事量に仮定して，計算を進めていくと速く正確に解ける。

◈ 解法のポイント

> 仕事算は，仕事量全体を日数や時間の最小公倍数に仮定して解く。
> 　　1日あたりの仕事量＝全体の仕事量÷日数

　　亜美さんと翔太君は，コンピュータにデータを入力する作業をしている。最初は8時に亜美さんが作業を始めて，10時に翔太君と交代して12時に作業が完了する予定だったが，都合により交代時間を30分早めなければならなくなった。亜美さんと翔太君の一定の時間に行う作業量の比が2：3であるとすれば，作業が完了した時刻は何時何分か。

① 11時35分

② 11時40分

③ 11時45分

④ 11時50分

⑤ 11時55分

⑦ ヒント

　　亜美さんと翔太君の作業量の比が決まっていて，かかる時間もわかるので，まず仕事量全体を求めよう。1時間あたりに仕上げる2人の仕事量を亜美＝2，翔太＝3とすると，それぞれ2時間ずつやるから，仕事量全体は2×2＋3×2＝10になる。交代時間を30分早める＝亜美さんは9時30分までやるということは，1時間30分亜美さんが仕事をした後，残りを翔太君がすることになる。すると，亜美さんは，2×1.5＝3の仕事をして，残りの仕事である10－3＝7を翔太君がやることになる。

A 解答・解説

　2×2＋3×2＝10　より仕事量全体を10と仮定すると，

亜美さんが仕上げた量は，2×1.5＝3

残りの翔太君のやる量は，10－3＝7

翔太君が残りをするのにかかる時間は，$7 \div 3 = \dfrac{7}{3}$（時間）＝2時間20分

　9時30分＋2時間20分＝11時50分

（答）　④

Q 例題②

市営プールでは，A，B，C 3本の給水管でプールに水を入れている。ア，イ，ウのことがわかっているとき，給水管A，B，Cが1分間に給水できる水の量の比として正しいものはどれか。

　ア．3本の給水管を同時に使用するとちょうど1時間で満水になる。

　イ．給水管Aだけを30分間，その後3本同時に45分使用すると満水になる。

　ウ．給水管Cだけを50分間，その後3本同時に50分間使用すると満水になる。

　　　　A　　B　　C
① 　　1 ： 2 ： 3
② 　　3 ： 5 ： 2
③ 　　4 ： 3 ： 1
④ 　　4 ： 5 ： 3
⑤ 　　5 ： 3 ： 2

A 解答・解説

アから，3本の給水管すべて使用すると60分で満水になり，イからAだけ30分間で全体の $1 - \dfrac{45}{60} = \dfrac{1}{4}$ を入れることができることがわかる。よって，Aだけでは $30 \div \dfrac{1}{4} = 120$（分間）で満水になる。また，ウからCだけ50分間で $1 - \dfrac{50}{60} = \dfrac{1}{6}$ を入れることができることがわかる。

よって，Cだけでは $50 \div \dfrac{1}{6} = 300$（分間）で満水になる。

60と120と300の最小公倍数600をプールの水量とすると，

　3本の水道管が入れる毎分の量は，$600 \div 60 = 10$

　Aの水道管が入れる毎分の量は，$600 \div 120 = 5$

　Cの水道管が入れる毎分の量は，$600 \div 300 = 2$

このことから，Bの水道管が入れる毎分の量は，$10 - (5 + 2) = 3$

3本の給水管から入る水量の比は，

　A：B：C＝5：3：2

（答）　⑤

底から毎分一定量の水が湧き出している泉がある。この泉の水を全部くみ出すのに，ポンプ４台ならば１時間，ポンプ８台ならば28分かかるという。このとき，20分間で水を全部くみ出すには，何台のポンプが必要か。

①　8台
②　9台
③　10台
④　11台
⑤　12台

A　解答・解説

（台×分）の「のべ量」で考える。

１時間でくみ出すためにかかる「のべ量」は，

$\qquad 4 \times 60 = 240$（台・分）

28分でくみ出すのにかかる「のべ量」は，

$\qquad 8 \times 28 = 224$（台・分）

この時間の差，$60 - 28 = 32$（分間）に底から湧き出た水量は，

$\qquad 240 - 224 = 16$（台・分）

よって，毎分底から湧き出す水量は，

$\qquad 16 \div 32 = 0.5$（台・分）

最初から泉にたまっていた水量は，$240 - 0.5 \times 60 = 210$（台・分）

よって，最初から泉にたまっていた水量を20分間でくみ出すには，

$\qquad 210 \div 20 = 10.5$（台）

のポンプが必要になる。

そして，湧き出す水をくみ出すのに0.5台必要だから，全部で$10.5 + 0.5 = 11$（台）必要になる。

（答）　④

演習問題

No.1

（解答 ▶ P.40）

ある仕事をAが1人ですると15日，Bが1人ですると10日かかる。A，B2人で3日やったところで残りをCがやると合計7日かかった。この仕事をCが1人ですると何日かかるか。

① 6日

② 8日

③ 10日

④ 12日

⑤ 14日

No.2

（解答 ▶ P.40）

あるプールを満水にするのにポンプAだけでは15分，ポンプBだけでは20分かかり，AとBとCを同時に使えば5分で満水になる。Cだけでは何分で満水になるか。

① 6分

② 8分

③ 10分

④ 12分

⑤ 15分

ある仕事を甲1人ですると12日かかり，乙1人ですると8日かかる。その仕事を，はじめに甲1人でやり，途中で乙と交替して2人あわせて10日で終わった。甲の働いた日数として正しいものはどれか。

① 3日

② 4日

③ 5日

④ 6日

⑤ 7日

A1人でやると12日，B1人でやると18日かかる仕事がある。A，B2人一緒に始めると，何日目で終わるか。

① 4日

② 5日

③ 6日

④ 7日

⑤ 8日

A1人でやると12日，B1人でやると15日かかる仕事がある。A，B2人一緒に始めたが，途中でAがけがをして休んだため，仕事が完了するのに10日かかった。Aが休んでいる間，Bが1人で仕事をしたとすると，Aは何日休んだことになるか。

① 5日

② 6日

③ 7日

④ 8日

⑤ 9日

No.6

（解答 ▶ P.41）

壁のペンキ塗りをするのに，AとBの2人では20日かかり，BとCの2人では12日かかり，AとCの2人では10日かかる。A1人ですると何日かかるか。

① 42日

② 40日

③ 38日

④ 34日

⑤ 30日

No.7

（解答 ▶ P.41）

ある学校のプールでは，A〜Cの3本の給水管でプールに水を入れている。Bの給水管のみで2時間，その後AとCを同時に2時間，さらにAのみで1時間給水するとプールが満水となる。A，B，Cで同時に給水すると，2時間15分で満水となる。Cで2時間20分，その後Bで4時間給水すると満水となる。このとき，給水管A〜Cが1時間に給水できる水の量の比として正しいものはどれか。

① 4：5：7

② 4：5：9

③ 5：6：7

④ 5：6：8

⑤ 5：6：9

数の性質（約数・倍数・n 進法）

約数・倍数

　整数aが整数bで割り切れるとき，**bはaの約数**，**aはbの倍数**という。例えば，12は6で割り切れるから，6は12の約数であり，12は6の倍数である。倍数の中には特徴のあるものがあり，特に3の倍数は各けたの数字の和が3の倍数になる。

　また，2つ以上の整数に共通な約数を**公約数**といい，公約数のうちで最大なものを**最大公約数**という。例えば，12と8の公約数は，4，2，1で，最大公約数は4である。そして，4，2，1は最大公約数4の約数であるように，公約数は最大公約数の約数である。

　2つ以上の整数に共通な倍数をこれらの**公倍数**といい，正の公倍数で最小なものを**最小公倍数**という。12，24，36は，最小公倍数12の倍数になるように，公倍数は最小公倍数の倍数である。

　最大公約数と最小公倍数を求めるには，右のように計算する。

　例えば，8，12，18の最小公倍数と最大公約数を求めるには，(1)3つともが割れる2で割る。最大公約数は3つの数全部が割れる数なので，ここまでで，最大公約数は2であることがわかる。そして最小公倍数は，(2)4と6だけが割れる2で割り，9はそのままおろす。(3)3と9だけが割れる3で割り，2はそのままおろす。この結果，2つだけ割れる数も含めて，外側にある数の積$2 \times 2 \times 3 \times 2 \times 1 \times 3 = 72$が最小公倍数になる。

（12と8の公約数○印）

|12の約数|12，|6，|④，|3，|②，|①|
|8の約数|8，|④，|②，|①|

↑

　　　　最大公約数

（4と6の公倍数○印）

|4の倍数|4，|8，|⑫，|16，|㉔……|
|6の倍数|6，|⑫，|18，|㉔……|

↑

　　最小公倍数

```
↓(1)  2)8  12  18
最大(2) 2)4   6   9
公約(3) 3)2   3   9
数       2   1   3
```
→　最小公倍数

最大公約数　2

最小公倍数　$2 \times 2 \times 3 \times 2 \times 1 \times 3$
　　　　　　$= 72$

n進法

　n進法とは，nまで数えたら位が上がる位取りの方法である。n進法で表された数は，0から$n-1$の数を使って，右のような位取りで数を表す。

（n^3の位）	（n^2の位）	（nの位）	（1の位）

例えば，2進法で表された10110は，10進法に直すと，$1 \times 2^4 + 0 \times 2^3 + 1 \times 2^2 + 1 \times 2 + 0 \times 1$ $= 22$になる。また5進法で表した4232は，10進法では$4 \times 5^3 + 2 \times 5^2 + 3 \times 5 + 2 \times 1 = 567$になる。問題では下の図のようなマスが使われることもある。例えば2進法だと，

また，3進法だと，

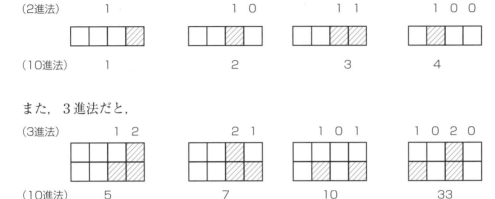

このように3進法のときは右のいちばん下の位から，（1の位）（3の位）（9の位）（27の位）となり，その位取りの数が何個あるかを表している。

10進法の数Nをn進法に直すには，右のように順次nで割り，その余りを右にかく。このとき，商がnより小さくなったところで止める。そして，余りの部分を矢印の順に表し，$abcd$と表す。

例えば，10進法25を2進法で表した数に直すと，右図のように計算して11001となる。

$$\begin{array}{r} & & \text{余り} \\ n)\underline{N} & \vdots \\ n)\underline{N_1} & \cdots d \\ n)\underline{N_2} & \cdots c \\ a & \cdots b \end{array}$$

$$\begin{array}{r} 2)\underline{25} \\ 2)\underline{12} \cdots 1 \\ 2)\underline{6} \cdots 0 \\ 2)\underline{3} \cdots 0 \\ 1 \cdots 1 \end{array}$$

◇ 解法のポイント

1. 約数，公約数，最大公約数

   整数aがbで割り切れるとき，bをaの約数という。2つ以上の整数に共通な約数をこれらの数の公約数といい，公約数のうち最大のものを最大公約数という。

2. 倍数，公倍数，最小公倍数

   整数aがbで割り切れるとき，aをbの倍数という。2つ以上の整数に共通な倍数を公倍数といい，公倍数のうちで最小のものを最小公倍数という。

3. 3の倍数は各けたの数字の和が3の倍数になる。

4. n進法で表された数は，右から1の位，nの位，n^2の位，n^3の位……のような位取りになる。10進法をn進法に直すのは，nで順に割り，余りを出して，逆に表す。

1～100までの整数の中に，3または4で割り切れる数は何個あるか。

① 47個

② 48個

③ 49個

④ 50個

⑤ 51個

ヒント

右下に表したベン図に，A：3の倍数，B：4の倍数を表したとき，（ア）＋（イ）＋（ウ）の3つの部分にあてはまる数の個数が，3または4で割り切れる数の個数になる。1～100まで3の倍数は，$100 \div 3 = 33 \dots 1$ より33個。4の倍数は，$100 \div 4 = 25$ より25個，また，（イ）の部分には，3でも4でも割れる数である12の倍数が入る。よって（イ）の部分の個数は，$100 \div 12 = 8 \dots 4$ より8個。（ア）＋（イ）＋（ウ）＝A＋B－（イ）で求める。

A 解答・解説

3の倍数は，$100 \div 3 = 33 \dots 1$ より　33個

4の倍数は，$100 \div 4 = 25$ より　25個

重なりは，$100 \div 12 = 8 \dots 4$ より　8個

よって，3または4で割れる数の個数は，

$33 + 25 - 8 = 50$

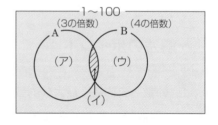

（答）　④

Q 例題②

2進法で表された数1011と1101の和を2進法で表すといくつか。

① 11011

② 11000

③ 10101

④ 11001

⑤ 10000

A 解答・解説

10進法の数に直してから和を求め，和を2進法の数にもどす。

10進法の数に直すと，$1011 \Rightarrow 2^3 + 2 + 1 = 11$

$1101 \Rightarrow 2^3 + 2^2 + 1 = 13$

和を求めると，$11 + 13 = 24$

24を2進法に直すと，

$$
\begin{array}{r}
2) \underline{24} \cdots 0 \\
2) \underline{12} \cdots 0 \\
2) \underline{6} \cdots 0 \\
2) \underline{3} \cdots 1 \\
1
\end{array}
$$

よって，11000

(答) ②

（別解）

そのまま加えて2でくり上がるから，

$$
\begin{array}{r}
1\,0\,1\,1 \\
+)\,1\,1\,0\,1 \\
\hline
1\,1\,0\,0\,0
\end{array}
$$

No.1 （解答▶P.41）

縦8cm，横9cm，高さ6cmの直方体がある。これを，同じ向きに積み重ねて立方体をつくるには最低何個必要か。

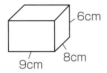

① 684個

② 864個

③ 872個

④ 968個

⑤ 986個

No.2 （解答▶P.41）

2進法で表した数110と111の積を，2進法で表したとき，どのような数になるか。

① 100100

② 101100

③ 101011

④ 101010

⑤ 110000

No.3 （解答▶P.42）

次の図は，それぞれすぐ下に書いてある数を表している。はいくつを表しているか。

① 60

② 65

③ 70

④ 80

⑤ 90

No.4
（解答 ▶ P.42）

次のような４ケタの整数がある。この整数の左端の数字9を右端に移してできる４ケタの整数は，もとの整数より306小さくなる。もとの整数を求めて，４ケタの数字を合計するといくつになるか。

$$9\,ABC \quad \rightarrow \quad ABC9$$

① 30

② 29

③ 28

④ 27

⑤ 26

No.5
（解答 ▶ P.42）

A，B ２つの整数は，どちらも２ケタの整数で，その積は588，最大公約数は7である。このとき，A＋Bはいくらか。

① 45

② 46

③ 47

④ 48

⑤ 49

No.6
（解答 ▶ P.42）

A，B，Cは1～9の整数のいずれかであり，A≦B≦Cの関係がある。いまA＋B＋C＝21，A×B＋B×C＝90であるとき，A×B＋Cの値として正しいものはどれか。

① 41

② 45

③ 49

④ 53

⑤ 57

覆面算は虫食い算ともいう数字のパズルである。計算を筆算形式に表し，□や文字にあてはまる数を推理させる問題である。ルールは簡単で，同じ文字には同じ数字が入り，数の先頭のケタには0が入ることはなく，あてはまる数は通常ただ1つである。次にあげる事柄をヒントに考えていこう。

■ ケタ数を考える

$n > m$のとき，nケタ＋mケタ＝nケタ〜（$n+1$）ケタ。たし算をしたときにはケタ数は，大きいケタ数よりせいぜい1ケタ上がるだけである。（例） $999＋9999＝10998$は3ケタ＋4ケタ＝5ケタ。4ケタより1ケタ上がっただけである。

mケタ×1ケタの積は，そのままのケタか，せいぜい1ケタ上がるだけとなる。

■ 偶数と奇数の性質

（任意の整数）×（偶数）＝（偶数）　　　（偶数）×（奇数）＝（偶数）

（奇数）×（奇数）＝（奇数）　のように，かけ算の積は「奇数×奇数」のときだけ奇数になる。

■ 倍数の性質を見る

いろいろな数の倍数で，特徴のある右表のようなものは覚えておく。

また，答えにあたる数は5肢選択式だから，考えられない数を消去して，選択肢を絞っていくことも必要。

（2の倍数）	……1の位が偶数
（3の倍数）	……各ケタの和が3の倍数
（4の倍数）	……下2ケタが4の倍数
（5の倍数）	……1の位が0か5
（8の倍数）	……下3ケタが8の倍数
（9の倍数）	……各ケタの和が9の倍数

■ 数を限定することば

条件文中に出る次のことばの意味は理解しておく。

・**素数** ……… 約数を2つだけ持つ数（1は素数ではない）

・**自然数** …… 1からはじまる正の整数　　・**〜以上，〜以下**……その数が含まれる。

・**整数** ……… 負の数，0，正の数も含まれる。

◇ 解法のポイント

1. ケタ数の大きさを考える。たし算では，大きいほうの数のケタ数よりせいぜい1ケタ増えるだけ。かけ算では，mケタの数×1ケタの積は，mケタか（$m+1$）ケタの数。

2. 偶数，奇数の性質……奇数×奇数の積だけ奇数になり，他は偶数。

3. 倍数の特徴をつかむ……2，3，4，5，8，9の倍数の特徴をつかむ。

4. 素数，自然数，整数のことばに注意する。

Q 例題①

次の(1), (2)の**A＋B＋C＋D**の和を求めなさい。

（解説の便宜上，アイウ……を記入）

(1)

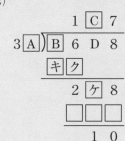

$$\begin{array}{r}
\boxed{ア}\,7\,\boxed{イ} \\
\times\quad \boxed{エ}\,7 \\
\hline
3\;3\,\boxed{ウ}\,2 \\
2\,\boxed{オ}\,\boxed{カ}\,0 \\
\hline
\boxed{A}\,\boxed{B}\,\boxed{C}\,\boxed{D}\,2
\end{array}$$

(2)

$$\begin{array}{r}
1\,\boxed{C}\,7 \\
3\,\boxed{A}\,\overline{)\,\boxed{B}\,6\,\boxed{D}\,8} \\
\boxed{キ}\,\boxed{ク} \\
\hline
2\,\boxed{ケ}\,8 \\
\boxed{}\,\boxed{}\,\boxed{} \\
\hline
1\;0
\end{array}$$

⑦ ヒント

(1) まず，最初の行のかけ算，**ア**7**イ** × 7 = 33**ウ**2から考えて，かけ算の7の段の九九で1の位が2になるものをさがす。

　　すると6×7＝42しかないから，**イ** = 6になる。

　　7×7＋4＝53だから，**ウ** = 3になり，7×**ア**＋5＝33で，**ア** = 4 になる。よって，1行目の数は476。

　　次に，476 × **エ** = 2**オ カ** 0と，6×**エ**の位の1の位が0になるのは，**エ**が5のときだけ。よって，2**オ カ** 0＝476×5となる。

(2) 3**A**×1＝**キク**で，**B**6－**キク**＝2より，**キ** = 3，**ク** = 4になり，A，Bが決まる。

　　D＝**ケ**で，**D**をそのまま**ケ**におろしても割れないから，**C**＝0と決まる。

　　A＝4だから，34×7＋10＝2**ケ**8になり**ケ** = 4，よって**D**が求まる。

A 解答・解説

(1) 考え方から，476×57＝27132より，A＋B＋C＋D＝2＋7＋1＋3＝13

（答） 13

(2) 考え方から，3**A**＝34，1**C**7＝107，B6D8＝34×107＋10＝3648

　　よって，A＋B＋C＋D＝4＋3＋0＋4＝11

（答） 11

　下図のように4×4のマス目の中に1～8までの整数を2つずつ入れ，縦，横，対角線に並ぶ4つの整数の和がすべて等しくなるようにする。いま1から8までの自然数を図のように1つずつ入れた。これを完成させたとき，太線で囲まれた4つの整数の平均として正しいものは，次のうちどれか。

4		1	6
8			
			7
5	2		3

① 3.75

② 4.5

③ 5

④ 5.25

⑤ 5.5

A 解答・解説

　16マスの中に，1～8までの整数を2個ずつ入れ，縦，横，対角線の和が等しくなるから，1行または1列の和は，1～8までの和の2倍を4で割った商になる。

$$1～8までの和 = \frac{(1+8) \times 8}{2} = 36$$

$$16マスの和 = 36 \times 2 = 72$$

$$1行，1列の和 = 72 \div 4 = 18$$

よって，（図1）のA，B，C，Dが次のように求まる。

$$A = 18 - (4+8+5) = 1$$

$$B = 18 - (5+2+3) = 8$$

$$C = 18 - (6+7+3) = 2$$

$$D = 18 - (4+1+6) = 7$$

そして，（図2）から，

$$E + F = 18 - (7+2) = 9$$

$$G + H = 18 - (1+8) = 9$$

したがって，4つの整数の平均は，

$$\frac{E+F+G+H}{4} = \frac{9+9}{4} = 4.5$$

（図1）

4	**D**	1	6
8			**C**
A			7
5	2	**B**	3

（図2）

4	7	1	6
8	**E**	**H**	2
1	**F**	**G**	7
5	2	8	3

（答）　②

演習問題

No.1

（解答 ▶ P.42）

A，B，Cは1から9までの異なる数である。下の式が成り立つときA＋B＋Cはいくらか。

① 17

② 18

③ 19

④ 20

⑤ 21

```
   A  B
   B  C
+  C  A
───────
   A  B  C
```

No.2

（解答 ▶ P.43）

次のかけ算において，A～E は，0～9までのいずれかの数字であり，異なる文字は異なる数字を表す。A＋B＋C＋D＋E の値を求めよ。

① 8

② 9

③ 10

④ 11

⑤ 12

```
      C B A
  ×     4 B
  ─────────
      7 D A
    9 4 D
  ─────────
  E D E D A
```

No.3

（解答 ▶ P.43）

次の計算式の□に入る全ての数の和はいくらか。

① 26

② 27

③ 28

④ 29

⑤ 30

```
        □ 9 □
     ─────────
□ 6) 6 9 □ 2
     3 □
     ─────
     3 3 □
     3 □ 4
     ─────
       9 2
       □ 2
     ─────
       □ 0
```

No.4 （解答 ▶ P.43）

右図のマス目に1～16までの数字をいれてタテ，ヨコ，ナナメの和がいずれも等しいようにしたい。

A＋Bはいくらになるか。

① 20

② 21

③ 22

④ 23

⑤ 24

	2		16
8	**B**	**A**	5
		6	
1	14		

No.5 （解答 ▶ P.44）

右図の○の中に1～9までの自然数を1つずつ入れ，各線上にある3つの数字の和がすべて等しくなるようにする。このとき，中央の数字aに適するものとして考えられる数字は，何通りあるか。

① 1通り

② 2通り

③ 3通り

④ 4通り

⑤ 5通り

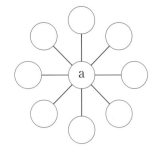

Coffee Break

数学語呂合わせ

√5の近似値を2.2360679〔富士山ろくオウムなく〕と教えていたころ，オウム真理教が富士山ろくに大きな施設を作っていた。語呂合わせで覚えた数や記号は印象深いものだ。

算数で速さ，時間，距離の関係を覚えるのに右図のように，「（お）はじき」と覚える。例えば，「速さ」がわからなければ「は」を指で隠すと「き」の下に「じ」で（距離÷時間）となり，「距離」がわからなければ「き」を指で隠すと「は」と「じ」が横に並び，（速さ×時間）の計算をすればよい。だが，「き」の字を上に書くことを覚えておかなければならない。そこで，「（お）はじき」ではなく，これを「母とじいさん木の下に」とか「はげたじいさん木の下に」として覚えたらどうだろう。

MEMO

第2章 図 形

1 三角形・四角形

証明の中で使われる**定義**とはその用語の意味の説明，**定理**とは証明によって正しいとされた事柄である。図形の証明の中で，定義・定理が出てきたら，区別してみていこう。

■ 直線と角

（図1）のように，2直線が交わってできた2組の角を対頂角といい，等しい。また，（図2）のように平行線と交わる直線との間にできる同位角，錯角は等しく，同側内角の和は$180°$になる。

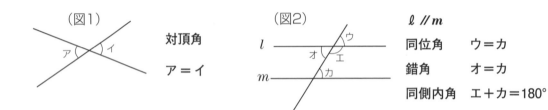

（図1）		（図2）	$\ell \, /\!/ \, m$	
	対頂角		同位角	ウ＝カ
	ア＝イ		錯角	オ＝カ
			同側内角	エ＋カ＝180°

■ 三角形

右図の△ABC の AB に平行な直線 CD を引くと，$\alpha = \alpha'$（同位角），$\beta = \beta'$（錯覚）になるから，
$$\alpha + \beta + \gamma = \alpha' + \beta' + \gamma = 180°$$
だから，三角形の内角の和は$180°$になる。

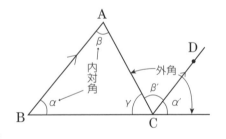

また，$\alpha + \beta = \alpha' + \beta'$なので，三角形の内対角の和は**外角**に等しい。

三角形には，2辺の等しい**二等辺三角形**，直角を持つ二等辺三角形である**直角二等辺三角形**，三辺の等しい**正三角形**がある。

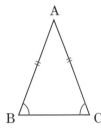

	二等辺三角形		直角二等辺三角形
	・**AB＝AC**（定義）		・**AB＝BC** ⎫ （定義）
	・**∠B＝∠C**（定理）		・**∠B＝90°** ⎭
			・**∠A＝∠C＝45°**（定理）

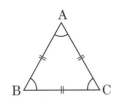

正三角形　　・AB＝BC＝CA（定義）

　　　　　　・∠A＝∠B＝∠C＝60°（定理）

■ 多角形の角

　右図の五角形 ABCDE を頂点Aを通る対角線で三角形に分けると，3個の三角形ができる。よって，3個の三角形の内角の和，$180° \times 3 = 540°$ が**五角形の内角の和**になる。

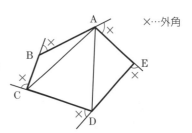

×…外角

　n角形の場合も五角形と同様に対角線を引けば，$(n-2)$個の三角形に分けられる。よって，**n角形の内角の和**は，$180(n-2)°$になる。また，1つの頂点の外角と内角の和は180°なので，**n角形の内角と外角の和は180n°**になる。そのうち，$180(n-2)°$が内角なので，外角＝$180n - 180(n-2) = 360°$になる。外角の和が360°なので，正多角形の1つの内角の大きさを求めるときには，1つの外角を求めてから内角を求めると，求めやすい。

> **n角形の内角の和，外角の和**
> 　内角の和＝$180(n-2)°$
> 　外角の和＝$360°$

> **正十二角形の1つの内角は**
> 　1つの外角が$360 \div 12 = 30°$だから，
> 　1つの内角は，$180° - 30° = 150°$

■ 四角形

　平行四辺形には，次のように1つの定義と4つの定理がある。

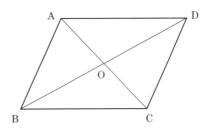

・AB∥DC，AD∥BC　　（定義）（対辺平行）

・AB＝DC，AD＝BC　　（定理）（対辺相等）

・∠A＝∠C　∠B＝∠D　（定理）（対角相等）

・AB∥DC，AB＝DC　　（定理）（対辺平行相等）

・AO＝CO，BO＝DO　　（定理）（対角線中点交わり）

平行四辺形の角が直角になると長方形になり，4つの辺が等しくなると正方形になる。四角形の条件をせばめると，次のように変化する。

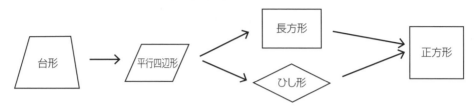

☞ 解法のポイント

1. 定義とは用語の意味。定理とは証明された，他の証明に使える事柄。

2. 対頂角は等しい。平行線との間にできる同位角，錯覚は等しく，同側内角の和は180°になる。

3. 三角形の内角の和は180°，内対角の和は外角に等しい。

4. n角形の内角の和は，$180(n-2)$° 外角の和は360°

5. 平行四辺形になるための条件
   ①対辺平行
   ②対辺相等
   ③対角相等
   ④1辺相等で平行
   ⑤対角線が各々中点で交わる

Q 例題①

次の(1)はa〜eの角度の和，(2)はxの角度を求めなさい。

(1)

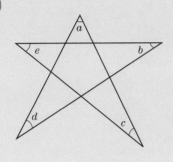

(2)

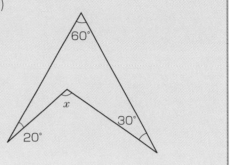

ヒント

(1) （図1）のように各頂点にABC……と記号をふると，

△JCGの内対角の和∠C（$=\angle e$）$+$∠G（$=\angle c$）$=$∠AJB，

△BEIの内対角の和∠E（$=\angle d$）$+$∠I（$=\angle b$）$=$∠ABJ

になることから考えよう。

(2) （図2）のように補助線（点線）を引くと，アの角度は30°と

60°の和 90°になる。三角形の内対角の和であるアの角と20°

の和がxの角度になる。

（図1）

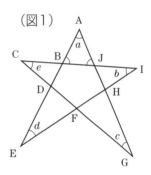

A 解答・解説

(1) （図1）で，∠e＋∠c＝∠AJB ……①

∠b＋∠d＝∠ABJ ……②

①，②より $a+b+c+d+e=180°$

（答） 180°

（図2）

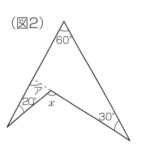

(2) （図2）で，ア$=60+30=90°$

$x=$ア$+20=90+20=110°$

（答） 110°

Q 例題②

下の図のx，y，zの角の大きさを求めよ。

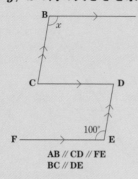

AB // CD // FE
BC // DE

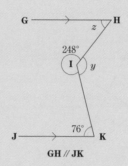

GH // JK

① $x = 100°$，$y = 112°$，$z = 46°$

② $x = 100°$，$y = 112°$，$z = 36°$

③ $x = 100°$，$y = 102°$，$z = 46°$

④ $x = 80°$ ，$y = 102°$，$z = 36°$

⑤ $x = 80°$ ，$y = 112°$，$z = 36°$

A 解答・解説

（図1）EDの延長とABの交点をA′とすると，

$\angle FED = \angle DA'A$（錯角）

$\angle DA'A = \angle CBA$（同位角）により，

$\angle x = 100°$

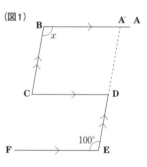

（図1）

（図2）HIの延長とJKの交点をJ′とすると，

$\angle IJ'K = \angle IHG$

$\angle y = 360° - 248° = 112°$

$\triangle IJ'K$の内対角の和＝外角より，

$\angle IJ'K = 112° - 76° = 36°$

よって，

$\angle z = 36°$

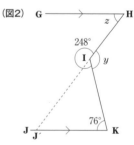

（図2）

（答）　②

演習問題

No.1

（解答 ▶ P.44）

下図のような多角形の内角の和は次のうちどれか。

① 540°

② 600°

③ 660°

④ 720°

⑤ 780°

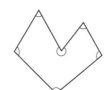

No.2

（解答 ▶ P.44）

図のa〜hまでの角の和は次のうちどれか。

① 360°

② 450°

③ 540°

④ 630°

⑤ 720°

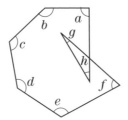

No.3

（解答 ▶ P.44）

下図のように△ABC の辺 BC 上に点 D，E があり，∠DAE = 50°，AD = BD，
AE = CEである。x と y の角度の和はいくらか。

① 45°

② 50°

③ 55°

④ 60°

⑤ 65°

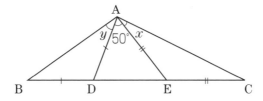

次の図で△ABCはいずれも二等辺三角形である。それぞれ図の下に示された条件があるとき，∠x，∠yの大きさを求めよ。

(1)
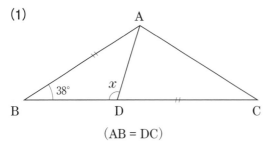
（AB = DC）

(2)
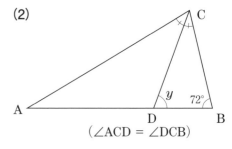
（∠ACD = ∠DCB）

① $x = 99°$　　$y = 82°$

② $x = 99°$　　$y = 72°$

③ $x = 109°$　　$y = 72°$

④ $x = 109°$　　$y = 82°$

⑤ $x = 109°$　　$y = 68°$

次のm，nの値は，下のうちどれか。

(1) 1つの外角が 15° の正多角形の辺の数は，m本である。

(2) 正n角形の1つの内角が 162° である。

① $m = 20$　　$n = 24$

② $m = 20$　　$n = 20$

③ $m = 24$　　$n = 24$

④ $m = 24$　　$n = 20$

⑤ $m = 24$　　$n = 18$

2　三角形の合同条件

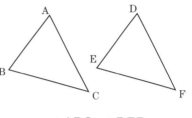

　2つの三角形が全く同じで，移動すると重なる場合を**合同**といい，右図の△ABCと△DEFが合同の場合，△ABC≡△DEFのように対応する頂点の順に表す。対応する頂点の順に表すことによって，証明がしやすくなるので，対応順に表すことを大切に考えたい。三角形の合同条件は，次に示す3パターンが基本になる。それぞれ3つの事柄なので覚えやすい。

△ABC≡△DEF
↑
合同の記号

(1)　3辺の長さが等しい

$\left.\begin{array}{l} AB = DE \\ BC = EF \\ AC = DF \end{array}\right\}$　ならば，△ABC≡△DEF

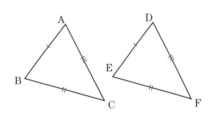

(2)　2辺とその間の角が等しい

$\left.\begin{array}{l} AB = DE \\ BC = EF \\ \angle ABC = \angle DEF \end{array}\right\}$　ならば，△ABC≡△DEF

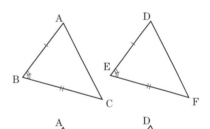

(3)　1辺とその両端の角が等しい

$\left.\begin{array}{l} BC = EF \\ \angle ABC = \angle DEF \\ \angle ACB = \angle DFE \end{array}\right\}$　ならば，△ABC≡△DEF

◈ 解法のポイント

1. 移動させて重なる形を合同といい，合同な図形同士を合同の記号≡で結ぶ。

2. 三角形の合同条件は次の3つがある。

(1)　対応する3辺がそれぞれ等しい。（3辺相等）

(2)　対応する2つの辺とその間の角が等しい。（2辺夾角相等）

(3)　1辺とその両端の角が等しい。（1辺両端角相等）

Q 例題①

次の三角形から合同な三角形をすべて答えよ。

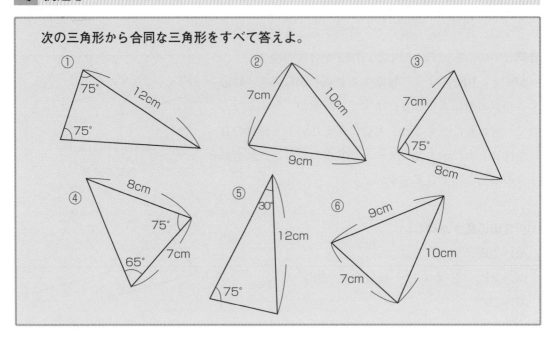

① 75° 75° 12cm

② 7cm 10cm 9cm

③ 7cm 75° 8cm

④ 8cm 75° 65° 7cm

⑤ 30° 12cm 75°

⑥ 9cm 10cm 7cm

❓ ヒント

　三角形の合同条件は，**3辺の長さが等しい**，**2辺とその間の角が等しい**，**1辺とその両端の角が等しい**，のどれかになる。三角形の内角の和が180°であり，2角がわかっている場合，残りの角も求める。また，二等辺三角形であることがわかっているならば，2辺の長さが等しく，底角も等しいということから合同な三角形を見つけることができる。

A 解答・解説

　12cmの辺をもち，その両端の角が75°と30°であるから，①と⑤の三角形は合同になる。
7 cm，9 cm，10cmの長さの3辺をもつ三角形であるから，②と⑥の三角形は合同になる。
7 cmと8 cmの辺をもち，その間の角が75°で等しいから，③と④の三角形は合同になる。

（答）　①と⑤，②と⑥，③と④

Q 例題②

右図のように**AB**を直径とする半円周上に点**Q**を取り，**CD**を直径とする半円周上に点**P**を取る。それぞれの円の中心は**O**であるとする。また，**O**，**P**，**Q**は一直線上にある。このとき，△**POA**，△**POB**と合同な三角形を求め，∠**APB**＋∠**CQD**の大きさを求めなさい。

① △POA≡△CDQ, △POB≡△QOD, 180°

② △POA≡△CDQ, △POB≡△QOD, 90°

③ △POA≡△COQ, △POB≡△QOD, 180°

④ △POA≡△COQ, △POB≡△DOQ, 90°

⑤ △POA≡△COQ, △POB≡△DOQ, 180°

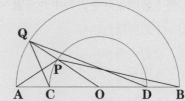

A 解答・解説

△POAと△COQにおいて，

　半径で等しいから，

　　AO＝QO　……①

　　PO＝CO　……②

　共通な角だから，

　　∠POA＝∠COQ　……③

①～③より，2辺とその間の角が等しいから，

　△POA≡△COQ

また，

△POBと△DOQにおいて，

　半径で等しいから，

　　PO＝DO　……④

　　OB＝OQ　……⑤

　共通な角だから，

　　∠POB＝∠DOQ　………⑥

④～⑥より，2辺とその間の角が等しいから，

　△POB≡△DOQ

次に，∠APB＝∠APO＋∠BPO

　　　　　　＝∠QCO＋∠QDO

ゆえに，△QCDの内角から，

　∠APB＋∠CQD＝∠QCO＋∠QDO

　　　　　　　　　　＋∠CQD＝180°

（答）　⑤

No.1

（解答 ▶ P.45）

右図の△ABC で，中線AMの延長上にAM＝A′Mとなる点A′
をとり，△ACMと△A′BMの合同を証明するとき，その証
明に使う合同条件を次の中から選べ。

① 1辺両端角相等

② 2辺夾角相等

③ 3辺相等

④ 1辺端角相等

⑤ 2辺1角相等

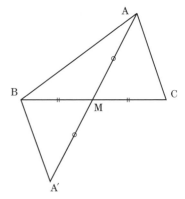

No.2

（解答 ▶ P.45）

右図で，△ABC≡△DFEとすると，次のア～カの
うちいえることをすべてあげよ。

ア．AB⊥BF　　イ．AC∥DE
ウ．AC＝EF　　エ．BC＝EF
オ．AB＝DF　　カ．AB∥DF

① ア，イ，ウ，エ　　　② ア，ウ，エ，カ

③ イ，ウ，エ，カ　　　④ イ，エ，オ，カ

⑤ ウ，エ，オ，カ

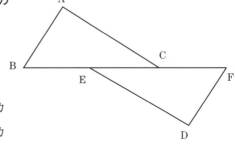

No.3

（解答 ▶ P.45）

△ABC≡△EDC になるために，
あと1つ必要な条件を答えよ。

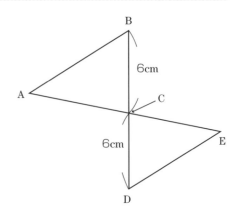

No.4

（解答 ▶ P.45）

△ABCと△A′ B′ C′の間に下にあげた条件がある。このとき，どのような条件がつけ加わると，△ABCと△A′ B′ C′が合同であるといえるか。

$$\begin{cases} AB = 8\,cm \\ AC = 6\,cm \end{cases} \qquad \begin{cases} A′ B′ = 8\,cm \\ A′ C′ = 6\,cm \end{cases}$$

① ∠ABC = ∠A′ B′ C′ = 45°

② ∠ACB = 60°   ∠A′ B′ C′ = 60°

③ ∠ABC = 25°   ∠C′ A′ B′ = 65°

④ ∠ABC = 65°   ∠C′ A′ B′ = 25°

⑤ BC = B′ C′ = 5 cm

No.5

（解答 ▶ P.45）

四角形ABCDの形と大きさがただ１つに決まるのは，次の①〜⑤のどの条件がわかればよいか。ただし，四角形のすべての角の角度が180°を超えないものとする。

① ∠A，∠B，∠C，∠D

② AB，BC，CD，DA

③ AB，BC，CD，DA，∠A

④ ∠A，∠B，∠C，∠D，AB

⑤ AB，BC，CDと対角線AC

三角形の相似条件

2つの三角形が相似になるためには，次の3通りのうちの1つがあてはまればよい。相似を表す記号は「∽」で，図形を表す頂点は対応順にかく。

(1) **2つの角が等しい**

$$\left.\begin{array}{l}\angle A = \angle D \\ \angle B = \angle E\end{array}\right\}\text{ ならば，}\triangle ABC \backsim \triangle DEF$$

(2) **2辺の比とその間の角が等しい**

$$\left.\begin{array}{l}\angle A = \angle D \\ AB:DE = AC:DF\end{array}\right\}\text{ ならば，}\triangle ABC \backsim \triangle DEF$$

(3) **3辺の比が等しい**

$$AB:DE = BC:EF = AC:DF\text{ ならば，}\triangle ABC \backsim \triangle DEF$$

相似の三角形は，次のような平行線や直角三角形の中にある。

(図1)(図2) ED∥BCのとき，

$\triangle ABC \backsim \triangle ADE$

相似であると，対応する辺の比は等しくなる。
よって，

$$AB:AD = AC:AE = BC:DE$$

(図3) $\angle BAC = \angle ADB = \angle R^{※1}$のとき，

$\triangle ABC \backsim \triangle DBA \backsim \triangle DAC$

よって，3つの三角形の比は，BC:BA:AC

相似図形の面積比は2乗の比になることも覚えておこう。

◈ 解法のポイント

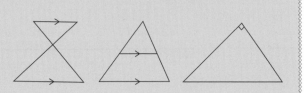

1. 三角形の相似条件

   (1)2角が等しい。　(2)2辺の比とその間の角が等しい。　(3)3辺の比が等しい。

2. 三角形の相似の利用パターン

   (1)向かい合わせ型　(2)埋め込み形

   (3)直角三角形

3. 相似形の面積比は2乗比になる。

※1　角を表すときには∠BACのように3つの頂点を使って，直線BAとACが交わってできる角を表す。∠R＝90°のこと。

Q 例題①

右の図で，∠BAC＝∠ADC＝∠BFE＝∠Rのとき，次の長さを順に求めなさい。

(1) BC

(2) CD

(3) AD

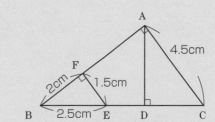

	(1)	(2)	(3)
①	12.5cm,	4.5cm,	6 cm
②	7.5cm,	0.9cm,	3.6cm
③	7.5cm,	2.7cm,	3.6cm
④	7.5cm,	4.5cm,	3.6cm
⑤	5 cm,	2 cm,	3 cm

❓ ヒント

△ABCの中に，△ABCと相似である三角形が３つある。これらの三角形の相似を頂点が対応順になるように表して，比を考える。

まず，対応順に，△FBE∽△ABC∽△DBA∽△DAC。そして，△FBE∽△ABCより，BE：BC＝FE：ACの式からBCを求める。また，△FBE∽△DACより，三角形の３辺の比，FB：BE：EF＝2：2.5：1.5＝4：5：3を利用し，DA：AC：CD＝4：5：3から，CD，ADを求めると早い。

A 解答・解説

△FBE∽△ABCより，BE：BC＝FE：AC

BE＝2.5cm，FE＝1.5cm，AC＝4.5 cm だから，

2.5：BC＝1.5：4.5より，

BC＝4.5×2.5÷1.5＝7.5（cm）

△FBE∽△DACで，△FBEの３辺の比はFB：BE：EF＝4：5：3なので，

DA：AC：CD＝4：5：3

AC＝4.5 cmだから，

DA＝4.5÷5×4＝3.6（cm）　　CD＝4.5÷5×3＝2.7（cm）

よって，BC＝7.5cm，CD＝2.7cm，AD＝3.6cm

（答）　③

次の**A〜F**の中から，相似な三角形の組をすべて選べ。

A

5cm　　3.6cm

7cm

B

58°

46°

C

2.1cm

2.7cm

1.8cm

D

15cm

40°

18cm

E

76°

58°

F

24cm

28cm

36cm

① **A**と**F**，**B**と**E**

② **C**と**F**，**B**と**E**

③ **A**と**D**，**C**と**D**

④ **A**と**C**，**D**と**B**

⑤ **A**と**F**，**C**と**D**

A 解答・解説

Bの残りの角度は，$180-(58+46)=76°$

Eの残りの角度は，$180-(58+76)=46°$

よって，2組の角が等しいから，**B**と**E**は相似。

Aの3辺の比は，$5:3.6:7=25:18:35$　**C**は，$2.1:1.8:2.7=7:6:9$

Fは$28:24:36=7:6:9$

よって，3組の辺の比が等しいから，**C**と**F**は相似。

（答）　②

演習問題

（解答 ▶ P.45）

No.1

下の図は，たて6cm，横8cmの長方形の紙 **ABCD** のCがAに重なるように折り曲げたものである。そのときの折り目の線 **PQ** の長さは何cmか。

① 10cm

② 8.5cm

③ 8 cm

④ 7.5cm

⑤ 6 cm

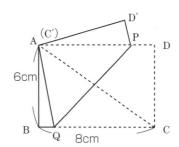

（解答 ▶ P.45）

No.2

AB＝12cmの平行四辺形 **ABCD** の辺 **BC** 上に，**BE：EC＝4：3**となる点Eをとった。AE，**DC** の延長の交点をFとすると，**DF** の長さは何cmか。

① 9 cm

② 15cm

③ 18cm

④ 21cm

⑤ 24cm

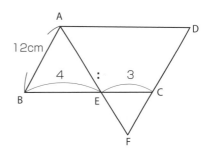

No.3 （解答 ▶ P.46）

上底 5 cm，下底 12cm の台形 BCDE の辺 CB，DE の延長の交点を A とした。AB : BC の比と，EF : FC の比を求めよ。

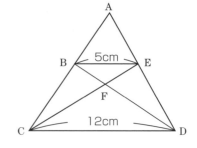

	（AB : BC）	（EF : FC）
①	5 : 7	5 : 12
②	5 : 7	5 : 7
③	5 : 12	5 : 7
④	5 : 12	5 : 12
⑤	5 : 12	12 : 5

No.4 （解答 ▶ P.46）

右の図で四角形 ABCD は台形で，AE ∥ DC である。次のうちで，相似な三角形の組を正しく表したものを選べ。

① △AFD∽△CFB， △ADG∽△ABD

② △AGF∽△CDF， △AFD∽△EBG

③ △AFD∽△CFB， △ABG∽△DCF

④ △AGF∽△CDF， △BGE∽△BDC

⑤ △AFD∽△EGB， △CFB∽△CDF

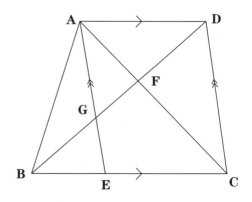

次の三角形の中から相似な三角形を選び，その相似条件を**A ～ C**の中から選べ。

(1)　1辺が5cmでその両端の角が60°，70°の三角形

(2)　3辺が9cm，12cm，15cmの三角形

(3)　3辺が1.5cm，2.5cm，2cmの三角形

(4)　2つの角が70°，50°の三角形

(5)　2辺が4cm，3cmでそのはさむ角が52°の三角形

(6)　2辺が6cm，4.5cmでそのはさむ角が52°の三角形

相似条件

A　3組の辺の比が等しい。

B　2組の辺の比とその間の角が等しい。

C　2組の角が等しい。

① 　(1)－(4)－C　　(2)－(3)－B　　(5)－(6)－A

② 　(1)－(4)－C　　(2)－(3)－A　　(5)－(6)－B

③ 　(1)－(2)－B　　(2)－(5)－C　　(3)－(6)－A

④ 　(1)－(2)－B　　(2)－(5)－A　　(3)－(6)－C

⑤ 　(1)－(3)－C　　(2)－(4)－B　　(5)－(6)－A

4　平行線と線分比

平行線で区切られる線分の比は，一定となる。

$\ell_1 /\!/ \ell_2 /\!/ \ell_3$ のとき，AB：BC＝DE：EFのように，平行線の幅の比が線分の比になる。このように一定の比に分けられるのは，直線DFに交わる直線GHを引いて，その線分の比GH：HIでも同じになる。

（$\ell_1 /\!/ \ell_2 /\!/ \ell_3$ のとき）

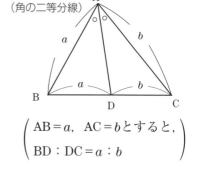

三角形の頂角の二等分線は，底辺を頂点をはさむ２辺の長さの比に分ける。右図のような，∠Aの二等分線ADは，BCを $a：b$ に内分する。

（角の二等分線）

また，三角形の２辺の中点を結ぶ線分は，底辺に平行で，長さは底辺の $\dfrac{1}{2}$ になる。これを**中点連結定理**という。

右下図では，△ABCで，

　　AD＝DB，AE＝ECならば，

　　DE$/\!/$BC，DE＝$\dfrac{1}{2}$BC になる。

$$\left(\begin{array}{l} \text{AB}=a,\ \ \text{AC}=b\text{とすると,} \\ \text{BD：DC}=a：b \end{array} \right)$$

$$\left(\begin{array}{l} \text{AD}=\text{DB},\ \ \text{AE}=\text{EC ならば,} \\ \text{DE}/\!/\text{BC},\ \ \text{DE}=\dfrac{1}{2}\text{BC} \end{array} \right)$$

（中点連結定理）

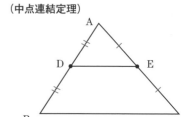

◈ 解法のポイント

1. 平行線と線分の比

　　$\ell_1 /\!/ \ell_2 /\!/ \ell_3$ のとき，

　　AB：BC＝DE：EF＝GH：HI

2. 角の二等分線と比

　　∠Aの二等分線 AD は，BC を AB：AC に内分する。

3. 中点連結定理

　　三角形の２辺の中点を結ぶ線分は，残りの辺に

　　平行で，長さはその半分になる。

Q 例題①

△ABC の辺AB, ACの中点D, Eをとり, BEと平行で点Dを通る直線DFをつくった。この図について, あとの問いに答えよ。

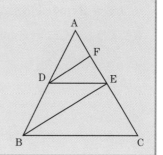

(1) DFとBEの比を求めよ。

(2) AF：FE：ECの比を求めよ。

ヒント

(1) **中点連結定理から,** BC∥DE であることがわかる。また, BE∥DF になるように直線DFを引いたから, 二角の等しい三角形の相似から△ADF∽△ABEになり, AD：AB＝DF：BEとなる。

(2) BE∥DFよりAD：DB＝AF：FEそして, AE＝ECから考える。

A 解答・解説

(1) △ADFと△ABEにおいて,

$$\angle DAF = \angle BAE \quad \cdots\cdots ①$$

DF∥BEより,

$$\angle ADF = \angle ABE \quad \cdots\cdots ②$$

①, ②より, 2つの角が等しいから△ADF∽△ABE

対応する辺の比は等しいので,

AD：AB＝1：2より, DF：BE＝1：2　　　　　　　　　　　　　　（答）　1：2

(2) (1)より, AF：FE＝1：1

また, AE＝ECより,

AF：FE：EC＝1：1：2　　　　　　　　　　　　　　　　　　　　（答）　1：1：2

1辺が8cmの正方形ABCDがある。ADの延長線上に点Eを取り，BEとCDの交点を Fとする。△CEF＝8cm²のとき，DEの長さを求めよ。

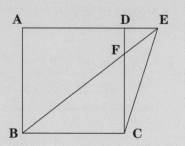

① $\dfrac{3}{2}$ cm

② 2 cm

③ $\dfrac{8}{3}$ cm

④ 3 cm

⑤ $\dfrac{10}{3}$ cm

A 解答・解説

右図より，（△CEFの面積）＝（△DBFの面積）になるから，△DBF＝8cm²

また，△BDC＝8×8÷2＝32(cm²) より，

$\quad$ △FBC＝32－8＝24(cm²)

よって，

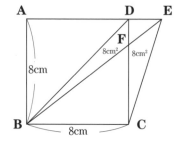

$\quad$ DF：FC＝△DBF：△FBC

$\qquad$ ＝8：24

$\qquad$ ＝1：3

$\quad$ FC＝$8×\dfrac{3}{1+3}$＝6(cm)

△EFC＝8cm²より，

$\quad$ DE＝$8×2÷6＝\dfrac{8}{3}$(cm)

（答）　③

演習問題

No.1

（解答 ▶ P.46）

右図のように台形 ABCDの 対角線 AC, BD の交点Oを
通り, 底辺に平行な直線 PQ を引いたとき, AD：BCと
等しい比を選べ。

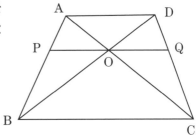

① AO：OD

② AO：OC

③ PO：OQ

④ PO：OB

⑤ PO：OC

No.2

（解答 ▶ P.46）

AD∥BCで, AD=a, BC=bである台形 ABCD がある。点
Eは辺ABをm：nに内分し, EからADに平行な直線を引き,
DCとの交点をFとしたとき, EFの長さをa, b, m, nを用
いて表すと, どのような式になるか。

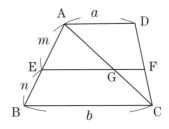

① $\dfrac{nb+ma}{mn}$

② $\dfrac{a+b}{na+mb}$

③ $\dfrac{ma+nb}{m+n}$

④ $\dfrac{na+mb}{m+n}$

⑤ $\dfrac{mn(a+b)}{m+n}$

右図で，AB // CD // FE，OC：CA＝1：2，CD：FE＝2：3，OB＝15cmである。
このとき，OD，OFの長さを求めよ。

① OD＝4 cm　　OF＝7.5 cm

② OD＝4 cm　　OF＝6 cm

③ OD＝5 cm　　OF＝6 cm

④ OD＝5 cm　　OF＝7.5 cm

⑤ OD＝5 cm　　OF＝8 cm

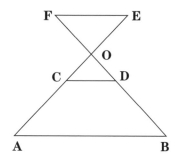

右図でAD // BC，EF // BC，AE：EB＝5：3であるとき，EFの長さを求めよ。

① 20

② 20.5

③ 21

④ 21.5

⑤ 22

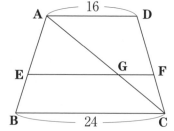

右図でAB // DC // EFである。EFの長さを求めよ。

① $\dfrac{55}{2}$ cm

② 5 cm

③ $\dfrac{10}{3}$ cm

④ $\dfrac{40}{11}$ cm

⑤ $\dfrac{70}{11}$ cm

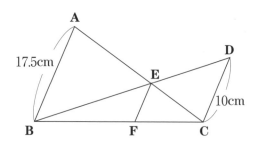

5　三角形の成立条件・三平方の定理

■ 三角形の成立条件

　a，b，c の３つの辺の長さで三角形をつくるとき，三角形ができる条件は，**すべての２辺の和は残りの辺よりも長い**ことである。すなわち $a<b+c$，$b<a+c$，$c<a+b$ または，aが最も長いとき，$a<b+c$ である。

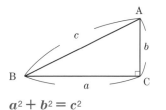

$$a^2 + b^2 = c^2$$

■ 三平方の定理

　直角三角形ABCの直角をはさむ２辺の長さをa，bとして斜辺（直角に対する最長の辺）を c とすると，$a^2+b^2=c^2$が成り立つ。これを**三平方の定理**，または**ピタゴラスの定理**という。よって，直角三角形は，２辺の長さがわかれば，この定理を使って他の辺の長さも求めることができる。また，三角定規の形でなじみ深い正三角形を半分にした直角三角形ABCと，直角二等辺三角形DEFは，辺の長さAC：AB＝1：2，DE：DF＝1：1と決まっている。この長さを使うと三平方の定理より，AC：AB：BC＝1：2：$\sqrt{3}$，DE：DF：EF＝1：1：$\sqrt{2}$ のように，３辺の比が決まる。これを利用して，正三角形の高さや，正方形の対角線の長さを求めることができる。

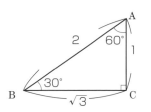

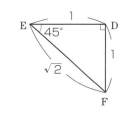

◈ 解法のポイント

　1.　三角形の成立条件

　　三角形は，すべての２辺の和が他の１辺より長くなる。また，表現をかえると，最大の長さの辺は，残り２辺の長さの和より短い。

　2.　三平方の定理

　　直角をはさむ２辺の長さをa，b，斜辺の長さをcとしたとき，直角三角形であるならば，

　　$$a^2+b^2=c^2$$

　　になる。

　　（30°，60°，90°）の角を持つ直角三角形の辺の比　1：2：$\sqrt{3}$

　　（45°，45°，90°）の角を持つ直角二等辺三角形の辺の比　1：1：$\sqrt{2}$

直角三角形 **ABC** の∠C＝90° **AC＝8cm**　**BC＝6cm**

∠**AHC**＝90°のとき，あとの問いに答えなさい。

(1)　ABの長さは何cmか。

(2)　CH，BH，AHの長さは何cmか。

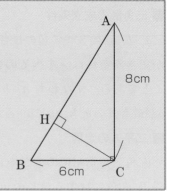

ヒント

(1)は，**三平方の定理を利用して**，直角をはさむ辺の平方の和のルート（$\sqrt{}$）を求めればよい。

(2)で，CHの長さは，三角形の面積＝$\dfrac{1}{2}$BC・AC＝$\dfrac{1}{2}$AB・CHから求める。

　△ABC∽△CBH∽△ACHより，AB：BC：AC＝5：3：4 は△CBH，△ACHにも対応してあてはまることから考える。

A 解答・解説

(1)　$AB^2 = 6^2 + 8^2 = 100$　より，AB＝10

（答）　10cm

(2)　$\dfrac{1}{2}$BC・AC＝$\dfrac{1}{2}$AB・CHより，BC・AC＝AB・CH

　したがって，CH＝$\dfrac{BC \cdot AC}{AB}$＝$\dfrac{6 \times 8}{10}$＝4.8(cm)

　△CBH において，CB：BH：CH＝5：3：4で，CH＝4.8cmだから，

　BH＝4.8÷4×3＝3.6(cm)

　AH＝AB－BH＝10－3.6＝6.4(cm)

（答）　**CH＝4.8cm**

BH＝3.6cm

AH＝6.4cm

Q 例題②

右の図のように，正方形ABCDの対角線の交点をO，辺BCの中点をEとするとき，O からAEにおろした垂線OFを作ると，AFの長さは何cmになるか。ただし，この正方形の１辺の長さを20cmとする。

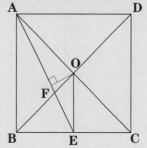

① $10\sqrt{2}$ cm

② $5\sqrt{2}$ cm

③ $3\sqrt{5}$ cm

④ $6\sqrt{5}$ cm

⑤ $7\sqrt{2}$ cm

A 解答・解説

△AEOの面積から，OFを求める。

$\triangle AEC の面積 = 10 \times 20 \times \dfrac{1}{2} = 100 (cm^2)$

よって，$\triangle AEO の面積 = 100 \div 2 = 50 (cm^2)$

また，$AE = \sqrt{20^2 + 10^2} = 10\sqrt{5} (cm)$

したがって，$OF = 50 \times 2 \div 10\sqrt{5} = 2\sqrt{5}$

△AFOは直角三角形であるから，

$AF^2 + OF^2 = AO^2$だから，

$AO = \dfrac{1}{2}\sqrt{20^2 + 20^2} = 10\sqrt{2}$
より，

$AF^2 = AO^2 - OF^2 = (10\sqrt{2})^2 - (2\sqrt{5})^2 = 180 (cm)$

よって，$AF = \sqrt{180} = 6\sqrt{5} (cm)$

（答）　④

No.1

（解答 ▶ P.46）

次の①，②，③の図のxの長さを求めなさい。

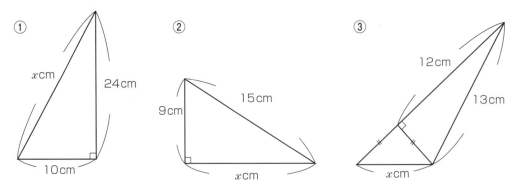

① $x$cm　24cm　10cm

② 9cm　15cm　$x$cm

③ 12cm　13cm　$x$cm

No.2

（解答 ▶ P.47）

右図のように，1辺の長さ10cmの正方形 ABCD の対角線の交点を**O**，辺 BC の中点を**E**，**OB**と **AE**の交点を**F**とするとき，**OF**の長さを求めよ。

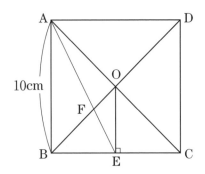

10cm

No.3

（解答 ▶ P.47）

∠**B**＝60°，∠**C**＝45°の△**ABC** で **AB**＝8cm のとき，**BC** の長さは何cmか。

①　$8(1+\sqrt{3})$ cm

②　$8(\sqrt{2}+\sqrt{3})$ cm

③　$8(1+\sqrt{2})$ cm

④　$4(\sqrt{3}+\sqrt{2})$ cm

⑤　$4(1+\sqrt{3})$ cm

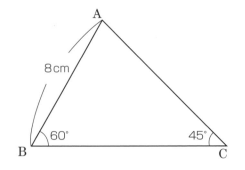

8cm　60°　45°

No.4
(解答 ▶ P.47)

三角形ABCの各頂点の座標が，A(6, 7)，B(−6, 2)，C(1, −5) のとき，この三角形ABCは何という三角形になるか。

① 直角三角形

② 二等辺三角形

③ 正三角形

④ 直角二等辺三角形

⑤ 正三角形を二等分した直角三角形

No.5
(解答 ▶ P.47)

右図のような二等辺三角形ABCの面積を求めよ。

① 82 cm^2

② 90$\sqrt{2}$ cm^2

③ 88 cm^2

④ 96 cm^2

⑤ 108 cm^2

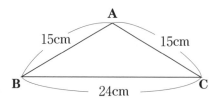

No.6
(解答 ▶ P.47)

直角三角形の花壇をつくるのに，直角を挟む2辺の長さの和が30mになるようにしたところ，面積は108m^{2}になった。この二つの辺について，短いものと長いものの比はどれか。

① 1 : 2

② 1 : 3

③ 2 : 3

④ 2 : 5

⑤ 3 : 4

6 三角形の重心・外心・内心

　三角形には，**重心・外心・内心**と，頂点から対辺に引いた垂線の交点である**垂心**，1つの内角の二等分線と，それに対する2つの外角の二等分線の交点である**傍心**がある。ここでは，重心・外心・内心を覚えよう。

1. 重心

　各辺の**中点**（右図のD，E，F）と，それに対する頂点を結んだ直線を**中線**（右図でAE，BF，CD）という。この中線の交点を三角形の**重心**（右図でG）という。重心は中線を2：1に内分する。

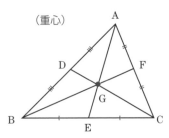
（重心）

　　AG：GE＝BG：GF＝CG：GD＝2：1

　よって，6つの三角形の面積は等しい。

2. 外心

　3辺の垂直二等分線の交点（右図でO）で，**外接円**の中心になる。

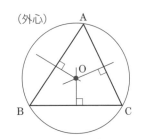
（外心）

　　OA＝OB＝OC

3. 内心

　3つの内角の二等分線の交点（右図でO）で，**内接円**の中心になる。

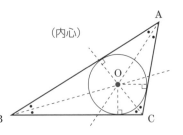
（内心）

　三角形内にあって，3辺から等距離の点。

　正三角形の重心，外心，内心は一致する。

◈ 解法のポイント

1. 重心 ……… 中線の交点。各々の中線を2：1に内分する。

2. 外心 ……… 外接円の中心。各辺の垂直二等分線の交点

3. 内心 ……… 内接円の中心。内角の二等分線の交点

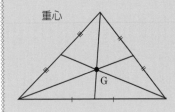
重心

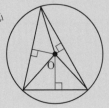
外心

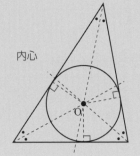
内心

Q 例題①

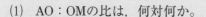

　△ABCで各辺の中点を**L**，**M**，**N**として，それぞれを頂点と結び，線分 **LN** を引く。このとき，あとの問いに答えよ。

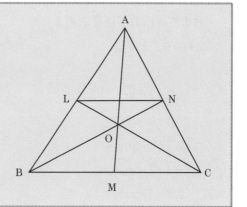

(1)　AO：OMの比は，何対何か。

(2)　LN：BCの比は，何対何か。

(3)　△MOC の面積は，△ABC の何倍か。

❓ ヒント

(1)　三角形の中線の交点は重心になり，**中線を2：1に内分**する。

(2)　**中点連結定理**（288ページ参照）より，三角形の2辺の中点を結ぶ線分はもう1つの辺に平行で，長さは$\frac{1}{2}$になる。このことから考えよう。

(3)　△AMCは△ABCの半分であり，AO：OM＝2：1から，△MOCは△AMCの$\frac{1}{3}$になる。

A 解答・解説

(1)　点Oは重心だから，AO：OM＝2：1

　　　　　　　　　　　　　　　　　　　　　　　　　（答）　2：1

(2)　L，NはAB，ACの中点だから，中点連結定理より，
　　　LN：BC＝1：2

　　　　　　　　　　　　　　　　　　　　　　　　　（答）　1：2

(3)　△AMC＝$\frac{1}{2}$△ABC
　　　AO：OM＝2：1より，△MOC＝$\frac{1}{3}$△AMC
　　　よって，△MOC＝$\frac{1}{3} \times \frac{1}{2}$△ABC＝$\frac{1}{6}$△ABC

　　　　　　　　　　　　　　　　　　　　　　　（答）　$\frac{1}{6}$倍

Q 例題②

右の内接円の半径を求めよ。

∠C＝90°とする。

① $(2\sqrt{3}-1)$cm

② $(2\sqrt{3}-2)$cm

③ $(3\sqrt{3}-1)$cm

④ $(3\sqrt{3}-2)$cm

⑤ $(4\sqrt{3}-4)$cm

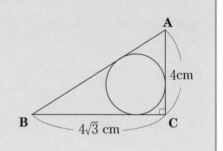

A 解答・解説

内接円の半径をrとし，三角形の3辺の長さの和をlとすると，三角形の面積Sは次のようにして求められる。

$$S=\frac{1}{2}lr$$

ここで，$S=4\sqrt{3}\times4\times\frac{1}{2}=8\sqrt{3}$

$l=4\sqrt{3}+4+8=4\sqrt{3}+12$

よって，$8\sqrt{3}=\frac{1}{2}(4\sqrt{3}+12)r$より，

$$r=\frac{16\sqrt{3}}{4\sqrt{3}+12}=\frac{4\sqrt{3}}{\sqrt{3}+3}=\frac{4\sqrt{3}(3-\sqrt{3})}{9-3}=\frac{4\sqrt{3}(3-\sqrt{3})}{6}=(2\sqrt{3}-2)\,(\text{cm})$$

（答）　②

（別解）

円外の1点から引いた接線の長さは等しいから，右図で，3つの接点をS，T，Uとすると，

AS＝AU　……①

BS＝BT　……②

CT＝CU　……③

また，AB＝$\sqrt{4^2+(4\sqrt{3})^2}=8\,(\text{cm})$

①，②，③より，

AB＋BC＋AC＝2(AS＋BS＋TC)＝2(8＋TC)＝16＋2TC

AB＋BC＋AC＝8＋4$\sqrt{3}$＋4＝4$\sqrt{3}$＋12

よって，TC＝$(4\sqrt{3}+12)\div2-8=(2\sqrt{3}-2)\,(\text{cm})$

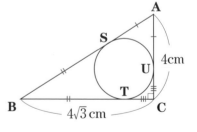

演習問題

（解答 ▶ P.47）

No.1

図の二等辺三角形に内接する円の半径を求めよ。

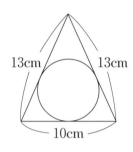

① $\dfrac{8}{3}$ cm

② $\dfrac{17}{6}$ cm

③ 3 cm

④ $\dfrac{19}{6}$ cm

⑤ $\dfrac{10}{3}$ cm

No.2

（解答 ▶ P.48）

下図のように 1 辺の長さaの正三角形に内接する円Oがあり，円Oに外接し，辺BC，BAと接する円をO′とする。D，Eは辺 BCと，円O，円O′との接点である。このとき，DE の長さを求めよ。

① $\dfrac{\sqrt{3}}{6}a$

② $\dfrac{a}{3}$

③ $\dfrac{\sqrt{2}}{4}a$

④ $\dfrac{\sqrt{3}}{4}a$

⑤ $\dfrac{\sqrt{2}}{3}a$

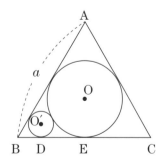

（解答 ▶ P.48）

1辺の長さaの正三角形に内接する円の中心をOとする。Oから3辺に引いた垂線の長さの和は，次のうちどれか。

① $\dfrac{\sqrt{2}}{3}a$

② $\dfrac{\sqrt{3}}{3}a$

③ $(\sqrt{3}-1)a$

④ $\dfrac{\sqrt{3}}{2}a$

⑤ $\dfrac{1+\sqrt{3}}{3}a$

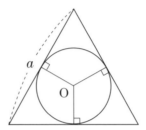

　　　　　　　　　　　　　　　　　　　　　　　　（解答 ▶ P.48）

図のような直角三角形に半円が内接している。このとき，半円の半径は何cmか。

① $\dfrac{24}{7}$ cm

② 4 cm

③ $\dfrac{27}{7}$ cm

④ 5 cm

⑤ $\dfrac{29}{7}$ cm

三角形ABCにおいて，図のように点P，Q，R，Sを定めた。これら４つの点のうち，

ア　三角形ABCの３つの頂点を通る円の中心となる点

イ　その点に糸をつけ，三角形ABCの形をした均質な板をつり下げたら板を水平に保てる点

を正しく組み合わせているのはどれか。

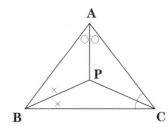

３つの角の二等分線の交点をPとする。

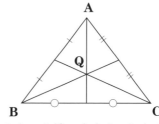

３本の中線の交点をQとする。

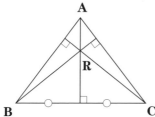

３つの頂点から対辺に下ろした垂線の交点をRとする。

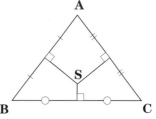

３辺の垂直二等分線の交点をSとする。

	ア	イ
①	点P	点Q
②	点R	点P
③	点R	点S
④	点S	点P
⑤	点S	点Q

7　面積

　広さを表す単位「cm^2」や「m^2」の右肩の指数 2 は，（たて×横）と長さを 2 回かけて求めた単位であることを表す。面積の公式は，正方形から考えはじめるとよい。まず最初に，基本公式を示す。ここで使用する文字は，S が面積，a, b が辺や対角線の長さ，h が高さ，r が半径，π が円周率，θ が中心角のそれぞれ大きさを表している。

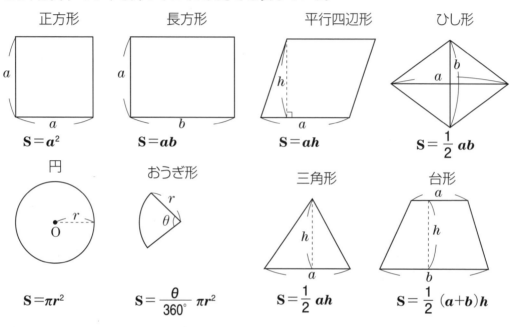

正方形
$$S = a^2$$

長方形
$$S = ab$$

平行四辺形
$$S = ah$$

ひし形
$$S = \frac{1}{2} ab$$

円
$$S = \pi r^2$$

おうぎ形
$$S = \frac{\theta}{360^\circ} \pi r^2$$

三角形
$$S = \frac{1}{2} ah$$

台形
$$S = \frac{1}{2} (a+b)h$$

　三角形は，2 辺とその間の角がわかっていれば面積が求められる。また，内接円の半径と 3 辺の長さからも求めることができる。

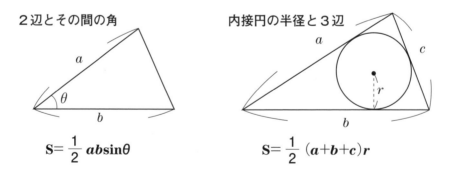

2 辺とその間の角
$$S = \frac{1}{2} ab\sin\theta$$

内接円の半径と 3 辺
$$S = \frac{1}{2} (a+b+c)r$$

　また，おうぎ形は弧の長さ ℓ と半径 r から面積を求められる。

$$S = \frac{1}{2} \ell r$$

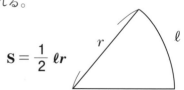

面積を求めるときの工夫には，等しい面積を移動させる**等積移動**や，等しい面積をもつ簡単な形をみつけて面積を求める**等積変形**がある。

■ 等積移動

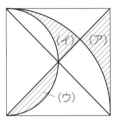

(ア)＋(イ)＋(ウ)の面積を求める

同じ面積を移動（等積移動）

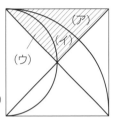

三角形（正方形の$\frac{1}{4}$）として求める

■ 等積変形

半径rの半円OをAを中心に30°回転移動したとき

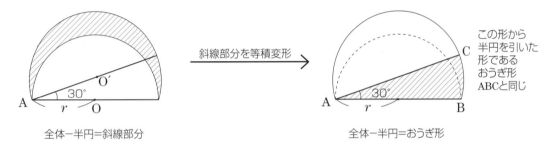

斜線部分を等積変形 →

全体－半円＝斜線部分　　　　　　全体－半円＝おうぎ形

この形から半円を引いた形であるおうぎ形ABCと同じ

☞ 解法のポイント

1. 面積の公式

・正方形＝（1辺）^{2}　・長方形＝（たて）×（横）　・平行四辺形＝（底辺）×（高さ）

・ひし形＝（対角線）×（対角線）×$\frac{1}{2}$　・台形＝（上底＋下底）×（高さ）×$\frac{1}{2}$

・三角形＝底辺×高さ×$\frac{1}{2}$　・円＝（半径）^{2}×π　・おうぎ形＝（半径）^{2}×π×$\dfrac{\text{中心角}}{360°}$

2. 他の面積公式

・三角形の2辺をa，b，その間の角をθとすると，$\mathrm{S}=\dfrac{1}{2}ab\sin\theta$

・三角形の内接円の半径をr，長さをa，b，cとすると，$\mathrm{S}=\dfrac{1}{2}(a+b+c)r$

・おうぎ形の弧の長さℓ，半径rとすると，$\mathrm{S}=\dfrac{1}{2}\ell r$

3. 面積を求める工夫には，等積移動や等積変形がある。

〔数的推理〕

第2章　図形

305

Q 例題①

AB＝8cmの長方形ABCDを点Bを中心に30°
回転させると，長方形A′B C′D′になる。右図
の斜線部の面積を求めよ。

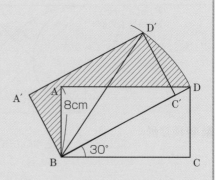

① $\dfrac{16}{3}\pi\,\mathrm{cm}^2$

② $\dfrac{64}{3}\pi\,\mathrm{cm}^2$

③ $\dfrac{128}{3}\pi\,\mathrm{cm}^2$

④ $\dfrac{256}{3}\pi\,\mathrm{cm}^2$

⑤ $64\sqrt{3}\,\mathrm{cm}^2$

❓ ヒント

等積変形で面積を求める。全体の形 A′ B C D D′ から長方形 ABCD を引いた面積が斜線部
分になる。下の図より，全体から長方形を引いた残りは，おうぎ形であることがわかる。

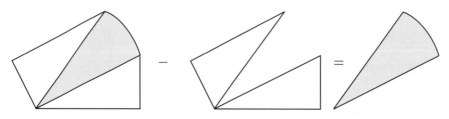

また，AB = 8 cmで，△DBCは∠DBC＝30°よりDC：DB：BC＝1：2：$\sqrt{3}$になるので，BD
が求められる。

A 解答・解説

斜線部分の面積は，おうぎ形 D′ BD の面積と等しい。

BD＝8×2＝16cmより

$$16^2\pi\times\dfrac{30}{360}=\dfrac{64}{3}\pi\,(\mathrm{cm}^2)$$

（答）　②

Q 例題②

　1辺の長さ4cmの正方形が2つある。一方を中心の周りに45°回転して図のように重ね合わせたとき，二重になっている正八角形の面積はどれだけか。

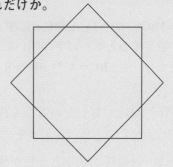

① $(32\sqrt{2}-32)\,\text{cm}^2$

② $(32\sqrt{2}-33)\,\text{cm}^2$

③ $(32\sqrt{2}-34)\,\text{cm}^2$

④ $(32\sqrt{2}-35)\,\text{cm}^2$

⑤ $(32\sqrt{2}-36)\,\text{cm}^2$

A 解答・解説

右図のように，正方形の一部に記号をつけて表すと，

　$\triangle ABC \equiv \triangle CDE \equiv \triangle EFG$

　$\triangle DCE$は直角二等辺三角形なので，

　$DC : CE = 1 : \sqrt{2}$

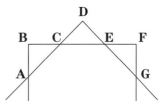

よって，

　$BC : CE : EF = 1 : \sqrt{2} : 1$

これにより，BCの実際の長さは，

$$BC = 4 \times \frac{1}{1+\sqrt{2}+1} = \frac{4}{2+\sqrt{2}} = \frac{4(2-\sqrt{2})}{(2+\sqrt{2})(2-\sqrt{2})} = \frac{4(2-\sqrt{2})}{2} = 4-2\sqrt{2}$$

よって，$\triangle ABC$の面積は，

$$(4-2\sqrt{2}) \times (4-2\sqrt{2}) \times \frac{1}{2} = 12-8\sqrt{2}$$

したがって，重なった正八角形の面積は，

$$4 \times 4 - 4(12-8\sqrt{2}) = 16-48+32\sqrt{2} = (32\sqrt{2}-32)\,(\text{cm}^2)$$

（答）　①

No.1 （解答 ▶ P.48）

△ABCにおいて，辺BC上に中点Mを取る。AMで折り返すと，点CはC′に移る。ABとC′M
が直交するとき，以下の問いに答えよ。
ただし，∠ABC＝45°，BC＝8とする。

(1) ABとC′Mが交わる点をHとするとき，△ACMと面積
    が等しくなる三角形をすべて挙げよ。

(2) 斜線部△AC′Hと面積が等しくなる三角形を挙げよ。

(3) 斜線部△AC′Hの面積を求めよ。

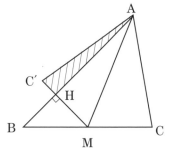

	(1)	(2)	(3)
①	△AC′M	△AHM	4
②	△AC′Mと△ABM	△AHM	2
③	△AC′Mと△ABM	△BHM	4
④	△AC′M	△BHM	2
⑤	△ABM	△BHM	4

No.2 （解答 ▶ P.49）

図のように，AB＝8 cm，AD＝16cmの長方形の紙を，対角線ACで折り曲げたとき，重な
る部分△AECの面積を求めよ。

① 32 cm²

② 36 cm²

③ 40 cm²

④ 44 cm²

⑤ 48 cm²

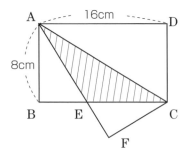

No.3

（解答▶P.49）

図のような直角三角形の内接円の半径は，小数第2位までの数で表すとおよそ何cmか。

10cm　20cm　r

① 3.50 cm

② 3.56 cm

③ 3.60 cm

④ 3.66 cm

⑤ 3.80 cm

No.4

（解答▶P.49）

右図のような正六角形がある。一辺の長さが12cmのとき，図の斜線部分の面積を求めよ。**O**は中心である。

① $48\sqrt{3}$ cm^2

② $48\sqrt{2}$ cm^2

③ $52\sqrt{3}$ cm^2

④ $52\sqrt{2}$ cm^2

⑤ $54\sqrt{3}$ cm^2

O

No.5

（解答▶P.49）

1辺の長さが，8cmの正方形**ABCD**がある。いま，**D**が**BC**の中点**M**にくるように線分**EH**を折り目として折ったとき，△**EFG**の面積を求めよ。

① $\dfrac{1}{3}$ cm^2

② $\dfrac{2}{3}$ cm^2

③ $\dfrac{4}{3}$ cm^2

④ $\dfrac{5}{3}$ cm^2

⑤ $\dfrac{7}{3}$ cm^2

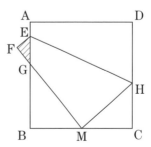

図のような高さ $\sqrt{3}$ cm，対角線BDの長さが 2 cmの台形ABCDがある。いま，AからBDに直交する直線を引き，その直線とCDとの交点をEとする。AEとBCが平行であるとき，台形ABEDの面積はいくらか。

① 　2 cm^2

② 　$2\sqrt{2}$ cm^2

③ 　3 cm^2

④ 　$2\sqrt{3}$ cm^2

⑤ 　4 cm^2

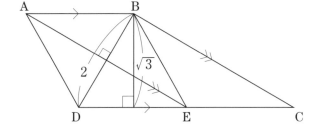

8　面積と比

　面積の比は，三角形をもとにするものと円をもとにするものに分けられる。それぞれについて説明しよう。比はすべて，最も簡単な比に直してから計算することが大切である。

1.　三角形をもとにするもの

(1)　**高さが同じ三角形は，底辺の長さの比が面積比になる。**

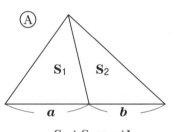

$$S_1 : S_2 = a : b$$

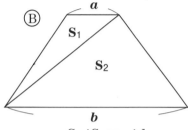

$$S_1 : S_2 = a : b$$

　　Ⓐの場合は，頂点が共通の2つの三角形，Ⓑの場合は，台形を2つの三角形に分けたときの面積比で，これを発展させて，高さの同じ台形ならば，（上底＋下底の長さの比）が面積比になる。

(2)　**底辺が共通の三角形は，高さの比が面積比になる。高さは ℓ の長さの比 $a : b$ と同じ。**

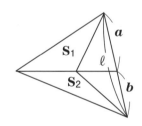

$$\xrightarrow{\text{90°回転して}}$$

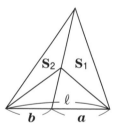

(3)　**もとにする三角形を1として，比べる三角形の（底辺の割合×高さの割合＝面積の割合）で比べる。**

　△ABCをもとにすると，斜線部分△DBEは，底辺が $\dfrac{1}{4}$，高さが $\dfrac{2}{5}$ だから，面積は $\dfrac{1}{4} \times \dfrac{2}{5}$ $= \dfrac{1}{10}$ になる。

　よって，△ABC：△DBE $= 1 : \dfrac{1}{10}$ $= 10 : 1$

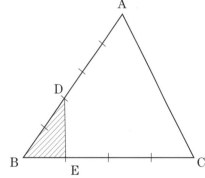

(4) 相似形どうしの面積比は，相似比の2乗比になる。これは，すべての図形にあてはまる。

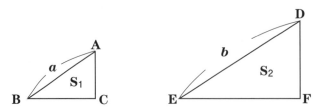

　　△ABC∽△DEFで，AB：DE＝a：bのとき，S_1：S_2＝a^2：b^2になる。

2. 円をもとにするもの

(1) 中心角の等しいおうぎ形や円どうしは相似なので，面積比は，半径の2乗比になる。

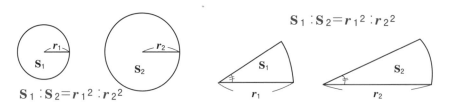

(2) 半径の等しいおうぎ形は，中心角の比が面積比

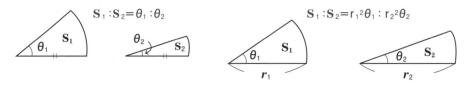

　　このことから，半径r_1，中心角θ_1のおうぎ形と半径r_2，中心角θ_2の面積比は上の右図のように，S_1：S_2＝$r_1^2\theta_1$：$r_2^2\theta_2$になる。

◇ 解法のポイント

面積比の求め方

1. 三角形をもとにする。

　(1) 高さが同じ場合は，底辺の長さの比が面積比になる。

　(2) 底辺が共通の三角形は，高さの比が面積比になる。

　(3) もとにする三角形と比べて，底辺がa倍，高さがb倍になったら面積はab倍

　(4) 相似形の面積比は，相似比a：bの2乗比，a^2：b^2になる。

2. 円をもとにする。

　(1) 中心角の等しいおうぎ形や円は，半径の2乗比が面積比

　(2) 半径の等しいおうぎ形は，中心角の比が面積比

　(3) 半径がr_1：r_2，中心角がθ_1：θ_2のおうぎ形の面積比は$r_1^2\theta_1$：$r_2^2\theta_2$

Q 例題①

△ABCにおいて辺BCを2：1に内分する点をQ，AQを2：1に内分する点をDとする。直線CDが辺ABと交わる点をPとするとき，APの長さは次のうちどれか。

ただし，AB＝aとする。

① $\dfrac{2}{3}a$

② $\dfrac{2}{5}a$

③ $\dfrac{3}{10}a$

④ $\dfrac{4}{9}a$

⑤ $\dfrac{1}{2}a$

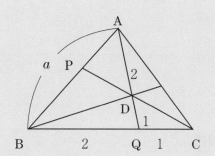

ヒント

BQ：QC＝2：1より，△DBQ：△DQC＝2：1　また，△CAQで，QD：DA＝1：2より△DQC：△ADC＝1：2　△DQCは比が1でそろっているので，△DBC：△ADC＝3：2になり，DCが共通の底辺となって，PB：APが高さの比になる。

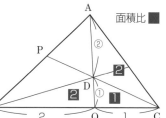

面積比 ■

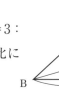

A 解答・解説

△DBQ：△DQC＝2：1　……①

△ADC：△DQC＝2：1　……②

①，②より，△DBC：△ADC＝3：2

よって，AP：PB＝△ADC：△DBC＝2：3より，

$$AP＝\dfrac{2}{2+3}AB＝\dfrac{2}{5}a$$

（答）　②

次の図で△ABEの面積は120cm^2，△EDFの面積は40cm^{2}である。斜線部分の面積を求めよ。

① 　32 cm^2

② 　36 cm^2

③ 　40 cm^2

④ 　42 cm^2

⑤ 　44 cm^2

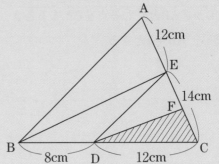

AE：EC＝12：14＝6：7より，

　△ABE：△EBC＝6：7

よって，

　$\triangle EBC = 120 \times \dfrac{7}{6} = 140\,(\mathrm{cm}^2)$

また，

　BD：DC＝8：12＝2：3より，

　△EBD：△EDC＝2：3

よって，

　$\triangle EDC = 140 \times \dfrac{3}{2+3} = 84\,(\mathrm{cm}^2)$

　斜線部分＝△EDC－△EDF＝84－40＝44（cm^2）

(答)　⑤

Q 例題③

　四つの正三角形を組み合わせて，図のような平行四辺形ABCDを作ったとき，斜線部分の面積と平行四辺形ABCDの面積の比はいくつになるか。

① 1：8
② 1：10
③ 1：12
④ 1：14
⑤ 1：16

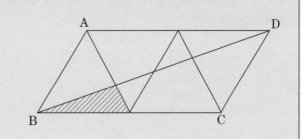

A 解答・解説

右図のようにE〜Iを決めると，

　△FID：△AGDの面積比は，

　　1：4

よって，

　△FID：四角形FAGI＝1：3

また，

四角形FAGIは平行四辺形AECFの半分だから，

　△FDI：平行四辺形AECF＝1：6

平行四辺形AECFは平行四辺形ABCDの半分で，斜線部分＝△FIDだから，

　斜線部分：平行四辺形ABCD＝1：12

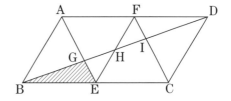

（答）　③

No.1

（解答 ▶ P.50）

△ABC の辺 AB の中点をD，辺 AC の中点をEとする。このとき，△ADE の面積は，
△ABC の何倍か。

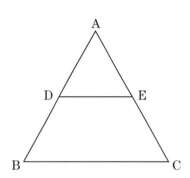

① $\dfrac{1}{3}$倍

② $\dfrac{1}{2}$倍

③ $\dfrac{1}{4}$倍

④ 2 倍

⑤ 4 倍

No.2

（解答 ▶ P.50）

△ABCにおいて，点Dは辺 AB の4等分点，点Eは辺 BC の3等分点，点Fは辺 AC の中点
である。このとき，△DEFと△ABC の面積比はどれだけか。

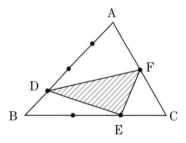

① 5：24

② 1：4

③ 7：24

④ 1：3

⑤ 3：8

No.3

（解答 ▶ P.50）

四角形 ABCD の中に，三角形P，Q，R，S がある。DF：FC＝4:3 で，R と Sの面積比が 8:3のとき，PとQの面積比はいくつか。

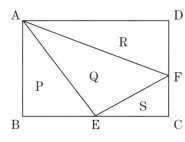

① 6：5

② 7：10

③ 7：18

④ 8：13

⑤ 8：15

No.4

（解答 ▶ P.51）

△ABC の辺 AB，AC の中点をM，Nとする。線分 MC，NB の交点をPとするとき，△PMN の面積は，△ABC の面積の何倍か。

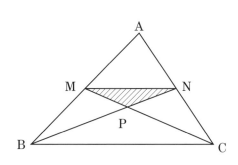

① $\dfrac{1}{16}$倍

② $\dfrac{1}{12}$倍

③ $\dfrac{1}{10}$倍

④ $\dfrac{1}{9}$倍

⑤ $\dfrac{1}{8}$倍

△ABCの辺AB上に，AM：MB＝1：4となるように点Mを，辺AC上にAN：NC＝1：4となるように点Nをとる。線分MC，NBの交点をPとして，△PMNの面積が0.4cm²のとき，△ABCの面積はどれだけか。

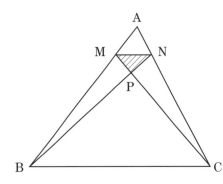

① 5 cm²

② 7.5 cm²

③ 10 cm²

④ 12.5 cm²

⑤ 15 cm²

平行四辺形 ABCD の辺ADの中点をMとする。線分 BMと対角線 AC の交点をPとするとき，△APM は平行四辺形 ABCD の面積の何倍か。

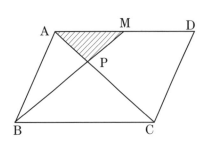

① $\dfrac{1}{8}$ 倍

② $\dfrac{1}{9}$ 倍

③ $\dfrac{1}{10}$ 倍

④ $\dfrac{1}{12}$ 倍

⑤ $\dfrac{1}{15}$ 倍

No.7

（解答 ▶ P.51）

AD∥BCである台形 ABCD において，AD：BC＝3：5 である。台形 ABCD の面積と△ABE の面積の比は次のうちどれか。

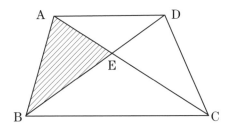

① 8：3

② 25：9

③ 11：3

④ 64：15

⑤ 4：1

No.8

（解答 ▶ P.52）

△ABCの辺AB，BC，CAを3：1の比に分けた点をD，E，Fとする。
△ABCの面積＝96cm²のとき，△ADFの面積を求めよ。

① 12 cm²

② 14 cm²

③ 16 cm²

④ 18 cm²

⑤ 20 cm²

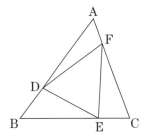

No.9 (解答 ▶ P.52)

右の図で，EB＝2AE，FC＝2AFであり，点DはECとFBの交わる点である。△EDF＝9cm²とするとき，△ABCの面積を求めよ。

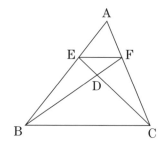

① 126 cm²

② 148 cm²

③ 162 cm²

④ 184 cm²

⑤ 202 cm²

No.10 (解答 ▶ P.52)

図のように長方形の相対する辺を4等分する点と5等分する点を結んでできる四角形ABDCの部分の面積は，もとの長方形の面積のどれだけにあたるか。

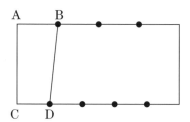

① $\dfrac{7}{30}$

② $\dfrac{8}{33}$

③ $\dfrac{11}{36}$

④ $\dfrac{9}{40}$

⑤ $\dfrac{13}{42}$

次の図のように，正方形ABCDの点Dから点B及び辺BCの中点Eに直線を引き，DEの長さがaであるとき，斜線部分の面積はどれか。

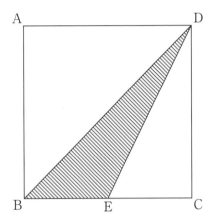

① $\dfrac{a}{5}$

② $\dfrac{a^2}{5}$

③ $\dfrac{a^2}{6}$

④ $\dfrac{2a}{5}$

⑤ $\dfrac{2a^2}{5}$

9 円周角

■弧・弦・中心角

　円上にある2点A，B（図1）において，AからBまでの円周を**弧AB**といい，$\overset{\frown}{\text{AB}}$と表す。また，AとBを直線で結んだ線分ABを**弦AB**という。

　弧ABの両端と中心を結んでできる角（図1では∠AOB）を**中心角**という。半径の等しい円では，中心角が等しければ弧の長さも等しい。図1では，∠AOB＝∠CODならば，$\overset{\frown}{\text{AB}}＝\overset{\frown}{\text{CD}}$

　図2のように中心と弦ABでできる△ABOは，**OA＝OB＝半径**の二等辺三角形であるから，点OからABの中点Cに引いた直線OCは，ABと垂直に交わる。よって，△OAC，△OCBは直角三角形になる。

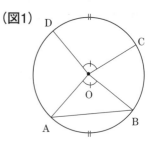
（図1）

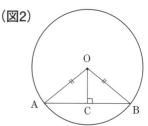
（図2）

■中心角と円周角

　図3で，∠AC₁Bから∠AC₅Bまで，弧 ABの両端から円周の1点を結んだ角を**円周角**といい，同じ弧に対する円周角はすべて等しい（$\angle AC_1B = \angle AC_2B = \angle AC_3B = \angle AC_4B = \angle AC_5B$）。

　また，**同じ弧に対する円周角は，中心角の$\frac{1}{2}$になる。**図4では，$\angle ADB = \frac{1}{2}\angle AOB$。このことから，直径に対する円周角は90°になることがわかる。図4では，∠AOC＝180°より∠AEC＝90°

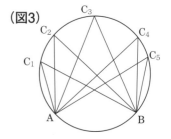
（図3）

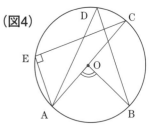
（図4）

🖝 解法のポイント

1. 同一円周上で，同じ長さの弧に対する中心角は等しい。また，逆に同一円周上で中心角が等しければ弧の長さも等しい。

2. 同一円周上で，等しい弧に対する円周角は等しい。

3. 同一円周上で，同じ弧に対する円周角は中心角の$\frac{1}{2}$になる。

Q 例題①

次の図で ∠x の大きさをそれぞれ求めよ。

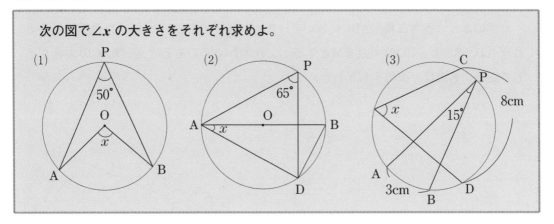

☜ ヒント

(1) 同じ弧に対する中心角は，**円周角の2倍**になる。

(2) 同じ弧に対する**円周角は等しい**。よって，∠APD＝∠ABD。また，直径に対する円周角なので∠ADB＝90°になる。それらの角度をもとに△ADBから考える。

(3) 中心角は弧の長さに比例するから，**円周角も弧の長さに比例**する。

A 解答・解説

(1) ∠AOB＝2∠APBより，∠AOB＝2×50＝100°

(答) x＝100°

(2) ∠ABD＝∠APD＝65°　∠ADB＝90°

よって，∠BAD＝180°－65°－90°＝25°

(答) x＝25°

(3) 3cmの弧ABに対する円周角＝15°

8cmの弧DCに対する円周角＝x°

弧と円周角は比例するから，3：15＝8：x

内項の積＝外項の積より，15×8＝3x

よって，$x＝\dfrac{15×8}{3}＝40°$

(答) x＝40°

　右図のような鋭角三角形ABCにおいて，BからAC，CからABへ引いた垂線の足をそれぞれD，Eとし，BCの中点をMとする。∠DME＝36°であるとき∠BACの大きさとして正しいものは，次のうちどれか。

① 58°

② 64°

③ 72°

④ 78°

⑤ 82°

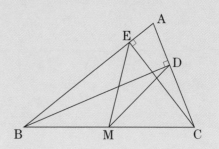

A　解答・解説

　∠BEC＝∠BDC＝90°であることから，4点B, E, D, CはBCを直径とする半円周上にある。このとき，中点Mはこの円の中心になる。

　∠DME＝36°，円周角と中心角の関係から，

$$\angle EBD = \frac{1}{2} \times \angle DME = 18°$$

したがって，直角三角形ABDで

$$\angle BAD = 90° - \angle EBD = 72°$$

よって，

$$\angle BAC = 72°$$

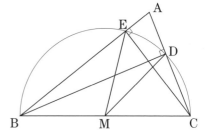

（答）　③

演習問題

No.1

（解答▶P.53）

右図のように∠ABO＝25°，∠ACO＝15°のとき，∠BOCは何度になるか。

① 40°

② 50°

③ 60°

④ 70°

⑤ 80°

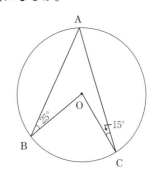

No.2

（解答▶P.53）

右図で，3点A，B，Cは点Oを中心とする円の円周上にあり，点Dは半径OAと線分BCとの交点である。∠ACB＝40°，∠ODB＝60°のとき，∠ABCの大きさは何度か。

① 10°

② 20°

③ 30°

④ 40°

⑤ 50°

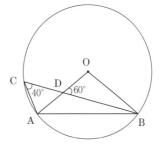

No.3 （解答 ▶ P.53）

右図で，Oを中心とする円の直径ABの延長と，弦CDの延長との交点を点 E とする。
EC＝OCで，∠CEA＝18°，$\overgroup{AC}$＝4cmのとき，∠ODCの大きさと$\overgroup{DB}$の長さを求めよ。

	∠ODC	$\overgroup{DB}$
①	42°	8 cm
②	42°	12cm
③	36°	16cm
④	36°	12cm
⑤	36°	8 cm

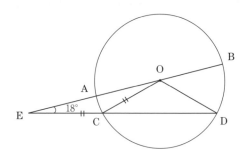

No.4 （解答 ▶ P.53）

次のx，yの角度を求めよ。

①	$x=25°$	$y=66°$
②	$x=25°$	$y=68°$
③	$x=20°$	$y=70°$
④	$x=20°$	$y=72°$
⑤	$x=15°$	$y=74°$

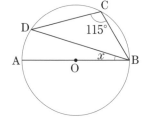
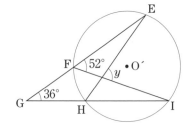

No.5 （解答 ▶ P.53）

右図で，円Oの半径が9cm，∠BAC＝20°のとき，$\overgroup{BC}$の長さを求めなさい。

① $\dfrac{3}{2}\pi$ cm

② 2π cm

③ $\dfrac{5}{2}\pi$ cm

④ 4π cm

⑤ $\dfrac{7}{2}\pi$ cm

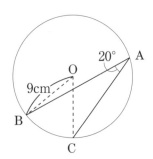

10　円に内接する四角形

（図1）は，円に内接する四角形ABCDを表している。この図で，中心角アとイの和は360°になる。すると，それぞれに対する円周角の和は，

$$ウ＋エ＝\frac{1}{2}×ア＋\frac{1}{2}×イ＝\frac{1}{2}（ア＋イ）＝180°になる。$$

これから，円に内接する四角形の（図1）の∠Aと∠C，∠Bと∠Dのような**内対角の和は180°**であることがわかる。

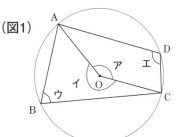

（図1）

また，（図2）で，　∠BAD＋∠BCD＝180° …… ①

∠DCE＋∠BCD＝180° …… ②

①，②より，　∠BAD＝∠DCEで，円に内接する四角形では，**内角とその対外角は等しくなる**。

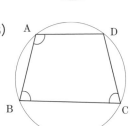

（図2）

以上，2つの定理は逆もいえるので，内対角の和が180°になる四角形や，対外角が内角と同じ四角形は円に内接する。

以上のことから，円に内接する台形は，どのようになるか考えてみる。平行線は同側内角の和が180°であるから，（図3）のように

∠DAB＋∠ABC＝180° …… ①

円に内接する四角形であるから，

∠DAB＋∠DCB＝180° …… ②

①，②より，　∠ABC＝∠DCB

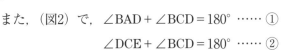

（図3）

よって，四角形ABCDは等脚台形になる。

🔍 解法のポイント

1. 円に内接する四角形の内対角の和は180°になる。

2. 円に内接する四角形の1つの内角は，その内角の対外角に等しい。

3. 円に内接する台形は等脚台形である。

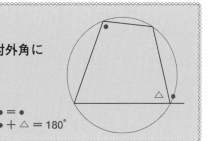

●＝●
●＋△＝180°

次の(1)(2)(3)で∠**x**，∠**y**の大きさを求めよ。

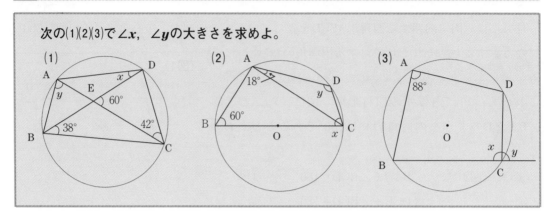

（1）　**x**の角度と∠ACBは等しい。∠ECBと∠EBCの和は60°になる。

　　yの角度は，∠BDCと同じになる。

（2）　円に内接する四角形の内対角の和は180°になるから，∠BAD + ∠BCD = 180°

　　また，直径に対する円周角∠BAC = 90°になる。

（3）　円に内接する四角形の内対角の和は180°で，対外角と等しい。

A 解答・解説

（1）　△EBCで，∠BCE = 60° − 38° = 22°

　　∠ADB = ∠BCEより，**x** = 22°

　　∠ABD = ∠ACD = 42°で，△ABEの外角∠AED = 120°

　　だから，**y** = 120° − 42° = 78°

（答）$\begin{cases} \boldsymbol{x} = 22° \\ \boldsymbol{y} = 78° \end{cases}$

（2）　∠BAD = ∠BAC + 18° = 90° + 18° = 108°

　　x = 180° − 108° = 72°

　　y = 180° − 60° = 120°

（答）$\begin{cases} \boldsymbol{x} = 72° \\ \boldsymbol{y} = 120° \end{cases}$

（3）　**x** = 180° − 88° = 92°　　　**y** = 88°

（答）$\begin{cases} \boldsymbol{x} = 92° \\ \boldsymbol{y} = 88° \end{cases}$

Q 例題②

　右図で，△ABCの垂心を**H**，外心を**O**としたとき，**OD＝1cm**，**AE＝8cm**のときの**HE**の長さを求めよ。

① 　5cm

② 　5.5cm

③ 　6cm

④ 　6.5cm

⑤ 　7cm

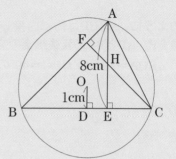

A 解答・解説

BOの延長と円との交点をGとする。

　　∠BDO＝∠R（＝90°）

BGは直径だから，

　　∠BCG＝∠R（＝90°）

ゆえに，OD∥GC

　　BO＝OGから，DはBCの中点である。

ゆえに，GC＝2OD　……①

また，四角形AFCGにおいて，

　　∠CFB＝∠R，BGが直径だから，

　　∠GAB＝∠R

ゆえに，CF∥GA

同様にして，

　　AE∥GC

よって，四角形AHCGは平行四辺形であり，

　　AH＝GC　……②

①，②よりAH＝2OD，AH＝2cm

　　HE＝AE－AH＝8－2＝6（cm）

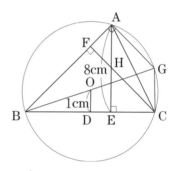

（答）　③

（解答 ▶ P.54）

No.1

図のように□ABCDは円に内接し，BAとCDの延長線上の
交点をP，ADとBCの延長線上の交点をQとする。
今，∠BQA＝70°，∠QDC＝40°のとき∠BPCは何度か。

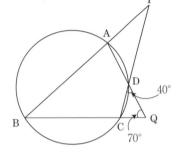

①　30°

②　35°

③　40°

④　42°

⑤　45°

（解答 ▶ P.54）

No.2

∠ABC＝55°，∠ACB＝65°の△ABCがある。右の図のよう
に，辺BCを直径とする半円Oと辺AB，ACとの交点をそれぞ
れD，Eとし，半円の半径BO＝3cmとすると，DEの長さは
何cmになるか。

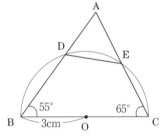

①　2 cm

②　$2\sqrt{3}$ cm

③　3 cm

④　$3\sqrt{3}$ cm

⑤　4 cm

No.3

（解答 ▶ P.54）

右図のようにABを直径とする半円周上にAB∥CDとなるように点C，Dをとり，さらに⌒CD上に点Eをとる。∠DAB＝15°とすると∠CEDは何度になるか。

① 100°　② 110°　③ 120°

④ 130°　⑤ 140°

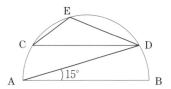

No.4

（解答 ▶ P.54）

右図で，A，B，C，Dは円Oの円周上の点である。
∠AOB＝70°，∠DCB＝58°のとき，
∠DAOの大きさを求めよ。

① 58°

② 60°

③ 62°

④ 65°

⑤ 67°

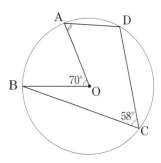

No.5

（解答 ▶ P.54）

右図で，円Oの円周上に4点A，B，C，Dをとり，四角形ABCDを作る。線分AC，BDの交点をEとする。
AB＝BC，∠ABD＝62°，∠CAD＝50°のとき，
∠AEDの大きさを求めよ。

① 92°

② 96°

③ 98°

④ 100°

⑤ 102°

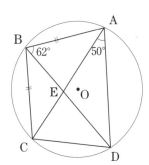

11　円と接線

　円の中心から直線までの距離が半径と同じで，直線と円との共有点が１個の直線を**接線**（図1のAT）という。また，その共有点を**接点**（図1のA）という。

（図1）

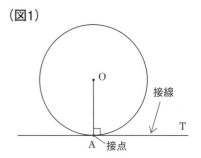

　接点をAとしたとき，Aを通る半径OAと接線は垂直になる（図1）。

　接線と接点を通る弦にも定理がある。（図2）のように接点をA，接線を直線AT，接点を通る弦をABとすると，∠BATは$\overset{\frown}{\mathrm{AB}}$の円周角でもある∠APBと等しい。これは，**接弦定理**ともいわれ，次のような定理である。

　ATが円ABPの接線ならば，∠TAB＝∠APB

（図2）

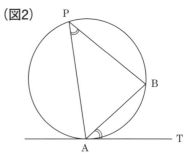

　（図3）のように，円外の１点（図3のP）から接線を引いてみよう。接線は，APとBPのように２本引くことができる。図で，△AOPと△BOPにおいて，

　　　　∠OAP＝∠OBP＝∠R　……①

　　　OA＝OB　……②

　　　OP＝OP　……③

　斜辺と他の１辺が等しい直角三角形は合同だから，①～③より，△PAO≡△PBOがいえるので，PA＝PB，∠APO＝∠BPO，∠AOP＝∠BOPとなる。ここから，円外の１点Pから引いた接線の長さは等しい（PA＝PB）ということができる。

（図3）

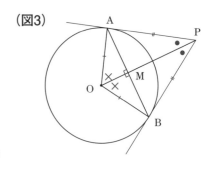

◇ 解法のポイント

1. 接点を通る半径は接線に垂直になる。
   右図で**TT′⊥AO**
2. 接線と接点を通る弦との間にできる角は，その弦の円周角と等しい。
   右図で**∠BAT′＝∠BPA**
3. 円外の１点(右図**Q**)から引いた接線の長さは等しい。
   右図で**QC＝QA**

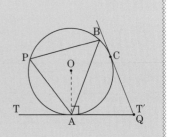

Q 例題①

次の(1)～(3)の図で，**AT**は接線である。それぞれ∠*x* の大きさを求めよ。

(1)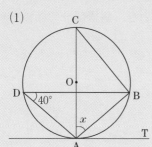

(2)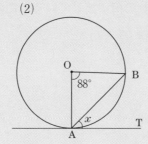

(3)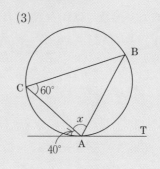

ヒント

(1) ∠ADB＝∠BATになり，∠CAT＝90°になることから，∠CABを求める。

(2) ∠BATは$\overset{\frown}{AB}$の円周角と同じになる。$\overset{\frown}{AB}$の円周角は$\overset{\frown}{AB}$の中心角∠AOBから求めることができる。

(3) 接弦定理から，∠BCA＝∠BATとなり，一直線の角度は180°であることから求める。

A 解答・解説

(1) ∠BAT＝∠BDA＝40°，∠CAT＝90°

よって，$x＝90°－40°＝50°$

（答）　$x＝50°$

(2) $\overset{\frown}{AB}$の円周角は，$88°×\dfrac{1}{2}＝44°$　∠BATは$\overset{\frown}{AB}$の円周角と等しい。

（答）　$x＝44°$

(3) ∠BAT＝60°

$x＝180°－40°－60°＝80°$

（答）　$x＝80°$

右図において，半径3cmの円と半径9cmの円が点Eで接している。

また，直線 ℓ はB，Cでそれぞれの円に接している。このとき，斜線部分の面積を求めよ。

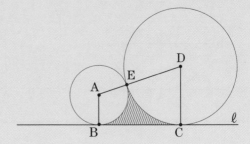

① $\left(30\sqrt{3}-\dfrac{35}{2}\pi\right)$cm^2

② $\left(36\sqrt{3}-17\pi\right)$cm^2

③ $\left(36\sqrt{3}-\dfrac{33}{2}\pi\right)$cm^2

④ $\left(25\sqrt{3}-17\pi\right)$cm^2

⑤ $\left(25\sqrt{3}-\dfrac{33}{2}\pi\right)$cm^2

A 解答・解説

点AからDCに垂線AFを引くと△DAFは，

$\quad$AD＝12cm，$\quad$DF＝6cmになり，$\quad$∠ADF＝60°

になる。

よって，AF＝$6\sqrt{3}$

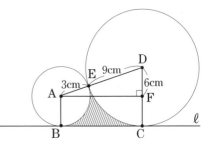

$\quad$台形ABCDの面積＝$(3+9)\times 6\sqrt{3}\times\dfrac{1}{2}=36\sqrt{3}$（cm^2）

$\quad$扇形ABEの面積＝$3^2\times\pi\times\dfrac{120}{360}=3\pi$（cm^2）

$\quad$扇形DECの面積＝$9^2\times\pi\times\dfrac{60}{360}=\dfrac{27}{2}\pi$（cm^2）

斜線部分の面積＝台形ABCD－扇形ABE－扇形DECだから，

$\quad$斜線部分＝$36\sqrt{3}-3\pi-\dfrac{27}{2}\pi=\left(36\sqrt{3}-\dfrac{33}{2}\pi\right)$（cm^2）

（答）③

演習問題

No.1 （解答▶P.54）

右図のように，円Oに内接する△ABC があり，ABは円Oの直径で，∠BAC＝20°である。
点Cにおける円Oの接線と辺 AB の延長との交点をDとするとき，∠BDC の大きさを求めよ。

① 30°

② 40°

③ 45°

④ 50°

⑤ 60°

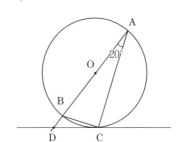

No.2 （解答▶P.55）

右図のように円Oの外部の点Ｐから，円Oに接線 PA，PB を引いた。また，点QをP側の
$\overparen{AB}$ 上にとり，その点Qにおける接線と２直線 AP, BPとの交点をR, Sとする。∠APB＝60°，
AO＝4 cm のとき，APの長さと∠ROSの大きさを求めよ。

	AP	∠ROS
①	8 cm	40°
②	8 cm	50°
③	$4\sqrt{3}$ cm	60°
④	$4\sqrt{3}$ cm	70°
⑤	$4\sqrt{3}$ cm	80°

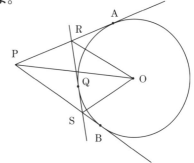

No.3 （解答▶P.55）

右図において，四角形 ABCD は円に内接し，点Aにおけるこの円の接線と，BDの延長線と
が交わる点を E，∠ABD＝30°，∠BCD＝85°とするとき∠DEA の大きさを求めよ。

① 15°

② 20°

③ 25°

④ 30°

⑤ 35°

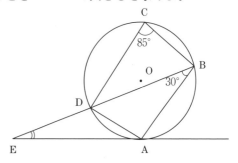

次の図のように正方形の内部に４つの円O_1〜O_4がある。O_1，O_2は半径が９cmで正方形の異なる２辺に接し，O_3，O_4は半径が４cmで正方形の異なる2辺とO_1，O_2にそれぞれ接している。このとき，正方形の1辺の長さとして正しいものはどれか。

① 23 cm

② 23.5 cm

③ 24 cm

④ 24.5 cm

⑤ 25 cm

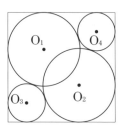

１辺が20cmの正方形の中に，同じ大きさの２つの円が図のように接している。この円１個の面積を求めよ。

① $(600 - 400\sqrt{2})\,\pi\,\mathrm{cm}^2$

② $(600 - 300\sqrt{2})\,\pi\,\mathrm{cm}^2$

③ $(500 - 400\sqrt{2})\,\pi\,\mathrm{cm}^2$

④ $(500 - 300\sqrt{2})\,\pi\,\mathrm{cm}^2$

⑤ $(400 - 300\sqrt{2})\,\pi\,\mathrm{cm}^2$

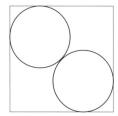

図のように半径40cmの円と半径８cmの円があり，２つの円の中心間の距離は68cmであった。２つの円に共通な接線を引いたとき，接点Cから接点Dまでの長さとして，正しいのはどれか。

① 51 cm

② 54 cm

③ 57 cm

④ 60 cm

⑤ 63 cm

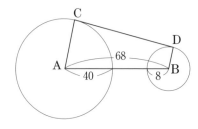

12　立体図形

■多面体の体積

　多面体のうち，2つの底面が合同な多角形で側面がすべて長方形になる立体を**角柱**，底面が1つで側面がすべて二等辺三角形になる立体を**角すい**という。また，側面がすべて台形で，2つの底面は相似な多角形になる立体を**角すい台**という。次に表すのは，多面体の体積の公式である。

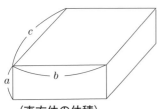

（直方体の体積）
＝（隣り合う3つの辺の積）
＝abc

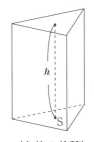

（角柱の体積）
＝（底面積）×（高さ）
＝Sh

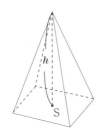

（角すいの体積）
＝$\dfrac{1}{3}$×（底面積）×（高さ）
＝$\dfrac{1}{3}Sh$

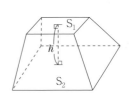

（角すい台の体積）
＝$\dfrac{h}{3}(S_1+\sqrt{S_1 S_2}+S_2)$

$\left(\begin{array}{l}\dfrac{1}{3}×高さ×（上面の面積＋底面積\\ ＋\sqrt{上面の面積×底面積}）\end{array}\right)$

■面上の2点間の最短距離

　展開図をかいて，直線で結んだその線分が最短距離になる。

① **直方体**（まわりにまきつけたとき）

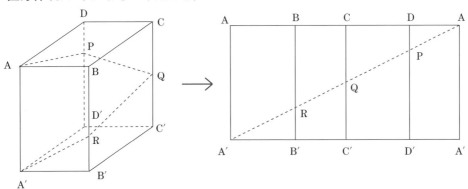

② **四面体**（まわりにまきつけたとき）

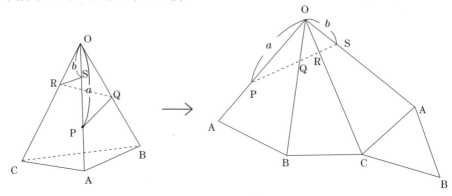

■**回転体の体積と側面積**

　回転の中心となる軸を中心に360°回転させたときできる立体で，軸に垂直な平面での切り口は円になる立体を**回転体**という。そのうち，軸を含む平面で切った切り口が長方形になる立体を**円柱**，二等辺三角形になる立体を**円すい**という。

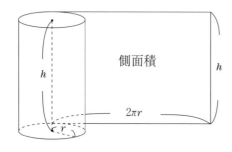

（円柱の体積）＝$\pi r^2 h$

（円柱の側面積）＝$2\pi rh$

（底面の半径をr，高さをhとする）

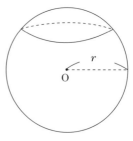

（球の体積）＝$\dfrac{4\pi r^3}{3}$

（球の表面積）＝$4\pi r^2$

（半径をrとする）

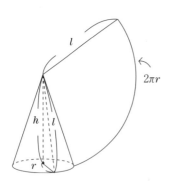

（円すいの体積）＝$\dfrac{1}{3}\pi r^2 h$

（円すいの側面積）＝πrl

$\left(\begin{array}{l}\text{底面の半径 } r, \text{ 高さ}h, \\ \text{母線の長さを}l\text{とする}\end{array}\right)$

■面上の２点間の最短距離

① 円柱（まわりにまきつける）

② 円すい（まわりにまきつける）

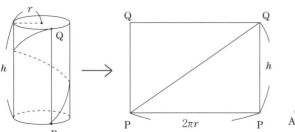 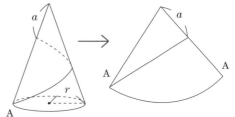

■相似比と体積比

相似比の３乗比が体積比になる。

◈ 解法のポイント

1. 柱体の体積＝（底面積）×（高さ）

   すい体の体積＝$\dfrac{1}{3}$×（底面積）×（高さ）

   角すい台の体積＝$\dfrac{1}{3}$×高さ×$(S_1+\sqrt{S_1 S_2}+S_2)$（S_1, S_2は底面積）

2. 多面体や回転体の面上の2点間の最短距離は，展開図から考える。

3. 円柱の体積＝$\pi r^2 h$

   円柱の側面積＝$2\pi rh$

   円すいの体積＝$\dfrac{1}{3}\pi r^2 h$

   円すいの側面積＝πrl

   球の体積＝$\dfrac{4\pi r^3}{3}$

   球の表面積＝$4\pi r^2$

4. 相似な立体の体積比は相似比の３乗比になる。

Q 例題①

1辺の長さ8の立方体の，各面の中心を結んでできる八面体の体積はいくらか。

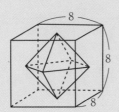

① $\dfrac{128}{3}$

② 128

③ $\dfrac{256}{3}$

④ $\dfrac{128\sqrt{2}}{3}$

⑤ 256

⑦ ヒント

八面体は，正方形の底面を持つ四角すいが2つ合わさったものと考える。四角すいの体積は**底面積×高さ×$\dfrac{1}{3}$**で求められる。この四角すいの底面は，対角線の長さが8の正方形で，高さ4と考えられる。

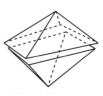

A 解答・解説

八面体を形づくる2つの四角すいの底面積は，対角線が8の正方形だから，底面積は，

$8 \times 8 \div 2 = 32$

高さは4になるから，四角すいの体積は，

$32 \times 4 \times \dfrac{1}{3} = \dfrac{128}{3}$

これが2つ合わさって，八面体ができたから，体積は，$\dfrac{128}{3} \times 2 = \dfrac{256}{3}$

（答）　③

Q 例題②

次の図のようにプレゼント用の直方体の箱にリボンを掛けたい。このときのリボンの最短の長さは，およそいくらか。ただし，リボンの結び目の長さは含まない。

① 80 cm

② 85 cm

③ 90 cm

④ 95 cm

⑤ 100 cm

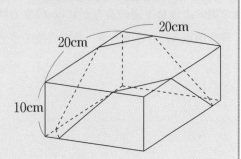

A 解答・解説

最短距離は，展開図の平面上で2点間を結ぶ距離である。

右図のように頂点A〜Hとし，ひもと辺との交点をa〜hとすると，

aからBまでの距離は，展開図上の上下で等しいから，

aO＝60cmの直角二等辺三角形ができる。

よって，ひもの長さは，

$$60 \times \sqrt{2} \fallingdotseq 60 \times 1.41 = 84.6 \, (\text{cm})$$

（答）　②

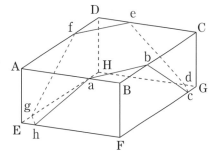

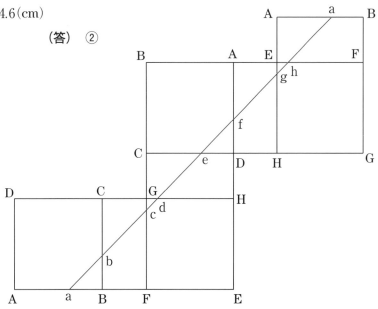

演習
問題

（解答 ▸ P.56）

次の図のような1辺の長さが10cmの立方体の1つの頂点Aから出発して，すべての辺を通って再び頂点Aにもどるとき，その経路のうちで最も短いものの長さとして正しいのはどれか。

① 120cm

② 140cm

③ 160cm

④ 180cm

⑤ 200cm

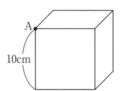

No.2

（解答 ▸ P.56）

一辺の長さ10の立方体に内接する球体の体積はいくらか。

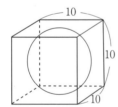

① 20π ② $\dfrac{100}{3}\pi$ ③ $\dfrac{125}{3}\pi$

④ $\dfrac{500}{3}\pi$ ⑤ 500π

No.3

（解答 ▸ P.56）

下の図のように，1辺が2cmの立方体に，頂点Aから頂点Eまで糸がたるまないようにかける。糸がもっとも短くなるとき，糸の長さは何cmか。

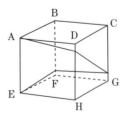

① $6\sqrt{2}$ cm

② $6\sqrt{3}$ cm

③ 8 cm

④ $2\sqrt{17}$ cm

⑤ $2\sqrt{19}$ cm

No.4

（解答 ▶ P.56）

下図の直方体 ABCD－EFGH において，BDGを通る平面と，BDEを通る平面で切り取った残りの体積は，元の体積の何倍になるか。

① $\dfrac{1}{4}$ 倍

② $\dfrac{1}{3}$ 倍

③ $\dfrac{1}{2}$ 倍

④ $\dfrac{2}{3}$ 倍

⑤ $\dfrac{3}{4}$ 倍

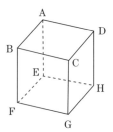

No.5

（解答 ▶ P.56）

半径が a の球に内接する立方体の体積として正しいのは，次のうちどれか。

① $\dfrac{5\sqrt{3}}{9}a^3$

② $\dfrac{2\sqrt{3}}{3}a^3$

③ $\dfrac{7\sqrt{3}}{9}a^3$

④ $\dfrac{8\sqrt{3}}{9}a^3$

⑤ $\sqrt{3}\,a^3$

No.6 (解答 ▶ P.57)

円すい上の点Aから点Cまで，図のように糸をたるませないように巻きつけた。糸は最低何cmあれば足りるか。ただし，母線 AP＝10cm，PC＝4cm，底面の直径AB＝5cmとする。

また，点Cは，母線AP上にあるものとする。

① $\sqrt{14}$ cm

② $2\sqrt{14}$ cm

③ $\sqrt{29}$ cm

④ $2\sqrt{29}$ cm

⑤ $\sqrt{31}$ cm

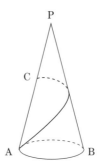

No.7 (解答 ▶ P.57)

底面が1辺2の正方形で，高さが3の直方体を，図のように頂点A，B，Cを通る平面で切ったとき，切り口の三角形の面積はどれだけか。

① $3\sqrt{10}$

② $\sqrt{22}$

③ $\sqrt{30}$

④ 6

⑤ $2\sqrt{13}$

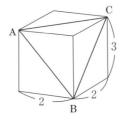

No.8

（解答 ▶ P.57）

次の図のように１辺の長さが１cmの立方体を８つ積み上げ，３つの頂点ABCを通る平面で切断したとき，斜線部分の立方体の切断面の面積はいくらか。

① $\dfrac{\sqrt{3}}{3}$ cm²

② $\dfrac{2\sqrt{3}}{5}$ cm²

③ $\dfrac{\sqrt{3}}{2}$ cm²

④ $\dfrac{2\sqrt{3}}{3}$ cm²

⑤ $\sqrt{3}$ cm²

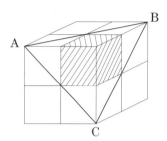

No.9

（解答 ▶ P.57）

底面の半径が６cm，高さが３cmの円柱を４等分した形の容器に下図のように水が入っている。A図の容器をB図のように置き換えたとき，水の深さは何cmか。

① $\left(3 - \dfrac{6}{\pi}\right)$ cm

② $\left(3 - \dfrac{8}{\pi}\right)$ cm

③ $\left(4 - \dfrac{6}{\pi}\right)$ cm

④ $\left(4 - \dfrac{8}{\pi}\right)$ cm

⑤ $\left(5 - \dfrac{6}{\pi}\right)$ cm

A 図

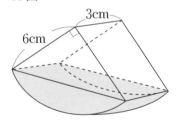

B 図

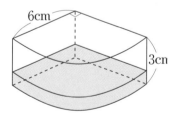

次の図のような**AB＝4 cm，AD＝5 cm，AE＝6 cm**の直方体がある。直方体の頂点**A**から頂点**G**に糸の長さが最短になるように糸を張った。糸の張り方は，①辺**BC**を通過する張り方，②辺**BF**を通過する張り方，③辺**EF**を通過する張り方があるが，糸の長さを短いものから順に並べたものはどれか。

① ①＜②＜③

② ①＜③＜②

③ ②＜①＜③

④ ②＜③＜①

⑤ ③＜②＜①

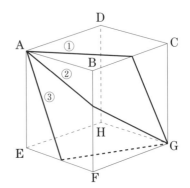

MEMO

第3章 場合の数

1 場合の数

　ある事柄について，起こりうるすべての場合を数えあげる方法に**樹形図**がある。この場合の数を数えるときには，起こりうることをすべて，重複に注意してもれなく数えあげることが大切である。例えば，4種類のケーキ，3種類のアイスクリーム，2種類の飲み物から1つずつ選ぶことができるデザートセットがあったとする。

　これを樹形図で表すと

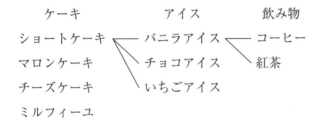

　ケーキの選び方は4種類。そのそれぞれで3種類のアイスを選べるので選び方は$4 \times 3 = 12$（種類）。また，そのいずれも飲み物が2種類から選べるので，全部の選び方は$4 \times 3 \times 2 = 24$（種類）。

　このように，2つ以上の事柄について，ある事柄がm通り起こり，その各々についてn通りの事柄が起こる場合の数は，$m \times n$通りになる。

　これを**積の法則**という。

　また，大小2つのサイコロを振って，出た目の和が5の倍数になる場合の数を考えると，下のようになる。

・出た目の和が5

大	小
1	4
2	3
3	2
4	1

計　4通り

・出た目の和が10

大	小
4	6
5	5
6	4

計　3通り

これは積の法則のように「1つの選び方に対して何種類」というものではない。このようなときは,「出た目の和が5」と「出た目の和が10」は同時には起こらないので,それぞれの場合の数を加えなければならない。

したがって,

4＋3＝7(通り)

となる。

このように,2つ以上の事柄について,ある事柄が m 通り,他の事柄が n 通り起こり,それが同時に起こりえないときの場合の数は、$m＋n$ 通りになる。

これを,**和の法則**という。

解法のポイント

1. すべての場合の数を求めるときには,樹形図をかく。樹形図をかくときには方針を決め,もれなく重複なくかく。

2. ある2つの事柄AとBがあり,Aの起こり方 a 通り,Bの起こり方が b 通りあったとする。このとき,Aの起こり方に対してBがそのどの場合に対しても起こるとき,AとBが起こる場合の数は,$a×b$(通り) になる。

3. ある2つの事柄AとBがあり,Aの起こり方 a 通り,Bの起こり方が b 通りあったとする。このとき,AとBが同時に起こらない場合,AまたはBの起こる場合の数は,$a＋b$(通り) になる。

Q 例題①

　ステーキやトンカツなどのメインディッシュ11種に，5種類のサラダ，4種類のスープ，9種類のドリンクを選ぶことができる。このメインディッシュ＋サラダ＋スープ＋ドリンクのセットメニューの選び方は全部で何通りあるか。

ヒント

　これを樹形図に表すと数が多く，枝が多くなりすぎる。そこで，ここでは**積の法則**を使う。メインディッシュ11種のそれぞれについてサラダ5種類の選び方がある。メインディッシュとサラダの選び方は全部で，

　　$11 \times 5 = 55$（通り）

　同様に考えて，55種類のメインディッシュとサラダのセットに対するスープの選び方が4種類あるので，

　　$55 \times 4 = 220$（通り）

　そして，そのそれぞれについて9種類のドリンクの選び方がある。

A 解答・解説

　メインディッシュ11種類の各々に対し，5種類のサラダの選び方があり，そのメインディッシュとサラダのセットそれぞれに対し4種類のスープセットがある。また，そのそれぞれのセットに9種類のドリンクがあるから，セットメニューは全部で，

　　$11 \times 5 \times 4 \times 9 = 1980$

（答）　1,980通り

Q　例題②

　A，B，C，Dの4人が自分の写真をそれぞれ1枚ずつ持っている。この写真を裏返して無作為に配るとき，4人とも自分以外の人の写真を受け取る場合は，何通りあるか。

① 　6 通り
② 　9 通り
③ 　12 通り
④ 　16 通り
⑤ 　20 通り

A　解答・解説

左から順に受け取る人をA，B，C，Dとして，だれの写真であるかを樹形図に表すと，

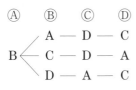 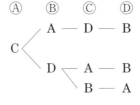 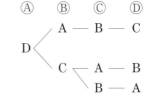

上の樹形図より，9通り

　　　　　　　　　　　　　　　　　　　　　　　　　　　　　　　　（答）　②

演習
問題

No.1

（解答 ▶ P.58）

10円玉が３枚，50円玉が３枚，500円玉が２枚ある。これらの一部またはすべてを使って，金額の異なる組み合わせをつくると，全部で何通りできるか。

① 18 通り

② 31 通り

③ 32 通り

④ 47 通り

⑤ 48 通り

No.2

（解答 ▶ P.58）

0，1，2，3，4，5，6，7の数のうちから異なる５つを使って５ケタの整数をつくるとき，偶数の個数と奇数の個数の差として正しいのは，次のうちどれか。

① 120個

② 160個

③ 200個

④ 204個

⑤ 差はない

No.3

（解答 ▶ P.58）

145のように，３ケタの数で，各ケタの３つの数の合計が10になるような数は全部でいくつあるか。ただし，073のように頭に０のくる数は数えない。

① 50個

② 54個

③ 62個

④ 75個

⑤ 100個

No.4

（解答 ▶ P.59）

日本人A，B，Cとアメリカ人D，Eの5人が2つのテーブルで食事を取るのに，必ず両方のテーブルに日本人とアメリカ人がいるように分けるとしたら，分け方は何通りあるか。ただし，テーブルの区別はしない。

① 6通り

② 7通り

③ 8通り

④ 9通り

⑤ 10通り

No.5

（解答 ▶ P.59）

A地点からB地点，B地点からC地点へと，次のような行き方がある。このとき，A地点からC地点への行き方は何通りあるか。

① 8通り

② 12通り

③ 15通り

④ 16通り

⑤ 18通り

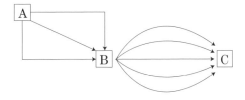

No.6

（解答 ▶ P.59）

1から8までのカードがそれぞれ1枚，計8枚ある。この中から3枚のカードを取り出すとき，3枚の和が15になるのは何通りか。

① 4通り

② 5通り

③ 6通り

④ 7通り

⑤ 8通り

2 順列

　1から4までの数を1個ずつ使って，4ケタの数は何個できるの
かを求めてみよう。千の位から順番に数を入れていくと，まず，
千の位に，1〜4の4通り，百の位には，残っている数が3個だ
から3通り，次に十の位が2通り，最後1の位は残った数，とな
るので積の法則により，**4×3×2×1＝24（通り）**になる。このよ
うな計算のとき，その数から順に1つずつ数を小さくして1まで
かける。この計算を**階乗**といい，4! のように表す。

　そこで，今度は1から5までの数が1個ずつあり，この中から4個の数を選んで4桁の数の
作り方の場合の数を考える。すると，5を抜かした場合は24通り，4を抜かした場合は24通り
となり，1から5までを抜かした5つの場合があるので**24×5＝120**。つまり，異なる5種類
の数から4個を選んで並べた並べ方は120通りある。これを**順列**という。

　順列には公式があり，相異なる n 個のものから r 個取る順列の数を，下に示したように
$_nP_r$ と表し，次のように計算をする。

$$_nP_r = n \cdot (n-1) \cdot (n-2) \cdot \cdots\cdots\cdots (n-r+1) = \frac{n!}{(n-r)!}$$

$$\underbrace{\hphantom{n \cdot (n-1) \cdot (n-2) \cdot \cdots\cdots\cdots (n-r+1)}}_{(r\,個)}$$

　また，階乗のうち 0!＝1, 1!＝1 とする。

　このPの記号は *Permutation* といい順列を表し，「n・P・r」もしくは「P
の $n\,r$」と読む。この計算で，上の「1から5の5種類の数から4個の数を選んで4ケタの数
は何通りできるか」の問いを解くと，

$$_5P_4 = \frac{5!}{(5-4)!} = \frac{5!}{1!} = \underbrace{5 \cdot 4 \cdot 3 \cdot 2}_{4\,個} = 120（通り）$$

◇ 解法のポイント

> 相異なる n 個のものから r 個とる順列の数を $_nP_r$ で表すと，
>
> $$_nP_r = n \cdot (n-1) \cdot (n-2) \cdot \cdots\cdots\cdots (n-r+1) = \frac{n!}{(n-r)!}$$
>
> $$\underbrace{\hphantom{n \cdot (n-1) \cdot (n-2) \cdot \cdots\cdots\cdots (n-r+1)}}_{r\,個}$$
>
> 例えば，$_7P_2 = 7 \cdot 6 = 42$　$_5P_2 = 5 \cdot 4 = 20$　$_8P_3 = 8 \cdot 7 \cdot 6 = 336$

Q 例題①

> 7個の数字 0, 1, 2, 3, 4, 5, 6 から異なる3個の数字を選んで3ケタの整数をつくるとき，次の問いに答えよ。
>
> (1) 全部で何通りできるか。
> (2) 偶数は何通りできるか。

ヒント

(1) 7個の数字から3個を選んで並べる並べ方は ${}_7P_3$ である。しかし，その中に，左端が0のものが ${}_6P_2$ 個ある。

また，**積の法則**にのっとり，百の位に置ける数は1から6までの6通りがあって，残り十の位より下は ${}_6P_2$ 通りずつあるから，$6 \cdot {}_6P_2$ でもよい。

(2) 1の位が0，2，4，6の場合は偶数になる。1の位が0のときは ${}_6P_2$ 通り。その他の場合は，2，4，6の3通りに，それぞれの場合左端に0がくるのは除くから，${}_6P_2 - {}_5P_1$ 通りをかける。

A 解答・解説

(1) ${}_7P_3 - {}_6P_2 = 7 \cdot 6 \cdot 5 - 6 \cdot 5 = (7-1) \cdot 6 \cdot 5 = 6 \cdot 6 \cdot 5 = 180$（通り）

または，$6 \cdot {}_6P_2 = 6 \cdot 6 \cdot 5 = 180$（通り）

（答） 180通り

(2) 1の位が0のとき，${}_6P_2 = 6 \cdot 5 = 30$（通り）

1の位が2，4，6のとき，$3 \cdot ({}_6P_2 - {}_5P_1) = 3 \cdot (30 - 5) = 75$

よって，$30 + 75 = 105$（通り）

（答） 105通り

Q 例題②

　　男子３人，女子４人が１列に並ぶとき，次の(1)，(2)の場合の数の正しい組合せはどれか。

(1)　女子２人が両端にくる並び方は何通りか。

(2)　女子４人が隣り合う並び方は何通りか。

	(1)	(2)
①	720 通り	576 通り
②	1,440 通り	288 通り
③	1,440 通り	576 通り
④	2,880 通り	288 通り
⑤	2,880 通り	1,152 通り

A 解答・解説

(1)　両端にくる２人の女子を選んで並べる順列の数は，

$$_4\mathrm{P}_2 = 4 \times 3 = 12（通り）$$

　　その各々について，残り５人を間に並べる順列の数が，

$$5! = 120（通り）$$

　　よって，求める順列は，

$$12 \times 120 = 1440（通り）$$

(2)　女子４人が隣り合う場合の女子の並び方の数は，

$$4! = 24（通り）$$

　　その各々について，並んだ女子４人をひとかたまりとみて，男子３人と合わせて並べる４つの順列の数は，

$$4! = 24（通り）$$

　　よって，積の法則を用いて，

$$24 \times 24 = 576（通り）$$

（答）　③

演習問題

No.1

（解答 ▸ P.59）

「**power**」の5文字の並べ方について

(1) 1列に並べる並べ方は、何通りあるか。

(2) 母音が両端になる並べ方は，何通りあるか。

		(1)	(2)
①		60 通り	12 通り
②		120 通り	12 通り
③		60 通り	6 通り
④		120 通り	6 通り
⑤		60 通り	36 通り

No.2

（解答 ▸ P.59）

一列に並んだ6つの席がある。男3人，女3人がこの席に座り，両端に男が座るとき，座り方は全部で何通りあるか。

① 120通り ② 124通り ③ 144通り ④ 169通り ⑤ 180通り

No.3

（解答 ▸ P.59）

a，*b*，*c*，*d*，*e* の5個の文字から3個取って1列に並べる並べ方は何通りあるか。

① 15 通り ② 60 通り ③ 72 通り

④ 84 通り ⑤ 75 通り

No.4 （解答 ▶ P.59）

6個の数字1，2，3，4，5，6のうち，異なる4個の数字を使って4ケタの整数をつくりたい。全部で何通りできるか。

① 120 通り

② 180 通り

③ 240 通り

④ 360 通り

⑤ 420 通り

No.5 （解答 ▶ P.59）

6個の数字0，1，2，3，4，5からなる異なる4個の数字を用いてできる4ケタの整数のうち，3の倍数はいくつあるか。

① 90 個

② 93 個

③ 96 個

④ 99 個

⑤ 102 個

No.6 （解答 ▶ P.60）

6個の数字1，2，3，4，5，6を重複なく並べて6ケタの整数をつくるとき，450000より小さくなるような並べ方は何通りあるか。

① 360 通り

② 720 通り

③ 288 通り

④ 432 通り

⑤ 372 通り

3 円順列

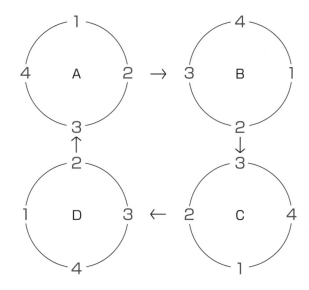

　1から4の数字を円形に並べるとき，$_4P_4 = 4!$ 通りの並べ方ができる。このうち，上のAからDのような並び方は，同じ並び方を回転させただけなので区別せず1通りと考える。このように円形に並ぶ順序だけを問題にする順列を**円順列**という。つまり，A〜Dを普通の順列で表すと，｛1234｝｛2341｝｛3412｝｛4123｝となるが，両端を結んで円にすると同じ円順列ということになる。

　この場合，1つの順列に対して4つの円順列があるから，順列の個数 $_4P_4$ を4で割った商が円順列の個数になる。よって，$\dfrac{_4P_4}{4} = 3! = (4-1)!$（通り）。

　また，この考え方で1から6までの6種類の数から4個の数を取り出して円順列にするとき，その円順列の個数は，$_6P_4 \div 4 = \dfrac{_6P_4}{4} = 90$（通り）になる。よって，**$n$ 個のものから r 個取っ**て円形に並べたときの順列の数は，$\dfrac{_nP_r}{r}$ 通りになる。

◇ 解法のポイント

1. 相異なる n 個のものを円形に並べてできる順列の数は，$(n-1)!$ 通り。

2. 相異なる n 個のものから r 個を取り出して円形に並べてできる円順列の数は，

$\dfrac{_nP_r}{r}$ 通り。

Q 例題①

> 5人の女子と2人の男子がいる。この7人を円形に並べるとき，あとの問いに答えよ。

> (1) 並び方は何通りあるか。
> (2) このうち2人の男子が隣り合わない並び方は何通りあるか。

⑦ ヒント

(1) 男子と女子は区別しないで**7人の円順列**について求めるから，公式を利用して$(7-1)!$通りになる。

(2) 女子5人を円形に並べてその円順列を求めたあと，5人の女子と女子の間に2人の男子を並べる並べ方は$_5P_2$通り。この2つの順列を**積の法則**でかけ合わせる。

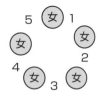 男子が入るのは，1から5のうちの2カ所。

A 解答・解説

(1) 7人の円順列の場合の数だから，$(7-1)! = 6 \cdot 5 \cdot 4 \cdot 3 \cdot 2 \cdot 1 = 720$（通り）

（答） **720通り**

(2) 5人の女子の円順列は，$(5-1)! = 4 \cdot 3 \cdot 2 \cdot 1 = 24$（通り）

女子と女子の間5カ所のうち2カ所に男子が入るから，その場合の数は$_5P_2 = 5 \cdot 4 = 20$（通り）

よって，積の法則より，$24 \times 20 = 480$（通り）

（答） **480通り**

Q　例題②

男子4人，女子4人が手をつないで輪をつくるとき，次の並び方は何通りあるか，正しい組合せを選べ。

(1)　女子4人が皆隣り合う。

(2)　男女が交互に並ぶ。

	(1)	(2)
①	144 通り	12 通り
②	144 通り	72 通り
③	288 通り	144 通り
④	576 通り	144 通り
⑤	576 通り	288 通り

A　解答・解説

(1)　女子4人の並び方は，$4!=24$（通り）

この女子をひとまとめにして，男子4人と合わせた5人の円順列は，

$(5-1)!=24$（通り）

よって，女子4人が皆隣り合う並び方は，

$24×24=576$（通り）

(2)　男子4人の円順列1種類に対して，女子の並び方は，$4!=24$（通り）ずつある。

よって，$(4-1)!×24=144$（通り）

（答）　④

No.1 （解答 ▶ P.60）

両親と4人の子供の合計6人が1つの円いテーブルにつくとき，次のような座り方は何通り
あるか。その正しい組合せを選べ。

（1） すべての座り方は□通りある。

（2） 両親が向かい合って座る座り方は□通りある。

（3） 特定の2人の子供が母の両側にくる座り方は□通りある。

	（1）	（2）	（3）
①	120	22	10
②	124	22	12
③	120	24	10
④	124	24	10
⑤	120	24	12

No.2 （解答 ▶ P.60）

7人の人が円卓に座るとき，何通りの座り方があるか。

① 620 通り

② 680 通り

③ 720 通り

④ 4,940 通り

⑤ 5,040 通り

No.3

（解答 ▸ P.60）

立方体の６つの面に1から6までの数字を１つずつ書いて，サイコロのようなものをつくった。異なるものは何通りできるか。

① 12 通り

② 18 通り

③ 24 通り

④ 30 通り

⑤ 32 通り

No.4

（解答 ▸ P.60）

父母と４人の子供が円卓を囲むとき，父母が隣り合うような並び方は何通りあるか。

① 24 通り

② 36 通り

③ 48 通り

④ 52 通り

⑤ 60 通り

4　数珠順列・重複順列

■ 数珠順列

　円順列で赤，青，白，黄，緑の5個の球を円形につなぐ場合の数は，$(5-1)!=4\cdot3\cdot2\cdot1=24$（通り）あることがわかる。しかし，この5種類の球をつなげて数珠をつくると，次のように図から見てAのように見える数珠を，裏から見るとBのように見える。裏返して一致するものを同じとするとき，その並べ方を**数珠順列**といい，その**総数は$\dfrac{(n-1)!}{2}$**となる。

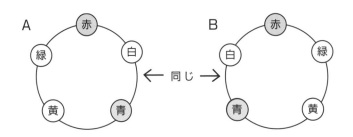

■ 重複順列

　1，2，3，4の4種類の数を使って4ケタの数をつくるとき，同じ数字を1つだけでなく，1111や1123のように，いくつ使ってもいい場合がある。その順列を**重複順列**という。

　この場合，千の位に入る数は4（通り），百の位には4（通り），十の位にも4（通り），一の位にも4（通り）の数が入るので，$4\times4\times4\times4=256$（通り）になる。

◈ 解法のポイント

```
1. 数珠順列
   n 個のものを数珠順列にしたとき，その順列の数は，

      (n-1)!
      ──────（通り）
        2

2. 重複順列
   n 個の異なるものから重複を許して，r 個取り出して並べた順列の総数は，

      nʳ（通り）
```

Q 例題①

　ある10人のグループが，新しくグループに加わることを希望する３人の中から１人を多数決で決めることにした。１人１名の希望者しか手を上げられないとすると，手の上げ方は全部で何通りになるか。

① 　19,683 通り
② 　20,000 通り
③ 　42,539 通り
④ 　48,763 通り
⑤ 　59,049 通り

ヒント

　グループ加入希望者の３人をA，B，Cとすると，手を上げて推せんする10人の人たち全部が３（通り）ずつの手の上げ方ができる。よって，３（通り）ずつ**10人分の重複順列**になる。

A 解答・解説

３個の異なるものの中から重複を許して10個取り出す重複順列である。
よって，$3^{10} = 59049$（通り）　　　　　　　　　　　　　　　　（答）　　⑤

(1) 0，1，2，3，4，5の6つの数字がある。同じ数字をくり返して用いてもよいとしてつくられる4ケタの整数は何個あるか。

(2) 異なる7個の宝石をひもでつなげて環状にして，首飾りをつくると何通りのものができるか。

(1)(2)の正しい組合せを選べ。

	(1)	(2)
①	1080 個	360 通り
②	1080 個	600 通り
③	1080 個	720 通り
④	1296 個	720 通り
⑤	1296 個	360 通り

A 解答・解説

(1) 4ケタの整数は，千の位は0ではないから，千の位には，1から5までの5通り，百，十，一の位はそれぞれ0から5までの6通りの数字が使える。

$$5 \times 6^3 = 1080（個）$$

(2) 7個の宝石を使った（円順列の数÷2）で求める。

$$(7-1)! \div 2 = 360（通り）$$

（答）　①

演習問題

No.1 （解答 ▶ P.60）

百円硬貨を4回投げたとき，表裏の出方は何通りあるか。

① 4通り ② 8通り ③ 16通り ④ 32通り ⑤ 64通り

No.2 （解答 ▶ P.60）

7色のガラスの石を金のチェーンでつないで腕輪をつくると，何種類の腕輪ができるか。

① 12種類 ② 24種類 ③ 180種類

④ 360種類 ⑤ 720種類

No.3 （解答 ▶ P.60）

毎日の天気が，晴れ（①）か曇り（◎）か雨（●）のとき，1週間の天気の移り変わり方は何通りあるか。

① 21通り ② 243通り ③ 729通り

④ 2,187通り ⑤ 6,561通り

No.4 （解答 ▶ P.60）

4回の試合をすると，勝ち，負け，引き分けの場合の数は全部で何通りあるか。

① 4通り ② 9通り ③ 12通り

④ 27通り ⑤ 81通り

候補者が3人，選挙人が9人いる。記名投票で1人1票を投ずるとき，その結果は何通りの場合があるか。

① 729通り

② 2,187通り

③ 6,561通り

④ 19,683通り

⑤ 59,049通り

2種類の記号をx個だけ並べて50通りの符号をつくるには，xはいくつになるか。また，x個以下並べてつくることにするとxはいくつか。

① $x=6$ $x=4$

② $x=6$ $x=5$

③ $x=6$ $x=6$

④ $x=7$ $x=5$

⑤ $x=7$ $x=6$

5 同じものを含む順列

カードにアルファベットがかかれている。a が3枚, b が4枚, c が2枚ある。この9枚のカードの順列の総数を求めてみよう。

まず, a, b, c がすべて異なるものと考え, 右図のように a_1 a_2 a_3 b_1 b_2 b_3 b_4 c_1 c_2 の9個の順列を求める。それは, $9!$ 通りになる。

次に, $a_1 = a_2 = a_3 = a$ とすると, a の並びは, 同じものが $3!$ 通り。

$b_1 = b_2 = b_3 = b_4 = b$ とすると, b の並びは, 同じものが $4!$ 通り。

$c_1 = c_2 = c$ とすると, c の並びは, 同じものが $2!$ 通りになるから, 順列の総数は,

$$\frac{9!}{3!\ 4!\ 2!} = \frac{9 \cdot 8 \cdot 7 \cdot 6 \cdot 5 \cdot 4 \cdot 3 \cdot 2}{3 \cdot 2 \cdot 4 \cdot 3 \cdot 2 \cdot 2} = 1260 \text{ になる。}$$

よって, n 個のもののうち, p 個は同じもの, q 個は同じもの, r 個もまた同じという場合, それら n 個のもの全部を並べてつくった順列の総数は,

$$\frac{n!}{p!\ q!\ r! \cdots\cdots} \quad (\text{ただし, } p+q+r+\cdots\cdots=n)$$

トマトの3つの字を使ったことばは, 何通りできるかを考えてみよう。

区別すると $3! = 6$ 通り。トトマ, トマト, マトトは2通りずつできるから, 全部の総数は

$$\frac{3!}{2!} = 3 \text{ 通り。}$$

（区別したとき）

a_1 a_2 a_3 b_1 b_2 b_3 b_4 c_1 c_2

$9!$ 通り

a_1 a_2 a_3
$3!$ 通り

b_1 b_2 b_3 b_4
$4!$ 通り

c_1 c_2
$2!$ 通り

同じもの

↓

$\dfrac{9!}{3!\ 4!\ 2!}$ 通り

◇ 解法のポイント

n 個のもののうち, 同じものが, それぞれp個, q個, r個………ずつあるとき, それら n 個のもの全部を並べて作った順列の総数は,

$$\frac{n!}{p!\ q!\ r! \cdots\cdots}$$

Q 例題①

　図のような道路があり，すべて直角に交わっている。これについてあとの問いに答えよ。

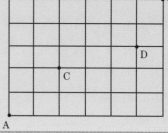

(1)　AからBに行く最短経路は何通りあるか。

(2)　AからC，Dを通ってBに達する最短経路は何通りあるか。

❓ ヒント

(1)　右の図で，AからBへの最短経路は，Aからたて方向に2区画，横方向に3区画進めばBに着く。たて方向を↑，横方向を→として表すと，↑↑→→→の順列の数が最短経路の数と同じになる。

この場合は，$\dfrac{5!}{2!\ 3!}=10$（通り）で，

この形のときは，$\dfrac{(\text{たて}+\text{横})!}{\text{たて}!\,\text{横}!}$ で求めることができる。これを

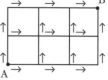

利用して求める。

(2)　AからC，CからD，DからBのそれぞれの順列を求め，**積の法則**で道順の数を求める。

A 解答・解説

(1)　たて5区画，横6区画より，$\dfrac{(5+6)!}{5!\ 6!}=462$（通り）

（答）　462通り

(2)　AからCへは，$\dfrac{(2+2)!}{2!\ 2!}=6$（通り）

CからDは$\dfrac{(3+1)!}{3!}=4$（通り）

DからBへは$\dfrac{(2+1)!}{2!}=3$（通り）

よって，$6\times4\times3=72$（通り）

（答）　72通り

Q 例題②

8個の文字，**AAABBCDE**を1列に並べる並べ方は，全部で何通りあるか。また，**A**は3文字とも，**B**は2文字とも隣り合って並べる並べ方は何通りあるか，正しい組合せを選べ。

① 　　336通り　　　　24通り
② 　　336通り　　　120通り
③ 　1,680通り　　　240通り
④ 　3,360通り　　　120通り
⑤ 　3,360通り　　　24通り

A 解答・解説

Aは3個，Bは2個，C，D，Eは1個ずつの順列であるから，

全部の場合の数 $= \dfrac{8!}{3!\,2!} = 3360$（通り）

また，A3個，B2個がそれぞれ隣り合っているとき，A3個とB2個を1かたまりにして考えるから，その場合の数は，

$_5P_5 = 5! = 120$（通り）

（答）　④

No.1

（解答 ▶ P.61）

1のカードが2枚，2，3，4のカードがそれぞれ1枚ずつある。この5枚のカードのなかから3枚のカードを選んで3ケタの整数をつくると全部で何通りできるか。

①　33 通り

②　40 通り

③　52 通り

④　65 通り

⑤　74 通り

No.2

（解答 ▶ P.61）

中学1年，2年，3年のそれぞれ2人ずつ，計6人が旅行に行くことになった。同学年の者が同室にならないようにA，B，Cの3つの部屋に分かれて入ることにしたが，何通りの分け方があるか。

①　12 通り

②　18 通り

③　36 通り

④　48 通り

⑤　96 通り

No.3

（解答 ▶ P.61）

右図のように道路が碁盤のようになっている街がある。A地点からB地点への最短経路は何通りあるか。ただし，×印は工事中で通行できない場所である。

①　342 通り

②　395 通り

③　428 通り

④　436 通り

⑤　462 通り

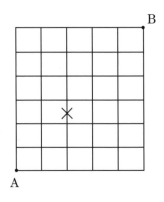

No.4

（解答 ▶ P.61）

1 1 1 2 3 3 4 の7枚のカードすべてを使って1列に並べると，全部で何通りの数ができるか。

① 360 通り

② 380 通り

③ 400 通り

④ 420 通り

⑤ 440 通り

No.5

（解答 ▶ P.61）

0, 0, 0, 1, 1, 2, 3の7個の数字を全部用いてつくられる7ケタの数はいくつあるか。

① 840 個

② 720 個

③ 360 個

④ 240 個

⑤ 120 個

6　組合せ

　順列は，1.「取り出して」，2.「並べる」のように２つの手順をふんだ場合の数であった（354ページ参照）。組合せは「取り出す」という１つの手順だけの場合の数のことである。

　例えば，A，B，C，Dの４人の中から３人を選び出す組合せを考える。A，B，C，Dの中から３人を選んで並べた順列を表すと，右表のように$_4P_3 = 4 \cdot 3 \cdot 2 = 24$（通り）ある。このうち，ABC，ACB，BAC……のように同じ３人でつくる$_3P_3 = 3!$（通り）は，同じ組合せになる。このような同じ組合せの順列は，１つの組に$_3P_3$（通り）ずつある。

　よって，この４人のうち３人でつくる組の数は，全部で$\dfrac{_4P_3}{_3P_3} = \dfrac{4 \cdot 3 \cdot 2}{3 \cdot 2} = 4$（組）となる。

　このように，取り出し方だけで，その並べ方を考えない場合の数を**組合せ**といい，C（combination：コンビネーション）という記号を使って表し，下のように表記して計算する。

3！通りずつ

ABC	ABD	ACD	BCD
ACB	ADB	ADC	BDC
BAC	BAD	CAD	CBD
BCA	BDA	CDA	CDB
CAB	DAB	DAC	DBC
CBA	DBA	DCA	DCB

　n個のものからr個取り出す組合せ

$$_nC_r = \overbrace{\dfrac{n \cdot (n-1) \cdot (n-2) \cdot (n-r+1)}{1 \cdot 2 \cdot 3 \cdot \cdots\cdots \cdot r}}^{r\,個} = \dfrac{_nP_r}{r!}$$

　上の例では，

$$_4C_3 = \dfrac{4 \cdot 3 \cdot 2}{3 \cdot 2 \cdot 1} = 4（通り）$$

と表すことができる。

　また，上のように，A，B，C，D ４人の中から３人を選ぶ選び方の個数と，残りの１人を選ぶ選び方の個数は同じになる。すなわち，４人の中から３人を選ぶ選び方は$_4C_3 = 4$（通り），４人の中から残り１人を選ぶ選び方は$_4C_1 = 4$（通り）のように等しくなる。

　このように，異なるn個のものからr個選ぶ組合せの数は，異なるn個のものから残った$(n-r)$個を選ぶ組合せの数と同じになる。このことを利用すると，例えば，**「45人のクラスから，マラソンに出場する42人の選び方を求める」**ときなどは，$_{45}C_{42}$と$_{45}C_3$の結果が同じなので，$_{45}C_{42}$を計算するよりも $_{45}C_3$を計算したほうが楽である。

　よって，$_nC_r = {_nC_{n-r}}$になる。

　この組合せの公式を使って，平面図形の対角線の本数を求める公式を導こう。

　n角形の頂点の数はn個で，n個の頂点から2つの頂点を選んで結べば対角線が決まる。

　例えば，右図のような，六角形のA～Fの6つの頂点から2個を選ぶと${}_6C_2 = \dfrac{6 \cdot 5}{1 \cdot 2} = 15$（組）だが，その15組の内 A－B，B－C，………などの6組は六角形を形づくる辺だ。

　よって，対角線は$15 - 6 = 9$（本）になる。これを公式化すると，

$$ {}_nC_2 - n = \frac{n(n-1)}{1 \cdot 2} - n = \frac{n^2 - n - 2n}{2} = \frac{n^2 - 3n}{2} = \frac{n(n-3)}{2} $$

となる。

（六角形の場合）

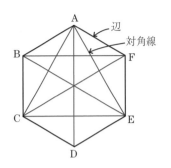

$\begin{pmatrix} \text{A〜Fのうちの2点} \\ \text{を結ぶ＝対角線と辺} \end{pmatrix}$

◇ 解法のポイント

1. 組合せの数

　相異なるn個のものからr個取る組合せの数は，${}_nC_r$（コンビネーションのn，r）と表す。計算は次のようにする。

$$ {}_nC_r = \frac{{}_nP_r}{r!} = \frac{n!}{r!(n-r)!} = \frac{\overbrace{n \cdot (n-1) \cdot (n-2) \cdots (n-r+1)}^{r\text{個}}}{1 \cdot 2 \cdot 3 \cdots r} $$

2. 組合せの式に，次のような公式がある。

$$ {}_nC_r = {}_nC_{n-r} $$

3. n角形の対角線の本数は$\dfrac{n(n-3)}{2}$（本）

Q 例題①

水平に並ぶ**4**本の平行線と斜めに並ぶ**5**本の平行線がある。この図形の中に直線で囲まれる平行四辺形は何個あるか。

① 50 個

② 60 個

③ 70 個

④ 80 個

⑤ 90 個

ヒント

平行四辺形は，水平に並ぶ a から d の直線のうちの2本と，1から5の直線のうちの2本で囲まれてできる。よって，でき上がる平行四辺形の数は，水平な直線から2本を選ぶ場合の数と，斜めの直線から2本選ぶ場合の数の積である。

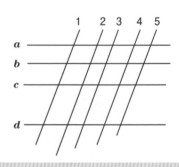

A 解答・解説

水平な直線は，4本の直線から2本を選び出す組合せの

$$_4C_2 = \frac{4 \cdot 3}{2 \cdot 1} = 6（通り）$$

斜めの直線は，5本の直線から2本を選び出す組合せの

$$_5C_2 = \frac{5 \cdot 4}{2 \cdot 1} = 10（通り）$$

よって，でき上がる平行四辺形の数は，積の法則から $6 \times 10 = 60$（個）

(答)　②

Q　例題②

> 　1から20までの自然数から選んだ互いに異なる3つの数の組合せのうち，次の(1)～(3)にあてはまる組は，それぞれ何組あるか。
>
> (1)　奇数ばかりからなる組
> (2)　3の倍数をまったく含まない組
> (3)　3の倍数を少なくとも1つ含む組
>
> | | (1) | (2) | (3) |
> |---|---|---|---|
> | ① | 720 組 | 20 組 | 1,140 組 |
> | ② | 720 組 | 36 組 | 1,140 組 |
> | ③ | 120 組 | 364 組 | 1,140 組 |
> | ④ | 120 組 | 364 組 | 776 組 |
> | ⑤ | 120 組 | 20 組 | 776 組 |

A　解答・解説

(1)　奇数は，1から19までに10個ある。10個から3個取る組合せの場合は，

$$_{10}\mathrm{C}_3 = \frac{10 \cdot 9 \cdot 8}{3 \cdot 2 \cdot 1} = 120（組）$$

(2)　3の倍数は，1から20までの間に3，6，9，12，15，18の6個ある。これを除いた残り14個の自然数から3個取ればよいから，

$$_{14}\mathrm{C}_3 = \frac{14 \cdot 13 \cdot 12}{3 \cdot 2 \cdot 1} = 364（組）$$

(3)　（3の倍数を少なくとも1つ含む組の数）＝（全部の組の数）－（3の倍数をまったく含まない組の数）で求めればよい。すべての組の数は，

$$_{20}\mathrm{C}_3 = \frac{20 \cdot 19 \cdot 18}{3 \cdot 2 \cdot 1} = 1140（組）$$

したがって，1140 － 364 ＝ 776（組）

(答)　④

演習問題

No.1
（解答 ▶ P.62）

下図のような誕生祝いのカードの○印の位置のどこか2カ所だけに，ろうそくのシールを貼る。このとき，何種類のカードができるか。

① 7種類
② 8種類
③ 9種類
④ 10種類
⑤ 11種類

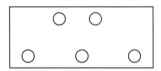

No.2
（解答 ▶ P.62）

外側に凸になっている九角形がある。この九角形の対角線の交点はいくつあるか。ただし，対角線は1点に3本以上は交わることはないものとする。

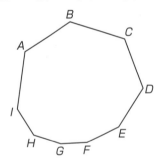

① 126
② 81
③ 72
④ 56
⑤ 42

No.3
（解答 ▶ P.62）

大型，中型，小型の3台の自動車に12人の人が乗って出かけた。大型に5人，中型に4人，小型に3人乗るとして，車の乗り方は全部で何通りあるか。

① 27,720 通り
② 43,420 通り
③ 45,320 通り
④ 48,600 通り
⑤ 52,360 通り

No.4

（解答 ▸ P.62)

Ａ Ｂ Ｃ Ｄ Ｅ Ｆ Ｇの7枚のカードの中から，1枚，2枚，4枚の3つのグループに分ける組合せは何通りか。

① 　90 通り

② 　95 通り

③ 100 通り

④ 105 通り

⑤ 110 通り

No.5

（解答 ▸ P.62)

白と黒の石が，次のような並びとなっている。これらの石を動かして，白が隣り合わないような並べ方は何種類あるか。

① 　32 通り

② 　30 通り

③ 　24 通り

④ 　20 通り

⑤ 　18 通り

No.6

（解答 ▸ P.62)

男子5人と女子6人の合計11人グループの中から代表を3人選ぶ。選ばれた代表3人の中に，必ず男女が混じっているような選び方は何通りあるか。

① 　70 通り

② 　90 通り

③ 120 通り

④ 135 通り

⑤ 160 通り

（解答 ▸ P.62）

８人の人が，５人用と３人用の円卓に別れて座るとき，何通りの座り方があるか。

① 　　672 通り

② 　1,344 通り

③ 　2,588 通り

④ 　2,688 通り

⑤ 　5,376 通り

7 組合せの応用

男子5人，女子4人の計9人の中からグループを作る。少なくとも男子を1人入れて3人のグループを作るときに，全部で何通りできるかを求めてみよう。少なくとも1人ということは，男子は1人でも2人でも3人でもかまわない。ならば，全部の場合の数を求めて，そこから，女子ばかり3人の組合せを除けば求めることができる。

〈少なくとも1人の男子とは〉

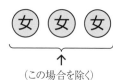

（この場合を除く）

全部の組合せは，

$$_9C_3 = \frac{9 \cdot 8 \cdot 7}{3 \cdot 2 \cdot 1} = 84（通り）$$

女子だけの組合せは，

$$_4C_3 = \frac{4 \cdot 3 \cdot 2}{3 \cdot 2 \cdot 1} = 4（通り）$$

より，少なくとも1人が男子の組の数 $= 84 - 4 = 80$（通り）

になる。

また，この9人を3人ずつ3組に分けて，**A，B，Cの部屋に入れた場合**と，**3人ずつ3組に分けた場合，それぞれの場合の数を求めてみよう。**

A，B，Cの部屋に入れるときには，まずAの部屋に9人の中から3人を選んで入れ，次にBの部屋に残りの6人の中から3人を選び，残った人をCの部屋に入れると考える。すると，$_9C_3 \times _6C_3 \times _3C_3 = 1680$（通り）。そして，A，B，Cの部屋の区別がなくなると，A，B，Cの部屋に入れる順番は，ABC，ACB，BAC………と，3!（通り）あるから，3人ずつ3組に分ける方法は，

$$\frac{_9C_3 \times _6C_3 \times _3C_3}{3!} = 280（通り）\quad になる。$$

よって，組分けの問題では，ちがう人数のときには，それぞれAグループ，Bグループ，Cグループとして考えられるが，同じ人数でグループの区別なく分ける場合，

区別した組合せ÷同数の組の数！

で求めればよい。

●部屋の区別がある場合

①②③④⑤⑥⑦⑧⑨

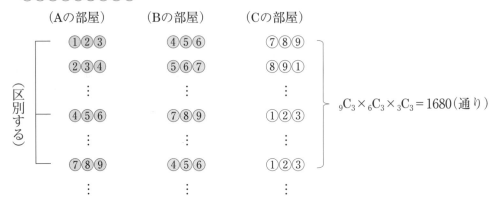

$_9C_3 \times {}_6C_3 \times {}_3C_3 = 1680$（通り）

●部屋の区別がない場合

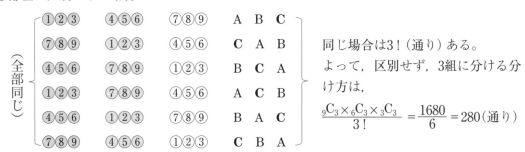

同じ場合は3!（通り）ある。

よって，区別せず，3組に分ける分け方は，

$$\frac{{}_9C_3 \times {}_6C_3 \times {}_3C_3}{3!} = \frac{1680}{6} = 280（通り）$$

◈ 解法のポイント

1. （少なくとも1人はいる場合の数）＝（全部の場合の数）－（1人もいない場合の数）

2. （区別をした3部屋に入れる場合の数）＝（全員から3人ずつを順に取り出す組合せの積）

   （区別しないで3グループに分けるとき）＝（区別して3グループに分けた数）÷（同人数のグループの数!）

Q 例題①

　12人の人を次のようにグループに分ける方法は何通りあるか，正しい組合せを選べ。

(1)　5人　5人　2人

(2)　3人　3人　2人　2人　2人

	(1)	(2)
①	8,316 通り	142,600 通り
②	8,316 通り	148,600 通り
③	8,316 通り	138,600 通り
④	8,245 通り	138,600 通り
⑤	8,245 通り	142,600 通り

？ ヒント

(1)　グループを**A，B，C** のように区別する。まず，12人の中から5人を選んでA組に入れ，残りの7人の中から5人を選んでB組に入れ，残りの2人をC組に入れる。5人の組が2グループできるから2！で割る。

(2)　グループを**A，B，C，D，E** のように区別する。まず，12人の中から3人を選んでA組に入れ，残り9人の中から3人を選んで B 組に入れ，残り6人の中から2人を選んでC組に入れ，残り4人の中から2人選んで D 組に入れ，残りは E 組に入れた場合の数の式をかく。次に，同じ人数の組の数，3人の組の2組と2人の組の3組の階乗2！×3！の積で割る。

A 解答・解説

(1)　$\dfrac{{}_{12}C_5 \cdot {}_7C_5 \cdot {}_2C_2}{2!} = \dfrac{12 \cdot 11 \cdot 10 \cdot 9 \cdot 8}{1 \cdot 2 \cdot 3 \cdot 4 \cdot 5} \cdot \dfrac{7 \cdot 6 \cdot 5 \cdot 4 \cdot 3}{1 \cdot 2 \cdot 3 \cdot 4 \cdot 5} \cdot 1 \cdot \dfrac{1}{2} = 8316（通り）$

(2)　$\dfrac{{}_{12}C_3 \cdot {}_9C_3 \cdot {}_6C_2 \cdot {}_4C_2 \cdot {}_2C_2}{2! \cdot 3!} = \dfrac{12 \cdot 11 \cdot 10}{1 \cdot 2 \cdot 3} \cdot \dfrac{9 \cdot 8 \cdot 7}{1 \cdot 2 \cdot 3} \cdot \dfrac{6 \cdot 5}{1 \cdot 2} \cdot \dfrac{4 \cdot 3}{1 \cdot 2} \cdot \dfrac{1}{2} \cdot \dfrac{1}{3 \cdot 2}$

$= 138600（通り）$

（答）　③

一端を青く，他端を赤く染めた６本のひもがある。

(1) 赤の部分を２本ずつ結び合わせて，３組に分ける分け方は何通りあるか。

(2) 赤は赤，青は青どうし結び合わせて，全体が１つの輪になるようにするやり方は，全部で何通りあるか，正しい組合せを選べ。

	(1)	(2)
①	30 通り	60 通り
②	30 通り	120 通り
③	90 通り	8 通り
④	15 通り	60 通り
⑤	15 通り	120 通り

A 解答・解説

(1) ６本のひもをA，B，C，D，E，Fとすると，この６本の中から２本ずつ３組に分ける分け方の数だから，

$$\frac{{}_6C_2 \cdot {}_4C_2}{3!} = 15（通り）$$

(2) (1)のうちの１通り，例えば右図のような組合せのとき，Aにつなぐひもの赤い端は，C，D，E，Fの４通りずつあり，これをつなげるのは，Bの場合もあるから，

$$15 \times 4 \times 2 = 120（通り）$$

赤───**A**───青───**B**───赤
赤───**C**───青───**D**───赤
赤───**E**───青───**F**───赤

（答）　⑤

Q 例題③

　4つの学級より，7名の委員を選出する方法は何通りあるか。また，各学級より1名は必ず選ぶとすれば何通りか，正しい組合せを選べ。ただし，各学級とも7名以上の生徒はいるものとする。

① 165 通り　　　　60 通り
② 165 通り　　　　20 通り
③ 120 通り　　　　20 通り
④ 120 通り　　　　60 通り
⑤ 120 通り　　　　80 通り

A 解答・解説

　4つの学級をA，B，C，Dとし，例えばAより2名，Bより3名，C，Dより各1名の選出を，

　　A　A　B　B　B　C　D

のように考えれば，A，B，C，Dの異なる4つのものから，同じものをくり返して取ることを許して7個取る組合せとなる。このとき，7名の委員を●印で表し，AとB，BとC，CとDのような組の仕切りに | を入れると，AABBBCDは（図1）のようになる。

これは，●7個と | 3個の同じものを含む順列の数と同じである。

A　　　　B　　　　C　　　D
●● | ●●● | ● | ●
（図1）

　よって，$\dfrac{10!}{3!\,7!} = 120$（通り）

　また，各学級から1名以上選ぶときには，まず1名ずつ選び，残りの3名について考えればよいから，（図2）のように3名と仕切り（ | ：たて線のこと）3個だから，

$\dfrac{6!}{3!\,3!} = 20$（通り）

A　A　B
⇓
●● | ● | ||
（図2）

（答）　③

No.1
（解答 ▸ P.63）

15人を5人ずつA，B，Cの部屋に入れる方法を求める式は，どれか。

① $_{15}C_5 \cdot {}_{15}C_5 \cdot {}_{15}C_5$

② $_{15}C_5 \cdot {}_{14}C_5 \cdot {}_{13}C_5$

③ $_{15}C_5 \cdot {}_{15}C_{10} \cdot {}_{15}C_{15}$

④ $_{15}C_5 \cdot {}_{10}C_5 \cdot {}_5C_5$

⑤ $_{15}C_{15} \cdot {}_{10}C_5 \cdot {}_5C_5$

No.2
（解答 ▸ P.63）

15人を5人ずつ3組に分ける方法の数を求める式は，どれか。

① $\dfrac{_{15}C_5 \cdot {}_{10}C_5}{5\,!}$

② $\dfrac{_{15}C_5 \cdot {}_{10}C_5}{3\,!}$

③ $\dfrac{_{15}C_5 \cdot {}_{15}C_{10}}{5\,!}$

④ $\dfrac{_{15}C_5 \cdot {}_{10}C_5}{5\,! \cdot 3\,!}$

⑤ $\dfrac{_{15}C_5 \cdot {}_{15}C_3}{3\,!}$

No.3
（解答 ▸ P.63）

男子5人と女子4人が A，B，C の部屋に3人ずつ入るとき，各部屋に女子が少なくとも1人入る場合の数は何通りか。

① 1,680 通り

② 1,080 通り

③ 600 通り

④ 300 通り

⑤ 200 通り

No.4

（解答 ▶ P.63）

図のように円周上に12個の点がある。これらの点のうち，5個の点を頂点とする五角形はいくつあるか。

① 256 通り

② 386 通り

③ 424 通り

④ 678 通り

⑤ 792 通り

No.5

（解答 ▶ P.63）

互いに平行な7本の横の直線と，5本の縦の直線がある。この図の中に四角形は，全部でいくつあるか。

① 180 通り

② 190 通り

③ 200 通り

④ 210 通り

⑤ 220 通り

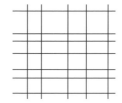

No.6

（解答 ▶ P.63）

1から9までの数字が書かれたくじがある。くじを2回引くとき，2つの合計の数が偶数になる場合は，何通りあるか。

① 16 通り

② 18 通り

③ 20 通り

④ 22 通り

⑤ 24 通り

a，bはそれぞれ１以上９以下の自然数で，かつ，aはbよりも小さいものとする。例えばaが1，bが２のとき，abaは３桁の自然数である121を表すものとする。このとき，abaとbabの和が1221になるaとbの組合せは何通りあるか。

① 1 通り

② 2 通り

③ 3 通り

④ 4 通り

⑤ 5 通り

8　確率の基本法則と和事象・積事象

　１つのサイコロをふって，1から6のうちのどれかが出る場合をAとすると，事象Aは必ず起こるからP(A)＝1となる。また，1から6以外の目が出る事象を$\overline{A}$とすると，事象$\overline{A}$は決して起こらないからP($\overline{A}$)＝0になる。このことからもわかるように，確率は，0以上1以下の数で表される。

　次に，事象を集合で表してみよう。例えば，12までの数がかかれた12枚のカードの中から1枚のカードを引く試行をする。そのカードが偶数である事象をA，3の倍数である事象をBとしたとき，事象Aの集合は，｜2，4，6，8，10，12｜。事象Bの集合は，｜3，6，9，12｜の要素を持つ。

　このとき，AとBの集合を合わせた，｜2，3，4，6，8，9，10，12｜の要素を持つ**AまたはBの起こる事象を和事象**という。∪（カップ）や∩（キャップ）の集合の関係を表す記号を使うと，右上図のように和事象はA∪B(AカップB)にあたる斜線部分になる。したがって，偶数または3の倍数のカードを引く確率は

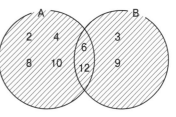

和事象（A∪B）

AまたはBが起こる。

$$P(A \cup B) = \frac{8}{12} = \frac{2}{3}$$

になる。

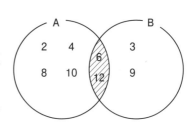

積事象（A∩B）

AかつBが起こる。

　また，偶数であり，かつ3の倍数であるAかつBの集合の要素を持つ**AかつBが起こる事象を積事象**といい，右図のA∩B(AキャップB)にあたる重なりの斜線部分になる。したがって，偶数であり，かつ3の倍数であるカードを引く確率は，

$$P(A \cap B) = \frac{2}{12} = \frac{1}{6}$$

解法のポイント

1. 確率の値は，0以上1以下になる。　　$0 \leqq P(A) \leqq 1$

2. 和事象……AとBの和事象とは，AまたはBが起こること。

　和事象の確率の表し方は，$P(A \cup B) = \dfrac{n(A \cup B)}{n(U)}$

3. 積事象……AとBの積事象とは，AかつBが起こること。

　積事象の確率の表し方は，$P(A \cap B) = \dfrac{n(A \cap B)}{n(U)}$

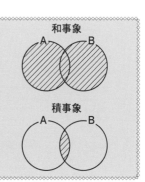

和事象

積事象

　　1から20までの番号をつけた20枚の札から1枚を抜き取るとき，

(1)　5の倍数または6の倍数である確率を求めよ。

(2)　5の倍数かつ6の倍数である確率を求めよ。

ヒント

(1)　1から20のうち，5の倍数は 5，10，15，20 の4個。6の倍数は，6，12，18 の3個の要素からできている。このことから，両方の和事象「5の倍数または6の倍数」の要素は，｛5，6，10，12，15，18，20｝の7個になる。そして，**全事象は$n(\text{U})=20$** になる。

(2)　5の倍数かつ6の倍数であるような，5の倍数の事象と6の倍数の事象の積事象を考えるが，5の倍数かつ6の倍数は30の倍数だから，20以下にはない。よって，この事象の**根元事象の数は0**になる。

A 解答・解説

(1)　5の倍数の出る事象をA，6の倍数の出る事象をBとすると，

　　A∪B＝｛5，6，10，12，15，18，20｝だから，$n(\text{A}\cup\text{B})=7$になる。

　　よって，$\text{P}(\text{A}\cup\text{B})=\dfrac{n(\text{A}\cup\text{B})}{n(\text{U})}=\dfrac{7}{20}$

（答）　$\dfrac{7}{20}$

(2)　5の倍数であり，かつ6の倍数である集合の要素はない。

　　よって，その積事象の確率は$\text{P}(\text{A}\cap\text{B})=0$

（答）　0

Q 例題②

　Aと書かれたカードが12枚，Bと書かれたカードが8枚，Cと書かれたカードが10枚入った箱の中から1枚ずつ3回カードを取り出すとき，3回ともBのカードである確率はいくつか。

① $\dfrac{1}{145}$

② $\dfrac{2}{145}$

③ $\dfrac{4}{145}$

④ $\dfrac{7}{145}$

⑤ $\dfrac{11}{145}$

A 解答・解説

　1枚目にBを引く確率は，$\dfrac{8}{8+12+10}=\dfrac{8}{30}$

　2枚目にBを引く確率は，全体のカードが1枚減って29枚，Bのカードも1枚減って7枚となるので，Bを引く確率は$\dfrac{7}{29}$

　3枚目にBを引く確率は，同様に全体のカードは1枚減って28枚，Bのカードも1枚減って6枚となり，Bを引く確率は$\dfrac{6}{28}$

　これらが連続して起こる確率は，$\dfrac{8}{30}\times\dfrac{7}{29}\times\dfrac{6}{28}=\dfrac{2}{145}$

（別解）

　全部のカードから3枚のカードを引く場合の数は$_{30}C_3$通り。

　3枚ともBのカードを引く場合の数は$_8C_3$通り。

　よって，3枚ともBである確率は，$\dfrac{_8C_3}{_{30}C_3}=\dfrac{\overset{2}{8}\cdot7\cdot\overset{}{6}}{\underset{5}{30}\cdot29\cdot\underset{1}{28}}=\dfrac{2}{145}$

（答）　②

No.1 （解答 ▶ P.63）

大小２つのサイコロを振って，大，小のサイコロで出た目の数を，十の位，一の位とする２ケタの整数をつくる。これらの整数が，３の倍数かつ５の倍数である確率を求めよ。

① $\dfrac{1}{9}$

② $\dfrac{1}{12}$

③ $\dfrac{1}{36}$

④ $\dfrac{1}{20}$

⑤ $\dfrac{1}{18}$

No.2 （解答 ▶ P.63）

白球８個，黒球６個の入っている袋から同時に４個の球を取り出すとき，全部白である確率はいくつか。

① $\dfrac{5}{143}$

② $\dfrac{10}{143}$

③ $\dfrac{15}{143}$

④ $\dfrac{15}{242}$

⑤ $\dfrac{17}{242}$

No.3

（解答▶P.64）

全校生徒300人のうち，１年生は120人おり，そのうち男子は50人，女子は70人である。全校生徒から１人生徒会長を選ぶとき，男子が選ばれる事象をA，１年生が選ばれる事象をBとしたとき，$P(A \cap B)$ の値はいくつか。

① $\dfrac{7}{12}$

② $\dfrac{1}{5}$

③ $\dfrac{1}{6}$

④ $\dfrac{1}{3}$

⑤ $\dfrac{5}{6}$

No.4

（解答▶P.64）

いまA君は１〜５の番号を付けたカードを５枚持っている。これらの５枚のカードのうちから３枚を取り出してつくった３ケタの整数のうち，２の倍数となるものの確率はいくつか。

① $\dfrac{1}{5}$

② $\dfrac{4}{15}$

③ $\dfrac{1}{3}$

④ $\dfrac{2}{5}$

⑤ $\dfrac{7}{15}$

（解答 ▶ P.64）

青3個，赤4個の玉が袋の中に入っている。今この玉を袋の中から取り出すとき，最初に取り出した玉と同じ色の玉が，すべて連続で出る確率はいくつか。

①　$\dfrac{2}{35}$

②　$\dfrac{3}{35}$

③　$\dfrac{4}{35}$

④　$\dfrac{1}{35}$

⑤　$\dfrac{8}{35}$

 （解答 ▶ P.64）

1～9までの数字が1つずつ書かれたカード9枚から2枚取るとき，2枚のカードの和が奇数になる確率はいくつか。

①　$\dfrac{2}{9}$

②　$\dfrac{4}{9}$

③　$\dfrac{2}{3}$

④　$\dfrac{5}{9}$

⑤　$\dfrac{1}{2}$

9　和事象の確率

　1から30までの数字をかいた30枚のカードから1枚のカードを引く。そのとき，引いたカードが4の倍数である事象の集合をA，6の倍数である事象の集合をBとする。AとBの和事象は，右の図に表したように，4または6の倍数が出る事象の集合（斜線部分）になる。この集合の要素の個数は，それぞれいくつだろうか。

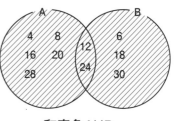

和事象A∪B

A＝{4, 8, 12, 16, 20, 24, 28} より，

　$n(A) = 7$（$n(A)$とは，Aの集合の要素の個数を表す）

B＝{6, 12, 18, 24, 30} より

　$n(B) = 5$（$n(B)$とは，Bの集合の要素の個数を表す）

A∪B＝{4, 6, 8, 12, 16, 18, 20, 24, 28, 30} より，

　$n(A∪B) = 10$（AとBの和事象の要素の数は10個）

また，AとBの積事象A∩B＝{12, 24} より，

　$n(A∩B) = 2$（AとBの積事象の要素の数は2個）

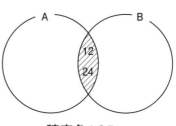

積事象A∩B

　ここで，集合を表す図（ベン図ともいう…389ページ参照）を見ると，$n(A∪B)$を求めるためには，$n(A)$と$n(B)$の和だけでは，$n(A∩B)$を2度数えてしまう。よって，集合の要素の個数は$n(A)$と$n(B)$の和から$n(A∩B)$を引いて，

　$n(A∪B) = n(A) + n(B) - n(A∩B)$

になる。この両辺を全体集合Uの要素の数で割ると，

$$\frac{n(A∪B)}{n(U)} = \frac{n(A)}{n(U)} + \frac{n(B)}{n(U)} - \frac{n(A∩B)}{n(U)}$$

より，

　$P(A∪B) = P(A) + P(B) - P(A∩B)$

となる。

◇ 解法のポイント

・2つの事象A・Bの和事象の確率（一般的な加法定理）

　$P(A∪B) = P(A) + P(B) - P(A∩B)$

> 1個のサイコロを投げるとき，4以上の目が出るか3の倍数の目が出る確率を求めよ。
>
> ① $\dfrac{1}{2}$
>
> ② $\dfrac{1}{3}$
>
> ③ $\dfrac{1}{6}$
>
> ④ $\dfrac{2}{3}$
>
> ⑤ $\dfrac{5}{6}$

ヒント

1個のサイコロを投げるとき，4以上の目が出るという事象をA，3の倍数の目が出るという事象をB，全事象をUとする。

$$P(A) = \frac{n(A)}{n(U)} = \frac{3}{6} = \frac{1}{2}$$

$$P(B) = \frac{n(B)}{n(U)} = \frac{2}{6} = \frac{1}{3}$$

A∩Bは，6の目が出たときになり，

$n(A \cap B) = 1$ より，

$$P(A \cap B) = \frac{n(A \cap B)}{n(U)} = \frac{1}{6}$$

これを，$P(A \cup B) = P(A) + P(B) - P(A \cap B)$ にあてはめる。

A 解答・解説

1個のサイコロを投げるとき，4以上の目が出る事象A，3の倍数の目が出る事象Bとすると，4以上の目が出るか3の倍数の目が出る事象 A∪B の確率は，

$$P(A) = \frac{1}{2}, \quad P(B) = \frac{1}{3}, \quad P(A \cap B) = \frac{1}{6} \text{より,}$$

$$P(A \cup B) = P(A) + P(B) - P(A \cap B) = \frac{1}{2} + \frac{1}{3} - \frac{1}{6} = \frac{2}{3}$$

（答）　④

Q 例題②

　Aの起こる確率が0.7，Bの起こる確率が0.5，AまたはBの起こる確率が0.9である。A
とBが共に起こる確率はいくつか。

① 　0.1

② 　0.2

③ 　0.3

④ 　0.4

⑤ 　0.5

A 解答・解説

Aの起こる確率，Bの起こる確率，AまたはBの起こる確率は，

　$P(A) = 0.7$

　$P(B) = 0.5$

　$P(A \cup B) = 0.9$

で表される。

AとBが起こる確率は$P(A \cap B)$だから，

$P(A \cup B) = P(A) + P(B) - P(A \cap B)$ より，

$P(A \cap B) = P(A) + P(B) - P(A \cup B) = 0.7 + 0.5 - 0.9 = 0.3$

（答）　③

No.1　　　　　　　　　　　　　　　　　　　　　　　　　　　　（解答 ▶ P.64）

２つのサイコロを投げたとき，目の数が同じで目の数の和が10以下になる確率を求めなさい。

① $\dfrac{7}{36}$

② $\dfrac{5}{36}$

③ $\dfrac{1}{36}$

④ $\dfrac{1}{18}$

⑤ $\dfrac{1}{12}$

No.2　　　　　　　　　　　　　　　　　　　　　　　　　　　　（解答 ▶ P.64）

男女30人ずつ60人のクラスがある。このクラスの50人は徒歩で通学している。残りは電車で通学しており，そのうち２人は男子である。このクラスからクラス委員を１人選び出したとき，徒歩通学か男子である確率はいくつか。

① $\dfrac{7}{20}$

② $\dfrac{1}{6}$

③ $\dfrac{11}{13}$

④ $\dfrac{13}{15}$

⑤ $\dfrac{7}{60}$

No.3

（解答 ▶ P.64）

1 ～ 100までの整数をかいた玉が袋に入っている。この袋から 1 個の玉を取り出したとき，3または5の倍数になる確率はいくつか。

① $\dfrac{47}{100}$　　② $\dfrac{24}{50}$　　③ $\dfrac{49}{100}$

④ $\dfrac{1}{2}$　　⑤ $\dfrac{51}{100}$

No.4

（解答 ▶ P.64）

1から5までの番号札が 1 枚ずつある。この中から元に戻すことなく 1 枚ずつ札を引いていく。2枚目の札の番号が2であるか，3枚目の札の番号が3である確率を求めよ。

① $\dfrac{3}{20}$　　② $\dfrac{1}{5}$　　③ $\dfrac{1}{4}$

④ $\dfrac{3}{10}$　　⑤ $\dfrac{7}{20}$

No.5

（解答 ▶ P.65）

ジョーカーを除くトランプ52枚から 2 枚の札を同時に取り出すとき，2枚ともハートか，2枚とも絵札である確率を求めよ。

① $\dfrac{41}{442}$　　② $\dfrac{43}{442}$　　③ $\dfrac{45}{442}$

④ $\dfrac{47}{442}$　　⑤ $\dfrac{49}{442}$

排反事象の確率

青い玉が5個，赤い玉が4個の合計9個の玉が入った箱から2個の玉を取り出したとき，2個とも同じ色の玉である確率を考える。
このとき，9個の玉から2個の玉を取り出す組合せは，

$$_9C_2 = \frac{9 \cdot 8}{1 \cdot 2} = 36 \text{（通り）}$$

そのうち，青い玉2個を取り出すのは，$_5C_2 = \frac{5 \cdot 4}{1 \cdot 2} = 10 \text{（通り）}$

赤い玉2個を取り出すのは，$_4C_2 = \frac{4 \cdot 3}{1 \cdot 2} = 6 \text{（通り）}$

青い玉を2個取り出す事象をA，赤い玉を2個取り出す事象をBとすると，Aの事象とBの事象はこの試行では同時に起こらない。このとき，**AとBは互いに排反である**，もしくは**排反事象**という。

このとき，AまたはBが起こる場合の数は，

$$n(A \cup B) = n(A) + n(B) = 10 + 6 = 16 \text{（通り）} \quad \cdots\cdots ①$$

①の式の両辺を全事象の数 $n(U)$ で割ると，

$$\frac{\text{特定の事象の要素の個数}}{\text{全事象の要素の個数}}$$

が確率だから，

$$\frac{n(A \cup B)}{n(U)} = \frac{n(A)}{n(U)} + \frac{n(B)}{n(U)}$$

よって，

$$P(A \cup B) = P(A) + P(B) \quad \text{となる。}$$

一般に事象Aと事象Bが排反のとき，加法定理$P(A \cup B) = P(A) + P(B)$ が成り立つ。

☞ 解法のポイント

1. 排反事象とは，同時に決して起こらない事象
2. 排反事象の加法定理，

   AとBが互いに排反であるとき，

   $$P(A \cup B) = P(A) + P(B)$$

Q 例題①

　20個の製品の中に，２個の不良品が入っているという。この中から３個を取り出すとき，次の確率を求めよ。

(1)　不良品が１個以下である確率

(2)　不良品が入っている確率

ヒント

(1)　不良品が１個以下ということは，２つの排反な事象，「不良品が１個入っている」と「不良品が１個も入っていない」の和事象になり，確率も，それぞれの和になる。全事象Uは，$_{20}C_3$通り。不良品が１個入っている場合の数は，$_2C_1 \times _{18}C_2$（通り）。不良品が１個もない場合の数は，$_{18}C_3$（通り）になる。

(2)　不良品が入っている場合は，不良品が１個である(1)の場合の他に，不良品が２個の場合である $_2C_2 \times _{18}C_1$（通り）も入る。

A 解答・解説

(1)　全事象 $_{20}C_3 = \dfrac{20 \cdot 19 \cdot 18}{1 \cdot 2 \cdot 3} = 1140$（通り）

　　不良品が１個だけの場合の数は，$_2C_1 \cdot _{18}C_2 = 2 \times \dfrac{18 \cdot 17}{1 \cdot 2} = 306$（通り）

　　不良品が１個もない場合の数は，$_{18}C_3 = \dfrac{18 \cdot 17 \cdot 16}{1 \cdot 2 \cdot 3} = 816$（通り）

　　よって，不良品が１個以下である確率は，$\dfrac{306}{1140} + \dfrac{816}{1140} = \dfrac{187}{190}$

（答）$\dfrac{187}{190}$

(2)　不良品が２個入っている場合の数は，$_2C_2 \cdot _{18}C_1 = 18$（通り）

　　不良品が１個入っている場合の数は，(1)より306（通り）

　　よって，不良品の入っている確率は，$\dfrac{18}{1140} + \dfrac{306}{1140} = \dfrac{27}{95}$

（答）$\dfrac{27}{95}$

　Aの袋には赤球6個と白球4個が，Bの袋には赤球4個と白球6個が入っている。A，Bそれぞれ任意に2球ずつ取り出すとき，取り出された4球がすべて同じ色である確率を求めよ。

①　$\dfrac{3}{50}$

②　$\dfrac{4}{45}$

③　$\dfrac{5}{42}$

④　$\dfrac{4}{39}$

⑤　$\dfrac{6}{35}$

A 解答・解説

AとBの2つの袋からそれぞれ2球を取り出す場合の数は，

$${}_{10}C_2 \cdot {}_{10}C_2 = \frac{10 \cdot 9}{1 \cdot 2} \times \frac{10 \cdot 9}{1 \cdot 2} = 2025 \,(通り)$$

そして，A，Bとも赤の場合の数は，

$${}_6C_2 \cdot {}_4C_2 = \frac{6 \cdot 5 \cdot 4 \cdot 3}{1 \cdot 2 \cdot 1 \cdot 2} = 90 \,(通り)$$

同様に，A，Bとも白の場合の数は，

$${}_4C_2 \cdot {}_6C_2 = \frac{4 \cdot 3 \cdot 6 \cdot 5}{1 \cdot 2 \cdot 1 \cdot 2} = 90 \,(通り)$$

赤・赤の場合と白・白の場合は互いに排反だから，

$$\frac{90}{2025} + \frac{90}{2025} = \frac{180}{2025} = \frac{4}{45}$$

（答）　②

演習問題

No.1　　　　　　　　　　　　　　　　　　　　　　　（解答 ▶ P.65）

箱の中に白玉３個，緑玉２個がある。１個ずつ取り出すとき，同色の玉がすべて連続して出てくる確率は，次のうちどれか。

① $\dfrac{1}{10}$

② $\dfrac{1}{6}$

③ $\dfrac{1}{5}$

④ $\dfrac{1}{4}$

⑤ $\dfrac{2}{7}$

No.2　　　　　　　　　　　　　　　　　　　　　　　（解答 ▶ P.65）

３人でじゃんけんを１回するとき，あいこになる確率はどれだけか。

① $\dfrac{1}{9}$

② $\dfrac{2}{9}$

③ $\dfrac{1}{3}$

④ $\dfrac{4}{9}$

⑤ $\dfrac{5}{9}$

（解答 ▶ P.65）

No.3

4人でじゃんけんを1回するとき，あいこになる確率はどれだけか。

① $\dfrac{1}{27}$

② $\dfrac{1}{9}$

③ $\dfrac{13}{27}$

④ $\dfrac{1}{3}$

⑤ $\dfrac{4}{9}$

No.4

（解答 ▶ P.65）

当たりくじ3本を含む5本のくじから，甲，乙の2人がこの順に1本ずつくじを引くとき，乙が当たる確率を求めよ。ただし，引いたくじは元に戻さない。

① $\dfrac{1}{5}$

② $\dfrac{2}{5}$

③ $\dfrac{3}{5}$

④ $\dfrac{4}{5}$

⑤ $\dfrac{4}{25}$

No.5

（解答 ▶ P.65）

3個のサイコロを同時に投げるとき，3つの目の和が奇数になる確率を求めよ。

① $\dfrac{1}{2}$

② $\dfrac{1}{3}$

③ $\dfrac{1}{4}$

④ $\dfrac{1}{5}$

⑤ $\dfrac{1}{6}$

11　余事象

　事象Aに対してAが起こらないという事象をAの**余事象**といい$\overline{A}$で表す（図1）。Aと$\overline{A}$の和は全事象Uである。

（余事象）

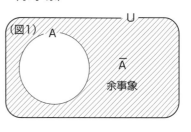

　例えば，2つのサイコロを同時に投げるとき（図2），目の数が異なって出る事象をAとする。この事象の余事象$\overline{A}$は，目の数が同じ場合である。したがって，目の数が異なって出る確率P(A)と目の数が同じである確率P($\overline{A}$)の和は，全事象の確率1になる。このことから，2つのサイコロを同時に投げたとき，全部の出方は6×6＝36（通り）。そのうち6通りが同じ目になるので，同じ目が出る確率は$\frac{6}{36}=\frac{1}{6}$なので，

$$P(A)=1-P(\overline{A})=1-\frac{1}{6}=\frac{5}{6} \text{ となる。}$$

（2つのサイコロを投げたとき）

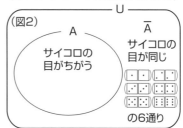

　求める事象の確率より余事象のほうが求めやすいときには，1から余事象の確率を引いて考える。出題形式として，「**少なくとも～**」となっていたり，「**～でない確率**」となっている問題は余事象の確率を考えたほうが簡単である。

　「**1から20までの整数を1個ずつかいた20枚のカードがある。このカードから2枚のカードをぬき出すとき，少なくとも1枚が偶数である確率を求めよ**」という場合，少なくとも1枚が偶数である事象Aの余事象は，2枚とも奇数である（図3）。このとき全事象は20枚から2枚ぬく場合の数で，$_{20}C_2=\frac{20\cdot19}{1\cdot2}=190$（通り）。

2枚とも奇数の場合は，10枚の奇数から2枚引いた，

$_{10}C_2=\frac{10\cdot9}{1\cdot2}=45$（通り）。

（1 ～ 20のうち2枚のカードをぬく）

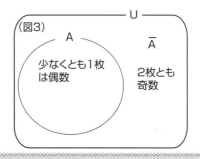

よって，$P(A)=1-P(\overline{A})=1-\frac{45}{190}=\frac{145}{190}=\frac{29}{38}$ になる。

解法のポイント

1. **事象Aに対してAが起こらない事象をAの余事象といい，$\overline{A}$で表す。**
2. **事象Aと余事象$\overline{A}$について，$P(A)=1-P(\overline{A})$ になる。**

100から999までの３ケタの整数の中から，１つの数を取り出したとき，同じ数字が２つ以上使われている整数を選ぶ確率はいくつか。

① $\dfrac{18}{25}$

② $\dfrac{7}{25}$

③ $\dfrac{4}{5}$

④ $\dfrac{1}{5}$

⑤ $\dfrac{11}{25}$

ヒント

同じ数字が使われている事象の余事象は，３つともちがう数字が使われている場合である。３ケタの数で，３つとも違う数字でできた数は，百の位に１～９のうちの１個を使い９(通り)。十の位に0を含めた残りの９個のうちの１つで９(通り)。一の位に８通りで $9 \times 9 \times 8 = 648$(通り) ある。３ケタの数は，全部で $999 - 100 + 1 = 900$(個) ある。

A 解答・解説

同じ数字が２つ使われている事象Aの余事象$\overline{\mathrm{A}}$の確率は，全事象が $999 - 100 + 1 = 900$(通り)，３つとも違う数の場合の数が $9 \times 9 \times 8 = 648$(通り)より，

$$P(\overline{\mathrm{A}}) = \frac{648}{900} = \frac{18}{25}$$

よって，$P(\mathrm{A}) = 1 - P(\overline{\mathrm{A}}) = 1 - \dfrac{18}{25} = \dfrac{7}{25}$

(答)　②

Q 例題②

　　２つのサイコロを同時にふるとき，次の確率の正しい組合せはどれか。

(1)　偶数の目が少なくとも１つ出る確率。

(2)　同じ目が出ない確率。

	(1)	(2)
①	$\dfrac{1}{4}$	$\dfrac{1}{6}$
②	$\dfrac{1}{2}$	$\dfrac{1}{2}$
③	$\dfrac{3}{4}$	$\dfrac{5}{6}$
④	$\dfrac{1}{5}$	$\dfrac{1}{6}$
⑤	$\dfrac{2}{5}$	$\dfrac{2}{3}$

A 解答・解説

(1)　偶数の目が少なくとも１つ出る事象をAとすると，$\overline{\text{A}}$は偶数の目が１つも出ない，２つとも奇数である事象である。この場合の数は，$3 \times 3 = 9$（通り）。また，すべての場合の数は$6^2 = 36$（通り）である。

　　よって，

$$P(\text{A}) = 1 - P(\overline{\text{A}}) = 1 - \frac{9}{36} = 1 - \frac{1}{4} = \frac{3}{4}$$

(2)　同じ目が出ない事象をBとすると，同じ目が出る事象は$\overline{\text{B}}$で，$n(\overline{\text{B}}) = 6$

　　よって，

$$P(\text{B}) = 1 - P(\overline{\text{B}}) = 1 - \frac{6}{36} = 1 - \frac{1}{6} = \frac{5}{6}$$

（答）　③

No.1 （解答 ▶ P.66）

1 〜 9の数字が1つずつかかれたカード9枚から2枚取るとき，2枚のカードの数の和が奇数になる確率はいくらか。

① $\dfrac{5}{9}$

② $\dfrac{4}{9}$

③ $\dfrac{2}{3}$

④ $\dfrac{1}{3}$

⑤ $\dfrac{1}{2}$

No.2 （解答 ▶ P.66）

1 〜 7のカードがそれぞれ1枚ずつある。この7枚のカードから3枚を取り出して，3枚のカードの数の大きい順に左から右に並べて3ケタの数をつくるとき，偶数である確率はいくらか。

① $\dfrac{13}{35}$

② $\dfrac{18}{35}$

③ $\dfrac{22}{35}$

④ $\dfrac{24}{35}$

⑤ $\dfrac{5}{7}$

No.3

（解答▶P.66）

4本の当たりくじの入った10本のくじがある。このくじを同時に2本引くとき，少なくとも1本は当たる確率はいくらか。

① $\dfrac{1}{3}$

② $\dfrac{2}{3}$

③ $\dfrac{5}{6}$

④ $\dfrac{1}{6}$

⑤ $\dfrac{3}{4}$

No.4

（解答▶P.66）

10本のくじの中に当たりくじが3本ある。A，B，Cの3人が，この順に1本ずつ引くとき，次の確率を求め，その正しい組合せを選べ。

(1) Bが当たりくじを引く確率

(2) Cが当たりくじを引く確率

(3) A，Bの少なくとも一方が当たりくじを引く確率

	(1)	(2)	(3)
①	$\dfrac{3}{10}$	$\dfrac{3}{10}$	$\dfrac{8}{15}$
②	$\dfrac{3}{10}$	$\dfrac{3}{10}$	$\dfrac{3}{10}$
③	$\dfrac{3}{10}$	$\dfrac{3}{10}$	$\dfrac{7}{15}$
④	$\dfrac{3}{11}$	$\dfrac{3}{11}$	$\dfrac{7}{15}$
⑤	$\dfrac{7}{10}$	$\dfrac{3}{10}$	$\dfrac{8}{15}$

4枚の硬貨を同時に投げるとき，次の確率を求め，答えの正しい組合せを選べ。

(1) 少なくとも1枚は表が出る確率

(2) 表も裏も出る確率

	(1)	(2)
①	$\dfrac{3}{16}$	$\dfrac{7}{8}$
②	$\dfrac{3}{16}$	$\dfrac{1}{8}$
③	$\dfrac{7}{16}$	$\dfrac{5}{8}$
④	$\dfrac{15}{16}$	$\dfrac{5}{8}$
⑤	$\dfrac{15}{16}$	$\dfrac{7}{8}$

新築マンションの抽選会があった。1人が3回連続で，くじを引くことになった。12本のくじの中には3本の当たりくじがある。1人が3本連続で引いたとき，少なくとも1本が当たりくじである確率はいくつになるか。

① $\dfrac{27}{55}$

② $\dfrac{29}{55}$

③ $\dfrac{34}{55}$

④ $\dfrac{37}{55}$

⑤ $\dfrac{39}{55}$

12　独立な試行

　今まで，１つの試行による事象をいろいろみてきた。今回は，試行を何回か行った場合についての確率をみてみよう。例えば，赤い玉が２個，青い玉が１個，黄色い玉が１個ある（図1）。そこから１個玉を取り出した後，その玉を戻して，もう一度玉を取り出すとき，１回目と２回目がともに赤である確率を求める場合，１回目の試行と２回目の試行は，ともに４個の玉の中から１個の玉を取ることになる。この２回の試行は，ともに他の試行の影響を受けることはない。このように，複数の試行において，どの試行も他の試行の影響を受けないとき，それぞれの**試行は独立**であるという。もし，同様に赤い玉２個，青い玉１個，黄色い玉１個の状態で，連続して２個の玉を取るという試行をした場合，この連続

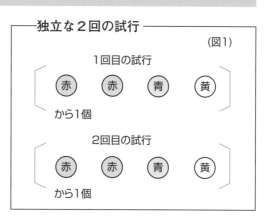

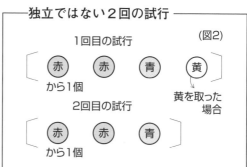

した２回目は１回目の影響を受けるから独立ではない，ということになる（図2）。

　このように，試行を繰り返すとき，それぞれの試行が独立である場合と独立でない場合がある。この問題では，１回目に取り出した玉が赤である確率は$\frac{2}{4}=\frac{1}{2}$である。取り出した玉を戻し，２回目に取り出した玉が赤である確率も$\frac{1}{2}$だ。よって，１回目が赤である事象をA_1，２回目が赤である事象をA_2とすると，１回目，２回目ともに赤である確率は，

$$P(A_1 \cap A_2) = P(A_1) \cdot P(A_2) = \frac{2}{4} \cdot \frac{2}{4} = \frac{1}{4}$$　になる。

◇ 解法のポイント

1. ２回以上の試行のうち，１つの試行の結果にかかわらず他の試行の事象の確率が変わらないとき，これらの試行は独立であるという。

2. ２個の事象，A_1，A_2が独立な事象ならば，

   $$P(A_1 \cap A_2) = P(A_1) \cdot P(A_2)$$

ジョーカーを除いたトランプのカードから1枚引き，1枚のコインを投げるとき，カードは絵札，コインは表が出る確率はいくつか。

① $\dfrac{2}{13}$

② $\dfrac{1}{2}$

③ $\dfrac{3}{13}$

④ $\dfrac{3}{26}$

⑤ $\dfrac{1}{13}$

ヒント

2つの試行「ジョーカーを除いたトランプのカードを1枚引く」と「1枚のコインを投げる」は独立である。コインを投げた結果は，トランプの引かれたカードの影響も受けないし，逆にトランプのカードはコインを投げた結果の影響も受けない。

それぞれ独立な試行の事象Aと事象Bの確率を P(A)，P(B) とすると，AとBがともに起こる確率 P(A∩B) は P(A)・P(B) になる。

A 解答・解説

ジョーカーを除いたトランプのカードから1枚を引いて，それが絵札である事象をA，1枚のコインを投げ，表が出る事象をBとすると，

$$P(A) = \frac{12}{52} = \frac{3}{13} \qquad P(B) = \frac{1}{2}$$

よって，A，Bがともに起こる確率 P(A∩B) は，

$$P(A \cap B) = P(A) \cdot P(B) = \frac{3}{13} \cdot \frac{1}{2} = \frac{3}{26}$$

(答)　④

Q 例題②

　ある競技で2チームA，Bが続けて試合をして，3勝したほうを勝ちとする約束で勝敗を争うこととなった。毎回の試合で，Aが勝つ確率は$\frac{2}{3}$，Bが勝つ確率は$\frac{1}{3}$，引き分けはないものとする。このとき，Aが勝ちとなる確率を求めよ。

① $\frac{62}{81}$

② $\frac{64}{81}$

③ $\frac{67}{81}$

④ $\frac{68}{81}$

⑤ $\frac{70}{81}$

A 解答・解説

　Aが勝つ場合は，次の3通りが考えられる。

⑴　3試合で，Aが3勝0敗

⑵　4試合で，Aが3勝1敗

⑶　5試合で，Aが3勝2敗

　⑴の確率は，$\left(\frac{2}{3}\right)^3=\frac{8}{27}$

　⑵の確率は，$\left(\frac{2}{3}\right)^3\cdot\frac{1}{3}=\frac{8}{81}$

　そして，Aは4試合目には勝たなければならないので，1敗は1～3試合目のどれかになるから，$\frac{8}{81}\times3=\frac{8}{27}$

　⑶の確率は$\left(\frac{2}{3}\right)^3\cdot\left(\frac{1}{3}\right)^2=\frac{8}{243}$

　そして，Aは5試合目には勝たなければならないので，2敗は1～4試合目のどれかで，${}_4C_2=6$（通り）

　よって，$\frac{8}{243}\times6=\frac{16}{81}$

　したがって，全体の確率は，$\frac{8}{27}+\frac{8}{27}+\frac{16}{81}=\frac{64}{81}$　　　　（答）　②

No.1 (解答 ▸ P.67)

A，B，Cの3個の箱があり，Aの箱には5個，Bの箱には10個，Cの箱には20個の製品が入っている。そのうち不良品がAの箱には2個，Bの箱には2個，Cの箱には8個入っている。各々の箱から1個ずつ，任意に製品を取り出すとき，取り出した製品が3個とも良品である確率として正しいのは次のうちどれか。

① $\dfrac{6}{25}$

② $\dfrac{33}{125}$

③ $\dfrac{34}{125}$

④ $\dfrac{7}{25}$

⑤ $\dfrac{36}{125}$

No.2 (解答 ▸ P.67)

当たりくじが4本，はずれくじが6本入った箱がある。

(1) 当たりを引いたらそのくじは取り除き，はずれは箱に戻すとき

(2) 引いたくじは，すべて取り除くとき

(3) 引いたくじは，すべて元の箱に戻すとき

それぞれ，2人目の人が当たりくじを引く確率はどれだけか。

	(1)	(2)	(3)
①	$\dfrac{8}{25}$	$\dfrac{8}{15}$	$\dfrac{9}{25}$
②	$\dfrac{8}{25}$	$\dfrac{2}{5}$	$\dfrac{2}{5}$
③	$\dfrac{28}{75}$	$\dfrac{8}{15}$	$\dfrac{2}{5}$
④	$\dfrac{28}{75}$	$\dfrac{2}{5}$	$\dfrac{2}{5}$
⑤	$\dfrac{28}{75}$	$\dfrac{4}{9}$	$\dfrac{9}{25}$

No.3

（解答 ▸ P.67）

同じサイコロを３回投げるとき，１回目と２回目は6が出て３回目は6の目が出ない確率はいくつか。

① $\dfrac{1}{216}$

② $\dfrac{5}{216}$

③ $\dfrac{1}{108}$

④ $\dfrac{1}{36}$

⑤ $\dfrac{1}{18}$

No.4

（解答 ▸ P.67）

A，**B**の２人が試合を続けて行い，先に３勝したほうを優勝者とする。最初の試合で**A**が勝ったとき，**B**が優勝する確率として正しいものは，次のうちどれか。ただし，**A**，**B**が１試合に勝つ確率は等しく $\dfrac{1}{2}$ であり，引き分けはないものとする。

① $\dfrac{3}{16}$

② $\dfrac{5}{16}$

③ $\dfrac{1}{2}$

④ $\dfrac{9}{16}$

⑤ $\dfrac{11}{16}$

（解答 ▶ P.68）

図のようなマス目にコマを置いてサイコロを振り，奇数が出たらそのマス目から左方向へ，偶数が出たら右方向へそれぞれ出た数の分だけマス目を移動させることとする。この操作を2度くり返したとき，コマが最初のマス目より右方向にある確率はいくつか。

① $\dfrac{5}{12}$

② $\dfrac{1}{2}$

③ $\dfrac{7}{12}$

④ $\dfrac{2}{3}$

⑤ $\dfrac{2}{5}$

（解答 ▶ P.68）

1個のサイコロと1枚の硬貨を同時に投げるとき，サイコロは3の倍数の目，硬貨は表が出る確率を求めよ。

① $\dfrac{1}{3}$

② $\dfrac{1}{2}$

③ $\dfrac{5}{6}$

④ $\dfrac{1}{6}$

⑤ $\dfrac{1}{8}$

13　独立な試行と排反事象の組合せ

　8本中3本が当たりくじであるくじAと，5本中1本が当たりくじであるくじBがある（図1）。このくじを引いて，片方のみが当たりである確率を考えてみよう。

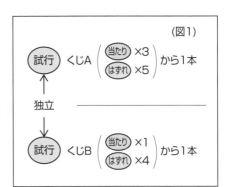

(図1)

　まず，くじAを引く試行と，くじBを引く試行は独立である。独立な試行ならば連続して2つの試行をするとき，確率は積になる。また，連続した試行の結果，片方のみが当たる事象は，「Aで当たり，Bではずれの場合」と「Aではずれ，Bで当たり」の場合である（図2）。この2つの事象は同時には起こらないので排反である。排反事象の場合，その和事象の確率は2つの事象の確率の和である。

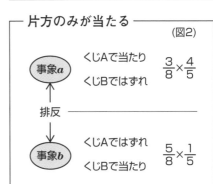

片方のみが当たる

(図2)

　よって，くじAで当たり，くじBではずれる事象をaとすると，その確率は，

$$P(a) = \frac{3}{8} \times \frac{4}{5} = \frac{3}{10}$$

　また，くじAではずれ，くじBで当たる事象をbとすると，その確率は，

$$P(b) = \frac{5}{8} \times \frac{1}{5} = \frac{1}{8}$$

事象aと事象bの確率の和が片方のみが当たる確率だから，

$$P(a \cup b) = P(a) + P(b) = \frac{3}{10} + \frac{1}{8} = \frac{17}{40}$$

になる。

　1つ1つの試行が独立の場合，両方ともに起こる場合は積で求める。

　また，排反事象の確率の場合，両方の事象は同時に起こらないので，どちらか一方が起こるときには確率の和を求めればよい。

◇ 解法のポイント

1. 独立な試行 S と試行 T の結果，事象 A と事象 B になるとき，試行 S でAになり，試行 T で B になる。事象 A∩Bの確率は，P(A∩B)＝P(A)・P(B)

2. 2つの事象CとDが排反ならば，P(C∪D)＝P(C)＋P(D)

赤球5個と黒球4個が入っている袋の中から，1個の球を取り出し，色を確認してから袋の中に戻す。この試行を3回行ったとき，同じ色が3回出る確率は，いくつになるか。

① $\dfrac{64}{81}$

② $\dfrac{8}{27}$

③ $\dfrac{7}{27}$

④ $\dfrac{35}{81}$

⑤ $\dfrac{20}{81}$

ヒント

　球を取り出す3回の試行は，1回終わるごとに取り出した球を袋に戻すから，互いに独立である。取り出した3回の球の色が同じになるのは，赤が3個の場合と黒が3個の場合があり，互いに排反である。

A 解答・解説

　3個の球が同じ色になる次の(イ)，(ロ)は排反である。

(イ)　（赤，赤，赤）の場合，それぞれの事象は独立なので，確率は，$\dfrac{5}{9} \times \dfrac{5}{9} \times \dfrac{5}{9} = \dfrac{125}{729}$

(ロ)　（黒，黒，黒）の場合，それぞれの事象は独立なので，確率は，$\dfrac{4}{9} \times \dfrac{4}{9} \times \dfrac{4}{9} = \dfrac{64}{729}$

　よって，求める確率は，$\dfrac{125}{729} + \dfrac{64}{729} = \dfrac{189}{729} = \dfrac{7}{27}$

（答）　③

Q　例題②

　袋の中に赤球が4個，白球が6個，黒球が5個入っている。この袋から2個の球を取り出すのに，次の2通りのしかたを考える。それぞれの場合について，取り出した2個の球の色が異なる確率の正しい組合せを選べ。

(1)　最初に1個取り出し袋に返してから2個目を取り出す場合

(2)　最初に1個取り出し袋に返さないで2個目を取り出す場合

	(1)	(2)
①	$\dfrac{37}{105}$	$\dfrac{74}{225}$
②	$\dfrac{74}{225}$	$\dfrac{37}{105}$
③	$\dfrac{74}{105}$	$\dfrac{148}{225}$
④	$\dfrac{148}{225}$	$\dfrac{74}{105}$
⑤	$\dfrac{74}{450}$	$\dfrac{148}{210}$

A　解答・解説

　（2個の球の色が異なる確率）＝1－（2個とも同色の確率）として求める。

(1)　2個とも赤球である確率は，$\left(\dfrac{4}{15}\right)^2 = \dfrac{16}{225}$

　　　2個とも白球である確率は，$\left(\dfrac{6}{15}\right)^2 = \dfrac{4}{25}$

　　　2個とも黒球である確率は，$\left(\dfrac{5}{15}\right)^2 = \dfrac{1}{9}$

　　よって，求める確率は，

　　　$1 - \left(\dfrac{16}{225} + \dfrac{4}{25} + \dfrac{1}{9}\right) = \dfrac{148}{225}$

(2)　取り出した球が2個とも赤球，白球，黒球である確率は，

　　　$\dfrac{_4C_2}{_{15}C_2}$，$\dfrac{_6C_2}{_{15}C_2}$，$\dfrac{_5C_2}{_{15}C_2}$　だから，

　　　$\dfrac{4 \cdot 3}{15 \cdot 14} = \dfrac{12}{15 \cdot 14}$，$\dfrac{6 \cdot 5}{15 \cdot 14} = \dfrac{30}{15 \cdot 14}$，$\dfrac{5 \cdot 4}{15 \cdot 14} = \dfrac{20}{15 \cdot 14}$

　　よって，求める確率は，

　　　$1 - \dfrac{12 + 30 + 20}{15 \cdot 14} = \dfrac{74}{105}$

（答）　④

No.1 （解答 ▶ P.68）

袋の中に黒い玉が3個と，白い玉が2個入っている。この中から1個ずつ2回取り出すとき，同じ色の玉が続いて出る確率を求めよ。ただし，一度取り出した玉は戻さずに次の玉を取り出すものとする。

① $\dfrac{1}{2}$

② $\dfrac{2}{5}$

③ $\dfrac{1}{4}$

④ $\dfrac{1}{8}$

⑤ $\dfrac{1}{10}$

No.2 （解答 ▶ P.68）

サイコロを4回振ったとき，1の目が3回出る確率を求めよ。

① $\dfrac{1}{196}$

② $\dfrac{5}{324}$

③ $\dfrac{5}{162}$

④ $\dfrac{1}{1296}$

⑤ $\dfrac{1}{64}$

No.3

（解答 ▶ P.69）

甲，乙2人が何回かジャンケンをして，先に5回勝った者を勝ちと決めた。はじめ続けて甲が4回勝ったとき，結果として甲が勝つ確率を求めよ。

① $\dfrac{31}{32}$

② $\dfrac{1}{2}$

③ $\dfrac{35}{36}$

④ $\dfrac{15}{16}$

⑤ $\dfrac{5}{8}$

No.4

（解答 ▶ P.69）

3個のサイコロを振ったとき，出た目の数の積が3で割り切れる自然数となる確率として正しいものは，次のうちどれか。

① $\dfrac{19}{27}$

② $\dfrac{5}{36}$

③ $\dfrac{5}{72}$

④ $\dfrac{7}{108}$

⑤ $\dfrac{13}{216}$

テニスの練習をした3人が，それぞれジャンケンをして，負けた1人または2人が用具の片付けをすることとした。3人がそれぞれ任意にグー，チョキ，パーのうちの1つを出すとき，1回のジャンケンで勝負がつく確率はどれだけか。

① $\dfrac{1}{3}$

② $\dfrac{1}{2}$

③ $\dfrac{2}{3}$

④ $\dfrac{3}{4}$

⑤ $\dfrac{5}{6}$

14　反復試行

　１つのサイコロを投げるという試行をＳとする。このＳをくり返すとき，各回の試行は独立である。例えば，サイコロを３回投げて１回目と２回目が１，そして３回目が１以外である確率は，

$$\frac{1}{6} \times \frac{1}{6} \times \frac{5}{6} = \frac{5}{216}$$

になる（図1）。

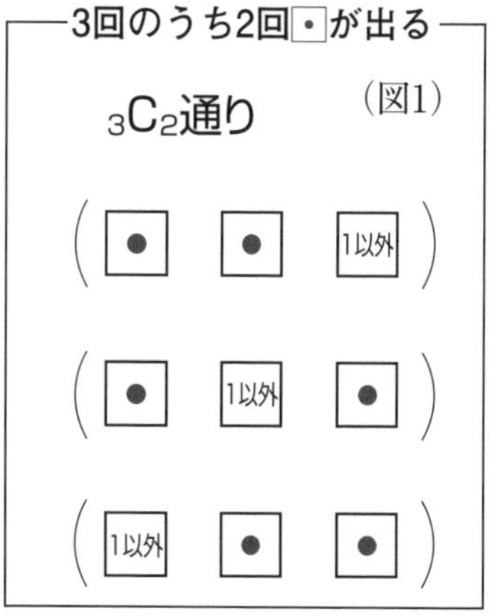

　ところが，３回投げたうち２回だけ１の目が出るという場合はどうだろう。このとき何回目に１が出るという指定がないから，３回のうち２回が１の目である全事象の確率を加えなければならない。この場合 ${}_3C_2$ 通りあるから，

$$\frac{5}{216} + \frac{5}{216} + \frac{5}{216} = 3 \times \frac{5}{216} = \frac{5}{72}$$

が確率となる（図2）。

　このように事象Aの起こることを○，起こらないことを△で表すと，○△○○………△○（○は n 個中 r 個，△は残りの $n-r$ 個）のようになる確率は，事象Aの起こる確率を p とすると，$p^r(1-p)^{n-r}$。

　そして，○がちょうど r 回起こる場合の数は，n 個の位置から r 個を選ぶ ${}_nC_r$ 通りあり，互いに排反だから，

$${}_nC_r \, p^r(1-p)^{n-r}$$

が求める確率となる（図3）。

　このように，同じ試行を n 回行うことを**反復試行**という。

┌─ 3回のうち2回 ・ が出る ─┐

${}_3C_2$通り　　　　　（図1）

┌─ 3回のうち2回 ・ が出る確率 ─┐

（図2）

$${}_3C_2\left(\frac{1}{6}\right)^2\left(1-\frac{1}{6}\right)^1$$

┌─ 確率 p の事象が n 回のうち r 回起こる確率 ─┐

（図3）

$${}_nC_r \, p^r(1-p)^{n-r}$$

◈ 解法のポイント

・試行Sにおいて，事象Aが起こる確率を p とすると，

　この試行Sを n 回繰り返して行う反復試行において，事象Aが r 回起こる確率は，

$$P(A) = {}_nC_r \, p^r(1-p)^{n-r}$$

10枚のコインを投げるとき，7枚以上表が出る確率を求めよ。

① $\dfrac{1}{1024}$

② $\dfrac{31}{256}$

③ $\dfrac{1}{32}$

④ $\dfrac{21}{1024}$

⑤ $\dfrac{11}{64}$

ヒント

コインを投げる試行の反復試行である。7枚以上表が出るのは，7枚の場合，8枚の場合，9枚の場合，10枚の場合の和である。

10枚のうち7枚が表であるのは，1枚のコインを10回投げて7回が表であるのと同じであるから，その確率は$_{10}\mathrm{C}_7\left(\dfrac{1}{2}\right)^7\cdot\left(\dfrac{1}{2}\right)^3$である。この反復試行を表が8回の場合，9回の場合，10回の場合について計算する。計算は，分配法則を使い工夫してする。

A 解答・解説

7枚，8枚，9枚，10枚が表が出る確率の和を求めて，

$_{10}\mathrm{C}_7\left(\dfrac{1}{2}\right)^7\left(\dfrac{1}{2}\right)^3+{}_{10}\mathrm{C}_8\left(\dfrac{1}{2}\right)^8\left(\dfrac{1}{2}\right)^2+{}_{10}\mathrm{C}_9\left(\dfrac{1}{2}\right)^9\left(\dfrac{1}{2}\right)+{}_{10}\mathrm{C}_{10}\left(\dfrac{1}{2}\right)^{10}$

$={}_{10}\mathrm{C}_3\left(\dfrac{1}{2}\right)^{10}+{}_{10}\mathrm{C}_2\left(\dfrac{1}{2}\right)^{10}+{}_{10}\mathrm{C}_1\left(\dfrac{1}{2}\right)^{10}+\left(\dfrac{1}{2}\right)^{10}$ $\qquad \left. \begin{array}{l} _{10}\mathrm{C}_7={}_{10}\mathrm{C}_3 \\ _{10}\mathrm{C}_8={}_{10}\mathrm{C}_2 \\ _{10}\mathrm{C}_9={}_{10}\mathrm{C}_1 \\ _{10}\mathrm{C}_{10}=1 \quad \text{だから,} \end{array} \right)$

$=\left(\dfrac{10\cdot9\cdot8}{1\cdot2\cdot3}+\dfrac{10\cdot9}{1\cdot2}+10+1\right)\cdot\left(\dfrac{1}{2}\right)^{10}$

$=(120+45+10+1)\cdot\dfrac{1}{1024}$

$=\dfrac{11}{64}$ $\hfill$ （答） ⑤

Q 例題②

1つのサイコロを5回投げるとき，次の確率を求める式や値の正しい組合せはどれか。

(1) 6の目が2回出る確率

(2) 3の倍数の目が3回出る確率

(3) 奇数の目が4回以上出る確率

	(1)	(2)	(3)
①	${}_5C_2\left(\dfrac{1}{6}\right)^2\left(\dfrac{5}{6}\right)^3$	${}_5C_3\left(\dfrac{1}{3}\right)^3\left(\dfrac{2}{3}\right)^2$	$\dfrac{5}{32}$
②	${}_5C_2\left(\dfrac{1}{6}\right)^2\left(\dfrac{5}{6}\right)^3$	${}_5C_3\left(\dfrac{1}{3}\right)^3\left(\dfrac{2}{3}\right)^2$	$\dfrac{3}{16}$
③	${}_5C_2\left(\dfrac{1}{6}\right)^2\left(\dfrac{5}{6}\right)^3$	${}_5C_2\left(\dfrac{1}{3}\right)^3\left(\dfrac{2}{3}\right)^2$	$\dfrac{5}{32}$
④	${}_5C_2\left(\dfrac{1}{3}\right)^2\left(\dfrac{5}{6}\right)^3$	${}_5C_2\left(\dfrac{1}{3}\right)^3\left(\dfrac{2}{3}\right)^2$	$\dfrac{3}{16}$
⑤	${}_5C_2\left(\dfrac{1}{3}\right)^2\left(\dfrac{5}{6}\right)^3$	${}_5C_3\left(\dfrac{1}{3}\right)^3\left(\dfrac{2}{3}\right)^2$	$\dfrac{5}{32}$

A 解答・解説

(1) 1つのサイコロを1回投げて6の目が出る確率は$\dfrac{1}{6}$，6の目が出ない確率は$\dfrac{5}{6}$

サイコロを5回投げて6の目が2回出ることは，6の目が2回出て，他の目が3回出ることである。6の目が出る2回は，5回のうちいろいろな2回があるから，${}_5C_2$通りある。

よって，求める確率は，${}_5C_2\left(\dfrac{1}{6}\right)^2\left(\dfrac{5}{6}\right)^3$

(2) 1つのサイコロを1回投げて3の倍数の目が出る確率は$\dfrac{1}{3}$，3の倍数の目が出ない確率は$1-\dfrac{1}{3}=\dfrac{2}{3}$，3の倍数が3回出るのは5回のうちどの3回でもよいから，${}_5C_3$通りある。

よって，求める確率は，${}_5C_3\left(\dfrac{1}{3}\right)^3\left(\dfrac{2}{3}\right)^2$

(3) 1つのサイコロを1回投げて奇数の目が出る確率は$\dfrac{1}{2}$，奇数の目が出ない確率は$1-\dfrac{1}{2}=\dfrac{1}{2}$

よって，奇数の目が4回以上出る確率は，

$${}_5C_4\left(\dfrac{1}{2}\right)^4\left(\dfrac{1}{2}\right)+{}_5C_5\left(\dfrac{1}{2}\right)^5=(5+1)\cdot\left(\dfrac{1}{2}\right)^5=\dfrac{6}{32}=\dfrac{3}{16}$$

（答）　②

No.1 （解答 ▶ P.69)

○×で答える６つの問題が与えられている。いまこの解答をするのに考えないで，でたらめに○×をつけるとき２問だけが正解となっている確率を求めよ。

① $\dfrac{21}{32}$

② $\dfrac{11}{32}$

③ $\dfrac{15}{64}$

④ $\dfrac{13}{64}$

⑤ $\dfrac{15}{32}$

No.2 （解答 ▶ P.69)

力士Ａが力士Ｂに勝つ確率は $\dfrac{2}{3}$ である。いまＡ，Ｂが５回戦ったときＡが３回勝つ確率はいくつか。

① $\dfrac{80}{243}$

② $\dfrac{64}{243}$

③ $\dfrac{21}{32}$

④ $\dfrac{29}{384}$

⑤ $\dfrac{15}{64}$

No.3

（解答 ▶ P.69）

サイコロを5回振ったとき，1の目が4回以上出る確率はいくつか。

①　$\dfrac{11}{3888}$

②　$\dfrac{13}{3888}$

③　$\dfrac{1}{324}$

④　$\dfrac{5}{1944}$

⑤　$\dfrac{1}{432}$

No.4

（解答 ▶ P.70）

問題の正解率が$\dfrac{2}{3}$である生徒がいる。この生徒が，5問題ある試験で満点を取る確率を求めよ。

①　$\dfrac{112}{243}$

②　$\dfrac{40}{243}$

③　$\dfrac{80}{243}$

④　$\dfrac{16}{243}$

⑤　$\dfrac{32}{243}$

立方体の2つの面に「1」, 残り4つの面に「6」を書いたサイコロを5回投げるとき, 「1」の目が少なくとも4回出る確率はいくつか。

① $\dfrac{7}{81}$

② $\dfrac{5}{81}$

③ $\dfrac{11}{243}$

④ $\dfrac{10}{243}$

⑤ $\dfrac{1}{243}$

Coffee Break

リーグ戦とトーナメント戦

　日本全国47都道府県の代表がしのぎを削る国体や, いろいろな競技の全国大会で優勝が決まるのに, 最低何試合必要だろう。これをリーグ戦の場合とトーナメント戦とで試合数を比べてみよう。

　リーグ戦では, すべての組合せの数だけ試合数が必要だ。その数は, 47×46÷2＝1081より, 1081試合になる。それに対して, トーナメント戦では1試合ごとに負けたチームが脱落していき, 46チームが脱落すれば優勝は決まる。ということは, 46試合で決まってしまう。試合数は20倍以上違う。

　精度はリーグ戦のほうが大きくなるが, チームの集中力や運に左右されやすいのがトーナメント戦だ。試合数からいくと, プロはリーグ戦, アマチュアはトーナメント戦が多いようだ。それぞれの戦い方で選手たちの顔つきが決まってくるのだろうか。

MEMO

公務員試験

地方初級・国家一般職(高卒者)テキスト　数学・数的推理 第4版

2013年3月1日　初　版　第1刷発行
2024年2月10日　第4版　第1刷発行

編　著　者　　Ｔ　Ａ　Ｃ　株　式　会　社
　　　　　　　　　　　（出版事業部編集部）
発　行　者　　多　　田　　敏　　男
発　行　所　　ＴＡＣ株式会社　出版事業部
　　　　　　　　　　　　（ＴＡＣ出版）
　　　　　　〒101-8383
　　　　　　東京都千代田区神田三崎町3-2-18
　　　　　　電話　03（5276）9492（営業）
　　　　　　FAX　03（5276）9674
　　　　　　https://shuppan.tac-school.co.jp/
印　　　刷　　株式会社　ワ　　コ　　ー
製　　　本　　東 京 美 術 紙 工 協 業 組 合

Ⓒ TAC 2024　　　Printed in Japan　　　ISBN 978-4-300-11049-2
　　　　　　　　　　　　　　　　　　　　N.D.C. 317

乱丁・落丁による交換，および正誤のお問合せ対応は，該当書籍の改訂版刊行月末日までとい
たします。なお，交換につきましては，書籍の在庫状況等により，お受けできない場合もござ
います。
また，各種本試験の実施の延期，中止を理由とした本書の返品はお受けいたしません。返金も
いたしかねますので，あらかじめご了承くださいますようお願い申し上げます。

書籍の正誤に関するご確認とお問合せについて

書籍の記載内容に誤りではないかと思われる箇所がございましたら、以下の手順にてご確認とお問合せをしてくださいますよう、お願い申し上げます。

なお、正誤のお問合せ以外の**書籍内容に関する解説および受験指導などは、一切行っておりません。**そのようなお問合せにつきましては、お答えいたしかねますので、あらかじめご了承ください。

1 「Cyber Book Store」にて正誤表を確認する

TAC出版書籍販売サイト「Cyber Book Store」のトップページ内「正誤表」コーナーにて、正誤表をご確認ください。

CYBER TAC出版書籍販売サイト
BOOK STORE

URL：https://bookstore.tac-school.co.jp/

2 ①の正誤表がない、あるいは正誤表に該当箇所の記載がない ⇒ 下記①、②のどちらかの方法で文書にて問合せをする

★ご注意ください★

お電話でのお問合せは、お受けいたしません。

①、②のどちらの方法でも、お問合せの際には、「お名前」とともに、
「対象の書籍名（○級・第○回対策も含む）およびその版数（第○版・○○年度版など）」
「お問合せ該当箇所の頁数と行数」
「誤りと思われる記載」
「正しいとお考えになる記載とその根拠」
を明記してください。

なお、回答までに1週間前後を要する場合もございます。あらかじめご了承ください。

① ウェブページ「Cyber Book Store」内の「お問合せフォーム」より問合せをする

【お問合せフォームアドレス】

https://bookstore.tac-school.co.jp/inquiry/

② メールにより問合せをする

【メール宛先　TAC出版】

syuppan-h@tac-school.co.jp

※土日祝日はお問合せ対応をおこなっておりません。
※正誤のお問合せ対応は、該当書籍の改訂版刊行月末日までといたします。

乱丁・落丁による交換は、該当書籍の改訂版刊行月末日までといたします。なお、書籍の在庫状況等により、お受けできない場合もございます。

また、各種本試験の実施の延期、中止を理由とした本書の返品はお受けいたしません。返金もいたしかねますので、あらかじめご了承くださいますようお願い申し上げます。

（2022年7月現在）

解答・解説

数学・数的推理

Math & Mathematical inferences

TAC出版編集部編

テキスト 📖

‖目‖次‖

第1編　数学

第1章　数と式

1．整式の加法と減法

（問題，本文9ページ）

No.1

(1) $2x + \dfrac{4}{3}x^3 + y + 3$

$= \dfrac{4}{3}x^3 + 2x + y + 3$

(2) $2x + 3x^2y + 4x^3 + 3$

$= 4x^3 + 3x^2y + 2x + 3$

(3) $x^2y + 3x^3 + 4xy^2 + 1$

$= 3x^3 + x^2y + 4xy^2 + 1$

(4) $y + x + x^2y + 3x^3$

$= 3x^3 + x^2y + x + y$

(5) $x + 2x^3 + x - 1$

$= 2x^3 + x + x - 1$

$= 2x^3 + 2x - 1$

No.2

(1) $12x^2 - 3x + 3$

(2) $-3x^2 - 5x + 11$

(3) $9x^2 - 7x - 10$

(4) $\dfrac{1}{4}x^2 - \dfrac{1}{2}x - 2$

(5) $3.8x^2 + 0.6x + 4.8$

No.3

(1) $A + B = -x^3 + x - 1 + x^2 - x + 2$

$= -x^3 + x^2 + 1$

(2) $2A - B - A = A - B$

$= -x^3 + x - 1 - x^2 + x - 2$

$= -x^3 - x^2 + 2x - 3$

2．指数法則　（問題，本文13ページ）

No.1

(1) $2^5 = 32$　　(2) $2^{-6} = \dfrac{1}{64}$

(3) 3　　(4) $2^4 = 16$

(5) $3^8 \times 3^{-5} \times 3^{-7} = 3^{-4} = \dfrac{1}{81}$

No.2

(1) 2^4　　(2) -2^3　　(3) 2^{-2}

(4) 2^{-3}　　(5) 2^0

No.3

(1) $x^6 \times x = \boldsymbol{x^7}$　　(2) $a^2 \times a^3 \times a^{-4} = \boldsymbol{a}$

(3) $x^2 \times x^{-3} \times x^3 = \boldsymbol{x^2}$

(4) $a^6 \times a^2 \times a^{-5} = \boldsymbol{a^3}$

(5) $x^{10} \times x^{-4} \times x^{-7} \times x^4 = \boldsymbol{x^3}$

3．整式の乗法　（問題，本文18ページ）

No.1

(1) $-a^3b^2$

(2) $3x^2 + 3xy$

(3) $-5x^3y + 5xy^3$

(4) $-2x^3y^2 - 2x^3y - 2x^2y^2$

(5) $x^2 + 10x + 21$

No.2

(1) $4x^2 + xy + 3x$

(2) $3x^3y + 2x^2y - x^2$

(3) $6a^3b + \dfrac{3}{4}ab^3 - 9ab$

(4) $0.7x^3y + 5.2x^2y^2 + 0.2x^2y$

(5) $\dfrac{7}{5}a^3b^4 - \dfrac{7}{3}a^3b^3 + \dfrac{14}{3}a^2b^3$

(1)　$x^2 - 2x - 15$

(2)　$12x^2 - 13x - 35$

(3)　$x^2 - 2x + 2xy - 4y - 3x + 6$

　　$= x^2 - 5x + 2xy - 4y + 6$

(4)　$3x^2 + 15x - 4xy - 20y + 5x + 25$

　　$= 3x^2 + 20x - 4xy - 20y + 25$

(5)　$6x^2 + 15xy - 3x - 2xy - 5y^2 + y$

　　　　　　　　　　　$+ 8x + 20y - 4$

　　$= 6x^2 + 5x + 13xy - 5y^2 + 21y - 4$

4．式の展開　(問題，本文 24 ページ)

No.1

(1)　$x(2x + 1) + x^2(x - 1)$

　　$= 2x^2 + x + x^3 - x^2$

　　$= x^3 + x^2 + x$

(2)　$(x + 1)^2 - (x + 2)(x + 3)$

　　$= x^2 + 2x + 1 - (x^2 + 5x + 6)$

　　$= x^2 + 2x + 1 - x^2 - 5x - 6$

　　$= -3x - 5$

(3)　$(2x - 1)(x + 1) - (x - 1)(x - 4)$

　　$= 2x^2 + 2x - x - 1 - (x^2 - 4x - x + 4)$

　　$= 2x^2 + x - 1 - (x^2 - 5x + 4)$

　　$= 2x^2 + x - 1 - x^2 + 5x - 4$

　　$= x^2 + 6x - 5$

(4)　$(a - b)^2 = a^2 - 2ab + b^2$ より

　　$(2x - y)^2$

　　$= (2x)^2 - 2 \times 2x \times y + y^2$

　　$= 4x^2 - 4xy + y^2$

(5)　$(a + b)^2 = a^2 + 2ab + b^2$ より

　　$(3x + 2)^2$

　　$= (3x)^2 + 2 \times 3x \times 2 + (2)^2$

　　$= 9x^2 + 12x + 4$

(6)　$(a + b)^2 = a^2 + 2ab + b^2$ より

　　$\left(2x + \dfrac{1}{4}\right)^2$

　　$= (2x)^2 + 2 \times 2x \times \dfrac{1}{4} + \left(\dfrac{1}{4}\right)^2$

　　$= 4x^2 + x + \dfrac{1}{16}$

No.2

(1)　$(2x - 1)(2x + 1)$

　　$= (2x)^2 - 1^2$

　　$= 4x^2 - 1$

(2)　$(2x - 3)(2x + 3)$

　　$= (2x)^2 - 3^2$

　　$= 4x^2 - 9$

(3)　$(a + b)^3 = a^3 + 3a^2b + 3ab^2 + b^3$ より

　　$(2x + 1)^3$

　　$= (2x)^3 + 3 \times (2x)^2 \times 1 + 3 \times 2x \times 1^2 + 1^3$

　　$= 8x^3 + 12x^2 + 6x + 1$

(4)　$(a - b)^3 = a^3 - 3a^2b + 3ab^2 - b^3$ より

　　$(x - 3)^3$

　　$= x^3 - 3x^2 \times 3 + 3x \times 3^2 - 3^3$

　　$= x^3 - 9x^2 + 27x - 27$

(5)　$(2x + 3)(2x - 1)$

　　$= 2x \times 2x + (3 \times 2 - 1 \times 2)x - 1 \times 3$

　　$= 4x^2 + 4x - 3$

(6)　$(2x - 3)(5x - 1)$

　　$= 2x \times 5x + \{(-3) \times 5 + 2 \times (-1)\}x$

　　　　　　　　　　　$+ (-3) \times (-1)$

　　$= 10x^2 - 17x + 3$

No.3

(1)　$(a + b)^2 + (a - b)^2$

　　$= a^2 + 2ab + b^2 + a^2 - 2ab + b^2$

　　$= 2a^2 + 2b^2$

(2)　$(a + b)^2 - (a - b)^2$

　　$= a^2 + 2ab + b^2 - a^2 + 2ab - b^2$

　　$= 4ab$

(3)　$(a - b)^3 + 3ab(a - b)$

　　$= a^3 - 3a^2b + 3ab^2 - b^3 + 3a^2b - 3ab^2$

　　$= a^3 - b^3$

(4)　$(a + b)^2 - 2ab = a^2 + 2ab + b^2 - 2ab$

　　$= a^2 + b^2$

(5)　$(a + b)^3 - 3ab(a + b)$

　　$= a^3 + 3a^2b + 3ab^2 + b^3 - 3a^2b - 3ab^2$

　　$= a^3 + b^3$

5．因数分解とその応用

（問題，本文 30 ページ）

No.1

(1)　$x^2 y + xy^2$

　$= x \times xy + y \times xy$

　$= \boldsymbol{xy\,(x + y)}$

(2)　$3xy - 9xy^2$

　$= 3xy \times 1 - 3xy \times 3y$

　$= \boldsymbol{3xy\,(1 - 3y)}$

(3)　$x^2 + x + xy + y$

　$= x \times x + x \times 1 + y \times x + y \times 1$

　$= x\,(x + 1) + y\,(x + 1)$

　$= \boldsymbol{(x + 1)\,(x + y)}$

(4)　$x^2 + 8xy + 16y^2$

　$= x^2 + 2 \times x \times 4y + (4y)^2$

　$= \boldsymbol{(x + 4y)^2}$

(5)　$9x^2 + 12x + 4$

　$= (3x)^2 + 2 \times 3x \times 2 + 2^2$

　$= \boldsymbol{(3x + 2)^2}$

(6)　$\dfrac{1}{2}x^2 + x + \dfrac{1}{2}$

　$= \dfrac{1}{2}\,(x^2 + 2x + 1)$

　$= \dfrac{1}{2}\,(x^2 + 2 \times x \times 1 + 1^2)$

　$= \boldsymbol{\dfrac{1}{2}\,(x + 1)^2}$

No.2

(1)　かけて 12，足して 7 になるのは 4 と 3。

　$x^2 + 7x + 12$

　$= x^2 + 4x + 3x + 4 \times 3$

　$= x\,(x + 4) + 3\,(x + 4)$

　$= \boldsymbol{(x + 3)\,(x + 4)}$

　参考：$(x + a)\,(x + b) = x^2 + (a + b)\,x + ab$

(2)　$3x^2 + 9x + 6$

　$= 3\,(x^2 + 3x + 2)$

　かけて 2，足して 3 になるのは 2 と 1

　$= 3\,\{x^2 + (2 + 1)\,x + 2 \times 1\}$

　$= \boldsymbol{3\,(x + 1)\,(x + 2)}$

(3)　かけて -14，足して 5 になるのは 7 と -2。

　$x^2 + 5x - 14$

　$= x^2 + (7 - 2)\,x + (-2 \times 7)$

　$= \boldsymbol{(x - 2)\,(x + 7)}$

(4)　$a^2 - b^2 = (a + b)\,(a - b)$　より

　$4x^2 - 25$

　$= \{(2x)^2 - 5^2\}$

　$= \boldsymbol{(2x + 5)\,(2x - 5)}$

No.3

(1)　$3x^2 + 7x + 2$

```
   3         1 = 1
    ×    ×    ×
   1         2 = 6
 ─────────────────
              7
```

　よって，$3x^2 + 7x + 2$

　　　　$= \boldsymbol{(3x + 1)\,(x + 2)}$

(2)　$6x^2 + 19x + 8$

```
   3         8 = 16
    ×    ×    ×
   2         1 =  3
 ─────────────────
             19
```

　よって，$6x^2 + 19x + 8$

　　　　$= \boldsymbol{(3x + 8)\,(2x + 1)}$

(3)　$2x^2 - 7x + 5$

```
   2        - 5 = - 5
    ×    ×    ×
   1        - 1 = - 2
 ──────────────────────
             - 7
```

　よって，$2x^2 - 7x + 5$

　　　　$= \boldsymbol{(2x - 5)\,(x - 1)}$

(4)　$4x^2 - 15x + 9$

```
   4        - 3 = -  3
    ×    ×    ×
   1        - 3 = - 12
 ──────────────────────
             - 15
```

　よって，$4x^2 - 15x + 9$

　　　　$= \boldsymbol{(4x - 3)\,(x - 3)}$

(5) $2x^2 + 5x - 3$

$$
\begin{array}{c}
2 \quad\diagdown\quad -1 = -1 \\
\times \qquad\quad \times \\
1 \quad\diagup\quad 3 = 6 \\
\hline
5
\end{array}
$$

よって，$2x^2 + 5x - 3$

$\qquad = (2x - 1)(x + 3)$

(6) $14x^2 + 17x - 6$

$$
\begin{array}{c}
7 \quad\diagdown\quad -2 = -4 \\
\times \qquad\quad \times \\
2 \quad\diagup\quad 3 = 21 \\
\hline
17
\end{array}
$$

よって，$14x^2 + 17x - 6$

$\qquad = (7x - 2)(2x + 3)$

No.4

(1) $x(x - 4) + x^2(x - 1)$

$= x^2 - 4x + x^3 - x^2$

$= x^3 - 4x$

$= x(x^2 - 4)$

$= \boldsymbol{x(x + 2)(x - 2)}$

(2) $2(x^2 + 3x - 4) + 4(2x + 3)(x + 4)$

$= 2\underset{\sim}{(x + 4)}(x - 1) + 4(2x + 3)\underset{\sim}{(x + 4)}$

$= (x + 4)\{2(x - 1) + 4(2x + 3)\}$

$= (x + 4)(2x - 2 + 8x + 12)$

$= (x + 4)(10x + 10)$

$= \boldsymbol{10(x + 4)(x + 1)}$

6．整式の除法 (問題，本文 34 ページ)

No.1

(1)

$$
\begin{array}{r}
x + 2 \\
x + 1 \overline{\smash{)}\, x^2 + 3x + 2} \\
\underline{x^2 + x} \\
2x + 2 \\
\underline{2x + 2} \\
0
\end{array}
$$

より，$\boldsymbol{x + 2}$

(2)

$$
\begin{array}{r}
x^2 + 3x - 4 \\
x + 1 \overline{\smash{)}\, x^3 + 4x^2 - x + 2} \\
\underline{x^3 + x^2} \\
3x^2 - x \\
\underline{3x^2 + 3x} \\
-4x + 2 \\
\underline{-4x - 4} \\
6
\end{array}
$$

より，$\boldsymbol{x^2 + 3x - 4}$　余り　$\boldsymbol{6}$

(3)

$$
\begin{array}{r}
3x^3 + 11x^2 + x + 5 \\
x - 3 \overline{\smash{)}\, 3x^4 + 2x^3 - 32x^2 + 2x - 3} \\
\underline{3x^4 - 9x^3} \\
11x^3 - 32x^2 \\
\underline{11x^3 - 33x^2} \\
x^2 + 2x \\
\underline{x^2 - 3x} \\
5x - 3 \\
\underline{5x - 15} \\
12
\end{array}
$$

より，$\boldsymbol{3x^3 + 11x^2 + x + 5}$　余り　$\boldsymbol{12}$

(4)

$$
\begin{array}{r}
4x - 10 \\
x^2 + 2x + 3 \overline{\smash{)}\, 4x^3 - 2x^2 + 3x - 2} \\
\underline{4x^3 + 8x^2 + 12x} \\
-10x^2 - 9x - 2 \\
\underline{-10x^2 - 20x - 30} \\
11x + 28
\end{array}
$$

よって，$\boldsymbol{4x - 10}$　余り　$\boldsymbol{11x + 28}$

(5)

$$
\begin{array}{r}
3x - 4 \\
x^2 - 2 \overline{\smash{)}\, 3x^3 - 4x^2 - 2x - 5} \\
\underline{3x^3 - 6x} \\
-4x^2 + 4x - 5 \\
\underline{-4x^2 + 8} \\
4x - 13
\end{array}
$$

よって，$\boldsymbol{3x - 4}$　余り　$\boldsymbol{4x - 13}$

No.2

(1) $(x^3 + 2x^2 - x + 2) \div (x + 1)$

　$= x^2 + x - 2$　余り　4　より,

　　$x^3 + 2x^2 - x + 2$

　$= (x + 1)(x^2 + x - 2) + 4$

(2) $(2x^3 - x^2 + 3x - 2) \div (x - 1)$

　$= 2x^2 + x + 4$　余り　2　より,

　　$2x^3 - x^2 + 3x - 2$

　$= (x - 1)(2x^2 + x + 4) + 2$

(3) $(3x^4 + 2x + 3) \div (x^2 + 3)$

　$= 3x^2 - 9$　余り　$2x + 30$　より,

　　$3x^4 + 2x + 3$

　$= (x^2 + 3)(3x^2 - 9) + 2x + 30$

(4) $(5x^3 - 2x^2 + x - 1) \div (x^2 + 2x + 1)$

　$= 5x - 12$　余り　$20x + 11$　より,

　　$5x^3 - 2x^2 + x - 1$

　$= (x^2 + 2x + 1)(5x - 12) + 20x + 11$

(5) $(3x^5 + 2x^4 - 2x + 3) \div (x^2 + 3x)$

　$= 3x^3 - 7x^2 + 21x - 63$　余り　$187x + 3$

　より,

　　$3x^5 + 2x^4 - 2x + 3$

　$= (x^2 + 3x)(3x^3 - 7x^2 + 21x - 63)$

　　　　　　　　　　　　　　$+ 187x + 3$

No.3

(1) $(x^3 + 2x^2 - x - 2) \div (x - 1)$

　$= x^2 + 3x + 2$

　$= (x + 2)(x + 1)$

　より,

　　$x^3 + 2x^2 - x - 2$

　$= (x - 1)(x + 1)(x + 2)$

(2) $(10x^2 + 23x + 12) \div (5x + 4) = 2x + 3$

　より,

　　$10x^2 + 23x + 12 = (5x + 4)(2x + 3)$

(3) $(x^3 + 2x^2 - 5x - 6) \div (x + 1)$

　$= x^2 + x - 6$

　$= (x - 2)(x + 3)$

　より,

　　$x^3 + 2x^2 - 5x - 6 = (x + 1)(x - 2)(x + 3)$

7．平方根　　（問題，本文 40 ページ）

No.1

(1) $(-\sqrt{3})^2 = (-\sqrt{3}) \times (-\sqrt{3}) = \sqrt{9} = 3$

(2) $-\sqrt{3^2} = -\sqrt{9} = -3$

(3) $-\sqrt{(-3)^2} = -\sqrt{9} = -3$

(4) $3\sqrt{5} - \sqrt{5} = 2\sqrt{5}$

(5) $3 \div \sqrt{3} = \dfrac{3}{\sqrt{3}} = \dfrac{3 \times \sqrt{3}}{\sqrt{3} \times \sqrt{3}} = \dfrac{3\sqrt{3}}{3} = \sqrt{3}$

No.2

(1) $100\sqrt{3} = \sqrt{10000 \times 3} = \sqrt{30000}$

(2) $\sqrt{2200} = \sqrt{100 \times 22} = 10\sqrt{22}$

(3) $\sqrt{0.0014} = \sqrt{\dfrac{14}{10000}} = \dfrac{\sqrt{14}}{\sqrt{10000}} = \dfrac{\sqrt{14}}{100}$

(4) $\dfrac{\sqrt{7}}{10} = \dfrac{\sqrt{7}}{\sqrt{100}} = \sqrt{\dfrac{7}{100}} = \sqrt{0.07}$

(5) $\dfrac{\sqrt{24}}{200} = \dfrac{\sqrt{24}}{\sqrt{40000}} = \sqrt{\dfrac{24}{40000}}$

　　$= \sqrt{\dfrac{6}{10000}} = \sqrt{0.0006}$

No.3

(1) $\sqrt{45} - \sqrt{5} - \sqrt{80} = 3\sqrt{5} - \sqrt{5} - 4\sqrt{5}$

　　　　　　　　　　　　$= -2\sqrt{5}$

(2) $\sqrt{48} + \sqrt{72} + \sqrt{27} - \sqrt{2}$

　$= 4\sqrt{3} + 6\sqrt{2} + 3\sqrt{3} - \sqrt{2}$

　$= 7\sqrt{3} + 5\sqrt{2}$

(3) $2\sqrt{\dfrac{3}{4}} - 8\sqrt{\dfrac{3}{16}} + 3\sqrt{27}$

　$= \sqrt{3} - 2\sqrt{3} + 9\sqrt{3}$

　$= 8\sqrt{3}$

(4) $3\sqrt{12} - 2\sqrt{27} - \sqrt{3} = 6\sqrt{3} - 6\sqrt{3} - \sqrt{3}$

　　　　　　　　　　　　　　$= -\sqrt{3}$

(5) $\sqrt{28} - \sqrt{112} + \sqrt{63} = 2\sqrt{7} - 4\sqrt{7} + 3\sqrt{7}$

　　　　　　　　　　　　　　$= \sqrt{7}$

No.4

(1) $\sqrt{50} \times \sqrt{32} = 5\sqrt{2} \times 4\sqrt{2} = 20 \times 2$
$$= \mathbf{40}$$

(2) $\sqrt{6} \times \sqrt{2} \div \sqrt{3} = \sqrt{4} = \mathbf{2}$

(3) $(3\sqrt{5} - \sqrt{3})(2\sqrt{5} + \sqrt{3})$
$= 6\sqrt{25} + \sqrt{15} - \sqrt{9}$
$= 6 \times 5 + \sqrt{15} - 3$
$= \mathbf{27 + \sqrt{15}}$

(4) $(3 + \sqrt{6})^2 = 9 + 6\sqrt{6} + (\sqrt{6})^2$
$= 9 + 6\sqrt{6} + 6$
$= \mathbf{15 + 6\sqrt{6}}$

(5) $(\sqrt{2} + \sqrt{3})(\sqrt{6} + \sqrt{8})$
$= \sqrt{12} + \sqrt{16} + \sqrt{18} + \sqrt{24}$
$= 2\sqrt{3} + 4 + 3\sqrt{2} + 2\sqrt{6}$
$= \mathbf{2\sqrt{6} + 2\sqrt{3} + 3\sqrt{2} + 4}$

No.5

(1) $a + b = \mathbf{\sqrt{11}}$

(2) $(a + b)^2 = (\sqrt{11})^2 = \mathbf{11}$

(3) $3 < \sqrt{11} < 4$ より，
$a = 3, \ b = \sqrt{11} - 3$
$a^2 + b^2 = 3^2 + (\sqrt{11} - 3)^2$
$= 9 + 11 - 6\sqrt{11} + 9$
$= \mathbf{29 - 6\sqrt{11}}$

(4) $ab = 3 \times (\sqrt{11} - 3)$
$= \mathbf{3\sqrt{11} - 9}$

(5) $a - b = 3 - (\sqrt{11} - 3)$
$= \mathbf{6 - \sqrt{11}}$

(6) $(a - b)^2 = (6 - \sqrt{11})^2$
$= 36 - 12\sqrt{11} + 11$
$= \mathbf{47 - 12\sqrt{11}}$

No.6

(1) $4 < \sqrt{3n} < 5$ は $16 < 3n < 25$
だから，$n = \mathbf{6, 7, 8}$ の $\mathbf{3}$ 個

(2) $\sqrt{63n} = 3\sqrt{7n}$ より，$n = \mathbf{7}$

8．分母の有理化 （問題，本文 45 ページ）

No.1

(1) $\dfrac{2}{\sqrt{3}} = \dfrac{\mathbf{2\sqrt{3}}}{\mathbf{3}}$

(2) $\dfrac{4}{2\sqrt{5}} = \dfrac{4\sqrt{5}}{2 \times 5} = \dfrac{\mathbf{2\sqrt{5}}}{\mathbf{5}}$

(3) $\dfrac{1}{\sqrt{5} - 2} = \dfrac{1 \times (\sqrt{5} + 2)}{(\sqrt{5} - 2)(\sqrt{5} + 2)}$
$= \dfrac{\sqrt{5} + 2}{5 - 4}$
$= \mathbf{\sqrt{5} + 2}$

(4) $\dfrac{\sqrt{6} - \sqrt{3}}{\sqrt{6} + \sqrt{3}} = \dfrac{(\sqrt{6} - \sqrt{3})^2}{(\sqrt{6} + \sqrt{3})(\sqrt{6} - \sqrt{3})}$
$= \dfrac{6 - 2\sqrt{18} + 3}{6 - 3}$
$= \dfrac{9 - 6\sqrt{2}}{3}$
$= \mathbf{3 - 2\sqrt{2}}$

(5) $\dfrac{7}{\sqrt{7}} = \dfrac{7\sqrt{7}}{\sqrt{7} \times \sqrt{7}} = \mathbf{\sqrt{7}}$
$\left(\dfrac{\sqrt{7} \times \sqrt{7}}{\sqrt{7}} = \sqrt{7}$ でも可$\right)$

No.2

(1) $\dfrac{3}{\sqrt{2}} + \dfrac{\sqrt{6}}{2\sqrt{2}} = \dfrac{3}{\sqrt{2}} + \dfrac{\sqrt{3}}{2}$
$= \dfrac{3\sqrt{2}}{2} + \dfrac{\sqrt{3}}{2}$
$= \dfrac{\mathbf{3\sqrt{2} + \sqrt{3}}}{\mathbf{2}}$

(2) $\dfrac{3}{\sqrt{3}} + 3\sqrt{3} = \sqrt{3} + 3\sqrt{3} = \mathbf{4\sqrt{3}}$

(3) $\dfrac{\sqrt{2}}{\sqrt{2} + \sqrt{3}} + \dfrac{\sqrt{2}}{\sqrt{2} - \sqrt{3}}$

$$= \frac{\sqrt{2}\,(\sqrt{2}-\sqrt{3})}{(\sqrt{2}+\sqrt{3})\,(\sqrt{2}-\sqrt{3})}$$

$$+ \frac{\sqrt{2}\,(\sqrt{2}+\sqrt{3})}{(\sqrt{2}+\sqrt{3})\,(\sqrt{2}-\sqrt{3})}$$

$$= \frac{2-\sqrt{6}+2+\sqrt{6}}{(\sqrt{2}+\sqrt{3})\,(\sqrt{2}-\sqrt{3})}$$

$$= \frac{4}{2-3} = \mathbf{-4}$$

(4) $\sqrt{45} - \dfrac{\sqrt{5}}{2-\sqrt{5}} = 3\sqrt{5} - \dfrac{\sqrt{5}\,(2+\sqrt{5})}{(2-\sqrt{5})\,(2+\sqrt{5})}$

$$= 3\sqrt{5} - \frac{2\sqrt{5}+5}{4-5} = 3\sqrt{5}+2\sqrt{5}+5$$

$$= \mathbf{5\sqrt{5}+5}$$

(5) $\dfrac{\sqrt{2}}{\sqrt{3}} - \dfrac{1}{\sqrt{6}} + \dfrac{\sqrt{3}}{\sqrt{2}} = \dfrac{\sqrt{6}}{3} - \dfrac{\sqrt{6}}{6} + \dfrac{\sqrt{6}}{2}$

$$= \frac{2\sqrt{6}-\sqrt{6}+3\sqrt{6}}{6} = \frac{4\sqrt{6}}{6} = \mathbf{\frac{2\sqrt{6}}{3}}$$

9．二重根号　(問題，本文 49 ページ)

No.1

(1) $\sqrt{5+2\sqrt{6}} = \sqrt{2+3+2\sqrt{2\times3}}$
$$= \mathbf{\sqrt{2}+\sqrt{3}}$$

(2) $\sqrt{8+2\sqrt{15}} = \sqrt{3+5+2\sqrt{3\times5}}$
$$= \mathbf{\sqrt{3}+\sqrt{5}}$$

(3) $\sqrt{11-2\sqrt{30}} = \sqrt{6+5-2\sqrt{5\times6}}$
$$= \mathbf{\sqrt{6}-\sqrt{5}}$$

(4) $\sqrt{13-2\sqrt{42}} = \sqrt{7+6-2\sqrt{7\times6}}$
$$= \mathbf{\sqrt{7}-\sqrt{6}}$$

(5) $\sqrt{18+6\sqrt{5}} = \sqrt{18+2\sqrt{45}}$
$$= \sqrt{15+3+2\sqrt{15\times3}}$$
$$= \mathbf{\sqrt{15}+\sqrt{3}}$$

No.2

(1) $\sqrt{2-\sqrt{3}} = \sqrt{\dfrac{4-2\sqrt{3}}{2}}$

$$= \frac{\sqrt{3+1-2\sqrt{3\times1}}}{\sqrt{2}}$$

$$= \frac{\sqrt{3}-1}{\sqrt{2}} = \mathbf{\frac{\sqrt{6}-\sqrt{2}}{2}}$$

(2) $\sqrt{7+4\sqrt{3}} = \sqrt{7+2\sqrt{12}}$
$$= \sqrt{3+4+2\sqrt{3\times4}}$$
$$= \sqrt{3}+\sqrt{4} = \mathbf{\sqrt{3}+2}$$

(3) $\sqrt{5-\sqrt{21}} = \sqrt{\dfrac{10-2\sqrt{21}}{2}}$

$$= \frac{\sqrt{7+3-2\sqrt{7\times3}}}{\sqrt{2}}$$

$$= \frac{\sqrt{7}-\sqrt{3}}{\sqrt{2}} = \mathbf{\frac{\sqrt{14}-\sqrt{6}}{2}}$$

(4) $\sqrt{8-3\sqrt{7}} = \sqrt{8-\sqrt{63}}$

$$= \sqrt{\frac{16-2\sqrt{63}}{2}}$$

$$= \frac{\sqrt{9+7-2\sqrt{9\times7}}}{\sqrt{2}}$$

$$= \frac{\sqrt{9}-\sqrt{7}}{\sqrt{2}} = \frac{3-\sqrt{7}}{\sqrt{2}}$$

$$= \mathbf{\frac{3\sqrt{2}-\sqrt{14}}{2}}$$

(5) $\sqrt{14+5\sqrt{3}} = \sqrt{14+\sqrt{75}}$

$$= \sqrt{\frac{28+2\sqrt{75}}{2}}$$

$$= \frac{\sqrt{25}+\sqrt{3}}{\sqrt{2}} = \frac{5+\sqrt{3}}{\sqrt{2}}$$

$$= \mathbf{\frac{5\sqrt{2}+\sqrt{6}}{2}}$$

第2章 方程式と不等式

1. 連立方程式 （問題，本文 54 ページ）

No.1

(1) $\begin{cases} x + y = 7 & \cdots\cdots ① \\ x - y = 1 & \cdots\cdots ② \end{cases}$

① + ② $\quad 2x = 8$

$\qquad\qquad x = 4 \quad \cdots\cdots ③$

③を②に代入して，

$4 - y = 1 \quad \begin{cases} \boldsymbol{x = 4} \\ \boldsymbol{y = 3} \end{cases}$

$\quad y = 3$

(2) $3x + 2y = 4 \quad \cdots\cdots ①$

$\quad 7x + 2y = -4 \quad \cdots\cdots ②$

① − ② $\quad -4x = 8$

$\qquad\qquad x = -2 \quad \cdots\cdots ③$

③を①に代入して，

$3 \times (-2) + 2y = 4$

$\qquad\qquad 2y = 10 \quad \begin{cases} \boldsymbol{x = -2} \\ \boldsymbol{y = 5} \end{cases}$

$\qquad\qquad y = 5$

(3) $\begin{cases} 5x + 3y = 21 & \cdots\cdots ① \\ 3x - 4y = 1 & \cdots\cdots ② \end{cases}$

① × 4 + ② × 3

$\quad 29x = 87$

$\qquad x = 3 \quad \cdots\cdots ③$

③を①に代入して，

$5 \times 3 + 3y = 21$

$\qquad\qquad 3y = 6 \quad \begin{cases} \boldsymbol{x = 3} \\ \boldsymbol{y = 2} \end{cases}$

$\qquad\qquad y = 2$

(4) $\begin{cases} x = 3y - 4 & \cdots\cdots ① \\ 2x + 5y = 25 & \cdots\cdots ② \end{cases}$

②に①を代入して，

$2(3y - 4) + 5y = 25$

$6y - 8 + 5y = 25$

$11y = 33$

$\qquad\qquad y = 3 \quad \cdots\cdots ③$

③を①に代入して，

$x = 3 \times 3 - 4 = 5 \quad \begin{cases} \boldsymbol{x = 5} \\ \boldsymbol{y = 3} \end{cases}$

(5) $\begin{cases} y = 5x - 1 & \cdots\cdots ① \\ x + 2y = 20 & \cdots\cdots ② \end{cases}$

②に①を代入して，

$x + 2(5x - 1) = 20$

$x + 10x - 2 = 20$

$11x = 22$

$\qquad x = 2 \quad \cdots\cdots ③$

①に③を代入して，

$y = 5 \times 2 - 1 = 9 \quad \begin{cases} \boldsymbol{x = 2} \\ \boldsymbol{y = 9} \end{cases}$

No.2

(1) $\begin{cases} y = 6x - 2 & \cdots\cdots ① \\ 2x + 3y = -46 & \cdots\cdots ② \end{cases}$

②に①を代入して，

$2x + 3(6x - 2) = -46$

$2x + 18x - 6 = -46$

$20x = -40$

$\qquad x = -2 \quad \cdots\cdots ③$

①に③を代入して，

$y = 6 \times (-2) - 2 = -14$

$\qquad\qquad \begin{cases} \boldsymbol{x = -2} \\ \boldsymbol{y = -14} \end{cases}$

(2) $\begin{cases} 3x + y + 5 = 0 & \cdots\cdots ① \\ 3x - 2 = x + 4y - 10 & \cdots\cdots ② \end{cases}$

②を整理すると，

$2x - 4y = -8$

$x - 2y = -4 \quad \cdots\cdots ②'$

②' より $x = 2y - 4 \quad \cdots\cdots ②''$

①に②'' を代入して，

$3(2y - 4) + y + 5 = 0$

$6y - 12 + y + 5 = 0$

$7y = 7$

$\qquad\qquad y = 1 \quad \cdots\cdots ③$

②'' に③を代入して，

$x = 2 \times 1 - 4 = -2$

$\qquad\qquad \begin{cases} \boldsymbol{x = -2} \\ \boldsymbol{y = 1} \end{cases}$

(3) $\begin{cases} y + 8 = 7x & \cdots\cdots ① \\ 5x - 4y = 3x + y - 26 & \cdots\cdots ② \end{cases}$

①より $y = 7x - 8 \quad \cdots\cdots ①'$

②を整理して，

$2x - 5y = -26 \quad \cdots\cdots ②'$

②' に①' を代入して，

$$2x - 5(7x - 8) = -26$$
$$2x - 35x + 40 = -26$$
$$-33x = -66$$
$$x = 2 \quad \cdots\cdots ③$$

①′ に③を代入して，
$$y = 7 \times 2 - 8 = 6$$
$$\begin{cases} x = 2 \\ y = 6 \end{cases}$$

(4) $\begin{cases} 1.5x + y = 0.5 & \cdots\cdots ① \\ 0.2x - 0.3y = 1.8 & \cdots\cdots ② \end{cases}$

①×3 ＋②×10
$$6.5x = 19.5$$
$$x = 3 \quad \cdots\cdots ③$$

①に③を代入して，
$$1.5 \times 3 + y = 0.5$$
$$y = 0.5 - 4.5 = -4$$
$$\begin{cases} x = 3 \\ y = -4 \end{cases}$$

(5) $\begin{cases} 15x - 7y + 2 = 3 & \cdots\cdots ① \\ 6x + 5y - 13 = 3 & \cdots\cdots ② \end{cases}$ に分解

①②を整理して，
$$15x - 7y = 1 \quad \cdots\cdots ①′$$
$$6x + 5y = 16 \quad \cdots\cdots ②′$$

①′×5 ＋②′×7
$$117x = 117$$
$$x = 1 \quad \cdots\cdots ③$$

②′に③を代入して，
$$6 + 5y = 16$$
$$5y = 10$$
$$y = 2$$
$$\begin{cases} x = 1 \\ y = 2 \end{cases}$$

2．2次方程式　(問題，本文59ページ)

No.1

(1) $x^2 + 6x + 9 = 0$
$$(x + 3)^2 = 0$$
$$x = -3 \text{（重解）}$$

(2) $4x^2 + 4x + 1 = 0$
$$(2x + 1)^2 = 0$$
よって，$2x + 1 = 0$

$$2x = -1$$
$$x = -\frac{1}{2} \text{（重解）}$$

(3) $4x^2 + 32x + 16 = 0$
解の公式に代入して
$$x = \frac{-32 \pm \sqrt{(32)^2 - 4 \times 4 \times 16}}{2 \times 4}$$
$$= \frac{-32 \pm \sqrt{32(32 - 8)}}{8}$$
$$= \frac{-32 \pm \sqrt{32 \times 24}}{8}$$
$$= \frac{-32 \pm \sqrt{16 \times 16 \times 3}}{8}$$
$$= \frac{-32 \pm 16\sqrt{3}}{8} = -4 \pm 2\sqrt{3}$$

(4) $x^2 - 10x + 21 = 0$
$$(x - 7)(x - 3) = 0$$
よって，$x = 3,\ 7$

No.2

(1) $x^2 + 8x + 16 = 9 + 16$
$$(x + 4)^2 = 25$$
$$x + 4 = \pm 5$$
$$x = -4 \pm 5$$
$$x = -9,\ 1$$

(2) $x^2 - 10x + 25 = -9 + 25$
$$(x - 5)^2 = 16$$
$$x - 5 = \pm 4$$
$$x = 5 \pm 4$$
$$x = 9,\ 1$$

(3) $9x^2 + 6x + 1 = 5 + 1$
$$(3x + 1)^2 = 6$$
$$3x + 1 = \pm\sqrt{6}$$
$$x = \frac{-1 \pm \sqrt{6}}{3}$$
$$x = \frac{-1 \pm \sqrt{6}}{3}$$

(4) $x^2 + x + \dfrac{1}{4} = \dfrac{3}{4} + \dfrac{1}{4}$

$\left(x + \dfrac{1}{2} \right)^2 = 1$

$x + \dfrac{1}{2} = \pm 1$

$x = -\dfrac{1}{2} \pm 1$

$\boldsymbol{x = \dfrac{1}{2}, \ -\dfrac{3}{2}}$

No.3

(1) $x^2 - x - 1 = 0$

a にあたる数字は 1，b は -1，c は -1

解の公式より

$x = \dfrac{-(-1) \pm \sqrt{(-1)^2 - 4 \times 1 \times (-1)}}{2 \times 1}$

$= \dfrac{1 \pm \sqrt{1 + 4}}{2}$

$= \dfrac{1 \pm \sqrt{5}}{2}$

(2) $x^2 + 4x - 3 = 0$

a は 1，b は 4，c は -3

解の公式より

$x = \dfrac{-4 \pm \sqrt{4^2 - 4 \times 1 \times (-3)}}{2 \times 1}$

$= \dfrac{-4 \pm \sqrt{16 + 12}}{2}$

$= \dfrac{-4 \pm \sqrt{28}}{2}$

$= \dfrac{-4 \pm 2\sqrt{7}}{2} = -2 \pm \sqrt{7}$

(3) $x^2 - 4x - 11 = 0$

a は 1，b は -4，c は -11

解の公式より

$x = \dfrac{-(-4) \pm \sqrt{(-4)^2 - 4 \times 1 \times (-11)}}{2 \times 1}$

$= \dfrac{4 \pm \sqrt{16 + 44}}{2}$

$= \dfrac{4 \pm 2\sqrt{15}}{2}$

$= 2 \pm \sqrt{15}$

No.4

$x = 2$ を与式に代入

（与式）$= x^2 + 3ax + 2b - 4 = 0$

代入 $2^2 + 3a \times 2 + 2b - 4 = 0$

$4 + 6a + 2b - 4 = 0$

$6a = -2b$

$3a = -b$

答 ④

3．1次不等式 （問題，本文63ページ）

No.1

(1) $-3 \leqq x \leqq 2$ の全体に 2 を加えて，

$-3 + 2 \leqq 2 + x \leqq 2 + 2$

$\boldsymbol{-1 \leqq 2 + x \leqq 4}$

(2) $-3 \leqq x \leqq 2$ の全体から 4 を引いて，

$-3 - 4 \leqq x - 4 \leqq 2 - 4$

$\boldsymbol{-7 \leqq x - 4 \leqq -2}$

(3) $-3 \leqq x \leqq 2$ の全体に 5 をかけて，

$-3 \times 5 \leqq x \times 5 \leqq 2 \times 5$

$\boldsymbol{-15 \leqq 5x \leqq 10}$

(4) $-3 \leqq x \leqq 2$ の全体に -4 をかけ，不等号の向きを逆にすると，

$-3 \times (-4) \geqq x \times (-4) \geqq 2 \times (-4)$

$\boldsymbol{12 \geqq -4x \geqq -8}$

(5) $-3 \leqq x \leqq 2$ の全体に -3 をかけ，不等号の向きを逆にして，

$-3 \times (-3) \geqq -3x \geqq 2 \times (-3)$

$9 \geqq -3x \geqq -6$ の全体に 6 を加えて，

$9 + 6 \geqq 6 - 3x \geqq -6 + 6$

$\boldsymbol{15 \geqq 6 - 3x \geqq 0}$

No.2

(1) $x + 4 > 5$

$x > 5 - 4$

$\boldsymbol{x > 1}$

(2) $2 - 3x < 4$

$-3x < 4 - 2$

$$x > -\frac{2}{3}$$

(3)　$x - 3 > 5x - 7$
　　　$x - 5x > -7 + 3$
　　　　$-4x > -4$
　　　　　$\boldsymbol{x < 1}$

(4)　　$5 - 3x \geqq -5x + 9$
　　　$-3x + 5x \geqq 9 - 5$
　　　　　$2x \geqq 4$
　　　　　$\boldsymbol{x \geqq 2}$

(5)　$5x - 15 > 6x - 18$
　　　$5x - 6x > -18 + 15$
　　　　　$-x > -3$
　　　　　$\boldsymbol{x < 3}$

No.3

(1)　$\dfrac{x}{-3} > 4$

　　　　　$\boldsymbol{x < -12}$

(2)　$\dfrac{1}{3}x > \dfrac{1}{2}x + 5$

　　　$\dfrac{1}{3}x - \dfrac{1}{2}x > 5$

　　　　$-\dfrac{1}{6}x > 5$

　　　　　$\boldsymbol{x < -30}$

(3)　$\dfrac{x}{3} + \dfrac{3}{4} \geqq \dfrac{x}{2} - \dfrac{2}{3}$

　　　$\dfrac{x}{3} - \dfrac{x}{2} \geqq -\dfrac{2}{3} - \dfrac{3}{4}$

　　　　$-\dfrac{x}{6} \geqq -\dfrac{17}{12}$

　　　　　$\boldsymbol{x \leqq \dfrac{17}{2}}$

(4)　$\dfrac{2x - 5}{3} - 2 < \dfrac{5}{6}x$

　　両辺を6倍して，
　　　$4x - 10 - 12 < 5x$
　　　　$4x - 5x < 10 + 12$

　　　　　$-x < 22$
　　　　　$\boldsymbol{x > -22}$

(5)　$\dfrac{x - 3}{4} - \dfrac{x + 1}{3} < 3x + 1$

　　両辺を12倍して，
　　　$3x - 9 - 4x - 4 < 36x + 12$
　　　$3x - 4x - 36x < 12 + 9 + 4$
　　　　$-37x < 25$

　　　　　$\boldsymbol{x > -\dfrac{25}{37}}$

第3章　関　数

1．関数の基礎　（問題，本文67ページ）

No.1
(1)　$y = 3x$　よって関数になる。
(2)　$y = \sqrt{x}$　よって関数になる。
(3)　$y = 4x$　よって関数になる。
(4)　関数にならない。

答　(4)

No.2
　1つの x の値に対して，y の値が1つ決まる場合，y は x の関数であるというから，
答　(1), (2), (4), (5)

No.3
(1)　$3 \times (-3) = \boldsymbol{-9}$
(2)　$3 \times (-1) = \boldsymbol{-3}$
(3)　$3 \times 0 = \boldsymbol{0}$
(4)　$12 \div (-12) = \boldsymbol{-1}$
(5)　$12 \div (-3) = \boldsymbol{-4}$
(6)　$12 \div 2 = \boldsymbol{6}$

2．1次関数 $y = ax + b$ のグラフ

No.1

(1) $y = 2x - 1$

(2) $y = -\dfrac{3}{4}x + 1$

(3) $y = -2x + 1$

(4) $y = \dfrac{1}{4}x$

(5) $y = -2x + 4$

No.2

(1) 傾きを a とすると，
$y = ax + 4$
$(1,\ 2)$ を通るから，
$2 = a \times 1 + 4$
$a = -2$

答　$y = -2x + 4$

(2) 傾きを a とすると，
$y = ax + \dfrac{7}{2}$
$(-1,\ 3)$ を通るから，
$3 = a \times (-1) + \dfrac{7}{2}$
$a = \dfrac{1}{2}$

答　$y = \dfrac{1}{2}x + \dfrac{7}{2}$

(3) 傾きを a，切片を b とすると，
$y = ax + b$
$(2,\ 4)(5,\ 6)$ を通るから，
$4 = a \times 2 + b$ ……①
$6 = a \times 5 + b$ ……②
①－②より
$-2 = -3a$
$a = \dfrac{2}{3}\quad b = \dfrac{8}{3}$

答　$y = \dfrac{2}{3}x + \dfrac{8}{3}$

(4) 傾きを a，切片を b とすると，
$y = ax + b$
$(-2,\ -5)(2,\ 3)$ を通るから，
$-5 = a \times (-2) + b$ ……①
$3 = a \times 2 + b$ ……②
①＋②より，
$-2 = 2b$
$b = -1,\ a = 2$

答　$y = 2x - 1$

(5) 傾きを a，切片を b とすると，
$y = ax + b$
$(0,\ 5)(5,\ 0)$ を通るから，
$5 = a \times 0 + b$ ………①
$0 = a \times 5 + b$ ………②
①より　$b = 5$
$a = -1$

答　$y = -x + 5$

No.3

(1) $y = 2x + 3$ ……①
$y = \dfrac{1}{2}x + \dfrac{9}{2}$ ……②

①，②より，$2x + 3 = \dfrac{1}{2}x + \dfrac{9}{2}$
$\dfrac{3}{2}x = \dfrac{3}{2}$
$x = 1$
$y = 5$

答　$(1,\ 5)$

(2) $4x + 3y = -2$ ……①
$x - y = -4$ ……②
①＋②×3
$7x = -14$
$x = -2$
$y = 2$

答　$(-2,\ 2)$

No.4

k について整理する。
$(2 + k)x + 2y - k + 4 = 0$
$2x + kx + 2y - k + 4 = 0$

$(x - 1)k + 2(x + y + 2) = 0$

よって，$x = 1$ かつ，$x + y + 2 = 0$

$x = 1$ を代入して，$1 + y + 2 = 0$

$$y = -3$$

よって，定点 $(x,\ y) = (1,\ -3)$

答　④

No.5

① $y = 2x + 2$

② $y = -\dfrac{1}{2}x + 2$

③ $y = -2$

④ $x = -2$

⑤ $y = \dfrac{3}{4}x - 3$

3．$y = ax^2$ のグラフ

（問題，本文79ページ）

No.1

(1) $y = ax^2$ の $a > 0$ のもの

答　②，③，⑤

(2) $y = ax^2$ の a の絶対値が最大のもの

答　⑤

(3) $y = ax^2$ の a の符号が反対で絶対値が同じもの

答　③と⑥

(4) $x = 2$ のとき $y = 6$ になるグラフ

答　③

No.2

(1) 頂点は原点になる。　答　$(0,\ 0)$

(2) $x = 1$ のとき最小で，$x = 3$ のとき最大

答　$4 \leqq y \leqq 36$

(3) $x = 0$ のとき最小で，$x = 4$ のとき最大

答　$0 \leqq y \leqq 64$

(4) $x = 0$ のとき最小で，$x = -3$ のとき最大

答　最小値　0

最大値　36

No.3

(1) $y = ax^2$ とすると，

$(4,\ -8)$ を通るから，

$-8 = a \times 4^2$

$$a = -\dfrac{1}{2}$$

答　$y = -\dfrac{1}{2}x^2$

(2)

答　y 軸

(3) $y = -\dfrac{1}{2}x^2\ (-2 \leqq x \leqq 4)$ では，

$x = 0$ のとき最大値 0，$x = 4$ のとき最小値 -8 だから，

答　$-8 \leqq y \leqq 0$

4．$y = a(x - p)^2 + q$ のグラフ

（問題，本文84ページ）

No.1

(1) $y = -2x^2$ の x の代わりに $x - 3$ を入れて，

$$y = -2(x - 3)^2$$

(2) $y = 3(x - 4)^2$ の x の代わりに $x - 5$，y の代わりに $y - 3$ を入れて，

$y - 3 = 3(x - 5 - 4)^2$

$$y = 3(x - 9)^2 + 3$$

(3) $y = -\dfrac{1}{2}(x + 3)^2$ の x の代わりに $x + 1$，y の代わりに $y - 5$ を入れて，

$y - 5 = -\dfrac{1}{2}(x + 1 + 3)^2$

$$y = -\dfrac{1}{2}(x + 4)^2 + 5$$

(4) $y = -(x - 3)^2 + 4$ の x の代わりに $x - 2$，y の代わりに $y + 3$ を入れて，

$y + 3 = -(x - 2 - 3)^2 + 4$

$$y = -(x - 5)^2 + 1$$

(5) $y = x^2$ の x の代わりに $x + 5$，y の代わりに $y - 4$ を入れて，

$y - 4 = (x + 5)^2$

$$y = (x + 5)^2 + 4$$

(1) 頂点は $(5, 0)$ から $(-5, 0)$ になるから，
$$y = 3(x + 5)^2$$

(2) 頂点は $(0, 4)$ から $(0, -4)$ になり，向きが変わるから，
$$y = 2x^2 - 4$$

(3) 頂点は $(2, -3)$ から $(-2, 3)$ になり，向きも変わるから，
$$y = -2(x + 2)^2 + 3$$

(4) 向きが変わるから，
$$y = -x^2$$

(5) 頂点は $(-3, -4)$ から $(3, -4)$ に変わるから，
$$y = \frac{1}{2}(x - 3)^2 - 4$$

No.3

(1) $y = 2(x - 3)^2 + 5$

(2) $y = -(x + 4)^2 + 2$

(3) $y = \dfrac{1}{2}(x - 5)^2 + 6$

(4) $y = -\dfrac{1}{2}(x + 2)^2 + 6$

(5) $y = -\dfrac{1}{3}\left(x - \dfrac{1}{2}\right)^2 + \dfrac{3}{2}$

No.4

(1) E を x 軸と平行に 4，y 軸と平行に 1 平行移動した。

(2) A を y 軸と平行に 3 平行移動した。

(3) D を x 軸と平行に 4，y 軸と平行に -1 平行移動した。

(4) C を x 軸と平行に -3，y 軸と平行に -5 平行移動した。

(5) B を y 軸と平行に -3 平行移動した。

5．$y = ax^2 + bx + c$ のグラフ

（問題，本文 91 ページ）

No.1

(1) $\begin{aligned} y &= 2x^2 + 8x + 1 \\ &= 2(x^2 + 4x + 4 - 4) + 1 \\ &= 2(x^2 + 4x + 4) - 8 + 1 \\ &= 2(x + 2)^2 - 7 \end{aligned}$

  よって頂点は $(-2, -7)$

(2) $\begin{aligned} y &= -3x^2 + 6x + 3 \\ &= -3(x^2 - 2x + 1 - 1) + 3 \\ &= -3(x^2 - 2x + 1) + 3 + 3 \\ &= -3(x - 1)^2 + 6 \end{aligned}$

  よって頂点は $(1, 6)$

(3) $\begin{aligned} y &= 5x^2 - 30x + 47 \\ &= 5(x^2 - 6x + 9 - 9) + 47 \\ &= 5(x^2 - 6x + 9) - 45 + 47 \\ &= 5(x - 3)^2 + 2 \end{aligned}$

  よって頂点は $(3, 2)$

(4) $\begin{aligned} y &= -2x^2 + 4x - 3 \\ &= -2(x^2 - 2x + 1 - 1) - 3 \\ &= -2(x^2 - 2x + 1) + 2 - 3 \\ &= -2(x - 1)^2 - 1 \end{aligned}$

  よって頂点は $(1, -1)$

No.2

(1) $\begin{aligned} y &= 3x^2 + 12x \\ &= 3(x^2 + 4x + 4) - 12 \\ &= 3(x + 2)^2 - 12 \end{aligned}$

  よって，$(-2, -12)$

(2) $\begin{aligned} y &= -2x^2 + 4x + 1 \\ &= -2(x^2 - 2x + 1) + 2 + 1 \\ &= -2(x - 1)^2 + 3 \end{aligned}$

  よって，$(1, 3)$

(3) $\begin{aligned} y &= x^2 + 3x - 2 \\ &= \left(x^2 + 3x + \frac{9}{4}\right) - \frac{9}{4} - 2 \\ &= \left(x + \frac{3}{2}\right)^2 - \frac{17}{4} \end{aligned}$

  よって，$\left(-\dfrac{3}{2}, -\dfrac{17}{4}\right)$

(4) $y = x^2 + 6x - 3$
　　$= x^2 + 6x + 9 - 9 - 3$
　　$= (x + 3)^2 - 12$
　　　　　　　　よって，$(-3, -12)$

(5) $y = -x^2 + 2x - 1$
　　$= -(x^2 - 2x + 1) + 1 - 1$
　　$= -(x - 1)^2$
　　　　　　　　よって，$(1, 0)$

No.3

(1) y 軸は $x = 0$ であるから，x に 0 を代入して，
　　$y = -30$　　　　　　　答　-30

(2) x 軸は $y = 0$ であるから，y に 0 を代入して，
　　$0 = 2x^2 + 4x - 30$
　　両辺を 2 で割り，整理して，
　　$x^2 + 2x - 15 = 0$
　　$(x - 3)(x + 5) = 0$
　　よって，$x = 3, -5$
　　　　　　　　　答　-5 と 3

(3) $x = 3$ と $x = -5$ の中点を求めて，
　　$\dfrac{3 + (-5)}{2} = -1$
　　　　　　　　　　　答　-1

(4) $x = -1$ を代入して，
　　$y = 2 \times (-1)^2 + 4 \times (-1) - 30$
　　$= 2 - 4 - 30$
　　$= -32$
　　　　　　　　　答　$(-1, -32)$

No.4

(1) $y = ax^2 + bx + c$ が $y = x^2$ を平行移動したグラフなので，
　　$a = 1$
　　$(1, -2)(4, 1)$ を通るから，
　　$\begin{cases} -2 = 1 + b + c \\ 1 = 16 + 4b + c \end{cases}$
　　よって，$b = -4,\ c = 1$
　　　　　　　　答　$y = x^2 - 4x + 1$

(2) 頂点が $(-1, 2)$ だから，

$y = a(x + 1)^2 + 2$
y 切片が 4 だから，$(0, 4)$ を通るので，
　　$4 = a + 2$
　　$a = 2$
よって，
　　$y = 2(x + 1)^2 + 2$
　　$= 2x^2 + 4x + 4$
　　　　　　答　$y = 2x^2 + 4x + 4$

(3) 頂点が $(-3, 18)$ だから，
　　$y = a(x + 3)^2 + 18$
　　原点を通るから，
　　$0 = 9a + 18$
　　$a = -2$
　　よって，$y = -2(x + 3)^2 + 18$
　　　　　　$= -2x^2 - 12x$
　　　　　　答　$y = -2x^2 - 12x$

(4) 頂点が $(2, -1)$ だから，
　　$y = a(x - 2)^2 - 1$
　　$(3, -4)$ を通るから，
　　$-4 = a \times (3 - 2)^2 - 1$
　　$-4 = a - 1$
　　$a = -3$
　　よって，$y = -3(x - 2)^2 - 1$
　　　　　　$= -3x^2 + 12x - 12 - 1$
　　　　　　$= -3x^2 + 12x - 13$
　　　　　答　$y = -3x^2 + 12x - 13$

No.5

(1) 頂点は $(0, 0)$ から $(-1, 2)$ になるから，
　　　　　答　$y = (x + 1)^2 + 2$

(2) 頂点は $(0, 0)$ から $(1, -2)$ になるから，
　　　　　答　$y = -2(x - 1)^2 - 2$

(3) $y = x^2 - 4x + 3$ の x の代わりに $x + 1$，
　　y の代わりに $y - 3$ を代入して，
　　$y - 3 = (x + 1)^2 - 4(x + 1) + 3$
　　$y = x^2 + 2x + 1 - 4x - 4 + 3 + 3$
　　$= x^2 - 2x + 3$
　　　　　答　$y = x^2 - 2x + 3$

(4) $y = 4(x + 1)(x - 2)$ の x の代わりに $x - 2$，
　　y の代わりに $y - 1$ を代入して，
　　$y - 1 = 4(x - 1)(x - 4)$
　　$y = 4(x - 1)(x - 4) + 1$

$$= 4x^2 - 20x + 17$$

答　$y = 4x^2 - 20x + 17$

No.6

頂点が $(3,\ 4)$ で，グラフの形は $y = x^2$ と同じだから，

$$y = (x - 3)^2 + 4$$
$$= x^2 - 6x + 13$$

答　$a = -6,\ b = 13$

6．2次関数の最大・最小

（問題，本文 97 ページ）

No.1

(1)　頂点は $(3,\ 0)$ なので，

答　最大値　なし，最小値　0

(2)　頂点は $(-2,\ -1)$ なので，

答　最大値　−1，最小値　なし

(3)　頂点の x 座標は，$x = 0$ なので，

最小値は $x = 0$ のときの y の値　−8

最大値は $x = 3$ のときの y の値　10

答　最大値　10，最小値　−8

(4)　頂点の x 座標は，$x = -1$ なので，

最小値は $x = -1$ のときの y の値　−1

最大値は $x = 2$ のときの y の値　8

答　最大値　8，最小値　−1

(5)　頂点の x 座標は，$x = -1$ なので，

$1 \leqq x \leqq 3$ では，

最大値は $x = 3$ のときの y の値　12

最小値は $x = 1$ のときの y の値　0

答　最大値　12，最小値　0

No.2

グラフにしたときの頂点の座標がわかるように式を変形すると，

$$y = 2(x^2 - 3x) + 5$$
$$= 2\left\{\left(x - \frac{3}{2}\right)^2 - \frac{9}{4}\right\} + 5$$
$$= 2\left(x - \frac{3}{2}\right)^2 + \frac{1}{2}$$

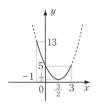

グラフから，

M は $x = -1$ のときで，$y = 13$

m は $x = \dfrac{3}{2}$ のときで，$y = \dfrac{1}{2}$

答　④

1．関数のグラフと方程式の関係

（問題，本文 103 ページ）

No.1

x 軸との交点を求めるには，$y = 0$ を代入した方程式を解けばよい。

(1)　$0 = 2x + 5$

$$x = -\frac{5}{2}$$

答　$\left(-\dfrac{5}{2},\ 0\right)$

(2)　$0 = x^2 - 6x + 5$

$(x - 5)(x - 1) = 0$

$x = 5,\ 1$

答　$(1,\ 0)(5,\ 0)$

(3)　$0 = -x^2 + 3x$

$x(x - 3) = 0$

$x = 0,\ 3$

答　$(0,\ 0)(3,\ 0)$

(4)　$0 = x^2 + 8x + 15$

$(x + 5)(x + 3) = 0$

$x = -3,\ -5$

答　$(-5,\ 0)(-3,\ 0)$

(5)　$0 = 2x^2 - 18x + 40$

$x^2 - 9x + 20 = 0$

$(x - 5)(x - 4) = 0$

$$x = 5,\ 4$$
答　(5, 0)(4, 0)

No.2

(1)　$y = k$ の k が 3 より大きくなると交点は 2 カ所できる。

答　$k > 3$

(2)　$k = 3$ のとき，頂点で接する。

答　$k = 3$

(3)　k が 3 より小さいとき，交点はなくなる。

答　$k < 3$

2．共有点の数と判別式の関係

（問題，本文 108 ページ）

No.1

① AとBより，
$x^2 + 3x - 4 = 3x - 4$ の方程式を解くと，
$$x^2 = 0$$
$x = 0$（重根）より，接する。

答　ウ

② AとBより，
$x^2 + 3x - 4 = 3x$ を解くと，
$$x^2 = 4$$
$x = \pm 2$　より，
2 点で交わる。

答　ア

③ AとBより，$x^2 + 3x - 4 = x^2$ を解くと，
$$3x = 4$$
$$x = \frac{4}{3}\ \ \text{より，}$$

1 点で交わる。

答　イ

④ Aの式に $y = 0$ を代入すると，
$$0 = x^2 - 3x + 5$$
$$x^2 - 3x + 5 = 0$$
解の公式にあてはめて，
$$x = \frac{-(-3) \pm \sqrt{(-3)^2 - 4 \times 1 \times 5}}{2 \times 1}$$

根号の中が $(-3)^2 - 20 = -11$ で負になるので解なし。
よって，交わらない。

答　エ

⑤ Aの式に $x = 0$ を代入すると，
$$y = 5$$
よって，1 点で交わる。

答　イ

No.2

$y = ax^2 + bx + c$ の判別式 $b^2 - 4ac$ の符号を調べる。

① $b^2 - 4ac = 25 - 4 \times 2 \times 5$
$\qquad\qquad = -15 < 0$
より，　　C

② $b^2 - 4ac = (-3)^2 - 4 \times (-3) \times 4$
$\qquad\qquad = 57 > 0$
より，　　A

③ $b^2 - 4ac = (-8)^2 - 4 \times (-4) \times (-4)$
$\qquad\qquad = 64 - 64 = 0$
より，　　B

④ $b^2 - 4ac = 4^2 - 4 \times 5 \times 3$
$\qquad\qquad = 16 - 60$
$\qquad\qquad = -44 < 0$
より，　　C

⑤ $b^2 - 4ac = 8^2 - 4 \times 1 \times 16$
$\qquad\qquad = 64 - 64 = 0$
より，　　B

No.3

判別式 $b^2 - 4ac = 0$ より，
$$a^2 - 4(a - 1) = 0$$
$$a^2 - 4a + 4 = 0$$
$$(a - 2)^2 = 0$$
$$a = 2$$
より，　　答　⑤

3．関数のグラフと不等式の関係

（問題，本文 114 ページ）

No.1

(1)　$y = ax + b$ が $y = 0$（x 軸）以下になる範囲が解だから，

答　$x \leqq -3$

(2)　$y = mx + n$ が $y = 0$（x 軸）よりも上になる範囲が解だから，

答　$x < 4$

(3)　$y = ax + b$ が $y = \beta$ の直線より上になる範囲が解だから，

答　$x > \alpha$

(4)　$y = ax + b$ が $y = mx + n$ 以下になる範囲が解だから，　　　　答　$x \leqq \alpha$

(5)　$y = ax + b$ が $y = mx + n$ よりも下になる範囲が解だから，　　　答　$x < \alpha$

No.2

(1)　$y = 3x + 6$ の y 切片は 6

　　　　　　　　　　　　　　　答　6

(2)　$y = 0$ を代入して，$0 = 3x + 6$

　　$x = -2$　　　　　　　　答　-2

(3)　$3x + 6 > k$ の解を，$y = 3x + 6$ と $y = k$ の解として見たとき，

　　$k = 6$ になると $x > 0$ になるから，

　　　　　　　　　　　　　　答　$k = 6$

(4)　$y = 3x + 6$ と $y = 0$ は $(-2, 0)$ で交わるから，$k = 0$ のとき $x < -2$ になる。

　　　　　　　　　　　　　　答　$k = 0$

(5)　$y = 3x + 6$ の $x = 9$ のとき，$y = 33$ になるから，$3x + 6 > 33$ のとき $x > 9$ になる。

　　　　　　　　　　　　　答　$k = 33$

No.3

$$\frac{(a + 1)x^2 + (a - 2)x + a + 1}{x^2 + x + 1} > b$$

であるから，与式の両辺に $x^2 + x + 1$ をかけて，

$$(a + 1)x^2 + (a - 2)x + a + 1 > b(x^2 + x + 1)$$

$$(a - b + 1)x^2 + (a - b - 2)x + a - b + 1 > 0$$

この不等式がすべての実数 x について成り立つための条件は，2 次の係数が正

$a - b + 1 > 0$　……(1)

判別式が負

$D = (a - b - 2)^2 - 4(a - b + 1)^2 < 0$

　　　　　　　　　　　　　……(2)

(2)から

$\{(a - b - 2) + 2(a - b + 1)\}$

　　　$\times \{(a - b - 2) - 2(a - b + 1)\} < 0$

$(3a - 3b)(-a + b - 4) < 0$

　　$\therefore \ (a - b)(a - b + 4) > 0$

$\therefore \quad a - b < -4$　または　$0 < a - b$

　　　　　　　　　　　　　……(2)′

(1)から　$-1 < a - b$　……(1)′

(1)′，(2)′ の共通範囲を求めて

　　$a - b > 0$

　　　　　　　　　　　　答　④

4．2次不等式　（問題，本文 120 ページ）

No.1

(1)　$y = (x - 3)(x + 2)$ のグラフは，

　　$x < -2$，$x > 3$ のとき正だから，

　　　　　　　　答　$x < -2$，$x > 3$

(2)　$y = (x + 5)(x - 2)$ のグラフは

　　$x \leqq -5$，$x \geqq 2$ のとき 0 以上だから，

　　　　　　　　答　$x \leqq -5$，$x \geqq 2$

(3)　$y = x(x + 2)$ のグラフは，

　　$-2 < x < 0$ のとき負だから，

　　　　　　　　答　$-2 < x < 0$

(4)　$y = (x + 2)(x + 1)$ のグラフは，

　　$-2 \leqq x \leqq -1$ のとき 0 以下だから，

　　　　　　　　答　$-2 \leqq x \leqq -1$

(5)　$y = x^2 - 3x + 2 = (x - 2)(x - 1)$ より，

　　$y = x^2 - 3x + 2$ のグラフは，

　　$x < 1$，$x > 2$ のとき正だから，

　　　　　　　　答　$x < 1$，$x > 2$

No.2

(1)　$x^2 + 6x + 9 > 0$

　　$(x + 3)^2 > 0$　より，

　　　答　$x \neq -3$ のすべての実数

　　　（$x < -3$，$x > -3$ でも可）

(2)　　　$x^2 + 6x \leqq -9$

　　$x^2 + 6x + 9 \leqq 0$

　　　$(x + 3)^2 \leqq 0$　より

　　　　　　　　　　答　$x = -3$

(3)　$x^2 - 8x + 5 \geqq 0$

　　$x^2 - 8x + 5 = 0$ の解は，

　　$x = \dfrac{8 \pm \sqrt{64 - 20}}{2} = 4 \pm \sqrt{11}$　より，

　　　答　$x \leqq 4 - \sqrt{11}$，$x \geqq 4 + \sqrt{11}$

(4)　$x^2 - 8x + 5 < 0$

(3)より，$x^2 - 8x + 5 = 0$ の 2 解は，

$x = 4 \pm \sqrt{11}$ だから，

答　$4 - \sqrt{11} < x < 4 + \sqrt{11}$

(5) $-2x^2 + 4x - 5 < 0$

$2x^2 - 4x + 5 > 0$

$2(x^2 - 2x) + 5 > 0$

$2(x - 1)^2 + 3 > 0$

より，すべての実数で成り立つ

答　すべての実数

No.3

(1) $y = 2x^2 - 4kx + k$ が，判別式 > 0 のとき
2 点で交わるから，

$b^2 - 4ac = 16k^2 - 8k > 0$ を解いて，

$2k^2 - k > 0$

$k(2k - 1) > 0$

より，$k < 0,\ k > \dfrac{1}{2}$

答　$k < 0,\ k > \dfrac{1}{2}$

(2) $(k + 1)x^2 + (k + 2)x + 3 = 0$
の判別式 > 0 のとき，異なる実数解をもつか
ら，

$b^2 - 4ac = (k + 2)^2 - 4 \cdot 3 \cdot (k + 1)$

$= k^2 + 4k + 4 - 12k - 12$

$= k^2 - 8k - 8$

$k^2 - 8k - 8 = 0$ の解は，

$k = 4 \pm 2\sqrt{6}$ で，

$b^2 - 4ac > 0$ の解は，

$k^2 - 8k - 8 > 0$ の解だから，

答　$k < 4 - 2\sqrt{6},\ k > 4 + 2\sqrt{6}$

(3) $x^2 + (2 - k)x + 2k + 1 = 0$ の判別式 < 0
になるとき，実数解はないから，

$b^2 - 4ac = (2 - k)^2 - 4(2k + 1)$

$= 4 - 4k + k^2 - 8k - 4 = k^2 - 12k < 0$

より，$0 < k < 12$

答　$0 < k < 12$

(4) $y = x^2 + (2k - 2)x - 2k^2 - 4k + 2$ のグラ
フが x 軸と交わらなければよいから，判
別式 < 0 になればよい。

$b^2 - 4ac$

$= (2k - 2)^2 - 4 \times (-2k^2 - 4k + 2)$

$= 4k^2 - 8k + 4 + 8k^2 + 16k - 8$

$= 12k^2 + 8k - 4 < 0$

$3k^2 + 2k - 1 < 0$

$(3k - 1)(k + 1) < 0$

$-1 < k < \dfrac{1}{3}$

答　$-1 < k < \dfrac{1}{3}$

(5) $y = 3x^2 + 2kx + 4$ が常に x 軸より上に
あればよい。

$b^2 - 4ac < 0$ だから，

$(2k)^2 - 4 \cdot 3 \cdot 4 < 0$

$4k^2 - 48 < 0$

$k^2 - 12 < 0$ より　$-2\sqrt{3} < k < 2\sqrt{3}$

答　$-2\sqrt{3} < k < 2\sqrt{3}$

No.4

判別式 $D \leq 0$ より，

$D = (2a)^2 - 4 \times 1 \times (a + 2) \leq 0$

$4a^2 - 4a - 8 \leq 0$

$a^2 - a - 2 \leq 0$

$(a - 2)(a + 1) \leq 0$

よって，$-1 \leq a \leq 2$

答　②

第5章　三角比

1．三角比の基礎　（問題，本文127ページ）

No.1

三平方の定理より，

$BC = \sqrt{12^2 + 5^2} = 13$

よって，$\cos\theta = \dfrac{12}{13}$

答　③

No.2

三平方の定理より，

残りの辺は，$\sqrt{25^2 - 7^2} = 24$

よって，$\cos\theta = \dfrac{24}{25}$

答 ③

2．三角比の応用 （問題，本文132ページ）

No.1

$\sin40° = \cos(90° - 40°) = \cos50°$
$\cos20° = \sin(90° - 20°) = \sin70°$
よって，$\sin40° + \cos20° = \cos50° + \sin70°$

答 ④

No.2

鉄塔の高さ $= 80 \times \tan40° = 80 \times 0.839$
$\qquad\qquad = 67.12\,(\mathrm{m})$ より

答 ②

No.3

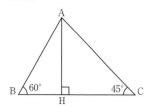

頂点 A から辺 BC に垂線を引き，交点を H とする。
△ABH，△ACH は直角三角形となる。

辺の比より，
△ACH において，AH：HC $= 1 : 1$
△ABH において，AH：HB $= \sqrt{3} : 1$
よって，HB：CH $= 1 : \sqrt{3}$
これより，HB：BC $= 1 : (1 + \sqrt{3})$

$$HB = \dfrac{1}{1 + \sqrt{3}} \times BC$$

△ABH において，AB：HB $= 2 : 1$
$\qquad\qquad\qquad\qquad AB = 2 \times HB$
代入して，$AB = 2 \times \left(\dfrac{1}{1 + \sqrt{3}} \times BC\right)$

$$= \dfrac{2 \times BC}{1 + \sqrt{3}}$$

有理化する。$= \dfrac{2 \times (\sqrt{3} - 1) \times BC}{(\sqrt{3} + 1)(\sqrt{3} - 1)}$

$$= \dfrac{2 \times (\sqrt{3} - 1) \times BC}{3 - 1}$$
$$= (\sqrt{3} - 1) \times BC$$
$$= 5(\sqrt{3} - 1)$$

答 ④

3．鈍角の三角比 （問題，本文137ページ）

No.1

ア．$\sin135° = \sin(180° - 135°) = \sin45°$
イ．$\cos150° = -\cos(180° - 150°) = -\cos30°$
ウ．$\tan120° = -\tan(180° - 120°)$

$$= -\tan60° = -\dfrac{1}{\tan30°}$$

答 ⑤

No.2

(1) $\sin60° \cdot \cos30° + \sin150° \cdot \cos120°$

$$= \dfrac{\sqrt{3}}{2} \times \dfrac{\sqrt{3}}{2} + \dfrac{1}{2} \times \left(-\dfrac{1}{2}\right)$$
$$= \dfrac{3}{4} - \dfrac{1}{4} = \dfrac{1}{2}$$

答 $\dfrac{1}{2}$

(2) $\dfrac{1}{\tan150°} \cdot \tan30° - \cos135° \cdot \sin45°$

$$= -\sqrt{3} \times \dfrac{1}{\sqrt{3}} - \left(-\dfrac{1}{\sqrt{2}}\right) \times \dfrac{1}{\sqrt{2}}$$
$$= -1 + \dfrac{1}{2} = -\dfrac{1}{2}$$

答 $-\dfrac{1}{2}$

(3) $\cos120° \cdot \sin150° + \cos150° \cdot \sin120°$

$$= \left(-\dfrac{1}{2}\right) \times \dfrac{1}{2} + \left(-\dfrac{\sqrt{3}}{2}\right) \times \dfrac{\sqrt{3}}{2}$$
$$= -\dfrac{1}{4} - \dfrac{3}{4} = -1$$

答 -1

(4)　$\sin^2 150° + \cos^2 150°$

$$= \left(\frac{1}{2}\right)^2 + \left(-\frac{\sqrt{3}}{2}\right)^2$$

$$= \frac{1}{4} + \frac{3}{4} = 1$$

答　<u>　1　</u>

(5)　$\dfrac{\sin 120°}{\cos 120°} = \dfrac{\dfrac{\sqrt{3}}{2}}{-\dfrac{1}{2}} = -\sqrt{3}$

答　<u>　$-\sqrt{3}$　</u>

No.3

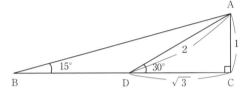

上図のように，A〜Dを決めると，

$\angle BAD = 15°$ より　$BD = AD = 2$，

よって，$BC = 2 + \sqrt{3}$

$AB^2 = (2 + \sqrt{3})^2 + 1^2 = 4 + 4\sqrt{3} + 3 + 1$

$\qquad\qquad\qquad\qquad = 8 + 4\sqrt{3}$

$AB = \sqrt{8 + 4\sqrt{3}} = \sqrt{8 + 2\sqrt{12}} = \sqrt{6} + \sqrt{2}$

よって，$\sin 15° = \dfrac{1}{\sqrt{6} + \sqrt{2}}$

$\sin 165° = \sin(180° - 165°) = \sin 15°$

$\qquad\quad = \dfrac{1}{\sqrt{6} + \sqrt{2}}$　より，

$\sin 165° = \dfrac{1}{\sqrt{6} + \sqrt{2}} = \dfrac{\sqrt{6} - \sqrt{2}}{4}$

答　<u>　$\dfrac{\sqrt{6} - \sqrt{2}}{4}$　</u>

4．三角比の相互関係

（問題，本文 141 ページ）

No.1

$90° < \theta < 180°$ のとき，$\cos\theta < 0$

$\quad \tan\theta < 0$ になり，

$\quad \sin\theta = \dfrac{12}{13}$ だから，$\cos^2\theta = 1 - \sin^2\theta$

$\quad$ より，

$\quad \cos\theta = -\sqrt{1 - \left(\dfrac{12}{13}\right)^2} = -\dfrac{5}{13}$

$\quad \tan\theta = \dfrac{\sin\theta}{\cos\theta} = \dfrac{\dfrac{12}{13}}{-\dfrac{5}{13}} = -\dfrac{12}{5}$

答　④

No.2

$2\sin^2\theta > 1$

$\quad \sin^2\theta > \dfrac{1}{2}$

$\quad \sin\theta < -\dfrac{1}{\sqrt{2}}$，$\dfrac{1}{\sqrt{2}} < \sin\theta$

$0° \leqq \theta \leqq 180°$　なので，

求めるものは，$45° < \theta < 135°$　答　③

5．三角形と三角比

（問題，本文 146 ページ）

No.1

(1)　余弦定理より，

$\quad c^2 = 12^2 + 6^2 - 2 \cdot 12 \cdot 6 \cdot \cos 60°$

$\qquad = 144 + 36 - 72$

$\qquad = 108$

$\quad c = \sqrt{108} = 6\sqrt{3}$

答　$6\sqrt{3}$

(2)　△ABC の面積 $S = \dfrac{1}{2} \times 6 \times 4 \times \sin 30°$

$\qquad\qquad = \dfrac{1}{2} \times 6 \times 4 \times \dfrac{1}{2} = 6$

答　6

(3) 正弦定理より,

$$\frac{2\sqrt{2}}{\sin 30°} = \frac{c}{\sin 135°} \quad だから,$$

$$c = \frac{2\sqrt{2}}{\frac{1}{2}} \times \frac{1}{\sqrt{2}} = 4$$

答 4

(4) 正弦定理より,

$$\frac{6}{\sin 150°} = 2r$$

$$r = \frac{6}{\frac{1}{2} \times 2} = 6$$

答 6

(5) 余弦定理より,

$$c^2 = 2^2 + (3\sqrt{3})^2 - 2 \cdot 2 \cdot 3\sqrt{3} \cdot \cos 30°$$

$$= 4 + 27 - 12\sqrt{3} \cdot \frac{\sqrt{3}}{2}$$

$$= 31 - 18 = 13$$

$$c = \sqrt{13}$$

答 $\sqrt{13}$

No.2

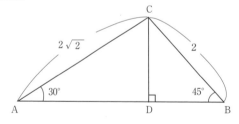

△ABC の C から AB に垂線 CD を引くと,

AD $= 2\sqrt{2} \times \cos 30° = \sqrt{6}$

DB $= 2 \times \cos 45° = \sqrt{2}$ より,

AB $= \sqrt{6} + \sqrt{2}$

答 $\sqrt{6} + \sqrt{2}$

No.3

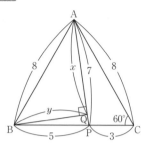

△ACP で, 余弦定理より

AP$^2 = 8^2 + 3^2 - 2 \cdot 8 \cdot 3 \cdot \cos 60°$

$= 64 + 9 - 24$

$= 49 \quad \therefore \ AP = 7$

AQ $= x$, BQ $= y$ とすると, △ABQ において

$$x^2 + y^2 = 64 \quad \cdots\cdots(1)$$

△PBQ において

$$(7 - x)^2 + y^2 = 25$$

$$x^2 - 14x + 49 + y^2 = 25$$

$$x^2 + y^2 - 14x = -24 \quad \cdots\cdots(2)$$

(1)−(2)より

$$14x = 88$$

$$x = \frac{88}{14} = \frac{44}{7}$$

よって,

$$y^2 = 8^2 - \left(\frac{44}{7}\right)^2$$

$$= 64 - \frac{16 \cdot 121}{49}$$

$$= \frac{3136 - 1936}{49} = \frac{1200}{49}$$

$$\therefore \ y = \frac{\sqrt{1200}}{7} = \frac{20\sqrt{3}}{7} \ [\text{cm}]$$

答 ⑤

第6章 数 列

1．数列の一般項 (問題, 本文151ページ)

No.1

8で割ると2余る最小の2ケタの数は10, 最大の数は98で, その間8ずつ増える。

よって, 一般項は $8n + 2$ になり, $n = 1$ か

ら $n = 12$ まで。

答　⑤

No.2

$n = 1$ を①〜⑤の④，⑧に代入すると，

① ④ 4，⑧ 1　　② ④ 3，⑧ 81

③ ④ 5，⑧ 9　　④ ④ 3，⑧ 81

⑤ ④ $\frac{1}{2}$，⑧ 81　　より，②か④

$n = 2$ のとき，② 　⑧は 100，④ 　⑧は 64

よって，$n = 1$ のときも，$n = 2$ のときもあてはまるのは④

答　④

No.3

$n \geqq 2$ のとき，

$$\begin{aligned}
a_n &= S_n - S_{n-1} \\
&= 3n^2 - 2n - \{3(n-1)^2 - 2(n-1)\} \\
&= 3n^2 - 2n - (3n^2 - 6n + 3 - 2n + 2) \\
&= 6n - 5
\end{aligned}$$

$n = 1$ のとき，

$S_1 = 1$，$a_1 = 1$ より，

$\quad a_n = 6n - 5$

答　②

2．等差数列　(問題，本文 155 ページ)

No.1

等差数列であるから，初項を a，公差を d とすると，$a_n = a + d(n-1) = dn + a - d$，$a - d$ は定数だから，$b = a - d$ とおくと，

$a_n = dn + b$　　この式にそれぞれを代入すると，

(1)　$a_5 = 5d + b = 12$　……①

$\quad a_9 = 9d + b = 24$　……②

①，②より $d = 3$，$b = -3$

答　$a_n = 3n - 3$

(2)　$a_4 = 4d + b = -1$　……①

$\quad a_{10} = 10d + b = 17$　……②

①，②より，$d = 3$，$b = -13$

答　$a_n = 3n - 13$

(3)　$a_{12} = 12d + b = 50$　……①

$\quad a_{13} = 13d + b = 54$　……②

①，②より，$d = 4$，$b = 2$

答　$a_n = 4n + 2$

No.2

(1)　$a_{10} = 210$　$a_{20} = -10$　より，

初項 a，公差 d とすると，

$a_n = a + d(n-1) = dn + a - d$，

$a - d = b$ とおいて，

$\quad a_{10} = 10d + b = 210$　……①

$\quad a_{20} = 20d + b = -10$　……②

①，②より $d = -22$，$b = 430$

よって一般項は，

$\quad a_n = -22n + 430$

100 より小さくなるのは，

$-22n + 430 < 100$ を解いて，

$\quad -22n < -330$

$\quad 22n > 330$

$\quad n > 15$

よって，第 16 項

答　④

(2)　初項 71，公差 -5 より，

$\quad a_n = 71 - 5(n-1)$

$\quad\quad = -5n + 76$

$n = 14$ を代入して，

$\quad a_{14} = -5 \times 14 + 76 = 6$

答　④

(3)　等差数列の a_2 と a_6 のちょうどまん中が a_4 だから，

$$a_4 = \frac{a_2 + a_6}{2} = \frac{4 + 46}{2} = 25$$

答　④

3．等差数列の和　(問題，本文 160 ページ)

No.1

$n \geqq 2$ のとき，

$$\begin{aligned}
a_n &= S_n - S_{n-1} \\
&= 2n^2 - 3n - \{2(n-1)^2 - 3(n-1)\} \\
&= 2n^2 - 3n - (2n^2 - 4n + 2 - 3n + 3) \\
&= 4n - 5
\end{aligned}$$

$n = 1$ のとき，

$\quad S_1 = 2 \cdot 1^2 - 3 \cdot 1 = -1$

$a_1 = 4 \cdot 1 - 5 = -1$　より，$n = 1$ でも成立

よって，$a_n = 4n - 5$

答　③

No.2

$a_n = 9 + 4(n - 1)$ で，$a_1 = 9$　だから，

$$S_n = \frac{n(a_1 + a_n)}{2} = \frac{n\{9 + 9 + 4(n - 1)\}}{2}$$

$$= \frac{n(14 + 4n)}{2} = (2n + 7)n$$

$$= 2n^2 + 7n$$

答　③

4．等比数列　(問題，本文165ページ)

No.1

(1)　$a_n = 280 \left(-\dfrac{1}{2}\right)^{n-1}$　より，

$$a_5 = 280 \cdot \left(-\frac{1}{2}\right)^{5-1}$$

$$= 280 \cdot \frac{1}{16}$$

$$= \frac{35}{2}$$

答　$\dfrac{35}{2}$

(2)　$a_n = -3 \cdot 2^{n-1}$　より，

$-3 \cdot 2^{n-1} = -384$

$2^{n-1} = 128 = 2^7$

$n - 1 = 7$

$n = 8$

答　第8項

(3)　$a_1 = 5$，$a_4 = 5 \cdot r^3 = 135$ より，

$r^3 = 27$，$r = 3$

答　3

(4)　$a_6 = a \cdot (0.5)^5 = 14$　より

$$a = 14 \div (0.5)^5 = 14 \div \left(\frac{1}{2}\right)^5$$

$$= 14 \times 2^5$$

$$= 14 \times 32$$

$$= 448$$

答　448

(5)　$a_5 = ar^{5-1} = ar^4 = 12$　……①

$a_9 = ar^{9-1} = ar^8 = 60$　……②

②÷①より，

$$\frac{ar^8}{ar^4} = r^4 = \frac{60}{12} = 5$$

$ar^4 = a \cdot 5 = 12$　より，

$$a = \frac{12}{5}$$

答　$\dfrac{12}{5}$

No.2

仮分数になおすと，

$$1\frac{1}{2},\ 4\frac{1}{2},\ 13\frac{1}{2},\ 40\frac{1}{2} \cdots\cdots$$

$$= \frac{3}{2},\ \frac{9}{2},\ \frac{27}{2},\ \frac{81}{2} \cdots\cdots$$

になるから，

$a_1 = \dfrac{3}{2}$，$r = 3$ の等比数列で，

$$a_n = \frac{3}{2} \cdot 3^{n-1}$$

$$= \frac{3^n}{2}$$

答　④

No.3

$a_1 = \dfrac{16}{27}$，$r = a_2 \div a_1 = -\dfrac{4}{9} \div \dfrac{16}{27}$

$$= -\frac{3}{4}$$

よって，一般項は，

$$a_n = \frac{16}{27} \cdot \left(-\frac{3}{4}\right)^{n-1}$$

$$a_7 = \frac{16}{27} \cdot \left(-\frac{3}{4}\right)^{7-1}$$

$$= \frac{16}{27} \cdot \left(-\frac{3}{4}\right)^6$$

$$= \frac{4^2 \times 3^6}{3^3 \times 4^6} = \frac{3^3}{4^4}$$

$$= \frac{27}{256}$$

$$a_8 = \frac{27}{256} \times \left(-\frac{3}{4}\right) = -\frac{81}{1024}$$

答　$a_7 = \dfrac{27}{256}$,　$a_8 = -\dfrac{81}{1024}$

5．等比数列の和　(問題, 本文 171 ページ)

No.1

初項 a, 公比 r の等比数列の和は,

$$a + ar + \cdots\cdots + ar^{n-1}$$

$$= \frac{a(1 - r^n)}{1 - r} \quad (r \neq 1)$$

条件から,

$$\frac{a(1 - r^n)}{1 - r} = 93 \cdots\cdots (1)$$

公比 r が正の整数であるから, 最大の項は第 n 項

条件から,

$$ar^{n-1} = 48 \cdots\cdots (2)$$

第 $2n$ 項までの和が 3069 であることから,

$$\frac{a(1 - r^{2n})}{1 - r} = 3069 \cdots\cdots (3)$$

(3)÷(1)から,

$$\frac{a(1 - r^{2n})}{1 - r} \times \frac{1 - r}{a(1 - r^n)} = \frac{3069}{93}$$

$1 - r^{2n} = (1 + r^n)(1 - r^n)$ であるから, 約分して,

$$1 + r^n = 33$$
$$r^n = 32$$

r, n が正の整数であるから,

$$r = 2,\ n = 5 \ (r = 32,\ n = 1 \text{ は不適})$$

(2)に代入して,

$$a \times 2^4 = 48$$

$$16a = 48$$
$$a = 3$$

答　②

No.2

$a_1 = \dfrac{1}{8}$　$r = a_2 \div a_1 = \dfrac{1}{4} \div \dfrac{1}{8} = 2$　より,

$$a_n = \frac{1}{8} \cdot 2^{n-1}$$

よって,

$$a_{11} = \frac{1}{8} \cdot 2^{11-1} = \frac{1}{8} \cdot 2^{10} = 2^7$$
$$= 128$$

また,

$$S_n = \frac{\dfrac{1}{8} \cdot (2^n - 1)}{2 - 1} \text{ より,}$$

$$S_{11} = \frac{1}{8}(2^{11} - 1) = \frac{2047}{8}$$

答　①

6．確率　(問題, 本文 176 ページ)

No.1

少なくとも 1 つのサイコロが偶数になればよい。→ 2 個とも奇数を出すときの余事象

奇数 1, 3, 5 の 3 個

$$1 - \left(\frac{\cancel{3}}{\cancel{6}_2} \times \frac{\cancel{3}}{\cancel{6}_2}\right) = 1 - \frac{1}{4} = \frac{3}{4}$$

答　③

No.2

9 枚のカードから 2 枚取る取り方は,

$$_9C_2 = \frac{9 \times 8}{2} = 36 \text{(通り)}$$

和が偶数になるのは, 2 枚とも偶数か, 2 枚とも奇数のときである。2 枚とも偶数となるのは,

$$_4C_2 = \frac{4 \times 3}{2} = 6 \,(通り)$$

2枚とも奇数となるのは，

$$_5C_2 = \frac{5 \times 4}{2} = 10 \,(通り)$$

よって，求める確率は，

$$\frac{6 + 10}{36} = \frac{16}{36} = \frac{4}{9}$$

答　②

No.3

7個の球の中から2個を取り出す組合せは $_7C_2$

赤4個のうち2個を取り出す組合せは $_4C_2$

よって確率は，$\dfrac{_4C_2}{_7C_2} = \dfrac{6}{21} = \dfrac{2}{7}$

答　⑤

No.4

(1)　全事象は，

$$_{14}C_4 = \frac{\overset{7}{\cancel{14}} \cdot 13 \cdot \cancel{12} \cdot 11}{1 \cdot \cancel{2} \cdot \cancel{3} \cdot \cancel{4}} = 1001 \,(通り)$$

全部白である事象は，

$$_8C_4 = \frac{\cancel{8} \cdot 7 \cdot \overset{2}{\cancel{6}} \cdot 5}{1 \cdot \cancel{2} \cdot \cancel{3} \cdot \cancel{4}} = 70 \,(通り)$$

よって，$\dfrac{70}{1001} = \dfrac{10}{143}$

(2)　選んだ4個が，白と黒2個ずつとなる場合は，

$$_8C_2 \times _6C_2 = \frac{\overset{4}{\cancel{8}} \cdot 7}{1 \cdot \cancel{2}} \times \frac{\overset{3}{\cancel{6}} \cdot 5}{1 \cdot \cancel{2}} = 420 \,(通り)$$

あるから，$\dfrac{420}{1001} = \dfrac{60}{143}$

答　⑤

No.5

40名から2名の選び方は $_{40}C_2$ 通りである。

また，この2名が同じ組に属する場合の数は，

$_4C_1 \times _{10}C_2$ 通りである。

よって，

$$\frac{_4C_1 \times _{10}C_2}{_{40}C_2} = \frac{4 \cdot 10 \cdot 9}{40 \cdot 39} = \frac{3}{13}$$

答　④

第2編　数的推理

第1章　文章題

1．方程式の導き方と解き方

（問題，本文184ページ）

No.1

AとBが持っていたチョコレートの個数を，それぞれx個，y個とすると，

1回目の結果から，

$$x - \frac{2}{7}x = y + \frac{2}{7}x \cdots\cdots(1)$$

3回目の結果から，

$$\frac{6}{7}x - 8 = y + \frac{1}{7}x + 8 \cdots\cdots(2)$$

(1)より $y = x - \dfrac{2}{7}x - \dfrac{2}{7}x = \dfrac{3}{7}x \cdots\cdots(1)'$

(2)より $y = \dfrac{6}{7}x - \dfrac{1}{7}x - 8 - 8$

$$y = \frac{5}{7}x - 16 \cdots\cdots(2)'$$

(1)′，(2)′ より $\dfrac{3}{7}x = \dfrac{5}{7}x - 16$

$$\frac{2}{7}x = 16$$
$$2x = 112$$
$$x = 56 \qquad\qquad 答 \quad ②$$

No.2

売れた小説の数をx冊とすると，マンガは$(37 - x)$冊売れたことになる。

よって，

$$520(37 - x) + 1180x = 33100$$
$$19240 - 520x + 1180x = 33100$$
$$660x = 33100 - 19240 = 13860$$
$$x = 21$$

$$答 \quad ③$$

No.3

80円切手x枚とすると，50円切手は，$(30 - x)$枚となる。

$$80x + 50(30 - x) \leqq 2000$$
$$80x + 1500 - 50x \leqq 2000$$
$$30x \leqq 500$$
$$x \leqq \frac{50}{3} = 16.6 \cdots\cdots$$

よって，16枚まで買える。

代金は，$80 \times 16 + 50(30 - 16)$

$$= 1280 + 1500 - 800$$
$$= 1980（円） \qquad 答 \quad ②$$

No.4

まず，チョコレートの個数をx個，キャンデーの個数をy個とすると，

$$x + y = 35$$
$$90x + 130y = 3950$$

が成り立つ。

$y = 35 - x$ より，

$$90x + 130(35 - x) = 3950$$
$$90x + 4550 - 130x = 3950$$ を計算すると，
$$40x = 600 \qquad x = 15$$

$x + y = 35$ より，

$$y = 35 - x, \quad y = 35 - 15 \text{ となり } y = 20$$

よって，$x = 15 \qquad y = 20$

$$答 \quad ③$$

No.5

連続する3つの奇数は$2x - 1$，$2x + 1$，$2x + 3$で表せる。

（例：$x = 10$のとき，19，21，23となる。）

最も小さい数と中央の数との積は，

$$(2x - 1)(2x + 1) = 4x^2 - 1 \quad\cdots\cdots(1)$$

中央の数と最も大きい数との積は，

$$(2x + 1)(2x + 3) = 4x^2 + 8x + 3$$
$$\cdots\cdots(2)$$

題意より，$(2) - (1) = 156$

$$(4x^2 + 8x + 3) - (4x^2 - 1) = 156$$

$$8x + 4 = 156 \quad \therefore \quad x = 19$$
連続する3つの奇数は，37，39，41
$$37 + 39 + 41 = 117$$

答 ①

No.6

アンパンを x 個，メロンパンを y 個，カレーパンを z 個とおくと，

$$x + y + z = 20 \quad \cdots\cdots(1)$$
$$60x + 80y + 110z = 1740 \quad \cdots\cdots(2)$$
$$(2) \div 10 = 6x + 8y + 11z = 174 \quad \cdots\cdots(3)$$
$$(1) \times 6 = 6x + 6y + 6z = 120 \quad \cdots\cdots(4)$$
$$(3)-(4) \quad 2y + 5z = 54$$

$$z = \frac{2(27 - y)}{5}$$

ここで，z が整数になるためには $27 - y$ は5の倍数でなければならない。

$27 - y =$	5,	10,	15,	20,	25
$y =$	22,	17,	12,	7,	2
$z =$	2,	4,	6,	8,	10
$x =$	-4,	-1,	2,	5,	8

当てはまる組合せ

よって，$z = 10$ のとき

答 ③

No.7

元の数の数字の並びを ab とおくと，

$$a + b = 10 \quad \cdots\cdots(1)$$

また，元の数は $10a + b$ とおける。
1の位と10の位を逆にすると，$10b + a$ とおける。

元の数－逆の数
$$(10a + b) - (10b + a)$$
$$= 9a - 9b$$

これが，元の数より19小さいので，
$10a + b - (9a - 9b)$ が19となればよい。

$$a + 10b = 19 \quad \cdots\cdots(2)$$
$$(1)より，a = 10 - b$$
$$(2)に代入して，10 - b + 10b = 19$$
$$10 + 9b = 19$$
$$b = 1 \quad a = 9$$

よって，元の数は91

答 ⑤

No.8

① 20℃ $\cdots$ $12 + 3 \times 3 = 21$〔g〕
② 21℃ $\cdots$ $11 + 3.5 \times 3 = 21.5$〔g〕
③ 22℃ $\cdots$ $10 + 4 \times 3 = 22$〔g〕
④ 23℃ $\cdots$ $9 + 4.5 \times 3 = 22.5$〔g〕
⑤ 24℃ $\cdots$ $8 + 5 \times 3 = 23$〔g〕

答 ⑤

2．和と差（平均・過不足）

（問題，本文190ページ）

No.1

各部の人数を簡単な比で表すと，
バレー部：野球部：バスケ部 $= 25 : 15 : 20$
$$= 5 : 3 : 4$$

180cm を基準とした数で，185cm，175cm，180cm を表すと，
$+5$cm，-5cm，±0cm で，バスケ部の平均身長を $(180 + x)$ cm とすると，

$$(+5) \times 5 + (-5) \times 3 + x \times 4 = 0 \times 12$$

となる。これを解くと，

$$x = -\frac{10}{4} = -2.5$$

よって，バスケ部の平均身長は，
$$180 - 2.5 = 177.5 \text{(cm)}$$

答 ③

No.2

いすの数を x 脚とすると，

$$3x + 92 = 4(x - 16)$$
$$3x + 92 = 4x - 64$$
$$156 = x$$
$$x = 156 \text{ より } \quad 156 脚$$
人数は，$3 \times 156 + 92 = 560$（人）

答 ④

No.3

もし全部割らなければ，払う金額は，
$$3 \times 1000 = 3000 \text{（円）}$$
1個割ると，3円払わずに30円弁償してくれるので，1個割ると33円少なくなる。全部で少なくなった金額は，
$$3000 - 2340 = 660 \text{（円）}$$

になるから，割った個数は，

$$660 \div 33 = 20（個）$$

答　④

No.4

両端の2本は10cm，その他のひもは20cm使うことになる。

全体でx本のひもが必要だとすると，

$$2 \times (100 - 10) + (x - 2) \times (100 - 20) = 1300 \text{ が成り立つ。}$$
$$180 + 80x - 160 = 1300$$
$$80x = 1280$$
$$x = 16$$

答　②

No.5

2つの自然数の和(49, 54, 57, 58, 61, 66)は，それぞれ$a + b$, $a + c$, $a + d$, $b + c$, $b + d$, $c + d$の値のいずれかである。したがって，これらすべてを加えると，

$$(a + b) + (a + c) + (a + d) + (b + c) + (b + d) + (c + d)$$
$$= 49 + 54 + 57 + 58 + 61 + 66$$
$$3(a + b + c + d) = 345$$
$$(a + b + c + d) = 115$$

4つの自然数$(a + b + c + d)$の平均を求めるから，

$$115 \div 4 = 28.75$$

答　③

No.6

$a + b$の+の記号を抜かすと，aは100倍の数になる。また，公差3の等差数列で，11から41までの和は，$(11 + 41) \times 11 \div 2 = 286$になる。そこで，記号を抜かした部分の前の数を$x$とすると，

$$286 - x + 100x = 3157$$
$$99x = 2871$$
$$x = 29$$

答　③

3．割合と比(歩合・百分率・比)

(問題，本文196ページ)

No.1

昨年度の商品Bの生産個数をx個とすると，その年の商品Aは$(2000 - x)$(個)になるから，今年度の関係式は，

$$1.2(2000 - x) + 0.9x = 1.08 \times 2000$$
$$2400 - 1.2x + 0.9x = 2160$$
$$0.3x = 240$$
$$x = 800$$

答　④

No.2

1月のアルバイト代の総額は，

$$30000 \div 6 \times (25 + 17 + 6) = 240000（円）$$

2月のアルバイト代の総額も同じであるから，2月のBのアルバイト代は，

$$240000 \div (6 + 4 + 5) \times 4 = 64000（円）$$

答　②

No.3

$$女子の徒歩 = \frac{1}{2 + 3 + 1} \times 女子全体$$
$$= \frac{1}{2 + 3 + 1} \times \left(\frac{2}{3 + 2} \times クラス全体 \right)$$

クラス全体の人数をx人とすると，

$$3 = \frac{1}{2 + 3 + 1} \times \frac{2}{3 + 2} \times x$$
$$x = \frac{3 \times \overset{3}{6} \times 5}{\underset{}{2}} = 45（人）$$

答　④

No.4

Aからもらった時点でのBの個数をbとおくと，その$\frac{1}{5}$をCにあげたことになるので，Bは最終的に$\frac{4}{5}b$持っていることになる。

$\frac{4}{5}b = 36$ なので，$b = 36 \times \frac{5}{4}$　　$b = 45$

C にあげたのはその $\frac{1}{5}$ なので，$45 \div 5 = 9$ 個

C にあげたことになる。

C のもとの個数を c とおくと，C は，$c + 9$ 個

となり，そのうち $\frac{1}{8}$ を A にあげるので，

$$c + 9 - \frac{1}{8}(c + 9) = \frac{7}{8}c + \frac{63}{8}$$

となり，これがやり取り後の C の個数となる。

$$\frac{7}{8}c + \frac{63}{8} = 21 \text{ より，}$$
$$7c + 63 = 21 \times 8$$
$$7c = 105$$
$$c = 15$$

答　④

No.5

去年 7 月のパソコンの台数を x 台，デジタルカメラの台数を y 台とする。

今年 7 月のパソコンの台数は 20% 増なので，$1.2x$ となる。

今年 7 月のデジタルカメラの台数は 50% 増なので，$1.5y$ となる。

それぞれの増加分が等しいので，$0.2x = 0.5y$ が成り立つ。$x = 2.5y$ で表せる。

また，パソコンの台数は去年の 7 月と今年の 7 月の合計で，$2.2x$

デジタルカメラの台数は去年の 7 月と今年の 7 月の合計で $2.5y$

これが総合計で 58,000 台なので，
$$2.2x + 2.5y = 58000$$
これに $x = 2.5y$ を代入して，
$$2.2(2.5y) + 2.5y = 58000$$
$$8y = 58000$$
$$y = 7250$$
$$x = 2.5 \times 7250 = 18125$$
よって，$18125 - 7250 = 10875$（台）

答　③

No.6

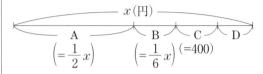

合計額を x とする。
$$A = \frac{1}{2}x \qquad B = \frac{1}{6}x \qquad C = 400 \text{ 円}$$
$$D = B + C$$

なぜなら，A を入れると，残り $\frac{1}{2}x$ より大きくなるので，不可。よって，残り 2 人は B + C となる。

よって，$D = \frac{1}{6}x + 400$

よって，$\frac{1}{2}x + \frac{1}{6}x + 400 + \frac{1}{6}x + 400 = x$ が成り立つ。

$$\frac{5}{6}x + 800 = x$$
$$\frac{1}{6}x = 800$$
$$x = 6 \times 800 = 4800$$

答　②

No.7

料金の高いゲームを a 円，安いゲームを b 円とすると，
$$4a = 5b \qquad a = 1.25b$$
$$2a + 2b = 360$$
$$a = 1.25b \text{ を代入して，} 4.5b = 360$$
$$b = 80, \quad a = 100$$
料金の高いゲームを m 回，安いゲームを n 回したとすると，
$$100m + 80n = 1800, \quad 20 \text{ で割って}$$
$$5m + 4n = 90 \,(m, \, n \text{ は 1 以上の整数})$$
$$m = 2 \text{ のとき，} \quad n = 20$$
$$m = 6 \text{ のとき，} \quad n = 15$$
$$m = 10 \text{ のとき，} n = 10$$
$$m = 14 \text{ のとき，} n = 5$$
条件を満たすのは以上の場合なので，
最大は $2 + 20 = 22$ 回

答　④

No.8

まず，求める月数をxとおく。Aの貯金額は，$120 + 3x$，Bの貯金額は$10 + 2x$

Aの貯金額がBの貯金額の3倍となるので，

$$120 + 3x = 3(10 + 2x)$$
$$120 + 3x = 30 + 6x$$
$$3x = 90$$
$$x = 30 \qquad \text{答} \quad ④$$

4．損益計算（問題，本文203ページ）

No.1

原価をx円とすると，

$$1.25x \times 20 + 1.25x \times 0.9 \times 80$$
$$= 100x + 45000$$
$$25x + 90x = 100x + 45000$$
$$15x = 45000$$
$$x = 3000$$

よって，3,000円

答 ①

No.2

小さいほうの卵がx個あるとすると，大きいほうの卵は$(x + 15)$個となる。小さいほうの卵の売上高は，$15x$円，大きいほうの卵の売上高は，$17(x + 15)$円。これから，利益についての，次の式が得られる。

$$15x + 17(x + 15) - 1500 = 835$$

整理すると，$32x = 2080$，$x = 65$

小さいほうの卵を65個，大きいほうの卵を80個とすると，これは問題に適する。

よって，合計145個

答 ④

No.3

それぞれの仕入れ値をx円，y円とおいてみる。

	A	B
仕入れ値	x	y
定　価	$1.2x$	$1.3y$
売　価	$1.08x$ ($1.2x \times 0.9$)	$1.17y$ ($1.3y \times 0.9$)
利　益	$0.08x$	$0.17y$

$$x + y = 13000$$

$$0.08x + 0.17y = 1400$$

この式を解くと，$x = 9000$，$y = 4000$

よって，$x - y = 5000$（円）

答 ④

No.4

原価がa円なので，定価は1.2倍の$1.2a$円となる。定価で900個売れたので収入は

$$900 \times 1.2a = 1080a$$

100個は定価の半額$0.6a$で売れたので収入は$60a$

総収入は$1140a$

総仕入額（総原価）は$1000a$である。

$$総収入 - 総仕入額（総原価） = 総利益より，$$
$$1140a - 1000a = 14000$$
$$140a = 14000 より，$$
$$a = 100$$

答 ③

No.5

総売り上げをa円とする。8%の返品がある場合，総売り上げも8%減るので，返品8%の売り上げは$(1 - 0.08)a = 0.92a$となる。

また，10%の返品があるときの売り上げは，同様に考えると，$(1 - 0.1)a = 0.9a$となる。

また，総仕入れ値をb円とすれば，

返品8%のときの利益
$$= 0.92a - b = 114000 \quad \cdots\cdots(1)$$
返品10%のときの利益
$$= 0.9a - b = 108000 \quad \cdots\cdots(2)$$

が成り立つ。

(1)－(2)より，

$$0.02a = 6000$$
$$a = 300000$$

(2)を変形して，$b = 0.9a - 108000$

$a = 300000$を代入して，

$$b = 0.9 \times 300000 - 108000$$
$$= 270000 - 108000 = 162000（円）$$

答 ④

No.6

定価をa円とおく。

定価の1割5分は，$a \times 0.15 = 0.15a$

a 円の1割5分引きは，$a - 0.15a = 0.85a$，
または $(1 - 0.15)a$ である。
原価が3,000円なので，利益は $0.85a - 3000$
であり，それが60円となるので
$$0.85a - 3000 = 60$$
$$a = \frac{3060}{0.85} = 3600$$
定価が3,600円で，当初は600円の利益を見込んでいたので
$$600 \div 3000 = 0.2$$
よって，当初は2割の利益を予想していた。

答 ③

No.7

定価 $\times (1 - 0.12) = $ 原価 $\times 1.21$　より，
$$0.88 \times 定価 = 1.21 \times 原価$$
両辺を0.11で割って，
$$8 \times 定価 = 11 \times 原価　だから，$$
$$定価 : 原価 = 11 : 8　よって，$$
定価は原価の $11 \div 8 = 1.375$（倍）になる。
$$1.375 - 1 = 0.375$$
したがって，37.5%増し。

答 ④

5. 食塩水の濃度 （問題，本文209ページ）

No.1

(1)　$\dfrac{15}{185 + 15} \times 100 = 7.5 (\%)$

答 7.5%

(2)　$\dfrac{30}{150} \times 100 = 20 (\%)$

答 20%

(3)　食塩は，$300 \times 0.1 = 30 (g)$
食塩水は，$300 - 100 = 200 (g)$

よって濃度は，$\dfrac{30}{200} \times 100 = 15 (\%)$

答 15%

(4)　5%食塩水に含まれる水の重さは，
$$90 \times 0.95 = 85.5 (g)$$
この水が食塩水の90%にあたれば，10%の食塩水だから，
$$85.5 \div 0.9 = 95 (g)$$

よって加える食塩は，
$$95 - 90 = 5 (g)$$

答 5g

(5)　含まれる食塩量は，$200 \times 0.03 = 6 (g)$
これが5%にあたるから，
$$6 \div 0.05 = 120 (g)$$
よって，蒸発させる水は，
$$200 - 120 = 80 (g)$$

答 80g

No.2

てんびん図に表すと，

より，$(12 - 3) \times \dfrac{2}{3} + 3 = 9 (\%)$

答 ④

No.3

食塩の量の和は，
$$180 \times 0.04 + 120 \times 0.14 = 24 (g)$$
食塩水の重さは，
$$180 + 120 + 100 = 400 (g)$$
よって，食塩水の濃さは，
$$\frac{24}{400} \times 100 = 6 (\%)$$

答 ②

No.4

水を x g 蒸発させると，残りの食塩水は，
$$(400 - x) g$$
これに含まれている食塩の量は最初と同じだから，これを用いて方程式をたてると，
$$(400 - x) \times 0.05 = 400 \times 0.03$$
整理すると，$-0.05x = 12 - 20$
$$x = 160$$
160g蒸発させると，食塩水は240gになり，12gの食塩では5%なので，問題に適している。

答 ①

No.5

※　濃度＝溶質÷溶液

加える食塩水をxgとすると，9%の食塩水xgの中には$0.09x$gの食塩が含まれている。

食塩（溶質）の合計……　$(15 + 0.09x)$ g

食塩水（溶液）の合計…　$(500 + x)$ g

以上のことから，

$$\frac{15 + 0.09x}{500 + x} = 0.06$$
$$x = 500$$

答　④

No.6

食塩水 A, B の濃度をそれぞれ a%, b% とする。

B′ の濃度は $2b$% であるから，求める濃度は，

$$\frac{a + 2b}{2}\%$$

A を 500 g，B を 1 kg 混ぜたときの溶液中の食塩の量は，

$$\frac{a}{100} \times 500 + \frac{b}{100} \times 1000 = (5a + 10b)\,\mathrm{g}$$

さらに 50 g の食塩を加えるから食塩の量は，

$$(5a + 10b + 50)\,\mathrm{g}$$

食塩水の量は $500 + 1000 + 50 = 1550$ g であるから，その濃度は，

$$\frac{5a + 10b + 50}{1550}$$

この値が 25% に等しいことから，

$$\frac{5a + 10b + 50}{1550} = \frac{25}{100}$$
$$\frac{a + 2b + 10}{310} = \frac{1}{4}$$
$$a + 2b = \frac{310}{4} - 10 = 67.5\,(\%)$$
$$\therefore\quad \frac{a + 2b}{2} = 33.75\,(\%)$$
$$\fallingdotseq 34\,(\%)$$

答　④

No.7

45% 水溶液 600 g 中のアルコールは，

$$600 \times 0.45 = 270\,(\mathrm{g})$$

55% 水溶液 1,000 g 中のアルコールは，

$$1000 \times 0.55 = 550\,(\mathrm{g})$$

不足分は，

$$550 - 270 = 280\,(\mathrm{g})$$

これを 87.5% アルコール溶液で補うから，

$$280 \div 0.875 = 320\,(\mathrm{g})$$

答　②

No.8

A と B を合わせると 80% になるから，下のてんびん図より，

A と B の重さの比は 1：4

また，B と C を合わせると 70% になるから，下のてんびん図より，

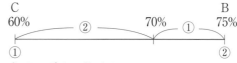

B と C の重さの比は 2：1

A：B ＝ 1：4，B：C ＝ 2：1 より，

A：B：C ＝ 1：4：2

よって，全部混ぜた濃度は，

$$(100 \times 1 + 75 \times 4 + 60 \times 2)$$
$$\div (1 + 4 + 2) \fallingdotseq 74.3$$

答　③

6．速さの基本　（問題，本文 216 ページ）

No.1

(1)　時間 ＝ $\dfrac{距離}{速さ}$ より，

AB：$\dfrac{a}{2}$ 時間，BC：$\dfrac{a}{4}$ 時間，CD：$\dfrac{a}{8}$ 時間

よって，$\dfrac{a}{2} + \dfrac{a}{4} + \dfrac{a}{8} = \dfrac{4a + 2a + a}{8}$

$$= \frac{7}{8}\,a \text{ 時間}$$

(2)　時間は $\dfrac{7}{8}\,a$，距離は $3 \times a = 3a$

速さ $= \dfrac{距離}{時間}$ より，$= \dfrac{3a}{\dfrac{7}{8}\,a} = \dfrac{24}{7}$ km/h

答　②

No.2

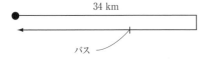

34 km

バス

歩く距離を x km とすると，バスに乗る距離は $(34 - x)$ km になり，次の式が成り立つ。

$$\frac{x}{4} + \frac{34 - x}{32} \leqq 5$$

これが 5 に最も近い値をとるような x を求めればよい。

$$\frac{x}{4} + \frac{34 - x}{32} = \frac{8x + 34 - x}{32} = \frac{7x + 34}{32}$$
$$7x + 34 \leqq 5 \times 32$$
$$7x \leqq 160 - 34$$
$$x \leqq \frac{126}{7}$$
$$x \leqq 18$$

答　③

No.3

AB 間の距離を a km とすると，

往きの所要時間は $\dfrac{a}{4}$ 時間

帰りの所要時間は $\dfrac{a}{6}$ 時間

往復に要した時間は $\dfrac{a}{4} + \dfrac{a}{6} = \dfrac{5a}{12}$

∴　平均時速は $2a \div \dfrac{5a}{12}$

$= \dfrac{2 \times 12a}{5a} = 4.8\,(\text{km/h})$

答　②

No.4

行きは上り a km，下り b km とする。帰りは上り b km，下り a km となる。

行きの時間は，$\dfrac{a}{3} + \dfrac{b}{5} = 7\dfrac{44}{60}$ ……(1)

帰りの時間は，$\dfrac{b}{3} + \dfrac{a}{5} = 7\dfrac{12}{60}$ ……(2)

(1)，(2)を連立させて解けばよいが，ここでは $a + b$ を求めればよい。

(1)＋(2)

$$\frac{a}{3} + \frac{a}{5} + \frac{b}{5} + \frac{b}{3} = 14\frac{56}{60}$$
$$\frac{8}{15}\,a + \frac{8}{15}\,b = 14\frac{56}{60}$$
$$\frac{8}{15}\,(a + b) = 14\frac{56}{60}$$
$$a + b = \frac{896}{60} \times \frac{15}{8} = \frac{896}{4 \times 8} = 28\,(\text{km})$$

答　⑤

No.5

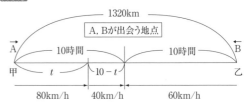

1320km
A, Bが出会う地点
A　10時間　10時間　B
甲　t　$10-t$　乙
80km/h　40km/h　60km/h

A が 40 km に速度を落としたのが t 時間後とすると，次の式が成り立つ。

$$80t + 40(10 - t) + 60 \times 10 = 1320$$
$$80t + 400 - 40t + 600 = 1320$$
$$40t = 320 \qquad t = 8$$

よって，時速 80 km で 8 時間進んだので，

$$80 \times 8 = 640\,(\text{km})$$

答　③

No.6

ダイヤグラムを描く。

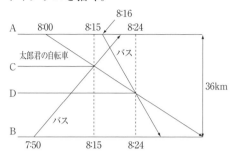

AC 間を自転車は 15 分，BC 間をバスは 25 分かかる。

AB 間の距離が 36 km なので，自転車の速度を a km/時，バスの速度を b km/時とすると，

$$\frac{15}{60} a + \frac{25}{60} b = 36 \quad \cdots (1)$$

また，AD 間を自転車は 24 分，バスは 8 分かかるので，

$$\frac{24}{60} a = \frac{8}{60} b \qquad b = 3a$$

(1)に代入して，$\dfrac{15}{60} a + \dfrac{25}{60} \times 3a = 36$

$$\frac{90}{60} a = 36$$

$$a = 36 \times \frac{60}{90} = 24$$

$$b = 3 \times 24 = 72$$

自転車：24 km/時　バス：72 km/時

答　③

No.7

$$A \underset{3分}{\overset{}{-300m-}} \underset{1分}{\textcircled{信}} \underset{3分}{-300m-} \underset{1分}{\textcircled{信}} \underset{2分}{-200m-} \longrightarrow B$$

道のり全体の $\dfrac{1}{5}$ 地点：10 分

図より，道のり全体の $\dfrac{1}{5}$ 地点は 800 m 進んだことになるので，道のり全体は 4,000 m。

これより，A 地点から B 地点まで歩く時間は 40 分。

また，3 分ごとに信号があるので

$$40 \div 3 = 13.33 \cdots$$

13 回信号待ちをすることになる。

したがって，B 地点に着くのは

$$40 + 13 = 53 〔分後〕$$

答　④

7．速さと比　(問題，本文 223 ページ)

No.1

（A が走った距離）−（B が走った距離）= 1 周

$$60x - 45x = 200$$

$$15x = 200$$

$$x = \frac{200}{15}$$

$$= 13 + \frac{5}{15}$$

$$= 13 + \frac{20}{60} = 13 分 20 秒$$

答　②

No.2

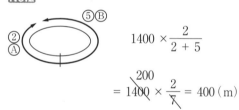

$$1400 \times \frac{2}{2 + 5}$$

$$= 1400 \times \frac{2}{7} = 400 (\text{m})$$

出会ったとき，2 人が走った距離の比は，それぞれの速度の比と等しい。

答　②

No.3

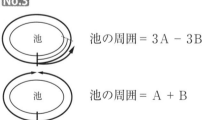

池の周囲 = 3A − 3B

池の周囲 = A + B

2 式より，3A − 3B = A + B

$$2A = 4B$$

$$A = 2B$$

よって，A：B＝2：1

答 ①

No.4

Aは4分早くスタートしたにもかかわらず，20分後にBに追いつかれた。Aが20分かかる距離をBは16分で進む。よって，一定の距離を進む時間の比は，

A：B＝20：16＝5：4

速さの比は逆比になるから，

A：B＝4：5

答 ②

No.5

Aが2.4km行ったとき，Bは2km進んでY地点に着いたから，AとBの一定時間に進む距離の比は，

A：B＝2.4：2＝6：5

また，XY地点間の距離を d km とすると，Aが $(d + 2)$ km進む間にBは $(d - 2)$ km進むから，AとBの進む距離の差は4kmとなる。よって，6：5の差が4kmだから，

Aが24km進み，Bは20km進んだ。このことから，$d = 22$

答 ②

No.6

時速40kmのときと，50kmのときでの比は4：5である。かかる時間の比は逆比の5：4。このとき，かかった時間の差は，20 ＋ 16 ＝ 36分。

よって，比の1が36分だから，時速40kmでかかる時間は，36 × 5 ＝ 180（分）

道のりは，$40 \times \dfrac{180}{60} = 120$（km）

答 ③

8．旅人算 （問題，本文230ページ）

No.1

2人の速さの和は，

30 ＋ 45 ＝ 75（m／分）

よって，出会うまでにかかる時間は，

300 ÷ 75 ＝ 4（分）

答 ④

No.2

Cの歩く速さを毎分 x m とすると，

$(80 + x) \times 25 = (60 + x) \times 30$
$\qquad\qquad\quad = （池の周囲の道の長さ）$
$(80 + x) \times 5 = (60 + x) \times 6$
$x = 80 \times 5 - 60 \times 6 = 40$

よって，池の周囲の長さは，

$(80 + 40) \times 25 = 3000$（m）

答 ③

No.3

x 分後に出会ったとする。このとき，

（Aが走った距離）＋（Bが走った距離）＝1周
$65x + 55x = 2000$
$120x = 2000$
$x = \dfrac{2000}{120}$
$ = 16\dfrac{2}{3}$（分）
$ = 16$分40秒

答 ④

No.4

2人が2回目に出会うまで，2人の進む距離の和は 650 × 2 ＝ 1300（m）。

よって，その時間は，1300 ÷ (70 ＋ 60) ＝ 10（分）

Aが進んだ距離は，70 × 10 ＝ 700（m）

したがって，700 － 650 ＝ 50（m）

答 ③

No.5

2人が2度目に出会うまで，2人の進む距離の和は，2800 × 2 ＝ 5600（m）

よって，その時間は，

5600 ÷ (60 ＋ 80) ＝ 40（分後）

答 ②

No.6

4.2 km のうち，B が進んだ距離は，

$$80 \times 18 = 1440 \,(\mathrm{m})$$

このことから，A が進んだ距離は，

$$4200 - 1440 = 2760 \,(\mathrm{m})$$

この距離を 200 m／分と 60 m／分で，合計 18 分で進んだわけだから，

自転車で進んだ時間は，

$$(2760 - 60 \times 18) \div (200 - 60) = 12 \,(\text{分})$$

よって，自転車に乗っていた距離は，

$$200 \times 12 = 2400 \,(\mathrm{m}) = 2.4 \,(\mathrm{km})$$

答 ⑤

9．時計算 （問題，本文 236 ページ）

No.1

時計の文字盤の中心と 1，2，……，12 の文字の作る角は $= \dfrac{360}{12} = 30°$

したがって長針が 12，短針が 5 を指しているので，

$$30 \times 5 = 150°$$

答 ①

No.2

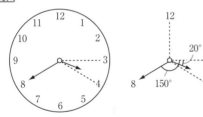

盤上の 3 の文字と 8 の文字の作る角は，

$$30° \times 5 = 150°$$

短針は 40 分では $30° \times \dfrac{40}{60} = 20°$ 進んでいるので短針と長針の作る角は，

$$150° - 20° = 130°$$

答 ③

No.3

長針は 1 分では 6° 進む。短針は 1 分では 0.5° 進む。3 時 x 分に短針と長針が重なるとすると，12 との間に作る角は，長針は $6x°$，短針は $(90 + 0.5x)°$，これが等しいはずである。

$$6x = 90 + 0.5x$$

$$x = \frac{90}{5.5} = \frac{180}{11} = 16\frac{4}{11}$$

$\dfrac{4}{11}$ 分 → $60 \times \dfrac{4}{11} = 21\dfrac{9}{11}$ 秒

秒未満を切り捨てて 21 秒。よって 16 分 21 秒

答 ②

No.4

「追い抜く」回数なので，最初と最後に重なった時を数えてはいけない。

0 時	～	1 時　重ならない。
1	～	2
⋮		21 回
22	～	23
23	～	24 時　重ならない。

答 ①

No.5

1 分間に長針は 6°，短針は 0.5° ずつ動く。長針は 1 分で $6 - 0.5 = 5.5°$ ずつ短針から遠ざかっていく。次に重なるのは，その差がちょうど 360° 開くときと考えてよい。

$360 \div 5.5 = \dfrac{720}{11}$ 分後である。1 時間と $\dfrac{60}{11}$ 分後にちょうど 12 時である。

12 時の 1 時間と $\dfrac{60}{11}$ 分前は，10 時と $\dfrac{600}{11}$ 分，つまり 10 時 54$\dfrac{6}{11}$ 分となる。

答 ①

長針は6t°進む。
4時を12時を0°とすると
120°の位置（1時間=30°）

短針は120+0.5t°の位置

12時と6時の線で線対称ということは，短針が6時となす角度Aと，長針が6時となす角度Bが等しいということである。

求める時刻を4時t分とすると，6時は12時を0°として180°の位置なので，

Aの角度 = 180 − (120 + 0.5t) = (60 − 0.5t)°
Bの角度 = (6t − 180)°

$$60 − 0.5t = 6t − 180 \qquad 6.5t = 240$$

$$t = \frac{480}{13} = 36\frac{12}{13}$$

よって，4時 $36\frac{12}{13}$ 分

答　④

10. 通過算 （問題，本文242ページ）

No.1

$54\,\text{km/h} = 15\,\text{m/s}$
$(180 + 420) \div 15 = 40\,(\text{秒})$

答　③

No.2

$72\,\text{km/h} = 20\,\text{m/s}$
$36\,\text{km/h} = 10\,\text{m/s}$
$(200 + 600) \div (20 − 10) = 80\,(\text{秒})$

答　④

No.3

$1.2\,\text{km/分} = 20\,\text{m/秒}$
$1.44\,\text{km/分} = 24\,\text{m/秒}$
（列車Aの長さ+列車Bの長さ）÷ (20 + 24)
= 10（秒）より，
列車Aと列車Bの長さの和は，
$(20 + 24) × 10 = 440\,(\text{m})$

列車Aは列車Bより20m長いから，列車Aの長さをxとすると

$$x + (x − 20) = 440$$
$$2x = 460$$
$$x = 230\,(\text{m})$$

答　④

No.4

自転車は9分間で $12 × \dfrac{9}{60} = \dfrac{9}{5}$（km）進む。

$\dfrac{9}{5}\,\text{km} = 1800\,\text{m}$

また，自転車が立ち止まったときは7.2分ごとに追い越されるので，電車は7.2分間隔で発車している。自転車が走り出すと9分で追い越すので，9 − 7.2分 = 1.8分間で電車は1,800mの距離を進む。1,000m/分の速度である。

電車と電車の間隔は，$1000 × 7.2 = 7200\,(\text{m})$
7,200mの距離を自転車は分速200m，電車は分速1,000mで反対方向からくると，7200 ÷ 1200 = 6分間隔ですれ違う。

答　②

No.5

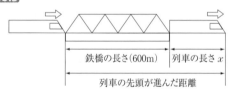

鉄橋の長さ(600m)　列車の長さx
列車の先頭が進んだ距離

列車の先頭が進んだ距離は列車の長さをxmとすると，

鉄橋の長さ+列車の長さ = 600 + x

列車の長さx　列車の先頭が進んだ距離
トンネルの長さ(1600m)

列車の先頭が進んだ距離は列車の長さをxmとすると，

トンネルの長さ−列車の長さ = 1600 − x

列車の速度をym/秒とすると，

$600 + x$ の距離を 35 秒で進むので,

$\qquad 600 + x = 35y \quad \cdots\cdots (1)$

$1600 - x$ の距離を 75 秒で進むので,

$\qquad 1600 - x = 75y \quad \cdots\cdots (2)$

$(1)+(2)$ より, $\quad 2200 = 110y \qquad y = 20\,\text{m/秒}$

$20\,\text{m/秒} = $ 時速 $72\,\text{km}$ である。

$\qquad\qquad\qquad\qquad\qquad$ 答 ④

No.6

それぞれの電車の秒速を求めると,

電車 A $\cdots 48 \times 1000 \div 60 \div 60 = \dfrac{40}{3}\,(\text{m/秒})$

電車 B $\cdots 60 \times 1000 \div 60 \div 60 = \dfrac{50}{3}\,(\text{m/秒})$

二つの電車が 6 秒間に進んだ距離の和が, 電車の長さの和になるから,

(電車 A + 電車 B)$= \left(\dfrac{40}{3} + \dfrac{50}{3}\right) \times 6 = 180\,(\text{m})$

電車 B は 80 m だから,

電車 A $= 180 - 80 = 100\,(\text{m})$

$\qquad\qquad\qquad\qquad\qquad$ 答 ②

No.7

電車の速度を $x\,\text{m/秒}$, 電車の長さを $l\,\text{m}$ とする。

$\qquad l = 10x$

$\qquad 600 = (50 - 10)x$

$\qquad 40x = 600$

$\qquad\quad x = 15$

よって,

$\qquad l = 150\,(\text{m})$

$\qquad\qquad\qquad\qquad\qquad$ 答 ④

11. 流水算 (問題, 本文 249 ページ)

No.1

静水時の船の速さを v, 下りのときの流れの速さを u とすると,

$\qquad$ 下りの時速 $a = v + u = 12 \quad \cdots\cdots (1)$

$\qquad$ 上りの時速 $b = v - 2u = 6 \quad \cdots\cdots (2)$

$(1)-(2)$ により,

$\qquad 3u = 6$

$\qquad u = 2\,(\text{km/時})$

これを①に代入すると,

$\qquad v = 12 - 2 = 10 \quad (\text{km/時})$

$\qquad\qquad\qquad\qquad\qquad$ 答 ②

No.2

(上りの速さ)$= 36 \div 3 = 12\,(\text{km/時})$

(下りの速さ)$= 36 \div 2 = 18\,(\text{km/時})$

(流れの速さ)$= (18 - 12) \div 2 = 3\,(\text{km/時})$

(静水時の船の速さ)$= 12 + 3 = 15\,(\text{km/時})$

$\qquad\qquad\qquad\qquad\qquad$ 答 ③

No.3

流れにさからって泳ぐ速さは,

$\qquad 100 \div 20 = 5\,(\text{m/分})$

流れのないところでの速さは,

$\qquad 5 + 3 = 8\,(\text{m/分})$

よって, 100 m 泳ぐのにかかる時間は,

$\qquad 100 \div 8 = 12.5\,(\text{分})$

$\qquad\qquad\qquad\qquad\qquad$ 答 ④

No.4

船の速度を $a\,\text{km/時}$, 海流の速さを $b\,\text{km/時}$ とする。A 港から B 港への距離を $Y\,\text{km}$ とすると,

$\qquad$ A から B へ：$\dfrac{Y}{a + b} = 10$

$\qquad\qquad\qquad Y = 10(a + b)$

$\qquad$ B から A へ：$\dfrac{Y}{a - b} = 12$

$\qquad\qquad\qquad Y = 12(a - b)$

$\qquad 10(a + b) = 12(a - b)$

$\qquad 10a + 10b = 12a - 12b$

$\qquad\qquad 2a = 22b$

$\qquad\qquad\ a = 11b$

$Y = 10a + 10b$ より, $a = 11b$ を代入すると, $Y = 120b$

次に, 静水状態で A 港から B 港までかかる時間は,

$\qquad \dfrac{Y}{a} = \dfrac{120b}{11b} = 10\dfrac{10}{11}\,\text{時間}$

$\qquad\qquad\qquad\qquad\qquad$ 答 ④

下りは $50 + 10 = 60 \, \text{km/}$ 時の時速である。

また，上りは $50 - 10 = 40 \, \text{km/}$ 時の時速である。

$$\frac{100}{60} + \frac{100}{40} = \frac{5}{3} + \frac{5}{2} = \frac{25}{6} = 4\frac{1}{6} \text{ 時間}$$

答 ④

No.6

A，B 間の距離を x km とする。1 時間で流された距離は，5 km。

下りの速さは，$25 + 5 = 30 \, \text{km/}$ 時で $x - 5$ km の距離を時速 30 km で進む。

上りの速さは，$25 - 5 = 20 \, \text{km/}$ 時で x km の距離を時速 20 km で進む。

よって，$\left(\dfrac{x-5}{30} + 1\right) + \left(\dfrac{x}{20}\right) = 5\dfrac{1}{2}$

　　　　　下り　　　　　上り

$$\frac{2x - 10 + 60 + 3x}{60} = \frac{11}{2}$$

$$\frac{5x + 50}{60} = \frac{11}{2}$$

$$10x + 100 = 660$$

$$10x = 560$$

$$x = 56$$

答 ④

12. 仕事算 <small>(問題，本文 255 ページ)</small>

No.1

15 日と 10 日の最小公倍数 30 を仕事量全体とすると，1 日に仕上げる量は，

　　A　$30 \div 15 = 2$

　　B　$30 \div 10 = 3$

A，B が 3 日やった残りは，

　　$30 - (2 + 3) \times 3 = 15$

この残りを C が 4 日で仕上げるから，C が 1 日に仕上げる量は，

　　$15 \div 4 = \dfrac{15}{4}$

したがって，C が 1 人で全体を仕上げると，かかる日数は，

$$30 \div \frac{15}{4} = 8 \, (\text{日})$$

答 ②

No.2

15 分と 20 分の最小公倍数 60 をプールの水量とすると，それぞれのポンプが 1 分間に出す量は，

　　A　$60 \div 15 = 4$

　　B　$60 \div 20 = 3$

A，B，C の 3 本では，5 分で満水になるから，1 分間に入れる量は，

　　$60 \div 5 = 12$

よって，C が毎分入れる量は，

　　$12 - 4 - 3 = 5$

C だけで満水にするのにかかる時間は，

　　$60 \div 5 = 12 \, (\text{分})$

答 ④

No.3

12 日と 8 日の最小公倍数 24 を仕事量全体とすると，それぞれの 1 日の量は，

　　甲　$24 \div 12 = 2$

　　乙　$24 \div 8 = 3$

甲と乙で合わせて 10 日でできたが，甲が途中交替せずに働けば $2 \times 10 = 20$ の量しかできないはずだが，乙と交替したから，24 の量ができた。1 日交替すると，$3 - 2 = 1$ より，仕事量は 1 増えるから，乙にかわった日数は，

　　$(24 - 20) \div (3 - 2) = 4 \, (\text{日})$

よって，甲は $10 - 4 = 6 \, (\text{日})$ 働いた。

答 ④

No.4

12 日と 18 日の最小公倍数 36 を仕事量全体とすると，1 日の仕事量は，

　　A　$36 \div 12 = 3$

　　B　$36 \div 18 = 2$

よって，A，B 2 人一緒にやると，

$$36 \div (3 + 2) = \frac{36}{5} = 7\frac{1}{5} \, (\text{日})$$

よって，8 日かかる。

答 ⑤

No.5

12日と15日の最小公倍数60を仕事量全体とすると，1日の仕事量は，

A　60 ÷ 12 = 5

B　60 ÷ 15 = 4

Bは10日働いて，残りの仕事をAが終える日数を求めると，

$(60 - 4 \times 10) \div 5 = 4$（日）

よって，Aが休んだ日数は，

$10 - 4 = 6$（日）

答　②

No.6

20と12と10の最小公倍数60を仕事全体とすると，

AとBで1日にする仕事量は，

$60 \div 20 = 3$

BとCで1日にする仕事量は，

$60 \div 12 = 5$

AとCで1日にする仕事量は，

$60 \div 10 = 6$

よって，

A + B = 3　……(1)

B + C = 5　……(2)

C + A = 6　……(3)

$((1) + (2) + (3)) \div 2$ より，

A + B + C = 7　……(4)

(4)と(2)より，A = 2

よって，$60 \div 2 = 30$（日）

答　⑤

No.7

それぞれ1時間に給水する量をA，B，Cとすると，

$$2B + 2(A + C) + A = 2\frac{1}{4}(A + B + C)$$

これを整理すると，

$$\frac{3}{4}A = \frac{1}{4}(B + C)$$

より，$A = \frac{1}{3}(B + C)$　……(1)

また，$2\frac{1}{3}C + 4B = 2\frac{1}{4}(A + B + C)$

(1)の式　$A = \frac{1}{3}(B + C)$ を代入して

$$2\frac{1}{3}C + 4B = 2\frac{1}{4}\left(\frac{4}{3}B + \frac{4}{3}C\right)$$

整理して，

$$B = \frac{2}{3}C　……(2)$$

よって，B : C = 2 : 3　……(3)

(1)に(2)を代入して

$$A = \frac{5}{9}C$$

よって，A : C = 5 : 9　……(4)

(3)(4)より，A : B : C = 5 : 6 : 9

答　⑤

13.　数の性質（約数・倍数・n進法）

（問題，本文262ページ）

No.1

6…2 × 3
8…2 × 2 × 2
9…3 × 3

最小公倍数は，
→ 2 × 2 × 2 × 3 × 3 = <u>72cm</u>
↑
1辺の長さ

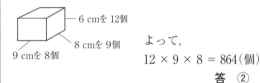

6 cmを12個
8 cmを9個
9 cmを8個

よって，

$12 \times 9 \times 8 = 864$（個）

答　②

No.2

2進法で110は　　　　　111は

○　○　○　　　　　○　○　○

2^2　2^1　2^0　　　　2^2　2^1　2^0

6　　　　　　　　　　7

その積は 6 × 7 = 42

これを2進法で表すと,

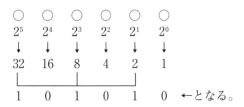

$$1 \quad 0 \quad 1 \quad 0 \quad 1 \quad 0 \quad \leftarrow となる。$$

答 ④

No.3

数を表す約束は, 下の図のようになる。

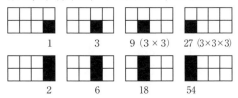

右のように考えて計
算すればよい。

54 9 6 1

$$54 + 9 + 6 + 1 = 70$$

答 ③

No.4

もとの4ケタの数9ABC(百の位A, 十の位B, 一の位C)。変化後ABC9(千の位A, 百の位B, 十の位C)。ABC を M とおく。

9ABC は, 9000 + M

ABC9 は, 10M + 9

よって, 10M + 9 = 9000 + M − 306

$$9M = 8685 \quad M = 965$$

もとの整数は9965となる。

$$9 + 9 + 6 + 5 = 29$$

答 ②

No.5

2数の最大公約数が7であることから, A, B を次のように表すことができる。

A = 7a, B = 7b (a, b はともに正の整数)

よって A × B = 588 より,

$$7a \times 7b = 588 \quad 49ab = 588$$

$$ab = 12$$

1 × 12, 2 × 6, 3 × 4 の3組の $a \times b$。

$a = 1$ $b = 12$ のとき,

A = 7, B = 84　　A + B = 91 となり, 選択肢にない。

$a = 2$ $b = 6$ のとき, A = 14, B = 42

最大公約数が7ではないので条件外。

$a = 3$ $b = 4$ のとき,

A = 21, B = 28

条件にあてはまる。

よって, A = 21, B = 28 である。

$$21 + 28 = 49$$

答 ⑤

No.6

できるだけ共通の文字に注目。A × B + B × C = (A + C)B と変形する。

A × B + B × C = (A + C)B = 90 なので, B が1〜9の間であることを考えると,

18 × 5, 15 × 6, 10 × 9

B = 5 のとき, A + 5 + C = 21

これと A ≦ B, 1 ≦ C ≦ 9 を満たすことは不可。

B = 6 のとき, A + 6 + C = 21 となり, C = 9 となれば, A = 6 となり条件を満たす。

このとき, 6 × 6 + 6 × 9 = 90 となり, 条件を満たす。

B = 9 のとき, C = 9 となれば, A = 3 となる。

しかし, A × B + B × C = 90 とはならない。

よって, A = 6, B = 6, C = 9 のとき,

A × B + C = 6 × 6 + 9 = 45

答 ②

14. 覆面算　(問題, 本文267ページ)

No.1

Aは1か2

A = 1 の時

```
      1  B  ┐     B + 1 = 10 にならないと
         B  C ┐    ここが共にCにならない
   +  C  1 ┘ ／    から, B = 9
   ─────────
   1  B  C
```

```
      1 9
      9 C        Cは8以外ない
  +   C 1            1 9
  -------            9 8
    1 9 C        +   8 1
                 -------
                   1 9 8
                 成立
                 A + B + C = 18
```

A = 2の時

```
      2 B
      B C        B + 2 = 10でないといけ
  +   C 2        ないから, B = 8
  -------
    2 B C
      2 8
      8 C        Cに何がきてもこうならな
  +   C 2        い。
  -------
    2 8 C
```

答 ②

No.2

```
        C B A
    ×     4 B
    ---------
        7 D A
      9 4 D
    ---------
    E D E D A
```

まず, 明らかに, E = 1(9からの繰り上がり),
D = 0(7 + 4の繰り上がりは1)
ここまでで,

```
        C B A
    ×     4 B
    ---------
        7 0 A
      9 4 0
    ---------
  1 0 1 0 A
```

$$\left[\begin{array}{l}
B \neq 0,\ B \neq 1 \\
B = 2 \to C2A \times 2 \neq 70A \\
B = 4 \to C4A \times 4 \neq 70A \\
B = 5 \to C5A \times 5 \neq 70A \\
B \geq 6 は不適
\end{array}\right]$$

B = 3

ここまでで,

```
        C 3 A
          4 3
      ---------
        7 0 A
      9 4 0
    ---------
  1 0 1 0 A
```

A = 5(A × 3 =□Aから)
C = 2
よって, A + B + C + D + E = 11

答 ④

No.3

わかるところから入れていく。

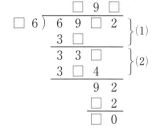

```
          □ 9 □
    □ 6 ) 6 9 □ 2    }(1)
          3 □
          -------
          3 3 □      }(2)
          3 □ 4
          -------
            9 2
            □ 2
            -----
            □ 0
```

(1)→(2)と入り下のようになる。

```
          1 9 2
    3 6 ) 6 9 3 2
          3 6
          -------
          3 3 3
          3 2 4
          -------
            9 2
            7 2
            -----
            2 0
```

1 + 2 + 3 + 3 + 6 + 3 + 2 + 7 + 2 = 29

答 ④

No.4

1から16までの和は,
$$\frac{(1 + 16) \times 16}{2} = 136$$
横1列の和は,
136 ÷ 4 = 34
よって,
A + B = 34 - (5 + 8) = 21

答 ②

No.5

1から9までの自然数の和は,

$$\frac{(1 + 9) \times 9}{2} = 45$$

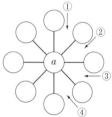

①～④までの方向を合計すると, 結局 a を3回多く数えることとなるので, 合計は $45 + 3a$ で表せる。

これを4で割った値が1列の和となる。

1列の和は $\dfrac{45 + 3a}{4}$ なので, これを自然数とする組合せは, $a = 1, 5, 9$ である。

よって, 3通り。

答 ③

第2章 図 形

1．三角形・四角形

（問題, 本文275ページ）

No.1

図に示したように, 4個の三角形に分ける。1つの三角形の内角の和は $180°$ であるから, これら4個の多角形の内角の和は,

$$180 \times 4 = 720 (°)$$

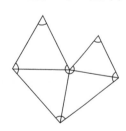

答 ④

No.2

下図において z は対頂角で等しい。

$$g + h + z = x + y + z = 180°$$
$$\therefore \quad g + h = x + y$$

よって, a から h までの和は六角形の内角の和に等しい。

n 角形の内角の和は,

$180° \times (n - 2)$ なので,

$$180° \times (6 - 2)$$
$$= 720°$$

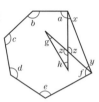

答 ⑤

No.3

図において, $AE = CE$ であるから,

$$\angle ACE = x$$

$AD = BD$ であるから, $\angle ABD = y$

よって, △ABC で,

$$2x + 2y + 50° = 180°$$
$$2x + 2y = 130°$$
$$x + y = 65°$$

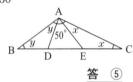

答 ⑤

No.4

(1) $AB = AC$ より, $\angle ABC = \angle ACB = 38°$

$AB = DC = AC$ より △ADC も二等辺三角形

よって, $\angle ADC = (180 - 38) \div 2 = 71°$
$$\angle x = 180 - 71 = 109°$$

(2) $\angle ABC = \angle ACB = 72°$

$$\angle DCB = 72 \div 2 = 36°$$

△CDB より,
$$\angle y = 180 - 36 - 72 = 72°$$

答 ③

No.5

(1) 外角の和は $360°$ だから,

$$m = 360 \div 15 = 24$$

(2) 1つの内角が $162°$ なら, 1つの外角は,

$$180 - 162 = 18°$$

よって, $n = 360 \div 18 = 20$

答 ④

２．三角形の合同条件

(問題，本文 280 ページ)

No.1

△ ACM と△ A′BM において，

AM = A′M ……(1)

BM = CM ……(2)

∠ AMC = ∠ A′MB ……(3)

(1)～(3)より 2 辺夾角相等で，

△ ACM ≡ △ A′BM になる。

答 ②

No.2

∠ ACE = ∠ DEC より，錯角が等しいから，

AC // DE

対応する辺は等しいから，

BC = EF，AB = DF

∠ ABC = ∠ DFE より，AB // DF

よって，あてはまるのは，イ，エ，オ，カ

答 ④

No.3

答 ｛ ∠ ABC = ∠ EDC
AC = EC
∠ CAB = ∠ CED ｝ のうち 1 つ。

No.4

三角形の合同条件，3 辺がそれぞれ等しくなるのは⑤。

答 ⑤

No.5

与えられた選択肢の条件に従って四角形を作図したとき，他の点としても考えられるものに「′」ダッシュをつけた。

①，④
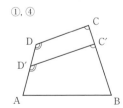

②
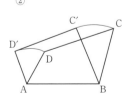

⑤
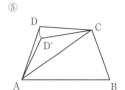

答 ③

３．三角形の相似条件

(問題，本文 285 ページ)

No.1

長方形の対角にある頂点を重ねるようにしてできる折れ線(この問題では線 PQ)は対角線(この問題では線 AC)を垂直に二等分する。このことをふまえて考える。

線 AC と線 PQ の交点を O とすると，

△ ABC と△ COQ において，

∠ ABC = ∠ COQ = ∠ R

∠ ACB = ∠ QCO(共通)

より 2 角が等しいので，

△ ABC ∽ △ COQ

対応する辺の比は等しいので，

AB : QO = BC : OC

辺 AC の長さは，三平方の定理より，

$AC^2 = 6^2 + 8^2$

AC = 10

OA は AC を二等分した長さなので，

AB = 6，OC = 5，BC = 8

より，$QO = 6 \times 5 \div 8 = \dfrac{15}{4}$

$PQ = 2 \times QO = \dfrac{15}{4} \times 2 = \dfrac{15}{2} = 7.5$(cm)

答 ④

No.2

△ ABE ∽ △ FCE

BE : EC = 4 : 3 より，

$FC = AB \times \dfrac{3}{4} = 12 \times \dfrac{3}{4} = 9$(cm)

DF = FC + CD = 9 + 12 = 21(cm)

答 ④

No.3

△ ABE ∞△ ACD

　　BE：CD ＝ 5：12 より，

　　AB：AC ＝ 5：12 なので，

　　AB：BC ＝ 5：7

また，△ BFE ∞△ DFC

　　BE：CD ＝ 5：12 より，

　　EF：FC ＝ 5：12

答　①

No.4

AD//BC から，

　　△ ADG ∞△ EBG，△ ADF ∞△ CBF

AE//DC から，

　　△ AGF ∞△ CDF，△ BGE ∞△ BDC

答　④

No.5

(1)と(4)は，2組の角が等しく相似。

(2)と(3)は，3組の辺の比が等しく相似。

(5)と(6)は，2組の辺の比とその間の角が等しく相似。

答　②

4．平行線と線分比

（問題，本文291ページ）

No.1

△ AOD ∞△ COB より，

　　AD：BC ＝ AO：OC　　　　答　②

No.2

　　△ ABC ∞△ AEG　……(1)

　　△ CGF ∞△ CAD　……(2)

(1)より，EG ＝ $b \times \dfrac{m}{m+n}$　……(1)′

(2)より，FG ＝ $a \times \dfrac{n}{m+n}$　……(2)′

(1)′, (2)′ より，EF ＝ EG ＋ FG ＝ $\dfrac{bm+an}{m+n}$

$$＝ \dfrac{na+mb}{m+n}$$

答　④

No.3

OC：CA ＝ OD：DB

すなわち，1：2 ＝ OD：（15 － OD）

よって，OD ＝ 5

また，△ OCD ∞△ OEF より，

CD：EF ＝ OD：OF ＝ 2：3

すなわち，2：3 ＝ 5：OF

よって，OF ＝ 7.5

答　④

No.4

AE：EB ＝ DF：FC ＝ 5：3 より，

　　EG ＝ $24 \times \dfrac{5}{5+3} ＝ 15$

　　GF ＝ $16 \times \dfrac{3}{5+3} ＝ 6$

よって，EF ＝ EG ＋ GF ＝ 21

答　③

No.5

△ ABE ∞△ CDE で，

EB：ED ＝ 17.5：10 ＝ 7：4

よって，BF：FC ＝ 7：4

△ BFE ∞△ BCD から，

EF ＝ $DC \times \dfrac{7}{7+4} ＝ 10 \times \dfrac{7}{11} ＝ \dfrac{70}{11}$（cm）

答　⑤

5．三角形の成立条件・三平方の定理

（問題，本文296ページ）

No.1

① $x ＝ \sqrt{24^2 + 10^2} ＝ \sqrt{676} ＝ 26$

答　$x ＝ 26\,\mathrm{cm}$

② $x ＝ \sqrt{15^2 - 9^2} ＝ \sqrt{144} ＝ 12$

答　$x ＝ 12\,\mathrm{cm}$

③ 直角二等辺三角形の等辺 ＝ $\sqrt{13^2 - 12^2}$

　　＝ 5, $x ＝ 5 \times \sqrt{2} ＝ 5\sqrt{2}$

答　$x ＝ 5\sqrt{2}\,\mathrm{cm}$

No.2

$AO = CO$, $BE = EC$ より,

$OE = \dfrac{1}{2} AB = \dfrac{1}{2} \times 10 = 5$

また, $\triangle ABF$ と $\triangle EOF$ で

　　$AB /\!/ OE$ より,

　　$\triangle ABF \infty \triangle EOF$

　　$OF : FB = 5 : 10 = 1 : 2$

　　$OB = 10 \div 2 \times \sqrt{2} = 5\sqrt{2}$ cm より,

　　$OF = 5\sqrt{2} \times \dfrac{1}{3} = \dfrac{5\sqrt{2}}{3}$

$$\text{答} \quad \dfrac{5\sqrt{2}}{3} \text{ cm}$$

No.3

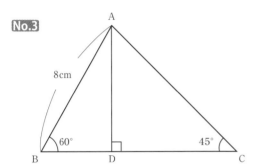

上図のように A から BC に垂線を引き, 交点を D とすると,

　　$BD = 8 \times \dfrac{1}{2} = 4 \,(\text{cm})$

　　$AD = 4 \times \sqrt{3} = 4\sqrt{3} \,(\text{cm}) = DC$

よって,

　　$BC = BD + DC = 4 + 4\sqrt{3}$

　　　　　　　　$= 4(1 + \sqrt{3}) \,(\text{cm})$

$$\text{答} \quad \text{⑤}$$

No.4

$AB = \sqrt{(6 - (-6))^2 + (7 - 2)^2} = 13$

$BC = \sqrt{(1 - (-6))^2 + (-5 - 2)^2} = 7\sqrt{2}$

$CA = \sqrt{(6 - 1)^2 + (7 - (-5))^2} = 13$

よって, $AB = AC$ の二等辺三角形

$$\text{答} \quad \text{②}$$

No.5

A から BC におろした垂線を AH とすると,

　　$BH = 12 \,\text{cm}$

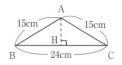

ゆえに, 三平方の定理から,

　　$AH = \sqrt{15^2 - 12^2} = 9 \,(\text{cm})$

ゆえに面積は, $24 \times 9 \times \dfrac{1}{2} = 108 \,(\text{cm}^2)$

$$\text{答} \quad \text{⑤}$$

No.6

$$\dfrac{1}{2} \cdot x \cdot (30 - x) = 108$$

$$x(30 - x) = 216$$

$$x^2 - 30x + 216 = 0$$

$$(x - 18)(x - 12) = 0$$

$$x = 12, \ 18$$

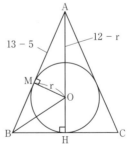

よって,

　　$12 : 18 = 2 : 3$

$$\text{答} \quad \text{③}$$

6．三角形の重心・外心・内心

(問題，本文 301 ページ)

No.1

頂点 A から辺 BC に降ろした垂線を AH とする。内接円の半径を r, 中心を O とおく。

BH = 5, AB = 13 より, $13^2 = 5^2 + AH^2$

AH = 12 cm となる。

点 O から辺 AB に降ろした垂線の交点を M とする。

$\triangle AMO$ について, $BM = BH = 5$ cm より,

　　$AO^2 = AM^2 + MO^2$

　　$(12 - r)^2 = (13 - 5)^2 + r^2$

　　$(12 - r)^2 = 8^2 + r^2$

　　$144 - 24r + r^2 = 8^2 + r^2$

$$24r = 144 - 64$$
$$24r = 80$$
$$r = \frac{10}{3}\,(\text{cm})$$

答　⑤

図において $BE = \dfrac{a}{2}$，$\angle OBE = 30°$ であるから，

$$OE : BE = 1 : \sqrt{3}$$

$$\therefore \quad OE = \frac{BE}{\sqrt{3}} = \frac{a}{2\sqrt{3}}$$

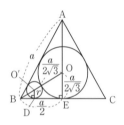

円 O′ の半径を r とすれば，
$BO′ = 2r$ となるから，

$$BO = 2r + r + \frac{a}{2\sqrt{3}}$$

一方，$BO = 2OE = \dfrac{a}{\sqrt{3}}$

$$\therefore \quad 3r + \frac{a}{2\sqrt{3}} = \frac{a}{\sqrt{3}}, \quad r = \frac{a}{6\sqrt{3}}$$

$$BD = \sqrt{3}\,r = \frac{a}{6}$$

よって，

$$DE = BE - BD = \frac{a}{2} - \frac{a}{6} = \frac{a}{3}$$

答　②

図の $\triangle ABC$ において，$\triangle ABD$ は $\angle ABD = 60°$ の直角三角形であるから，

$$BD : AD = 1 : \sqrt{3}$$

$BD = \dfrac{a}{2}$ であるから，

$$AD = \frac{\sqrt{3}}{2}\,a$$

O は $\triangle ABC$ の重心であるから，

$$AO : OD = 2 : 1$$

よって，

$$OD = \frac{AD}{3} = \frac{1}{3} \times \frac{\sqrt{3}}{2}\,a = \frac{\sqrt{3}}{6}\,a$$

求める値はこれの 3 倍であるから，

$$3OD = 3 \times \frac{\sqrt{3}}{6}\,a = \frac{\sqrt{3}}{2}\,a$$

答　④

図のように，半円の中心 D から AB，AC に垂直な半径を r とすると，

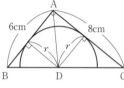

$\triangle ABC$ の直角三角形の面積は，

$$8 \times 6 \times \frac{1}{2} = 24\,(\text{cm}^2)$$

$\triangle ABD$ の面積 ＋ $\triangle ACD$ の面積 ＝ $\triangle ABC$ の面積より，

$$6 \times r \times \frac{1}{2} + 8 \times r \times \frac{1}{2} = 24$$

$$7r = 24$$

$$r = \frac{24}{7}$$

答　①

アの説明は三角形の外心についての説明である。イの説明は三角形の重心についての説明である。

答　⑤

7．面積　(問題，本文 308 ページ)

(1) $\triangle AC′M$ は，$\triangle ACM$ を折り返しているので，

$$S_{\triangle AC′M} = S_{\triangle ACM}$$

が明らか。

$\triangle ABM$ について，$BM = MC$ で，$\triangle ACM$ と高さが等しいので，こちらも等しくなる。

よって，△AC'M と△ABM

(2) (1)より $S_{\triangle AC'M} = S_{\triangle ABM}$ であるから，

$S_{\triangle AC'M} - S_{\triangle AHM} = S_{\triangle ABM} - S_{\triangle AHM}$

$S_{\triangle AC'H} = S_{\triangle BHM}$

よって，△BHM

(3) △BHM の面積を求める。

BC = 8，BM = MC より，　BM = 4

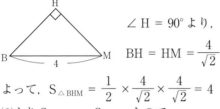

∠H = 90°より，

$BH = HM = \dfrac{4}{\sqrt{2}}$

よって，$S_{\triangle BHM} = \dfrac{1}{2} \times \dfrac{4}{\sqrt{2}} \times \dfrac{4}{\sqrt{2}} = 4$

(2)より $S_{\triangle AC'H} = S_{\triangle BHM}$ なので，

$S_{\triangle AC'H} = 4$

答　③

No.2

右図で CE $= x$ とすれば，

$EF = \sqrt{x^2 - 8^2}$

　　$= \sqrt{x^2 - 64}$

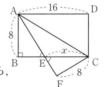

△ABE = △CFE であるから，

$BE = FE = \sqrt{x^2 - 64}$

BE + EC = 16 であるから，

$\sqrt{x^2 - 64} + x = 16$

$\sqrt{x^2 - 64} = 16 - x$

両辺を 2 乗して，

$x^2 - 64 = 256 - 32x + x^2$

$32x = 320$

$x = 10\,(\text{cm})$

よって，

$\triangle AEC = \dfrac{1}{2} \times EC \times AB$

　　　　$= \dfrac{1}{2} \times 10 \times 8$

　　　　$= 40\,(\text{cm}^2)$

答　③

No.3

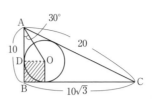

△ABC は 30°，60°，90° の直角三角形である。内接円の半径を r とすると，OD $= r$ で斜線部は正方形である。

∠OAD = 30°で△ADO もまた 30°，60°，90° の直角三角形である。

したがって，$10 - r = \sqrt{3}r$

$\sqrt{3}r + r = 10$

$r(\sqrt{3} + 1) = 10$

$r = \dfrac{10}{\sqrt{3} + 1} = \dfrac{10(\sqrt{3} - 1)}{2}$

　$= 5(\sqrt{3} - 1)$

　$\fallingdotseq 3.66\,(\text{cm})$

答　④

No.4

一辺の長さが 12cm の正六角形の面積は，

$12 \times 6\sqrt{3} \times \dfrac{1}{2} \times 6 = 216\sqrt{3}\,(\text{cm}^2)$

斜線部分は正六角形の面積の $\dfrac{1}{4}$ だから，

$216\sqrt{3} \times \dfrac{1}{4} = 54\sqrt{3}\,(\text{cm}^2)$

答　⑤

No.5

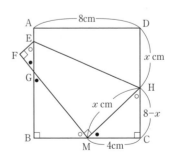

辺 DH を x とおくと，辺 HC は $8 - x$ である。

△CHM において，三平方の定理より，

$$4^2 + (8 - x)^2 = x^2$$
$$16 + 64 - 16x + x^2 = x^2$$
$$16x = 80 \qquad x = 5$$

△CHM と △BMG は相似なので,

$$\mathrm{HC} : \mathrm{HM} = \mathrm{BM} : \mathrm{GM}$$
$$3 : 5 = 4 : \mathrm{GM}$$
$$\mathrm{GM} = \frac{20}{3}$$

FM = 8 なので,

$$\mathrm{FG} = 8 - \frac{20}{3} = \frac{4}{3}$$

△CHM と △FEG は相似なので,

$$\mathrm{HC} : \mathrm{CM} = \mathrm{EF} : \mathrm{FG}$$
$$3 : 4 = \mathrm{EF} : \frac{4}{3}$$
$$\mathrm{EF} = \frac{3}{3} = 1$$

よって, △EFG の面積は,

$$1 \times \frac{4}{3} \times \frac{1}{2} = \frac{2}{3} \ (\mathrm{cm}^2)$$

答 ②

No.6

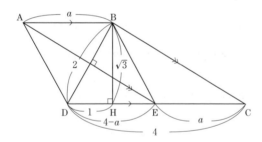

AE と BD は直角に交わっている。AE と BC は平行なので, ∠CBD も直角である。
△DBH は, ∠DBH = 30°, ∠BDH = 60° の直角三角形なので, 辺 DH = 1cm となる。
△BDC も, ∠BDC = 60°, ∠BCD = 30° の直角三角形となる。
辺 BD：辺 DC = 1：2 なので, DC = 4cm となる。
AB = a とすると, ABCE は平行四辺形なので, EC = a, DE = 4 - a となる。
台形の面積は,（上底＋下底）×高さ÷2 なので,

台形 ABED の面積は,
$$(a + 4 - a) \times \sqrt{3} \div 2 = 2\sqrt{3} \ (\mathrm{cm}^2)$$

答 ④

8．面積と比 （問題，本文 316 ページ）

No.1

△ABC の高さを h とすると, 底辺も高さも $\frac{1}{2}$ なので,

$$\mathrm{S}_{\triangle \mathrm{ADE}} = \frac{1}{2} \times \left(\frac{1}{2} \mathrm{BC} \times \frac{1}{2} h \right)$$
$$= \frac{1}{4} \times \frac{1}{2} \mathrm{BC} \times h$$
$$= \frac{1}{4} \times \triangle \mathrm{ABC}$$

答 ③

No.2

$$\triangle \mathrm{BDE} = \frac{2}{3} \times \frac{1}{4} \times \triangle \mathrm{ABC} = \frac{1}{6} \triangle \mathrm{ABC}$$
$$\triangle \mathrm{FEC} = \frac{1}{3} \times \frac{1}{2} \times \triangle \mathrm{ABC} = \frac{1}{6} \triangle \mathrm{ABC}$$
$$\triangle \mathrm{ADF} = \frac{3}{4} \times \frac{1}{2} \times \triangle \mathrm{ABC} = \frac{3}{8} \triangle \mathrm{ABC}$$

よって,
△DEF = △ABC - (△BDE + △FEC + △ADF)

$$= \triangle \mathrm{ABC} - \left(\frac{1}{6} + \frac{1}{6} + \frac{3}{8} \right) \triangle \mathrm{ABC}$$
$$= \triangle \mathrm{ABC} - \left(\frac{4 + 4 + 9}{24} \right) \triangle \mathrm{ABC}$$
$$= \frac{7}{24} \triangle \mathrm{ABC}$$

△DEF = $\frac{7}{24}$ △ABC より,
△DEF：△ABC = 7：24

答 ③

No.3

BE：EC を求める。BE：EC = (1 - x)：x とすると,

R：S

$$= \frac{1}{2} \times \text{BC} \times \frac{4}{7} \text{DC} : \frac{1}{2} \times x \times \text{BC} \times \frac{3}{7} \text{DC}$$

$$= \frac{2}{7} \text{BC} \times \text{DC} : \frac{3}{14} x \times \text{BC} \times \text{DC} = 8 : 3$$

$$8 \times \frac{3}{14} x \times \text{BC} \times \text{DC} = 3 \times \frac{2}{7} \times \text{BC} \times \text{DC}$$

$$x = \frac{1}{2}$$

これより，BE：EC ＝ 1：1 である。

これより，P, R, S の面積は，

$$\text{P} = \frac{1}{2} \times \frac{1}{2} \text{AD} \times \text{AB} = \frac{1}{4} \text{AD} \times \text{AB}$$

$$\text{R} = \frac{1}{2} \times \text{AD} \times \frac{4}{7} \text{AB} = \frac{2}{7} \text{AD} \times \text{AB}$$

$$\text{S} = \frac{1}{2} \times \frac{1}{2} \text{AD} \times \frac{3}{7} \text{AB} = \frac{3}{28} \text{AD} \times \text{AB}$$

よって，P：Q

$$= \frac{1}{4} \text{AD} \times \text{AB} : (\text{AD} \times \text{AB} - \text{P} - \text{R} - \text{S})$$

$$= \frac{1}{4} \text{AD} \times \text{AB} : \frac{10}{28} \text{AD} \times \text{AB}$$

$$= 7 : 10$$

答 ②

No.4

MN：BC ＝ 1：2 より，

MP：PC ＝ 1：2，NP：PB ＝ 1：2 となる。

よって，△NPC：△PMN ＝ 1：2

$$\qquad\qquad \triangle \text{CMN} = 3 \triangle \text{MPN}$$

AN：NC ＝ 1：1 より，

$$\qquad\qquad \triangle \text{AMN} : \triangle \text{CMN} = 1 : 1$$

よって，△AMC ＝ 2×△CMN

$$\qquad\qquad\qquad = 6 \times \triangle \text{MPN}$$

AM：MB ＝ 1：1 より，

$$\qquad \triangle \text{AMC} : \triangle \text{MBC} = 1 : 1$$

よって，△ABC ＝ 2×△AMC

$$\qquad\qquad\qquad = 12 \triangle \text{MPN}$$

よって，$\frac{1}{12}$ 倍

答 ②

No.5

MN：BC ＝ 1：5 となる。

△PMN ∽ △PCB より，MP：PC ＝ 1：5

NP：PB ＝ 1：5

よって，△PMN：△PCN ＝ 1：5

ゆえに，△NMC ＝ 6×△PMN

また，AN：NC ＝ 1：4 より，

$$\qquad \triangle \text{AMN} : \triangle \text{NMC} = 1 : 4$$

ゆえに，△AMC ＝ $\frac{5}{4}$ ×△NMC

$$\qquad\qquad\qquad = \frac{30}{4} \triangle \text{PMN}$$

AM：MB ＝ 1：4 より，

$$\qquad \triangle \text{AMC} : \triangle \text{MBC} = 1 : 4$$

よって，△ABC ＝ 5×△AMC

$$\qquad\qquad\qquad = \frac{150}{4} \triangle \text{PMN}$$

△PMN ＝ 0.4cm² なので，

$$\qquad \triangle \text{ABC} = \frac{150}{4} \times 0.4 = 15 \, (\text{cm}^2)$$

答 ⑤

No.6

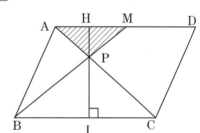

△AMP ∽ △CBP

AM：BC ＝ 1：2 より，HP：PI ＝ 1：2

よって，

$$\triangle \text{APM} = \frac{1}{2} \times \frac{1}{2} \text{BC} \times \frac{1}{3} \text{HI}$$

$$= \frac{1}{12} (\text{BC} \times \text{HI})$$

平行四辺形の面積は（BC × HI）だから，

答えは，$\frac{1}{12}$ 倍となる。

答 ④

No.7

△ADE ∽ △CBE である。

AD：BC ＝ 3：5 より，

AE：EC ＝ 3：5，DE：EB ＝ 3：5 となる。

また，面積比も，

$\triangle ABD : \triangle DBC = 3 : 5$

これより，$\triangle ABD = \dfrac{3}{8}$ ABCD

$BE : ED = 5 : 3$ より，$\triangle ABE : \triangle AED = 5 : 3$

よって，$\triangle ABE = \dfrac{5}{8} \triangle ABD$

$= \dfrac{5}{8} \times \dfrac{3}{8} \times$ ABCD

$= \dfrac{15}{64}$ ABCD

よって，ABCD : $\triangle ABE = 64 : 15$

答 ④

No.8

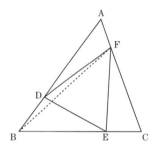

BF に補助線を引く。

$\triangle ABF$ と $\triangle ADF$ の面積比は，底辺 AB，AD の比 $4 : 3$ に等しい。

つまり，$\triangle ADF = \dfrac{3}{4} \triangle ABF$

また，$\triangle ABC$ と $\triangle ABF$ の面積比は，底辺 AC と AF の比 $4 : 1$ に等しい。

つまり，$\triangle ABF = \dfrac{1}{4} \triangle ABC$ である。

$\triangle ADF = \dfrac{3}{4} \triangle ABF$ に代入すると，

$\triangle ADF = \dfrac{3}{16} \triangle ABC$

$\dfrac{3}{16} \times 96 = 18\,(\mathrm{cm}^2)$

答 ④

No.9

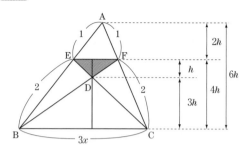

$\triangle AEF$ と $\triangle ABC$ は相似形である。

$AE : EB = 1 : 2$ なので，

AB : AE は $3 : 1$

よって，BC : EF は $3 : 1$ である。

EF と BC は平行（$AE : EB = AF : FC$）なので $\triangle DEF$ と $\triangle DBC$ の高さは $1 : 3$

$\triangle DEF$ の高さを h とおくと，$\triangle DBC$ の高さは $3h$ である。上の図より $\triangle ABC$ の高さは $6h$ と表せる。

つまり，$\triangle ABC$ の高さは $\triangle DEF$ の高さの 6 倍である。

また，BC : EF は $3 : 1$ なので，$\triangle ABC$ の底辺は $\triangle DEF$ の底辺の 3 倍である。

つまり，$\triangle ABC$ の面積は $\triangle DEF$ の面積の $6 \times 3 = 18$ 倍となる。

$9 \times 18 = 162\,(\mathrm{cm}^2)$

答 ③

No.10

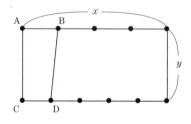

長方形の縦の部分を y，横の部分を x とおくと，

台形の面積 = (上底 + 下底) × 高さ × $\dfrac{1}{2}$ より，

台形 ABDC の面積

$= \left(\dfrac{1}{4} x + \dfrac{1}{5} x \right) \times y \times \dfrac{1}{2} = \dfrac{9}{40} xy$

元の長方形の面積は xy なので，$\dfrac{9}{40}$

答 ④

No.11

$\triangle$ DEC において，辺 EC を x とすると

$$x^2 + (2x)^2 = a^2$$

$$5x^2 = a^2$$

$$x^2 = \dfrac{a^2}{5}$$

$$x = \dfrac{a}{\sqrt{5}}$$

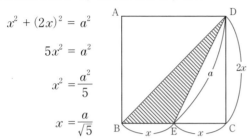

よって，斜線部分の面積は

$$\dfrac{1}{2} \times \dfrac{a}{\sqrt{5}} \times 2\dfrac{a}{\sqrt{5}}$$

$$= \dfrac{a^2}{5}$$

答 ②

9．円周角 （問題，本文 325 ページ）

No.1

右図で $\triangle$ OAB，
$\triangle$ OCA は二等辺三角
形になるから，
$\angle$ OAC $= 15°$
$\angle$ OAB $= 25°$
よって，
$\angle$ BAC $= 15° + 25°$
　　　　 $= 40°$
$\angle$ BOC $= 2 \times \angle$ BAC $= 2 \times 40° = 80°$

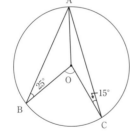

答 ⑤

No.2

$\angle$ AOB $= 2 \times \angle$ ACB
　　　　 $= 2 \times 40°$
　　　　 $= 80°$
また，
$\triangle$ OAB は二等辺三
角形なので，

$\angle$ OBA $= (180 - 80) \div 2 = 50°$
$\angle$ OBD $= 180 - 60 - 80 = 40°$
よって，$\angle$ ABC $= \angle$ OBA $- \angle$ OBD
　　　　　　　　 $= 50 - 40 = 10°$

答 ①

No.3

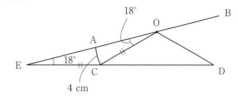

$\angle$ ODC $= \angle$ OCD $= 2 \times \angle$ OEC $= 2 \times 18$
　　　　　　　　　　 $= 36°$
$\angle$ BOD $= 180 - \angle$ AOC $- \angle$ COD
　　　 $= 180 - 18 - (180 - 36 \times 2)$
　　　 $= 54°$

よって，$\overparen{DB} = \overparen{AC} \times \dfrac{54}{18}$

　　　　　　 $= 12\,(\text{cm})$

答 ④

No.4

$\angle$ ACB $= 90°$，$\angle$ ACD $= 115 - 90 = 25°$ より，
　　　 $\angle x = 25°$
　　　 $\angle$ FIG $= 52 - 36 = 16°$
$\angle$ EHI $= \angle$ EFI $= 52°$ より，
　　　 $y = 52 + 16 = 68°$

答 ②

No.5

$\overparen{BC}$ の中心角 $\angle$ BOC $= 20 \times 2 = 40°$ より，

$\overparen{BC} = 9 \times 2\pi \times \dfrac{40}{360} = 2\pi\,(\text{cm})$

答 ②

10. 円に内接する四角形

（問題，本文 330 ページ）

No.1

∠ QDC = 40° より，

　∠ ABC = 40°

　∠ DCQ

= 180 − 40 − 70

= 70°

したがって，

　∠ BPC

= 70 − 40 = 30°

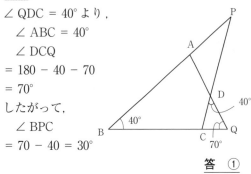

答　①

No.2

OC = OE = OD = OB より，

　∠ OEC = 65°

　∠ ODB = 55°

よって，

　∠ EOC

= 180 − 65 × 2

= 50°

　∠ DOB = 180 − 55 × 2 = 70°

したがって，∠ DOE = 180 − 50 − 70 = 60°

△ DOE は正三角形になるので，

　DE = 3cm

答　③

No.3

円の中心を O とする。

CD ∥ AB より，∠ CDA = ∠ DAB = 15°

　∠ COA = 2 ×∠ CDA = 30°

　∠ DOB = 2 ×∠ DAB = 30°

よって，

　∠ COD

= 180 − 30 × 2

= 120°

⌢CED の円周角は，$120 × \dfrac{1}{2} = 60°$

よって，その内対角にあたる∠ CED は

　180 − 60 = 120°

答　③

No.4

　∠ DOB = 58 × 2 = 116°

　∠ DOA = 116 − 70 = 46°

AO = DO より，

　∠ DAO = (180 − 46) ÷ 2

　　　　 = 67°

答　⑤

No.5

　∠ CBD = ∠ CAD = 50°

△ ABC は二等辺三角形だから，

　∠ BAC = (180 − 50 − 62) ÷ 2 = 34°

∠ AED は△ ABE の外角だから，

　∠ AED = 62 + 34 = 96°

答　②

11. 円と接線　（問題，本文 335 ページ）

No.1

∠ ACB は直径に対する円周角だから，90°

よって，

　∠ CBD

= 20 + 90

= 110°

また接弦定理より，

∠ BCD = ∠ BAC = 20°

△ BDC の内角から，

∠ BDC = 180 − 110 − 20 = 50°

答　④

No.2

△APO と
△BPO で,
OP 共通
AO = BO
∠PAO
= ∠PBO
= ∠R
より,
△APO ≡ △BPO
よって, ∠APO = 60 ÷ 2 = 30°
△APO で三平方の定理より,
AP = $4\sqrt{3}$(cm)
□APBO で
∠AOB = 360 − 90 × 2 − 60 = 120°
∠AOR = ∠ROQ, ∠QOS = ∠SOB より,
∠ROS = $\dfrac{1}{2}$∠AOB = 60°

答 ③

No.3

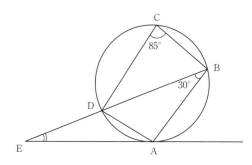

□CDAB は, 内接四角形だから,
　　∠DAB = 180 − 85 = 95°
また, 接弦定理より,
　　∠DAE = 30°
よって,
△BEA から,
　　∠BEA = 180 − 30 − 95 − 30 = 25°

答 ③

No.4

右図のように正方形の辺
と平行で, 中心 O_1, O_3
を通る直線 AB, CD を
引くと,
　　CH = 9 cm
　　O_3D = 4 cm
△HO_3O_1 は直角三角形
で,
　　O_1H = 9 − 4 = 5(cm)
　　O_1O_3 = 9 + 4 = 13(cm)
から,
　　O_3H = $\sqrt{13^2 - 5^2}$ = 12
よって,
　　正方形の一辺 = 9 + 12 + 4 = 25(cm)

答 ⑤

No.5

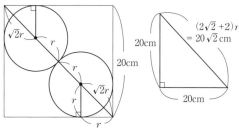

円の半径を r とおくと, 正方形の対角線は,
$$\sqrt{2}r + r + r + \sqrt{2}r = 2\sqrt{2}r + 2r$$
$$= (2\sqrt{2} + 2)r$$
これが, $20\sqrt{2}$ と等しいので,
$$(2\sqrt{2} + 2)r = 20\sqrt{2}$$
r について解くと,
$$r = \frac{20\sqrt{2}}{2\sqrt{2} + 2} = \frac{10\sqrt{2}}{\sqrt{2} + 1}$$
有理化して, $\dfrac{10\sqrt{2}(\sqrt{2} - 1)}{(\sqrt{2} + 1)(\sqrt{2} - 1)}$
$$\frac{20 - 10\sqrt{2}}{2 - 1} = 20 - 10\sqrt{2}$$
円の面積は, πr^2 より,
$$\pi \times (20 - 10\sqrt{2})^2 = (600 - 400\sqrt{2})\pi(\text{cm}^2)$$

答 ①

No.6

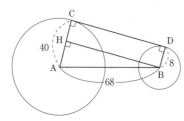

点 B から CD に平行な線を引くと，長方形 CDBH と直角三角形 ABH となる。

ここで，BD が 8cm なので，CH も 8cm である。

AH の長さは，AC − CH なので，

$40 − 8 = 32$cm である。

ABH は直角三角形なので，三平方の定理より，

$AH^2 + BH^2 = AB^2$ が成り立つ。

また，$BH^2 = AB^2 − AH^2$

よって，$BH^2 = 68^2 − 32^2$

$BH^2 = 4624 − 1024 = 3600$

$BH = \sqrt{3600} = 60$cm

BH = CD なので，CD = 60cm

答 ④

12. 立体図形 （問題，本文 342 ページ）

No.1

以下のように各頂点に B 〜 H をおく。

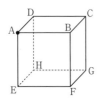

A→B→C→D→A→E→F→B→C→G→H→E→ F → G → H → D → A

よって，160cm。

答 ③

No.2

球体の半径は $\dfrac{1}{2} \times 10 = 5$ となる。

球の体積 $= \dfrac{4}{3} \pi r^3$ より，

$= \dfrac{4}{3} \pi \times 5 \times 5 \times 5 = \dfrac{500}{3} \pi$

答 ④

No.3

$x^2 = 2^2 + (2 \times 4)^2$

$= 4 + 64$

$= 68$

$x = 2\sqrt{17}$（cm）

答 ④

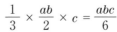

No.4

3 辺を，図のように a, b, c とすると，直方体の体積は abc である。BDG を通る平面で切り取った部分の C‐BDG は，底面が △BCD，高さが CG $= c$ の三角すいであるから，その体積は，

$$\dfrac{1}{3} \times \dfrac{ab}{2} \times c = \dfrac{abc}{6}$$

BDE を通る平面で切り取ったときの体積もこれと等しいから，残りの部分の体積は，

$$abc − 2 \times \dfrac{abc}{6} = \dfrac{2}{3} \times abc$$

答 ④

No.5

球の中心を O，立方体の 1 つの面を ABCD とする。立方体の一辺を x とすれば，図において AC は 1 辺 x の正方形の対角線であるから，

$$AC = \sqrt{2}x, \quad AH = \dfrac{\sqrt{2}}{2} x$$

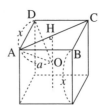

また，

$$\text{OH} = \frac{x}{2}, \quad \text{OA} = a$$

$\triangle$ OAH は $\angle$ OHA $= 90°$ の直角三角形であるから，

$$\text{AH}^2 + \text{OH}^2 = \text{OA}^2$$

よって，

$$\left(\frac{\sqrt{2}}{2}x\right)^2 + \left(\frac{x}{2}\right)^2 = a^2$$

$$\frac{3}{4}x^2 = a^2$$

$$x^2 = \frac{4}{3}a^2$$

$$x = \frac{2}{\sqrt{3}}a$$

求める立方体の体積は，

$$\left(\frac{2}{\sqrt{3}}a\right)^3 = \frac{8}{3\sqrt{3}}a^3 = \frac{8\sqrt{3}}{9}a^3$$

答 ④

No.6

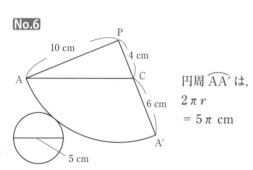

円周 $\overset{\frown}{\text{AA}'}$ は，

$$2\pi r$$
$$= 5\pi \text{ cm}$$

$\dfrac{5\pi}{2 \times \pi \times 10} = \dfrac{1}{4}$ より，

$\angle$ APA' $= 90°$ である。

よって，

$$\text{AC}^2 = 10^2 + 4^2$$
$$= 100 + 16$$
$$= 116$$
$$\text{AC} = 2\sqrt{29} \text{ (cm)}$$

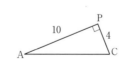

答 ④

No.7

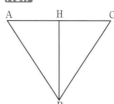

$$\text{AC} = 2\sqrt{2}$$
$$\text{BC}^2 = 3^2 + 2^2$$
$$= 9 + 4 = 13$$
$$\text{BC} = \sqrt{13}$$

$$\text{BC}^2 = \text{HB}^2 + \left(\frac{\text{AC}}{2}\right)^2$$
$$13 = \text{HB}^2 + 2$$
$$\text{HB} = \sqrt{11}$$

よって，面積 $\text{S} = \dfrac{1}{2} \times 2\sqrt{2} \times \sqrt{11}$

$$= \sqrt{22}$$

答 ②

No.8

切断面は点 DEF を通る三角形となる。これは一辺 $\sqrt{2}$ の正三角形となる。点 D から EF に引いた垂線の足を H とすると，

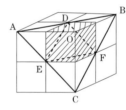 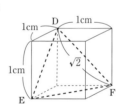

$$\text{DH}^2 = (\sqrt{2})^2 - \left(\frac{\sqrt{2}}{2}\right)^2$$
$$= 2 - \frac{1}{2} = \frac{3}{2}$$
$$\text{DH} = \frac{\sqrt{3}}{\sqrt{2}} = \frac{\sqrt{6}}{2}$$

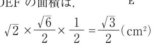

$\triangle$ DEF の面積は，

$$\sqrt{2} \times \frac{\sqrt{6}}{2} \times \frac{1}{2} = \frac{\sqrt{3}}{2} \text{ (cm}^2\text{)}$$

答 ③

No.9

この容器の体積は，扇形の面積×高さ である。扇形は円の4分の1なので，面積は，

$$\pi \times 6^2 \div 4 = 9\pi \text{ (cm}^2\text{)}$$

よって，この容器の体積は，

$$9\pi \times 3 = 27\pi \text{ (cm}^3\text{)}$$

A図において，水の入っている部分以外の三角柱について考える。三角柱の体積は，

三角形の面積×高さ＝6×6÷2×3＝54（cm³）

容器に入った水は，（容器の体積－三角柱の体積）なので，（27π－54）cm³

B図の容器の水の高さを h とすると，

$$9\pi \times h = 27\pi - 54$$

$$h = \left(3 - \frac{6}{\pi}\right)\text{（cm）}$$

答 ①

No.10

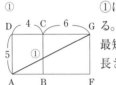

①は展開図上で左のようになる。

最短距離なので糸は直線。

長さは，$AG^2 = 5^2 + 10^2$

$AG^2 = 125$

$AG = \sqrt{125}$

②は展開図上で左のようになる。

最短距離なので糸は直線。

長さは，$AG^2 = 6^2 + 9^2$

$AG^2 = 117$

$AG = \sqrt{117}$

③は展開図上で左のようになる。

最短距離なので糸は直線。

長さは，$AG^2 = 4^2 + 11^2$

$AG^2 = 137$

$AG = \sqrt{137}$

以上より，②＜①＜③

答 ③

第3章　場合の数

1．場合の数 （問題，本文352ページ）

No.1

$4 \times 4 \times 3 = 48$

この中には，「1枚も選ばない＝0円」が含まれているので，48－1＝47（通り）

答 ④

5ケタの整数は，万の位が0以外の7通りで下4ケタが7・6・5・4通りだから，7・7・6・5・4＝5880〔通り〕できる。5ケタの奇数は，1の位が4通り，万の位が6通り，それ以外の位が$_6P_3$通りだから，4・6・6・5・4＝2880〔通り〕できる。よって偶数は，5880－2880＝3000できるはずだから，奇数の個数と偶数の個数の差は，3000－2880＝120（個）

〈偶数の求め方〉

・1の位が0のとき　上4ケタは7・6・5・4＝840

・1の位が0以外の偶数のとき

1の位が3通り，万の位が6通り，それ以外の位が$_6P_3$通りあるから3・6・120＝2160

よって，840＋2160＝3000（通り）

答 ①

No.3

百の位に「0」はあり得ないので，百の位「1」から順に考えていく。

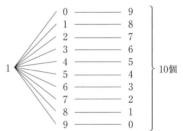

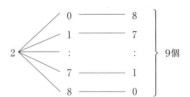

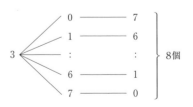

〜〜 省 略 〜〜

— 58 —

よって，$\dfrac{(2 + 10) \times 9}{2} = 54$（個）

※早く規則性を見つけるのがポイント!!

答 ②

No.4

2 人のテーブルにつくアメリカ人と日本人の組に注目すると，

上の樹形図のようになり，6 通り。

答 ①

No.5

A 地点から B 地点へは 3 通り。

B 地点から C 地点へは 5 通りの行き方があり，積の法則より，$3 \times 5 = 15$（通り）。

答 ③

No.6

樹形図を使って，重複のないように数えあげると，

```
1 ── 6 ── 8
      5 ── 8
2 <
      6 ── 7
      4 ── 8
3 <
      5 ── 7
4 ── 5 ── 6
```

の 6 通り。

答 ③

2．順列 （問題，本文 357 ページ）

No.1

(1) $5 \times 4 \times 3 \times 2 \times 1 = 120$（通り）

(2) 母音 o と e
$3 \times 2 \times 1 \times 2 = 12$（通り）

答 ②

No.2

両端に男が座る座り方は $_3P_2 = 3 \times 2 = 6$（通り）

中の 4 席の座り方は $4 \times 3 \times 2 = 24$（通り）

したがって，合計 $6 \times 24 = 144$（通り）

答 ③

No.3

5 種類のものから 3 個取って並べるから，

$_5P_3 = 5 \times 4 \times 3 = 60$（通り）

答 ②

No.4

6 個の異なる数字から 4 個の数字を取り出して並べる順列の数だから，

$_6P_4 = 6 \times 5 \times 4 \times 3 = 360$（通り）

答 ④

No.5

3 の倍数になるのは，4 ケタの整数の各位の数の和が 3 の倍数になるときである。

① 0，1，2，3
② 0，1，3，5
③ 0，2，3，4 ⎫ 5 通りの数字の組合せ
④ 0，3，4，5
⑤ 1，2，4，5

①～④ 千の位には 0 を除く 3 種類の数字。
百の位には千の位で用いた以外の 3 種類。
十の位には千，百の位で用いた以外の 2 種類。
一の位には千，百，十の位で用いた以外の 1 種類。

つまり，4 ケタの整数は①～④のそれぞれについて $3 \times 3 \times 2 \times 1 = 18$（個）。

よって，①～④の場合の数は，$18 \times 4 = 72$（個）。

⑤の場合は千の位に 4 種類，百の位に千の位以外の 3 種類，十の位には千，百の位以外の 2 種類，一の位には千，百，十の位以外の 1 種類。

つまり，4 ケタの整数は，$4 \times 3 \times 2 \times 1 = 24$（個）。

全部で，$72 + 24 = 96$（個）。

答 ③

No.6

450000 より大きくなるのは,

$\begin{array}{l}4\ 5\ \square\ \square\ \square\ \square\ \rightarrow 4!\,通り\\ 4\ 6\ \square\ \square\ \square\ \square\ \rightarrow 4!\,通り\\ 5\ \square\ \square\ \square\ \square\ \square\ \rightarrow 5!\,通り\\ 6\ \square\ \square\ \square\ \square\ \square\ \rightarrow 5!\,通り\end{array}$

6ケタの数は全部で6！通りあるから，求める個数は，

$$6! - 2(4! + 5!) = 432\,(通り)$$

答 ④

3．円順列 （問題，本文 362 ページ）

No.1

(1) 6人の円順列は $(6 - 1)! = 120\,(通り)$

(2) 父親の席が最初に決まり，母親が次に決まる $4! = 24\,(通り)$

(3) 母親が決まると特定の子供2人の座り方が $2!$

残り3人の座り方は $3!$

$$\therefore\quad 2! \times 3! = 12\,(通り)$$

答 ⑤

No.2

$$\begin{aligned}(7 - 1)! &= 6!\\ &= 6 \cdot 5 \cdot 4 \cdot 3 \cdot 2 \cdot 1\\ &= 720\,(通り)\end{aligned}$$

答 ③

No.3

上面を1にしたとき，下面の数字は2から6までのうちの1つで5通り，側面は残りの4つの円順列で $(4 - 1)!$ 通り。

よって，異なるものは，

$$5 \times (4 - 1)! = 30\,(通り)$$

答 ④

No.4

父母が隣り合うのは，2人をまとめて1人とみて $4!$，父母を入れ換えて，

$$4! \times 2 = 48\,(通り)$$

答 ③

4．数珠順列・重複順列

（問題，本文 367 ページ）

No.1

$$2^4 = 16\,(通り)$$

答 ③

No.2

7個の石の数珠順列

$$\frac{(7 - 1)!}{2} = \frac{6!}{2} = \frac{6 \cdot 5 \cdot 4 \cdot 3 \cdot \not{2}}{\not{2}}$$
$$= 360\,(種類)$$

答 ④

No.3

1日につき3通りずつで，7日分では，

$$3^7 = 2187\,(通り)$$

答 ④

No.4

1回の試合で3通りあり，それが4回

よって，$3^4 = 81\,(通り)$

答 ⑤

No.5

各選挙人が3通りずつの名を書くことができるから，

$$3^9 = (3^3)^3 = 19683\,(通り)$$

答 ④

No.6

2種の記号を x 個並べてつくれる符号は 2^x 通りだから，$2^x \geqq 50$ を満たす x を求める。

$$2^5 = 32,\ 2^6 = 64\ から，x = 6$$

x 個以下の場合では，$(x - 1)$ 個，……2個，1個の場合も考えて，

$$2 + 2^2 + 2^3 + \cdots\cdots + 2^x \geqq 50$$

よって，$\dfrac{2(2^x - 1)}{2 - 1} \geqq 50$

$$2^x \geqq 26$$
$$x \geqq 5$$

答 ②

5．同じものを含む順列

(問題，本文 372 ページ)

No.1

(1) 1 のカードを 2 枚含む場合，1 以外のカードの選び方が 3 通り，3 枚のカードの並べ方が同じものを含む順列により，

$$\frac{3!}{2!\,1!} = 3\,(通り)\,で,$$

$$3 \times 3 = 9\,(通り)$$

(2) 1 のカードを 1 枚含む場合，1 以外のカードの組み合わせが ${}_3C_2 = 3\,(通り)$，3 枚のカードの並べ方が $3! = 6\,(通り)$ で，

$$3 \times 6 = 18\,(通り)$$

(3) 1 のカードを含まない場合，
3 枚のカードの並べ方だけで，

$$3! = 6\,(通り)$$

合計して，$9 + 18 + 6 = 33\,(通り)$

答 ①

No.2

1 年，2 年，3 年の 2 人ずつをそれぞれ
(a_1, a_2)，(b_1, b_2)，(c_1, c_2) とする。
同学年の者が同じ組にならないように 3 組に分ける分け方は，

$(a_1,\ b_1)$ ╱ $(a_2,\ c_1) - (b_2,\ c_2)$
　　　　　╲ $(a_2,\ c_2) - (b_2,\ c_1)$

$(a_1,\ b_2)$ ╱ $(a_2,\ c_1) - (b_1,\ c_2)$
　　　　　╲ $(a_2,\ c_2) - (b_1,\ c_1)$

$(a_1,\ c_1)$ ╱ $(a_2,\ b_1) - (b_2,\ c_2)$
　　　　　╲ $(a_2,\ b_2) - (b_1,\ c_2)$

$(a_1,\ c_2)$ ╱ $(a_2,\ b_1) - (b_2,\ c_1)$
　　　　　╲ $(a_2,\ b_2) - (b_1,\ c_1)$

の 8 通りである。
これら 8 通りのどの組分けに対しても，A，B，C の部屋への入れ方は，

$$3 \times 2 \times 1 = 6\,(通り)$$

よって，求める部屋の分け方は，

$$8 \times 6 = 48\,(通り)$$

答 ④

No.3

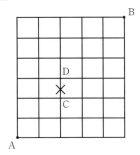

×印も通れる場合の数から，図の C と D を経由して B に着く場合の数を引く。

$$×印も通れる場合 = \frac{(5+6)!}{5!\,6!}$$

$$A から C に行く場合 = \frac{(2+2)!}{2!\,2!}$$

$$D から B に行く場合 = \frac{(3+3)!}{3!\,3!}$$

よって，×印を通らない場合の数

$$= \frac{(5+6)!}{5!\,6!} - \frac{(2+2)!}{2!\,2!} \times \frac{(3+3)!}{3!\,3!}$$

$$= \frac{11!}{5!\,6!} - \frac{4!}{2!\,2!} \times \frac{6!}{3!\,3!} = 342\,(通り)$$

答 ①

No.4

1 は 3 枚，3 は 2 枚，2 と 4 は 1 枚ずつだから，

$$\frac{7!}{3!\,2!} = 7 \times 6 \times 5 \times 2 = 420\,(通り)。$$

答 ④

No.5

7 個の数字を 1 列に並べた順列のうち，0 が先頭にくるものを除いて，

$$\frac{7!}{3!\,2!} - \frac{6!}{2!\,2!} = 240\,(個)$$

答 ④

6．組合せ　（問題，本文378ページ）

No.1

$1 \sim 5$ の 5 カ所のうち 2 カ所の定め方であるから，$1 \sim 5$ の 5 枚のカードから 2 枚取る組合せの数と同様に考えればよい。

①	②	
③	④	⑤

$$_5C_2 = \frac{5 \times \overset{2}{\cancel{4}}}{\cancel{2} \times 1} = 10 \,(\text{種類})$$

答　④

No.2

対角線はすべてが交わるわけではない。

対角線の交点は，たとえば九角形の中にできる 1 つの四辺形 AIDC の対角線の交点に 1 つある。9 個の頂点から 4 個の点を選び出し，四角形が何個できるか考えればよい。よって，

$_9C_4$ が答えになる。

$$_9C_4 = \frac{9!}{4!\,5!} = \frac{9 \cdot \overset{2}{\cancel{8}} \cdot 7 \cdot \overset{}{\cancel{6}}}{\underset{1}{\cancel{4}} \cdot \underset{1}{\cancel{3}} \cdot \underset{1}{\cancel{2}}}$$

$$= 126$$

答　①

No.3

12 人の人を大型から順に乗せると，

$$_{12}C_5 \times {}_7C_4 \times {}_3C_3$$

$$= \frac{12 \cdot 11 \cdot 10 \cdot \overset{3}{\cancel{9}} \cdot \cancel{8} \cdot 7 \cdot \cancel{6} \cdot 5 \cdot \cancel{4}}{1 \cdot \cancel{2} \cdot \cancel{3} \cdot \cancel{4} \cdot \cancel{5} \cdot 1 \cdot \cancel{2} \cdot \cancel{3} \cdot \cancel{4}}$$

$$= 27720 \,(\text{通り})$$

答　①

No.4

① 7 枚から 1 枚選ぶ組合せは，$_7C_1$ より
$$_7C_1 = 7 \,(\text{通り})$$

② 残り 6 枚から 2 枚選ぶ組合せは，$_6C_2$ より
$$_6C_2 = 15 \,(\text{通り})$$

③ 残り 4 枚から 4 枚選ぶ組合せは，$_4C_4$ より
$$_4C_4 = 1 \,(\text{通り})$$

①のそれぞれに対して②があり得る。さらに③もあり得る。

よって，積の法則より，$7 \times 15 \times 1 = 105 \,(\text{通り})$。

答　④

No.5

黒を先に並べ，白い石が隣り合わないように考えると，

① ● ② ● ③ ● ④ ● ⑤ ● ⑥

白い石 3 個を隣り合わないように置くには，①〜⑥の 6 つの場所がある。

①〜⑥の中から，白の石を置く 3 カ所を選ぶ組合せとなる。

$$_6C_3 = \frac{6 \times 5 \times 4}{3 \times 2 \times 1} = 20 \,(\text{通り})$$

答　④

No.6

選ばれる 3 人中に，必ず男女が混じるのは①男男女，②男女女の 2 つの場合である。

① 男男女が選ばれるのは，「男 5 人の中から 2 人」が選ばれ，さらに「女 6 人の中から 1 人」が選ばれる場合である。
$$\therefore \quad _5C_2 \times {}_6C_1 = \frac{5 \times 4}{2 \times 1} \times \frac{6}{1} = 60 \,(\text{通り})$$

② 男女女が選ばれるのは，「男 5 人の中から 1 人」が選ばれ，さらに「女 6 人の中から 2 人」が選ばれる場合である。
$$\therefore \quad _5C_1 \times {}_6C_2 = \frac{5}{1} \times \frac{6 \times 5}{2 \times 1} = 75 \,(\text{通り})$$

したがって，①と②の合計は，$60 + 75 = 135 \,(\text{通り})$ となる。

答　④

No.7

$$_8C_5 \times (5 - 1)! \times (3 - 1)!$$

$$= \frac{8 \cdot 7 \cdot 6 \cdot \cancel{5} \cdot \cancel{4}}{\cancel{5} \cdot \cancel{4} \cdot \cancel{3} \cdot \cancel{2} \cdot 1} \times 4 \cdot 3 \cdot \cancel{2} \cdot \cancel{1} \times 2 \cdot 1$$

$$= 8 \cdot 7 \cdot 6 \cdot 4 \cdot 2$$

$$= 2688 \,(\text{通り})$$

答　④

7．組合せの応用

(問題，本文 386 ページ)

No.1

部屋が区別してあるから，A，B，Cの部屋に順に5人ずつ入れればよい。

よって，式は $_{15}C_5 \cdot {}_{10}C_5 \cdot {}_5C_5$

答 ④

No.2

3組は区別されないから，1 の部屋の順列で割る。

よって式は，$\dfrac{{}_{15}C_5 \cdot {}_{10}C_5}{3!}$

答 ②

No.3

2人の女子が一緒になる組合せは $_4C_2$（通り）。それぞれのとき，A，B，Cの部屋の入り方は，3!（通り）。そして，女子2人の部屋に入る1人の男子の選び方は5通り。残りの男子の組合せは $_4C_2$ 通りになる。よって，

$$_4C_2 \times 3! \times 5 \times {}_4C_2$$
$$= \frac{4 \cdot 3}{1 \cdot 2} \times 3 \cdot 2 \times 5 \times \frac{4 \cdot 3}{1 \cdot 2} = 1080（通り）$$

答 ②

No.4

円周上にある12個の点のうちから5個の点の選び方は，

$$_{12}C_5 = \frac{12 \cdot 11 \cdot 10 \cdot 9 \cdot 8}{1 \cdot 2 \cdot 3 \cdot 4 \cdot 5} = 792（通り）$$

答 ⑤

No.5

1〜7の線から2本，a〜eの線から2本選ぶと，その線に囲まれた部分が四角形となる。

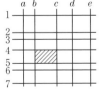

例えば，bとc，4と5を選ぶと斜線部分の四角形となる。

つまり，1〜7までの線から2本を選び，さらに a〜e の5本から2本選ぶ組合せの積を求め

ることになる。

$$_7C_2 = \frac{7 \times 6}{2 \times 1} = 21（通り）$$

$$_5C_2 = \frac{5 \times 4}{2 \times 1} = 10（通り）$$

積の法則により，$21 \times 10 = 210$（通り）

答 ④

No.6

2つの数字の和が偶数になるのは，「偶数＋偶数」か，「奇数＋奇数」。

① まず，偶数は，2, 4, 6, 8 の4通りである。この中から2つを選ぶ組合せは，

$$_4C_2 = \frac{4 \times 3}{2 \times 1} = 6（通り）$$

② 次に2つとも奇数である場合は，1, 3, 5, 7, 9 の5つから2つを選ぶ組合せなので，

$$_5C_2 = \frac{5 \times 4}{2 \times 1} = 10（通り）$$

①＋②＝16（通り）

答 ①

No.7

$$100a + 10b + a + 100b + 10a + b = 1221$$
$$111a + 111b = 1221$$
$$a + b = 11$$

よって

$(a, b) = (2, 9), (3, 8), (4, 7), (5, 6)$

4通り。

答 ④

8．確率の基本法則と和事象・積事象

(問題，本文 392 ページ)

No.1

2つのサイコロを振ってできる3でも5でも割り切れる数は，15, 45 の2通り。

よって，この確率は，$\dfrac{2}{6 \times 6} = \dfrac{1}{18}$

答 ⑤

No.2

合計14個の球から4個の球を取り出す組合せ

は $_{14}C_4$ 通り。また，白球4個を取り出す組合せは $_8C_4$ 通り。よって，白球4個を取り出す確率は，

$$\frac{_8C_4}{_{14}C_4} = \frac{70}{1001} = \frac{10}{143}$$

答 ②

No.3

A∩Bは1年生の男子のことだから，全部で50人いる。その男子の1年生が選ばれる確率は，

$$\frac{50}{300} = \frac{1}{6}$$

答 ③

No.4

3ケタの整数のつくり方は，5枚のカードから3枚を取り出して1列に並べるから，

$$_5P_3 = 60（通り）$$

2の倍数になるのは，一の位の数字が2か4のときである。

① ○○4→4以外の4枚から2枚を選んで並べる。

$$_4P_2 = 12（通り）$$

② ○○2→2以外の4枚から2枚を選んで並べる。

$$_4P_2 = 12（通り）$$

よって，12 + 12 = 24（通り）

求める確率は，$\dfrac{24}{60} = \dfrac{2}{5}$

答 ④

No.5

① 青，青，青の場合 $\dfrac{3}{7} \times \dfrac{2}{6} \times \dfrac{1}{5} = \dfrac{1}{35}$

② 赤，赤，赤，赤の場合 $\dfrac{4}{7} \times \dfrac{3}{6} \times \dfrac{2}{5} \times \dfrac{1}{4}$

$$= \dfrac{1}{35}$$

①または②の起こる確率は，①＋② $= \dfrac{2}{35}$

答 ①

No.6

和が奇数になるのは，

① 偶数＋奇数＝奇数 $\dfrac{4}{9} \times \dfrac{5}{8} = \dfrac{5}{18}$

② 奇数＋偶数＝奇数 $\dfrac{5}{9} \times \dfrac{4}{8} = \dfrac{5}{18}$

①または②になる確率は，①＋② $= \dfrac{10}{18} = \dfrac{5}{9}$

答 ④

9．和事象の確率

（問題，本文398ページ）

No.1

目の数が同じで，目の数の和が10以下になる場合，(1, 1)(2, 2)(3, 3)(4, 4)(5, 5)の5通り。

よって，その確率は，$\dfrac{5}{6 \times 6} = \dfrac{5}{36}$

答 ②

No.2

徒歩通学と電車通学の男子の和は52人。

よって，60人から徒歩通学か男子を選ぶ確率は，$\dfrac{52}{60} = \dfrac{13}{15}$

答 ④

No.3

1〜100までの整数の中に3の倍数は33個，5の倍数は20個，3の倍数でもあり5の倍数でもある15の倍数は6個。

よって，100までに 33 + 20 − 6 = 47（個）ある。その確率は，$\dfrac{47}{100}$

答 ①

No.4

2枚目の札が2になる確率は，

$$\frac{_4P_4}{_5P_5} = \frac{4!}{5!} = \frac{1}{5}$$

3枚目の札が3になる確率は,

$$\frac{_4P_4}{_5P_5} = \frac{4!}{5!} = \frac{1}{5}$$

このうち2枚目が2, 3枚目が3になる確率は,

$$\frac{_3P_3}{_5P_5} = \frac{3!}{5!} = \frac{1}{20}$$

よって, 2枚目が2あるいは, 3枚目が3になる確率は,

$$\frac{1}{5} + \frac{1}{5} - \frac{1}{20} = \frac{7}{20}$$

答 ⑤

No.5

「2枚ともハートである」事象を A,
「2枚とも絵札である」事象を B,
とすると,
「2枚ともハートか2枚とも絵札である」事象は A∪B であり, 「2枚ともハートの絵札である」事象は A∩B である。
よって, P(A∪B) = P(A) + P(B) − P(A∩B)

$$= \frac{_{13}C_2}{_{52}C_2} + \frac{_{12}C_2}{_{52}C_2} - \frac{_3C_2}{_{52}C_2}$$

$$= \frac{47}{442}$$

答 ④

10. 排反事象の確率

(問題, 本文403ページ)

No.1

白玉3個と緑玉2個の全部の順列は,

$$\frac{(3+2)!}{3!\,2!} = \frac{5!}{3!\,2!} = 10 \,(通り)$$

同色の玉がすべて連続するのは,
白が3個連続して緑が2個の場合と, その逆の2通り。

よって, $\frac{2}{10} = \frac{1}{5}$

答 ③

No.2

あいこになる場合は, 3人がすべて同じ場合と,
3人が全部異なる場合の,

$3 + 3 \cdot 2 \cdot 1 = 9\,(通り)$

よって, あいこになる確率は,

$$\frac{9}{3^3} = \frac{1}{3}$$

答 ③

No.3

4人があいこになるとき,
3人が同じ場合の数は, 4人のうち2人は同じ手を出して, 同じ手はグー, チョキ, パーの3通りあるから,

$$\frac{4!}{2!} \times 3 = 36\,(通り)$$

また, 4人とも同じ場合は, 3通りだから, 全部であいこになるのは, 39通り。
よって, あいこになる確率は,

$$\frac{39}{3^3} = \frac{13}{27}$$

答 ③

No.4

「乙が当たる」事象は, 「甲も乙も当たる」事象 A と「乙だけ当たる」事象 B の和事象で表される。
A と B は互いに排反だから,

$$P(A \cup B) = P(A) + P(B)$$

$$= \frac{3}{5} \times \frac{2}{4} + \frac{2}{5} \times \frac{3}{4} = \frac{3}{5}$$

答 ③

No.5

3つの目の和が奇数になるのは, 3つの目がすべて奇数の場合と, 1つの目が奇数で他の2つの目が偶数の場合であるから,
求める確率は,

$$\frac{3^3}{6^3} + \frac{_3C_1 \times 3 \times 3^2}{6^3} = \frac{1}{2}$$

答 ①

11. 余事象 （問題, 本文 408 ページ）

No.1

2枚のカードの和が奇数になるのは，偶数と奇数の組合せになる。よって，

$5 \times 4 = 20$（通り）

全部の組合せは，

$$_9C_2 = \frac{9 \times 8}{1 \times 2} = 36 \text{（通り）}$$

よって，確率は，$\dfrac{20}{36} = \dfrac{5}{9}$

答 ①

No.2

1の位を固定して，何通りあるか考える。

(1) 1の位が2のとき，

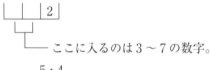

ここに入るのは3〜7の数字。

$$_5C_2 = \frac{5 \cdot 4}{2 \cdot 1} = 10 \text{（通り）}$$

※大きい順に並べるので，2枚を選ぶと自動的に順番が決まる。

(2) 1の位が4のとき，

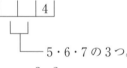

5・6・7の3つ。

$$_3C_2 = \frac{3 \cdot 2}{2 \cdot 1} = 3 \text{（通り）}$$

(3) 1の位が6のとき，

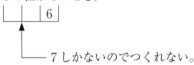

7しかないのでつくれない。

よって，全部で13通り。

全事象は $_7C_3 = \dfrac{7 \cdot 6 \cdot 5}{3 \cdot 2 \cdot 1} = 35$ だから，

確率は $\dfrac{13}{35}$

答 ①

No.3

1－（2本ともはずれる確率）で求める。

2本ともはずれの確率は，$\dfrac{_6C_2}{_{10}C_2} = \dfrac{15}{45} = \dfrac{1}{3}$

よって，$1 - \dfrac{1}{3} = \dfrac{2}{3}$

答 ②

No.4

① Aのくじの引き方は10通り。BはAの引いた後なので9通り。

よって，A，Bのくじの引き方は

$10 \times 9 = 90$（通り）

Bの当たりくじはまず3通り。そのそれぞれについて，AはBのくじ以外の9通り。

よって，A，Bで9×3（通り）。

Bの当たりくじの確率は，$\dfrac{9 \times 3}{10 \times 9} = \dfrac{3}{10}$

② A，B，Cのくじの引き方は，全部で

$10 \times 9 \times 8$（通り）

Cの当たりくじはまず3通り。そのそれぞれについて，AはCのくじ以外の9通り。BはAC以外の8通り。A，Bは9×8（通り）。

よって，A，B，Cで$9 \times 8 \times 3$（通り）。

Cの当たりくじの確率は，$\dfrac{9 \times 8 \times 3}{10 \times 9 \times 8} = \dfrac{3}{10}$

③ AもBもはずれる確率は，（Aの外れる確率）×（Bの外れる確率）$= \dfrac{7}{10} \times \dfrac{6}{9} = \dfrac{7}{15}$

A，Bの少なくとも一方が当たる確率は，それ以外となる。（余事象）

よって，$1 - \dfrac{7}{15} = \dfrac{8}{15}$

答 ①

No.5

(1) 少なくとも1枚は表が出る，ということは4枚すべてが裏になる確率以外と考える。

4枚が裏になる確率は，

$$\frac{1}{2} \times \frac{1}{2} \times \frac{1}{2} \times \frac{1}{2} = \frac{1}{16}$$

少なくとも1枚が表の確率は，

$$1 - \frac{1}{16} = \frac{15}{16}$$

(2) 表も裏も出る確率は，

1 − (表だけ出る確率 + 裏だけ出る確率)

表だけ出る確率は，(1)の裏だけ出る確率と同じなので，

$$\frac{1}{16} + \frac{1}{16} = \frac{1}{8}$$

$$1 - \frac{1}{8} = \frac{7}{8}$$

答　⑤

No.6

1本も当たらない確率 ＝ 3本全部はずれの確率

3本とも外れる組合せは，

$$_9C_3 = \frac{9 \times 8 \times 7}{3 \times 2 \times 1} = 84 \text{（通り）}$$

全部の組合せは，

$$_{12}C_3 = \frac{12 \times 11 \times 10}{3 \times 2 \times 1} = 220 \text{（通り）}$$

3本とも外れる確率（1本も当たらない確率）

$$= \frac{3\text{本とも外れる組合せ}}{\text{全部の組合せ}} = \frac{84}{220} = \frac{21}{55}$$

したがって，少なくとも1本当たる確率

$$= 1 - \frac{21}{55} = \frac{34}{55}$$

答　③

12. 独立な試行 （問題，本文414ページ）

No.1

A，B，Cの箱から良品が取り出される確率は，

それぞれ $\frac{3}{5}$，$\frac{8}{10}$，$\frac{12}{20}$ であるから，

求める確率は，

$$\frac{3}{5} \times \frac{8}{10} \times \frac{12}{20} = \frac{36}{125}$$

答　⑤

No.2

(1)，(2)は1人目が当たりの場合と，はずれの場合に分けて考える。

(1)　① 1人目が当たりのとき，

$$\frac{4}{10}^2{}_5 \times \frac{3}{9}^1{}_3 = \frac{2}{15}$$

② 1人目がはずれのとき，

$$\frac{6}{10}^3{}_5 \times \frac{4}{10}^2{}_5 = \frac{6}{25}$$

$$\left. \frac{2}{15} + \frac{6}{25} \right\} = \frac{10}{75} + \frac{18}{75} = \frac{28}{75}$$

(2)　① 1人目が当たりのとき，

$$\frac{4}{10} \times \frac{3}{9} = \frac{2}{15}$$

② 1人目がはずれのとき，

$$\frac{6}{10}^2{}_5 \times \frac{4}{9}^2{}_3 = \frac{4}{15}$$

$$\left. \frac{2}{15} + \frac{4}{15} \right\} = \frac{6}{15}^2{}_5 = \frac{2}{5}$$

(3)　すべて箱に戻すので，当たりの確率は引く順番に影響されない。

$$\frac{4}{10} = \frac{2}{5}$$

答　④

No.3

(6が出る確率)² × (1〜5の目が出る確率)

を求める。

$$\left(\frac{1}{6}\right)^2 \times \frac{5}{6} = \frac{5}{216}$$

答　②

No.4

Aがすでに1勝しているので，Bが優勝するためには残る試合を，

(1) 3勝0敗

(2) 3勝1敗

のいずれかにしなければならない。このときの勝敗は，次のようになる。

B から見た勝敗：○ ＝ B の勝利

　　　　　　　　× ＝ B の敗北

(1) ○○○の1通り。

(2) ×○○○，○×○○，○○×○の3通り。

Bがある1試合に勝つ，あるいは負ける確率は，

いずれも $\dfrac{1}{2}$ なので,

(1)となる確率は,
$$\dfrac{1}{2} \times \dfrac{1}{2} \times \dfrac{1}{2} = \dfrac{1}{8}$$

(2)のいずれかとなる確率は,
$$\dfrac{1}{2} \times \dfrac{1}{2} \times \dfrac{1}{2} \times \dfrac{1}{2} = \dfrac{1}{16}$$

(2)となるのは3通りあるので,
$$\dfrac{1}{16} \times 3 = \dfrac{3}{16}$$

(1)あるいは(2)となる確率は,
$$\dfrac{1}{8} + \dfrac{3}{16} = \dfrac{5}{16}$$

答 ②

No.5

1回目と2回目の目の出方は,$6 \times 6 = 36$ 通り。
コマが右方向にいくのは,次の3パターン。
　1回目,2回目ともに偶数になるとき。

$$2 \left\langle \begin{array}{c} 2 \\ 4 \\ 6 \end{array} \right. \qquad 4 \left\langle \begin{array}{c} 2 \\ 4 \\ 6 \end{array} \right. \qquad 6 \left\langle \begin{array}{c} 2 \\ 4 \\ 6 \end{array} \right.$$

　確率は, $\dfrac{9}{36} = \dfrac{1}{4}$ ……(1)

1回目が偶数で,2回目が奇数の場合は,1回目の偶数が2回目の奇数よりも大きい場合に右方向。

$$2 - 1 \qquad 4 \left\langle \begin{array}{c} 1 \\ 3 \end{array} \right. \qquad 6 \left\langle \begin{array}{c} 1 \\ 3 \\ 5 \end{array} \right.$$

の6通り。……(2)
1回目が奇数で,2回目が偶数の場合は,1回目の奇数が2回目の偶数よりも小さい場合に右方向。

$$1 \left\langle \begin{array}{c} 2 \\ 4 \\ 6 \end{array} \right. \qquad 3 \left\langle \begin{array}{c} 4 \\ 6 \end{array} \right. \qquad 5 - 6$$

の6通り。……(3)
(2)+(3)= 12 (通り)。

確率は, $\dfrac{12}{36} = \dfrac{1}{3}$ ……(4)

右方向にある確率は,(1)+(4)$= \dfrac{1}{4} + \dfrac{1}{3} = \dfrac{7}{12}$

答 ③

No.6
サイコロを投げる確率と硬貨を投げる確率は,互いに独立だから,
$$\dfrac{2}{6} \times \dfrac{1}{2} = \dfrac{1}{6}$$

答 ④

13. 独立な試行と排反事象の組合せ
（問題，本文 420 ページ）

No.1
5個の中から1個ずつ2回取り出すとき,
取り出し方の総数は,
$$5 \times 4 = 20 \,(通り)$$
このうち，白・白と続いて出る場合の数は,
$$2 \times 1 = 2 \,(通り)$$
黒・黒と続いて出る場合の数は,
$$3 \times 2 = 6 \,(通り)$$
よって，求める確率は,
$$\dfrac{2 + 6}{20} = \dfrac{8}{20} = \dfrac{2}{5}$$

答 ②

No.2
1の目が出る確率は $\dfrac{1}{6}$

それ以外の目が出る確率は $\dfrac{5}{6}$

より,
$$_4C_1 \left(\dfrac{1}{6}\right)^3 \left(\dfrac{5}{6}\right)^1 = \cancel{4} \cdot \dfrac{1}{\cancel{6}_{\,3}} \cdot \dfrac{1}{6} \cdot \dfrac{1}{6} \cdot \dfrac{5}{6}$$
$$= \dfrac{5}{324}$$

答 ②

No.3

1 −（残り5回連続で甲が負ける確率）を求める。

すると，$1 - \dfrac{1}{2} \times \dfrac{1}{2} \times \dfrac{1}{2} \times \dfrac{1}{2} \times \dfrac{1}{2} = \dfrac{31}{32}$

答　①

No.4

1個のサイコロを振って3の倍数が出る確率は，

$\dfrac{2}{6} = \dfrac{1}{3}$

よって，1回だけ3の倍数が出るのは，1回目か2回目か3回目であるから，

$3 \times \left(\dfrac{1}{3}\right) \times \left(\dfrac{2}{3}\right)^2 = \dfrac{4}{9}$

2回だけ3の倍数が出るのは，3通りあるから確率は，

$3 \times \left(\dfrac{1}{3}\right)^2 \times \left(\dfrac{2}{3}\right) = \dfrac{2}{9}$

3回とも3の倍数が出る確率は，

$\left(\dfrac{1}{3}\right)^3 = \dfrac{1}{27}$

よって，$\dfrac{4}{9} + \dfrac{2}{9} + \dfrac{1}{27} = \dfrac{19}{27}$

答　①

No.5

3人のジャンケンなので，出し方は 3^3 通り。

$$
\begin{array}{lll}
\text{A} & \text{B} & \text{C}
\end{array}
$$

グー $\left\langle\begin{array}{l}\text{グー}\\\text{チョキ}\\\text{パー}\end{array}\right.$ $\left\langle\begin{array}{l}\text{グー}\\\text{チョキ}\\\text{パー}\end{array}\right.$ $\begin{array}{l}3 \times 3 \times 3\\= 27（通り）\end{array}$

チョキ ……

パー ……

勝負がつかない場合は，3人とも同じ場合と3人とも異なる場合の2種類である。3人とも同じ場合はグーだけ，チョキだけ，パーだけの3通り。

3人とも異なる場合は，

A	B	C
グー	チョキ	パー
グー	パー	チョキ
チョキ	グー	パー
チョキ	パー	グー
パー	グー	チョキ
パー	チョキ	グー

の6通りである。

勝負がつかないのは（負けが1人も出ない），この 3 + 6 = 9 通りである。

よって，1回で勝負のつかない確率は，$\dfrac{9}{27}$

1回で勝負のつく確率は余事象なので，

$1 - \dfrac{9}{27} = \dfrac{18}{27} = \dfrac{2}{3}$

答　③

14. 反復試行 （問題，本文 426 ページ）

No.1

正誤の確率はそれぞれ $\dfrac{1}{2}$ だから，

$_6\text{C}_2 \left(\dfrac{1}{2}\right)^2 \left(\dfrac{1}{2}\right)^4 = \dfrac{15}{64}$

答　③

No.2

5回勝負のうち A が3回勝つのは，

$_5\text{C}_3 \left(\dfrac{2}{3}\right)^3 \left(\dfrac{1}{3}\right)^2 = \dfrac{5 \cdot 4}{1 \cdot 2} \cdot \dfrac{2^3}{3^5} = \dfrac{80}{243}$

答　①

No.3

（1の目が4回出る確率）＋（1の目が5回出る確率）を求める。

$$_5\text{C}_4 \left(\dfrac{1}{6}\right)^4 \left(\dfrac{5}{6}\right) + {_5\text{C}_5} \left(\dfrac{1}{6}\right)^5$$

$$= {_5\text{C}_1} \left(\dfrac{1}{6}\right)^4 \left(\dfrac{5}{6}\right) + {_5\text{C}_5} \left(\dfrac{1}{6}\right)^5$$

$$= 5 \cdot \frac{5}{6^5} + \frac{1}{6^5}$$

$$= \frac{1}{6^5}(25 + 1)$$

$$= \frac{13}{3888}$$

答 ②

No.4

問題を解ける確率は$\frac{2}{3}$，解けない確率は$\frac{1}{3}$である。

よって，5題のうち5題とも解ける確率は，

$$\left(\frac{2}{3}\right)^5 = \frac{32}{243}$$

答 ⑤

No.5

立方体を1回投げて1の目が出る確率は$\frac{1}{3}$，6の目が出る確率は$\frac{2}{3}$である。

よって，1の目が少なくとも4回出るのは，4回出るときと5回出るときだから，

$${}_5C_4\left(\frac{1}{3}\right)^4 \times \left(\frac{2}{3}\right) + {}_5C_5\left(\frac{1}{3}\right)^5$$

$$= \frac{1}{3^5}(5 \times 2 + 1) = \frac{11}{243}$$

答 ③

MEMO